第二批天津市人才发展特殊支持计划——青年拔尖人才（TJTZJHQNBJRC-2-27）
教育部人文社会科学研究规划基金项目“中国情境下 PPP 项目的自动履约问题研究：基于控制与信任交互作用的行为实验”（19YJA630017）

PPP项目中的公平及其实现

Justice in PPP Projects and Its Implementation

杜亚灵　李会玲　等◎著

科学出版社
北　京

内 容 简 介

任何交易关系都非常关注公平问题，PPP 这种伙伴式关系更是如此。传统的官本位思维极易导致 PPP 项目中的不公平，进而产生公私双方的内耗效应，最终阻碍 PPP 项目效率的提高。本书基于 PPP 主交易关系中的两级合同（PPP 项目合同与工程承发包合同），将其公平问题分解为政府与社会资本（项目公司）之间的公平以及项目公司与承包商之间的公平，并分别探讨其构念建立、量表开发、影响因素、提升策略及其对合作或履约绩效的作用机理；以项目中地质条件风险的损失责任分担、因政府方原因导致无法按期开始运营的赔偿、超额利润分享 3 个具体问题为例，分析了有利于实现 PPP 项目公平的合同条款拟订方案。

本书可供从事 PPP 项目管理的实务工作者（如政府方、社会资本方和咨询机构），以及从事 PPP 教学和科研的广大学者、高校教师和研究生阅读参考。

图书在版编目（CIP）数据

PPP 项目中的公平及其实现 / 杜亚灵等著. —北京：科学出版社，2020.10
ISBN 978-7-03-066319-1

Ⅰ. ①P… Ⅱ. ①杜… Ⅲ. ①政府投资-合作-社会资本-公平原则-研究 Ⅳ. ①F830.59②F014.39

中国版本图书馆 CIP 数据核字（2020）第 194603 号

责任编辑：石 卉 姚培培 / 责任校对：韩 杨
责任印制：徐晓晨 / 封面设计：有道文化

科学出版社 出版
北京东黄城根北街 16 号
邮政编码：100717
http://www.sciencep.com
北京建宏印刷有限公司 印刷
科学出版社发行 各地新华书店经销
*
2020 年 10 月第 一 版 开本：720×1000 B5
2020 年 10 月第一次印刷 印张：24 1/4
字数：409 000

定价：148.00 元

（如有印装质量问题，我社负责调换）

前　言
FOREWORD

公私合营伙伴关系（public private partnership，PPP）模式是公共部门与私人部门为建设公共基础设施而建立的长期契约关系①。纵观我国PPP项目的实际运作情况，许多项目纠纷不断或提前终止，履约困难现象普遍存在，其重要原因之一为政府与社会资本在交易过程中存在的不公平问题。一方面，我国公共项目管理模式经历了从计划经济时期的“行政式”（即指挥部），到转型时期的“委托代理式”（如代建制），再到现阶段以市场经济占主导地位的“契约模式”（以PPP为代表）的转变②。这就要求政府部门转换职能、社会资本转换角色，共同履行公平交易的市场行为。然而，双方传统观念的转换还处于缓冲阶段。与国外相比，公平的市场交易尚待进一步改善。另一方面，对于任何组织间的交易来说，尤其是合作伙伴式，公平都是一种必然的要求，这也是公平的研究起源于供应链、战略联盟等交易关系中的重要原因。由此可知，中国情境下PPP项目的公平问题对公私双方合作伙伴关系的建立，乃至PPP项目的顺利执行至关重要。然而，现有关于PPP模式的研究多是基于风险分担、利益分配、支付机制等经济学视角，鲜有从社会学视角探讨公私双方合作过程中的主观感受。事实上，公平是打上主体烙印的心理感知，体现了“权责利”匹配的项目治理原则。故本书结合社会学与经济学的相关研究基础来剖析PPP项目中的公平问题，以期为PPP研究者和实务工作者提供一些借鉴和启发性建议、思考。

本书内容主要包括理论与实践两大部分。①PPP项目中公平的理论框架部分，以PPP项目主交易关系中的两级合同为核心，探讨了私人部门/承包

① Love P E D，Liu J X，Matthews J，et al. 2015. Future proofing PPPs：Life-cycle performance measurement and building information modelling. Automation in Construction，56：26-35.

② 张兵，王雅，刘欣，等. 2019. PPP项目失败的组态研究——基于30个案例的清晰集定性比较分析. 公共行政评论，（4）：65-81.

商公平感知的构念建立、维度划分、测评及其对项目目标的作用机理。基于PPP项目合同长期契约的本质，将公平的参照点由初始合同条款扩展至履约过程中的再谈判及合同修订。长期契约关系中合同的不完备程度，决定公私双方更加关注漫长履约过程中的公平问题。相比PPP项目合同而言，工程承发包合同是一种短期契约，加之我国工程承包合同体系相对完善，其不完备程度相对较低，因此承发包双方更加关注初始契约中的公平问题。鉴于公平理论强调公平与绩效之间是一种投桃报李（return a favor with a favor）式的对等承诺[①]，对契约的不公平感知直接影响当事人的履约行为，故本书基于两级合同关系，构建了私人部门公平感知的概念模型并揭示了其对PPP项目履约绩效的作用机理，构建了承包商公平感知的概念模型、影响机制并揭示了其对合作的作用路径。②PPP项目实践中公平的具体实现部分，力争使上述理论层面的重要结论和观点下沉至实践操作层面。鉴于公平涉及合同执行程序、权责利分配、沟通等契约的各个方面，而当事人在交易关系中所获得的回报与其贡献的对等程度是其中最重要、认可度最高的公平关切点，因此本书选取若干典型的PPP项目案例，探讨如何通过具体的合同条款来实现私人部门（项目公司）所获得的利益或承受的损失与其所承担的风险的匹配，从而为我国PPP项目合同设计与合同管理等实操提供参考。

本书包含四篇，共计18章。其中，第一篇的第1章由左玉晨和施洁执笔，第2章由刘玲执笔，第3章由李会玲和孙娜执笔；第二篇由孙娜执笔；第三篇由李会玲执笔；第四篇的第16章由王一敏执笔，第17章由蒋雨婷执笔，第18章由徐柯执笔；杜亚灵负责总体设计及全书统稿。受著者水平和时间所限，书中难免存在一些不足之处，敬请读者谅解，还请同行不吝赐教。

杜亚灵

2019年7月1日

① Guest D E. 2011. Human resource management and performance：Still searching for some answers. Human Resource Management Journal，21（1）：3-13.

目　录
CONTENTS

第三篇 工程承发包合同中的公平

第四篇 PPP 项目中公平的实现

第一篇

绪　　论

我国传统的官本位思维使公共部门在PPP关系中一直处于绝对领导地位（周正祥等，2015），而这种绝对的政治权利优势极易导致PPP项目在实践中出现许多不公平问题（亓霞等，2009）。西方经典公平理论强调，公平与绩效之间是一种投桃报李式的对等承诺（Guest，2011），而不公平情境下的履约过程必然纠纷不断，最终导致PPP项目效率低下（Adams，1965）。由于PPP项目中公私双方的合作伙伴关系是通过合同来建立和维持的，其公平问题必然集中体现在合同上，而在庞大、繁杂的PPP项目合同体系中，反映PPP主交易关系的为“政府和社会资本（项目公司）之间的PPP项目合同”，以及“项目公司与承包商之间的工程承发包合同”。二者分属PPP主交易关系中的不同级别，具有不同的性质，其公平问题的表现也有差异。鉴于此，本篇将在对我国PPP模式发展现状进行描述的基础上，提出PPP主交易关系中的两级合同并明确其公平问题的不同表现，梳理公平相关研究较为成熟的供应链、战略联盟等领域的研究成果，以为后续的研究奠定基础。

第1章　我国PPP模式发展现状

PPP模式的最终目标是提高公共产品和服务的供给效率（Brinkerhoff D W and Brinkerhoff J M，2011）。该模式因能有效减轻公共财政负担、分担政府风险、提高公共服务效率等作用而受到各国青睐。目前，PPP模式在我国基础设施和公用事业领域得到广泛的应用。

1.1　PPP模式在中国的演变

从20世纪80年代开始，我国便零星地开展PPP项目，经历了从建设-运营-转让（build-operate-transfer，BOT）到建设-转让（build-transfer，BT），再到广义PPP模式的演变，其应用领域从交通、能源、水务行业延伸至垃圾处理、污水处理、供热等。2014年起，以政府为主导，中国掀起了全国范围内的PPP热潮，PPP项目数量呈井喷式增长。自此，我国PPP模式开始经历运动式推广过程：从2014～2016年的“猛涨”阶段到2017年因政府出台相关政策对实际操作过程中存在的问题加以规范而引起的“暴跌”阶段，直至目前恢复到“理性平稳”阶段（王守清，2018）。这意味着我国PPP模式正处于成熟阶段前的过渡阶段。本节将梳理PPP模式在我国的兴起以及发展历程，并且阐释PPP模式与在我国一度风行的BT模式之间的关系。

1.1.1　PPP模式在中国的兴起

经济发展的主导需从集权的计划经济体系向自由化的市场经济转型。社会资本的介入为20世纪70年代后各国的经济发展注入了一剂强心针，PPP

模式也随着社会资本参与至公共项目建设中而逐渐被各国所接受。英国是最早应用 PPP 模式开展公共基础设施建设的国家，其属于典型的老牌资本主义国家，国有企业比例过大，市场竞争乏力；为此，1980 年，撒切尔政府对私人部门进行了一次结构调整，将私人部门视为国家发展的重要积极因素，正式确立私有化政策，并积极采用外包、公私合资和伙伴关系等方式吸引私人资本参与公共基础设施的建设。随后，PPP 模式引入澳大利亚、加拿大、美国、日本、法国等发达国家，并逐渐发展成熟。PPP 模式兴起之初的主要目的是为基础设施融资。政府在建设公路、铁路等基础设施时，由于资金不足，让私人部门投资，而私人部门通过经营收费来回收投资；之后 PPP 模式不断应用到供水、污水处理、公共卫生与医疗、基础教育等领域，全球 PPP 项目增加并呈现多元化发展趋势。

PPP 模式之所以能够得到各国的钟爱，主要取决于以下几点优势：①公共部门和民营企业共同参与项目建设和运营，可以发挥各自优势，充分利用有限资源，并通过建立长期互利的合作目标来实现共赢；②PPP 项目基本上都是建设周期长、耗资巨大的工程，运用 PPP 模式能够弥补公共部门资金不足的缺陷；③民营企业由于利益驱动会更加积极地参与基础设施建设，这样既降低了公共部门的管理成本和压力，也减少了公共部门的资金成本；④PPP 模式机制创新，管理灵活，责权利明确，比传统的由政府单独建设、运营的模式更为高效；⑤公私联营缩短了建设期，使得公众能更加快捷和便利地享受公共设施所提供的服务；⑥政府在公共基础设施建设中的角色得到了转换，在项目运作过程中有了新的合作伙伴，使得政府部门的工作得到了更多的监督和约束，而民营企业基于利益驱动和回收成本的需要，也会更努力地提高基础设施建设和服务水平。

1.1.2 中国 PPP 模式发展历程

中国正式启用 PPP 模式始于 1984 年，时至今日已有 30 余年的发展历史。随着 PPP 模式在我国的发展与应用，其内涵也在不断丰富与拓展。中国 PPP 模式逐渐延伸为一系列融资方式的总称，根据特定项目的性质、类别、所有权以及私人部门参与程度等的不同可划分为 BT、BOT、建设-移交-运营（build-transfer-operate，BTO）、建设-拥有-运营（build-own-operate，BOO）、设计-建设（design-build，DB）、设计-建设-融资-运营（design-build-finance-operate，DBFO）、私人主动融资（private-finance-initiative，PFI）、移交-运营-移交（transfer-operate-transfer，TOT）、重构-运营-移交（renovate-operate-transfer，ROT）等子类模式（徐可和何立华，2016；王守清和柯永建，2008）。纵观中国 PPP 模式发展历程，其主要可分为以下四个阶段①。

1. 中国 PPP 模式探索试行阶段（1984～2002 年）

在中国实行改革开放之后，外资成为中国基础设施建设的重要资金来源之一，这为 BOT 模式的引进创造了良好的条件。1992 年，十四大提出建设社会主义市场经济体制，BOT 模式逐渐兴起。典型 BOT 项目包括深圳沙角 B 电厂、成都市第六自来水厂 B 厂、上海大场自来水处理厂、广深高速公路、北京市第十水厂、大连路隧道等。2002 年，十六大进一步强调市场机制。随后，住房和城乡建设部陆续出台相关文件，鼓励国内外投资者以特许经营等方式投资污水处理、供水、供热、公共交通等公共事业，BT 模式应运而生。这一时期典型项目有吉林市江湾大桥 BT 项目。

该阶段 PPP 模式以 BOT 形式为主，并伴随 BT 模式的产生。其融资渠道以外商投资为主，外商参与和国际化运作模式发挥着技术引进作用，也对 PPP 本土化起到了促进作用。该时期 PPP 模式的应用领域主要涉及交通、能源、水务和垃圾处理项目。然而，由于项目的前期策划与招商阶段周期较长、成本和技术壁垒较高，其在一定程度上限制了 PPP 模式的广泛应用。

2. 中国 PPP 模式拓展渗透阶段（2003～2008 年）

为解决政府短期内的资金困难问题，中国政府越来越多地对经营期间不经济或不宜出卖经营权的基础设施建设项目采用 BT 模式运作（杜亚灵和王剑云，2013）。建设部发布的《关于培育发展工程总承包和工程项目管理企业的指导意见》（建市〔2003〕30 号）指出：鼓励有投融资能力的工程总承包企业，对具备条件的工程项目，根据业主的要求按照 BT、BOT、BOO、建设-拥有-经营-转让（BOOT）等方式组织实施。该文件明确提出 BT 模式的发展前景。2004 年，国务院颁布的《国务院关于投资体制改革的决定》

① 中国 PPP 发展历程及特征分析（1984—2017）. http://bridata.com/report/detail?id=1172[2020-07-01].

（国发〔2004〕20 号）又明确规定：放宽社会资本的投资领域，允许社会资本进入法律法规未禁入的基础设施、公用事业及其他行业和领域。在此背景下，BT 项目数量逐渐增多。典型 BT 项目包括北京国家体育场（鸟巢），重庆华村嘉陵江大桥，南京九华山隧道，上海中环线（清西段）A2、7 标万荣路—铜川路高架工程，太仓市 339 省道复线昆太段改造工程，姜堰区溱湖大道工程等。同时，其他类型的项目依然并存，如南京长江三桥 BOT 项目、合肥市王小郢污水处理厂 TOT 项目、北京地铁四号线特许经营项目、张家港生活垃圾焚烧发电厂 BOO 项目等。

该阶段 PPP 模式的应用领域以市政公用事业为主，其中污水处理项目占主导地位，另涵盖供水、垃圾处理、供热等项目，并且 BT 项目所占比重有所增加。2007 年之后，投资人中，民企和国企占据主导地位，外企所占比重下降，并大规模地以公开招标方式选择投资人，使地方政府更握有主动权，在避免暗箱操作、维护公共利益的同时，可以有效降低交易费用，提高项目效益。此外，PPP 项目实施流程、合同文本、运作方式的进一步成熟对 PPP 的应用起到了拓展和渗透作用。

3. 中国 PPP 模式波动发展阶段（2009～2013 年）

2008 年，为应对国际金融危机，中国政府推出 4 万亿元的经济刺激方案，以进一步扩大内需和促进经济增长，引导巨额财政资金（约 1.5 万亿元）和信贷资金投入基础设施领域。PPP 模式因此受到冲击，一些处于前期阶段的 PPP 项目直接退出 PPP 模式，转为政府投资，这对私人资本形成严重的挤出效应。后因公共项目面临建设资金相对不足的困境，国务院重新重视民间投资，通过 BT 模式向私人部门举债以满足公共项目供给，BT 项目数量剧增，甚至超过 BOT 项目数量。尽管 BT 模式是对本土项目管理情境的一种适应，但该模式的融资方式决定了 BT 项目在实施过程中将面临复杂的资金来源，这使得此类项目的投资控制面临着比其他模式更为复杂的影响因素，也使得政府公共部门面临更大的债务风险（Cheng et al.，2016；严敏等，2015）。2011 年 6 月，审计署发布《全国地方政府性债务审计结果》，使得中国的地方政府债务问题浮出水面。该报告指出，截至 2010 年底，全国地方政府性债务余额达到 107 174.91 亿元，地方债务危机严重。据此，2012 年中央出台《关于制止地方政府违法违规融资行为的通知》（财预〔2012〕463 号），限制 BT 模式的应用，明确指出除法律和国务院另有规定外，地方各级政府及所属机关事业单位、社会团体等不得以委托单位建设并承担逐年回购（BT）责任等方式举借政府性债务以及禁止为 BT 模式担保等内容。由此，BT 模式逐渐淡出人们的视线。这一时期典型的 PPP 项目包括北京门头沟区鲁家山垃圾分类处理焚烧发电项目、兰州七里河安宁污水处理厂 TOT 项目、株洲市清水塘工业废水综合处理利用项目、太原市生活垃圾焚烧发电厂 BOT 项目、西安市第二污水处理厂二期工程 BOT 项目、贵州省道真至瓮安高速公路项目等。

该阶段 PPP 模式的发展趋势主要表现为 BT 模式的起伏跌宕。由于国企实力强且信用高，以政府资源作为支撑，国企采用 PPP 模式参与基础设施建设占据主导地位，资金需求额度剧增，金融市场成熟，出现上市、企业债、信托等多元化的 PPP 项目融资渠道。

4. 中国 PPP 模式强力推广阶段（2014 年至今）

2014 年至今，PPP 模式的驱动因素处于多元化并存态势，在以财政部为首的国家部委的强力推动下，形成了新一轮的 PPP 热潮（韦小泉等，2017）。财政部和国家发展和改革委员会等出台一系列推进、规范 PPP 模式的相关文件，使 PPP 模式渐渐成熟化。这一阶段的典型项目包括北京新机场轨道线社会化引资项目，池州市主城区污水处理及市政排水设施 PPP 项目，安庆市外环北路工程 PPP 项目，南京市溧水区产业新城 PPP 项目，贵州六盘水市地下综合管廊 PPP 项目，迁安市海绵城市建设 PPP 项目，开封市体育中心 PPP 项目，荥阳市人民医院整体建设 PPP 项目，芜湖市轨道交通 1 号线、2 号线一期 PPP 项目，徐州市城北汽车客运站一期等城市客运交通功能性综合体 PPP 项目。财政部发布的《关于规范政府和社会资本合作（PPP）综合信息平台项目库管理的通知》（财办金〔2017〕92 号）和国务院国有资产监督管理委员会发布的《加强中央企业 PPP 业务风险管控的通知》（国资发财管〔2017〕192 号）对 PPP 项目进一步规范，对 PPP 项目风险加强管控。该阶段的 PPP 项目落地得到了大力鼓励和推动，但也出现了虚假 PPP 项目及变相融资问题。为此，我国不断完善相关政策，加快顶层设计，例如《基础设施和公共服务领域政府和社会资本合作条例（征求意见稿）》的发布，证明 PPP 立法取得实质性进展。中国 PPP 模式在不断规范和推广的同时，也为世界 PPP 领域贡献出了独有的智慧。

纵观中国 PPP 模式几十年的发展历程，从探索到继往开来，已形成具有中国特色的 PPP 模式发展之路。总体上，中国 PPP 模式发展存在时序不稳定性、空间非均衡性、应用较独特性的特点，受到中国政治、社会、经济、文化、制度以及其他因素共同影响。随着中国的不断发展，中国 PPP 模式的应用也将不断走向完善。

1.1.3 BT 模式及其与 PPP 模式的关系

BT 模式涉及的各参与主体主要包括政府部门、BT 项目主办人、BT 项目承办人、金融机构、BT 项目公司、BT 项目承包商、BT 项目回购人。其中，政府部门是公众利益的代表者，是 BT 项目的授权人和特许人，进行公共项目的投资决策和监督管理；BT 项目主办人是 BT 项目的发起主体，一般是政府授权机构按照国家对建设项目实行项目法人责任制的要求设立的国有或国有控股公司；BT 项目承办人是由 BT 项目主办人通过竞争性选择方法确定的 BT 项目的投资人，主要职责是负责成立项目公司，对 BT 项目进行融资管理；金融机构是 BT 项目承办人获得资金来源的渠道之一；BT 项目公司是具体的投融资建设的实施主体，直接负责项目的融资、建设和管理工作；BT 项目承包商主要负责 BT 项目的施工建设；BT 项目回购人亦是 BT 项目主办人，在项目竣工验收并移交后，按期向项目公司支付回购款。

国际上通行的 BT 模式运作流程是：由 BT 项目公司进行融资、投资与施工，工程竣工并验收合格后 BT 项目公司向业主交付使用权和所有权，业主在一定时间内根据 BT 合同回购项目。尽管 BT 模式的运用根据实际项目情况可能会有所不同，但总体而言，BT 模式的基本运作流程大致相同。国内 BT 项目的主要运作程序包括：BT 项目决策阶段、BT 项目准备阶段、BT 项目招标及合同签订阶段、BT 项目建设阶段、BT 项目移交阶段（图 1-1）。

1. BT 项目决策阶段

对于公共项目而言，BT 项目决策阶段主要由政府部门完成。政府首先要对拟建项目提出项目建议书，对拟建项目进行技术、资源、经济以及法律上的可行性研究，初步确定项目的投资决策意向（周江华，2005），即哪些项目可以采用 BT 模式建设，重点研究采用 BT 模式满足建设项目需要的可

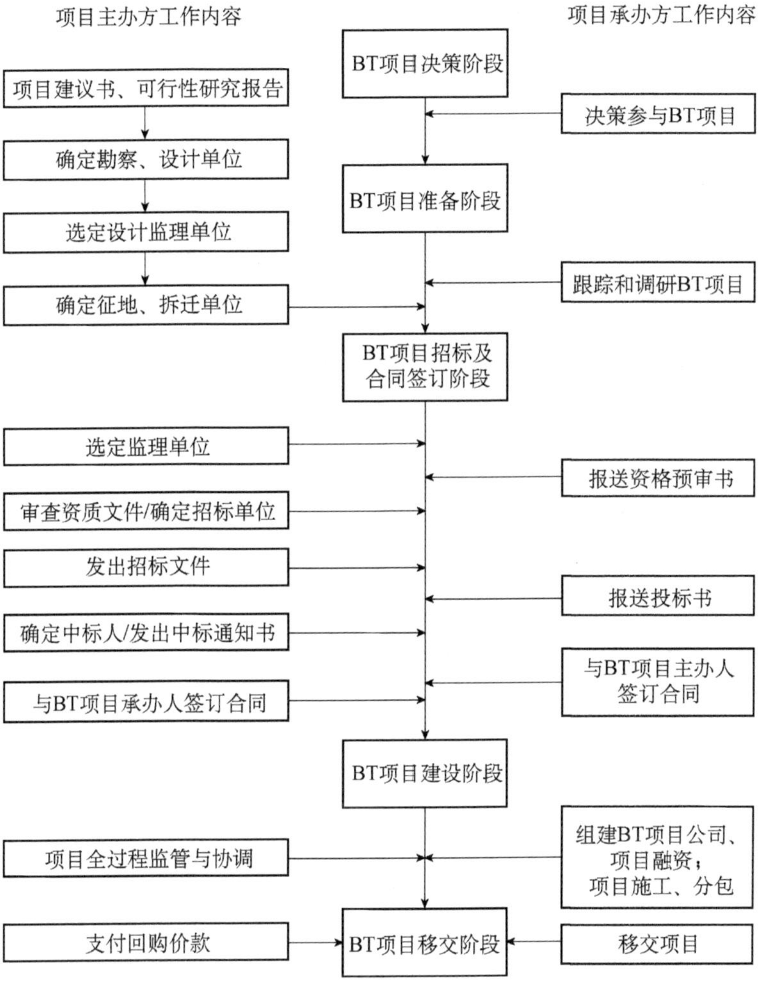

图 1-1　BT 模式的运作程序

行性。另外，本国企业或外国企业经过对各种因素的分析，可以结合政府的规划，向项目政府提出项目建议，但是政府拥有项目实施的最终决定权（肖春华，2002）。

2. BT 项目准备阶段

如果项目可行性研究获得批准，并采用 BT 模式，下一步就是项目的准备阶段。这一阶段主要由政府授权机构（一般为国有企业）来履行 BT 项目主办人的职责。该职责主要是为下一步招标 BT 项目承办人做好项目准备工作。在这一阶段，BT 项目主办人需要制定项目技术参数的研究报告，确定项目的性质和规模，完成项目初步设计并编制初步设计概算，根据这些资料准备招标文件。

3. BT 项目招标及合同签订阶段

这一阶段是 BT 项目主办人选定 BT 项目承办人的阶段，由 BT 项目主办人与 BT 项目承办人谈判并签订合同。BT 项目主办人在正式招标之前要对候选 BT 项目承办人进行资格审查，通过对各承办人的组织管理情况、财务情况的分析，确定正式参加投标的 BT 项目承办人名单。BT 项目承办人要响应 BT 项目主办人的招标文件，制定投标书。投标书的主要内容包括：资格审查、组织管理情况、财务情况、对合同条款的承诺、降低工程造价措施、投标报价、合同价格调整方式、风险分担方式、工程质量、计划工期、施工组织设计方案等（肖春华，2003）。BT 项目主办人按照标的衡量标准对各投标人的投标书进行评价和优选。确定中标项目承办人后，同中标项目承办人谈判，确认 BT 项目合同条款细则，双方签订合同，形成具有法律约束力的文件。

4. BT 项目建设阶段

这一阶段 BT 项目承办人需要组建 BT 项目公司，并由 BT 项目公司负责 BT 项目的实施。BT 项目公司作为总承包商，需要签订分包合同和材料设备采购合同（BT 项目主办人提供材料设备的除外）。BT 项目建设期间，BT 项目承办人按照 BT 投融资建设合同以及建设项目施工合同对 BT 项目进行管理，确保 BT 项目按期完成。BT 投融资建设合同通常为总价合同，需在 BT 项目建成后移交给 BT 项目主办人，因此 BT 项目主办人不应该过多地对施工过程进行具体管理，其需要做的是加强对 BT 项目公司的审查和监督管理。

5. BT 项目移交阶段

BT 项目建成后，BT 项目公司在组织工程竣工验收通过后，按合同约定向 BT 项目主办人或政府授权的其他机构移交。同时，由 BT 项目主办人向 BT 项目承办人支付项目的回购价款。对于 BT 项目承办人而言，项目的设计一般能够使得其在合理的时间内偿还项目的贷款并获得一定利润；对于 BT 项目主办人而言，其并不需要按工程进度支付工程款，而是可以在项目竣工验收合同移交后按照合同约定支付回购价款，并且支付的方式也比较灵活，既可以是一次性支付完成，也可以在约定的时间内分期支付完成。如果 BT 项目主办人有支付能力，可以考虑提前支付，即在项目没有竣工之前就支付回购价款，这样可以为项目主办人节省一部分融资成本。

通过分析 BT 模式的运作流程可知，BT 模式体现了政府与社会资本合作进行基础设施投融资与建设的思想，BT 模式的应用缓解了政府的资金压力，加快了公共项目的建设步伐（余勇军等，2014）。国际上普遍认为 BT 模式是由 BOT 模式演变而来的，联合国工业发展组织（1996）对基础设施 BOT 项目做过专门的分析报告，其中将 BT 视为 BOT 的一种变形模式。广义的 PPP 模式泛指公共部门通过与私营部门建立伙伴关系提供公共产品或服务的方式，联合国训练研究所（U. N. Institute for Training and Research，UNITAR）将 BT、BOT、PFI 等多种模式均归入 PPP 模式范畴（Diallo，1983）。由此可知，BT 模式属于广义 PPP 模式的范畴。

由于 BT 模式不包含运营阶段，BT 项目建成后需移交给政府方，政府方需按照回购协议支付投资方建设成本和相应的报酬，故 BT 模式主要适用于非经营性、非营利性的公共基础设施和公共事业项目建设。然而，BT 模式在我国应用的过程中也出现了许多问题：一方面，由于投资人选择上的不充分竞争，容易导致融资阶段的额外投资收益和工程总承包阶段的超额施工利润，最终导致公共产品的回购价格远远高于实际成本；另一方面，BT 模式之于各级政府最大的吸引之处在于能够平衡地方财政预期支出能力与公共产品短期供给需求之间的矛盾，各级政府通过预期的财政支付手段实现项目回购的目的，导致政府债台高筑。鉴于此，我国于 2012 年出台《关于制止地方政府违法违规融资行为的通知》（财预〔2012〕463 号），限制 BT 模式的应用，因此 BT 模式在我国 PPP 市场中开始逐渐淡出；而后发布的《国家发展改革委关于开展政府和社会资本合作的指导意见》（发改投资〔2014〕2724 号）（简称 2724 号文）与《关于印发政府和社会资本合作模式操作指南（试行）的通知》（财金〔2014〕113 号）（简称 113 号文）中列举的 PPP 项目普遍运作方式均包含运营阶段。由此可见，BT 模式已不再是我国当前阶段提倡的 PPP 细分模式。

1.2 中国 PPP 模式的制度建设

中国 PPP 模式的发展离不开制度的保障，PPP 模式的制度建设着重体现在我国 PPP 模式相关配套政策的不断完善上。本书基于我国 PPP 政策文件梳理，将我国 PPP 制度建设分为以下两个阶段。

1.2.1 满足 PPP 模式运行的基本保障阶段（1984～2013 年）

该阶段的制度建设为 PPP 模式的运行提供了基本保障，本节对关键的政策文件（附表 1）进行了梳理和解读。1978 年中国改革开放后，政府吸引外资进入市场，有一部分资金尝试性地进入了基础设施领域。20 世纪 80 年代中期，中等发达国家出现债务危机。为了推动经济持续发展，土耳其率先提出 BOT 模式，随后由中国香港将其引进内地。1992 年底，十四大确立社会主义市场经济体制，为基础设施市场化投融资改革打下基础。2001 年，国家发展计划委员会出台的《国家纪委关于印发促进和引导民间投资的若干意见的通知》（计投资〔2001〕2653 号），以及 2002 年建设部出台的《关于印发〈关于加快市政公用行业市场化进程的意见〉的通知》（建城〔2002〕272 号），均提出为积极推进市政公用行业市场化，建立特许经营制度创造条件。2004 年，建设部出台《市政公用事业特许经营管理办法》（中华人民共和国建设部令第 126 号），该文件成为当时城市公用事业市场化的标志性文件，PPP 模式也得到基本规范。2005 年，国务院出台《国务院关于鼓励支持和引导个体私营等非公有制经济发展的若干意见》（国发〔2005〕3 号），该文件是第一个允许民间资本进入能源、通信、铁路、航空和石油业的中央级政策，并指出要进一步建设法律框架以支持民间资本投资、建设和运营公共基础设施领域。2008 年，随着国际金融危机的爆发，PPP 被地方政府融资平台所取代；各地方政府为实现经济的稳定增长，纷纷建立城市建设投资公司，PPP 项目被搁置。2010 年，国务院出台鼓励和引导民间投资的“新国 36 条”政策，再次鼓励和支持民间资本进入基础设施领域。2013 年，国务院颁布《国务院办公厅关于政府向社会力量购买服务的指导意见》（国办发

〔2013〕96 号），要求因地制宜、积极稳妥地推进政府向社会力量购买服务工作，不断创新和完善公共服务供给模式，加快建设服务型政府；十八届三中全会通过《中共中央关于全面深化改革若干重大问题的决定》，提出允许更多国有经济和其他所有制经济发展成为混合所有制经济，国有资本投资项目允许非国有资本参股。因此，混合所有制改革对中国 PPP 模式的快速发展起到了一定的推动作用。

从 PPP 模式作为一种新型的项目融资方式引入中国，满足了中国政府当时对外商投资的急切需求，到广泛而多元的项目实践促进了 PPP 体系的完善和发展，虽然该阶段的 PPP 体系仍缺乏顶层设计，PPP 项目亟须规范，但实践与理论共识初步成型，基本确立了政策法规框架、项目结构与合同范式，为中国 PPP 模式的进一步发展打下了良好的基础。

1.2.2　积极推动 PPP 模式的发展与应用阶段（2014 年至今）

自 2014 年《关于推广运用政府和社会资本合作模式有关问题的通知》（财金〔2014〕76 号）文件出台以来，中国相关部委加强了 PPP 示范项目建设，建立财政部政府和社会资本合作中心“全国 PPP 综合信息平台”[①]，地方层级政府也加大了对 PPP 项目的招商宣传及推介力度。该阶段的 PPP 模式热度前所未有的高，PPP 模式被大力推广并应用于基础设施和公用事业领域。同时，在国务院的宏观把控下，以财政部和国家发展和改革委员会为主导，各部委积极配合，共同完善相关政策及规范文件，助力 PPP 模式在我国的发展应用。鉴于此，本节着重对 2014 年至今由国务院、财政部和国家发展和改革委员会参与发布的具有代表性的 PPP 相关政策进行了以下梳理与解读。

1. PPP 模式相关政策密集发布阶段（2014～2016 年）

随着中国社会经济的不断发展，公共基础设施在新型城镇化进程中存在着极大的建设需求。由于公共项目投资巨大，仅凭政府财政支出或银行贷款难以满足建设投资，PPP 模式不仅可以解决建设需求和投资问题，而且能够提高公共服务的供给效率（亓霞等，2009），故相关政策在该阶段密集发布

① “全国 PPP 综合信息平台”（又称 PPP 项目库），包括全国 PPP 综合信息平台项目管理库（简称管理库）、全国 PPP 综合信息平台项目储备清单（简称储备清单）等组成模块。

以鼓励PPP模式在我国成功应用。一方面，提出落实促进社会资本投资的各项政策，并出台细化的政策措施，改善投融资环境，进一步激发社会资本的投资活力；另一方面，提出大力创新和推广PPP模式，推动地方政府利用多种PPP操作方式盘活存量资产，加快完善价格收费标准政策，在相关领域建立合理的投资回报机制，吸引社会资本积极投资参与公共基础设施建设，进一步提高公共服务的供给效率。该阶段由国务院、国家发展和改革委员会和财政部发布的主要的PPP相关政策文件详见附表2。

2. PPP模式相关政策强化规范阶段（2017年至今）

2014年以来，PPP项目数量呈井喷式增长，然而，由于PPP还没有形成一种固定的模式，新上马的PPP项目在实践操作过程中难免会走一些弯路，并且从已运行的项目来看，有些操作程序较为混乱，操作不规范的情况也屡有发生。因此，自2017年开始，中央各部委陆续出台了一些相关的规范性的政策文件，一方面，提出禁止借PPP模式变相举债融资，防止PPP模式异化为地方政府新的融资平台，对不符合要求的PPP项目采取相应的处理措施，积极发挥示范项目的规范作用；另一方面，提出地方政府参与PPP项目时，不得以任何方式承诺回购社会资本方的投资本金，同时加强PPP项目监管，保证PPP项目实现物有所值，积极推动PPP立法。该阶段由国务院、国家发展和改革委员会和财政部发布的主要PPP相关政策文件详见附表3。PPP的规范文件划分了很多类别，如项目决策、融资方案、招标投标、合同签订等，而各角度的规范目的不仅是防范地方政府的债务风险，更在于提高公共服务的供给效率，促进中国PPP体系完善，让PPP模式发展得更为行稳致远。

为完善PPP模式制度建设，我国不断出台新的文件，从政策支持、组织机构、指导工具、示范推广、专家指导、公众参与机制、法律法规七大层面，对中国PPP体系予以规范（王丝丝，2017）。

（1）政策支持：PPP政策分为规划、指引、政令等规范性文件，从而反映政府的政策目标和实施PPP项目的具体举措。

（2）组织机构：涉及PPP运作流程的各部门之间的职责分工和协作，从而影响对PPP工作的统筹管理。

（3）指导工具：如PPP操作指南、财政承受能力论证指引、PPP采购管理办法、竞争性磋商管理办法、PPP通用合同指南、物有所值（VFM）评价指引等，用于解决技术性的操作规范及标准问题。

（4）示范推广：主要是指国家为进一步推广 PPP 模式而设立的典型示范项目。国家已先后推出四批 PPP 示范项目。

（5）专家指导：国家发展和改革委员会成立 PPP 专家库，并按照 PPP 的特点分为综合、项目管理、工程技术、金融、法律、财务六组，为全面推动 PPP 工作提供重要支撑。

（6）公众参与机制：利用信息的公开透明，发动利益相关方通过核实方式参与到公共决策以及 PPP 相关工作中。

（7）法律法规：PPP 相关法律法规的完善，解决 PPP 项目运作过程中与其他部门法律规范之间的冲突及衔接。

总之，中国 PPP 模式制度建设的不断加强，顶层制度设计、规范性工具的不断完善，对中国 PPP 模式的发展起到了积极的推动作用。

1.3　中国 PPP 项目的体量发展

我国政府于 2014 年开始在全国范围内大力推广 PPP 模式，这是一个清晰的分水岭。在此之前的项目体量不够明确，至少统计数据是不够权威。例如：根据世界银行的统计数据，1990～2014 年，中国已实施的 PPP 项目总数为 1204 个；北京大岳咨询有限责任公司则表示，1990～2014 年，其统计的我国已实施的 PPP 项目数量超过 7000 多个；Cheng 等（2016）则是将公开渠道搜集到的中国 1984～2013 年的 1221 个 PPP 项目作为研究样本的。而在 2014 年之后，PPP 项目库完整地收录了我国实践中的所有 PPP 项目，或者说，所有的 PPP 项目均需入库管理。鉴于此，本节将仅就 PPP 项目库中的统计数据考察中国 PPP 项目既有体量的发展轨迹，并据此预测其未来的发展趋势。

1.3.1　既有体量的发展轨迹

PPP 模式自推行以来就在各地区、各行业广为应用，PPP 项目的数量和投资额持续增长。根据财政部政府和社会资本合作中心的有关数据，截至

2019 年 12 月末，PPP 项目库信息如下。①市场规模方面，截至 2019 年末，管理库累计项目 9440 个，同比增加 786 个，增长 11.8%，累计项目投资额 14.4 万亿元，同比增加 1.2 万亿元，增长 9.1%。2019 年，PPP 市场由过去的重数量和速度向重质量转变，新入库项目数同比减少 2640 个，下降 64.8%，投资额同比减少 3.6 万亿元，下降 62.1%；净入库项目数同比减少 731 个，下降 48.2%，投资额同比减少 1.2 万亿元，下降 50.0%，另外，储备清单项目 2922 个、投资额 3.2 万亿元。②开工率方面，2019 年，落地项目 1639 个、投资额 2.7 万亿元，比 2018 年增加 584 亿元，上升 2.2%；开工项目 1471 个，投资额 2.4 万亿元，比 2018 年增加 8768 亿元，上升 57.6%。2014～2019 年末，管理库项目累计 9440 个，同比增加 786 个，增长 9.1%；项目投资额累计 14.4 万亿元，同比增加 1.2 万亿元、增长 9.1%，覆盖 31 个省（自治区、直辖市）及新疆生产建设兵团的 19 个行业领域；落地项目累计 6330 个、投资额 9.9 万亿元，落地率 67.1%，比 2018 年末上升 12.9 个百分点；开工项目累计 3708 个、投资额 5.6 万亿元，开工率 58.6%，比 2018 年末上升 10.9 个百分点。③行业分布方面，2019 年净入库项目投资额前五位是交通运输 7332 亿元、市政工程 1921 亿元、城镇综合开发 1429 亿元、生态建设和环境保护 908 亿元、林业 718 亿元，管理库累计项目投资额前五位是交通运输 4.6 万亿元、市政工程 4.2 万亿元、城镇综合开发 2.0 万亿元、生态建设和环境保护 9988 亿元、旅游 4666 亿元。通过对相关数据的进一步分析可知，目前我国 PPP 项目的发展主要存在以下三个特点。

1. PPP 项目行业集中度较高

截至 2019 年末，管理库内各行业累计项目数及投资额如图 1-2 和图 1-3 所示。其中，项目数量排前三位的行业是市政工程、交通运输、生态建设和环境保护，合计占管理库项目的 64.0%；投资额前三位是交通运输、市政工程和城镇综合开发，合计占管理库项目总投资的 74.4%。在 6330 个落地项目中，项目数量排名前三位的是市政工程、交通运输、生态建设和环境保护，投资额前三位是市政工程、交通运输和城镇综合开发，如图 1-4 和图 1-5 所示。

2. PPP 项目落地率总体稳步增长

截至 2019 年末，落地项目累计 6330 个，覆盖除西藏、香港、澳门、台湾以外的 30 个省（自治区、直辖市）及新疆生产建设兵团的 19 个行业领域。2019 年，管理库落地项目 1639 个，比 2018 年度减少 323 个。截至 2019 年末，落地率 67.1%，同比上升 12.9 个百分点。管理库项目落地率变化如图 1-6 所示。

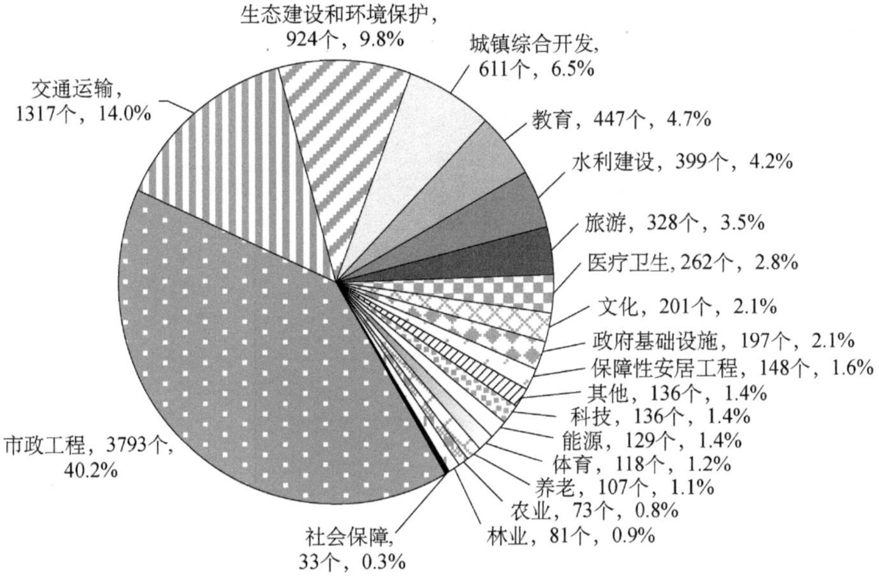

图 1-2　管理库项目数行业分布

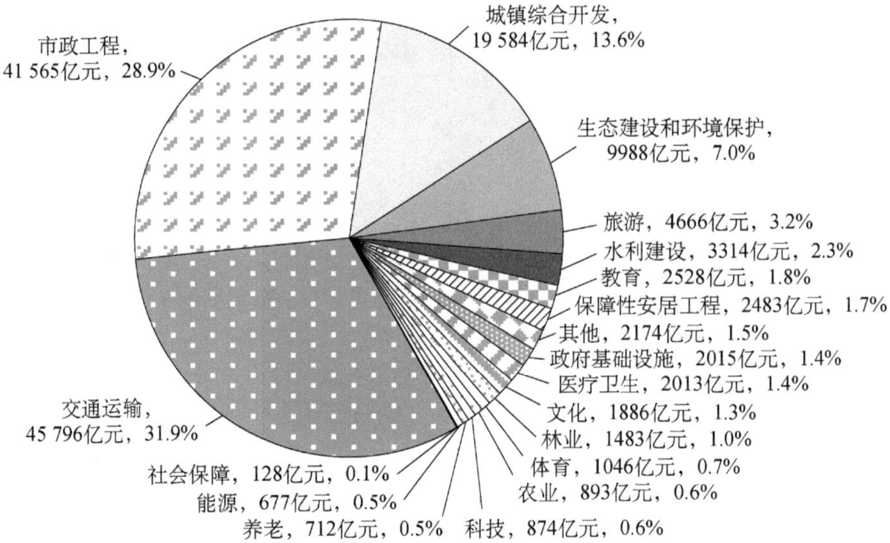

图 1-3　管理库项目投资额行业分布

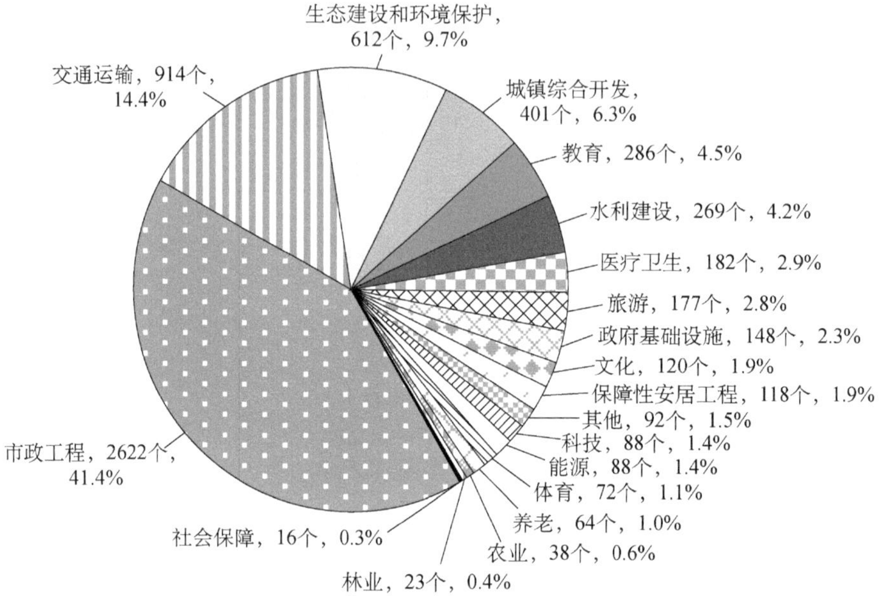

图 1-4　落地项目数行业分布

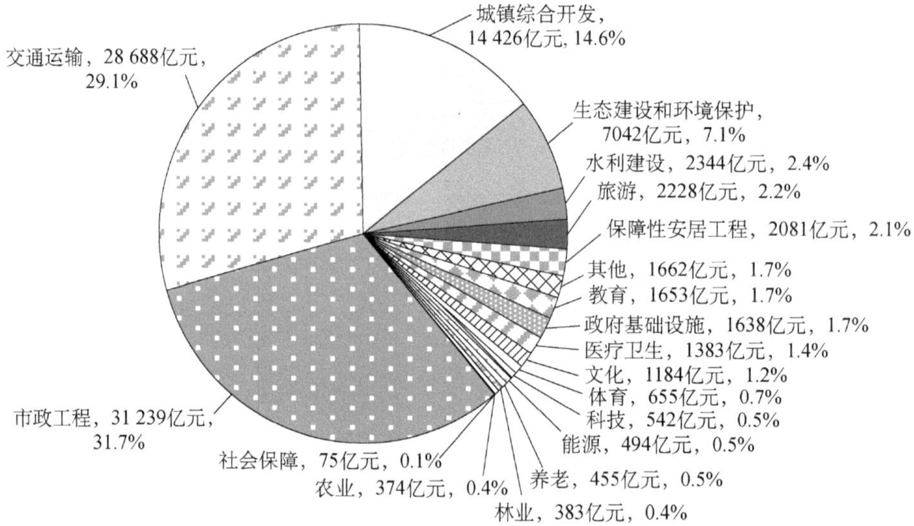

图 1-5　落地项目投资额行业分布

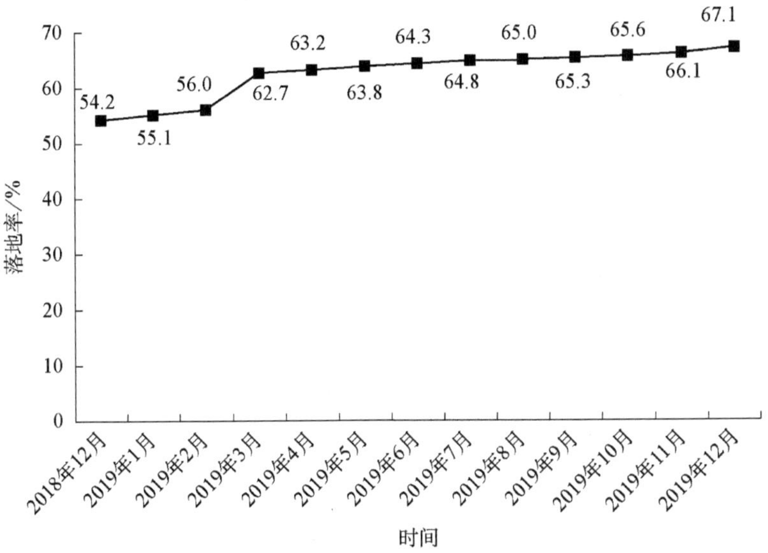

图 1-6　管理库项目落地率变化

3. 落地项目开工率总体稳步增长

截至 2019 年末，累计开工项目 3708 个，占落地项目的 58.6%，开工率比 2018 年末上升 10.9 个百分点，详见图 1-7。

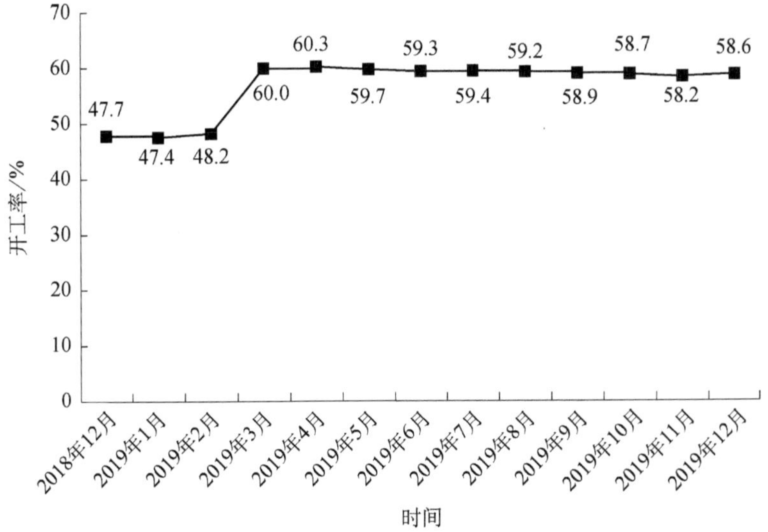

图 1-7　落地项目开工率变化

通过对上述数据的分析可知，PPP 项目的数量和投资额都在逐年增加，且落地率和开工率在总体上也呈上升趋势，PPP 模式在我国基础设施和公共服务领域得到了快速发展。

1.3.2 未来体量的发展趋势

2014 年，我国政府开始在全国范围内大力推广 PPP 模式。财政部于 9 月 23 日发布了第一份推广 PPP 模式的正式文件《关于推广运用政府和社会资本合作模式有关问题的通知》（财金〔2014〕76 号），自此，PPP 项目数量开始呈现爆炸式的增长。不过，在 PPP 迅速发展过程中，部分地方也出现了泛化、异化等不规范现象。于是，《国务院办公厅转发财政部发展改革委人民银行关于在公共服务领域推广政府和社会资本合作模式的指导意见的通知》（国办发〔2015〕42 号）等政策明确提出，要建立统一信息发布平台，及时公开 PPP 项目实施情况等信息，确保项目实施可以公开透明、有序推进。2016 年初，当时国内最为权威、数据较为全面、完整的关于 PPP 的官方信息平台——PPP 项目库上线。2017 年末，为了进一步规范 PPP 项目运作，防止 PPP 异化为新的融资平台，坚决遏制隐性债务风险增量，财政部发布了《关于规范政府和社会资本合作（PPP）综合信息平台项目库管理的通知》（财办金〔2017〕92 号），对已入库的 PPP 项目进行集中清理。2018 年开始，PPP 从迅速扩张的“增长年”或者“落地年”进入所谓的“规范年”。2018 年 4 月 24 日，财政部发布了《关于进一步加强政府和社会资本合作（PPP）示范项目规范管理的通知》（财金〔2018〕54 号），对核查存在问题的 173 个示范项目进行分类处置，并且提出要引以为戒，加强项目规范管理，建立健全长效管理机制。在从严监管的背景下，PPP 项目的开展与实施趋于谨慎，致使 PPP 项目成交数量和规模均开始呈现下降趋势。北京明树数据科技有限公司的《2018 年中国 PPP 市场年报》统计，2014～2018 年的 PPP 市场成交情况呈现倒 U 形，如图 1-8 所示。

事实上，被实务界誉为“中国 PPP 教父”的王守清教授早已指出，PPP 模式在我国的发展符合高德纳（Gartner）咨询公司提出的技术成熟度曲线（hype cycle）（图 1-9）。

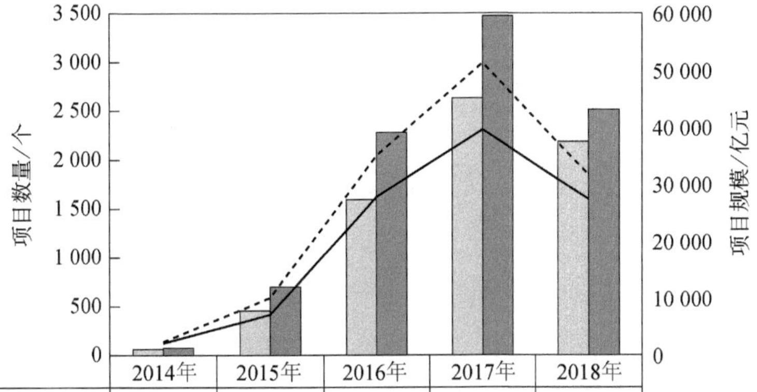

	2014年	2015年	2016年	2017年	2018年
项目数量（财政部）	62	455	1 592	2 633	2 185
项目数量（全口径）	77	699	2 278	3 464	2 513
项目规模（财政部）	2 110	7 130	27 749	39 564	27 326
项目规模（全口径）	2 317	10 055	34 996	51 320	31 621

图 1-8　2014～2018 年 PPP 项目年度成交情况统计图

上图中 PPP 项目数据统计分为两个口径：①财政部，指 PPP 项目库数据，包括管理库中进入采购或执行阶段并公布了成交信息的项目，若管理库中准备阶段的项目及储备清单中识别阶段的项目实际已公开中标信息，则纳入成交项目分析范围；②全口径，指北京明树数据科技有限公司观测的全国所有公开采购的 PPP 项目，包含了财政部入库项目中的执行阶段项目，以及未入财政部项目库的成交项目

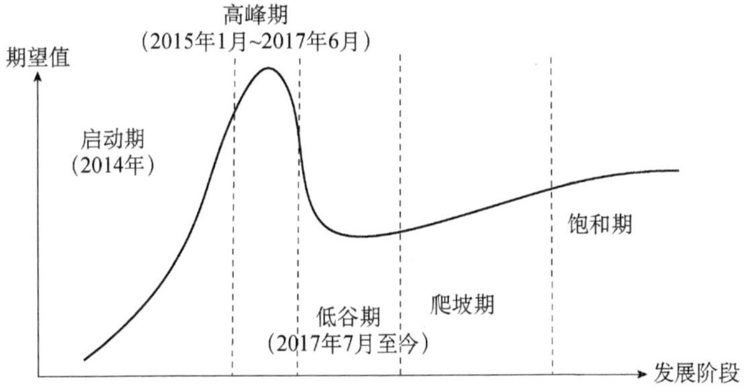

图 1-9　技术成熟度曲线

第 2 章　PPP 项目中的合同及公平

现代契约理论认为，现代生产关系的主要组成部分是依靠一系列契约关系连接的，而 PPP 项目的本质就是项目各个参与方缔结的契约组合（毕蕾，2016）。在 PPP 项目中，项目参与方通过签订一系列合同来确立和调整彼此之间的权利义务关系，因而 PPP 项目的公平问题主要体现在契约条款设定上。

2.1　PPP 主交易关系中的两级合同

PPP 项目的参与方通常包括政府方、社会资本[①]方、融资方、承包商和分包商、原料供应商、专业运营商、保险公司以及专业机构等。其中，政府方扮演两种角色：①作为公共事务的管理者，负有向公众提供优质且价格合理的公共产品和服务的义务，承担 PPP 项目的规划、采购、管理、监督等行政管理职能，并在行使上述行政管理职能时与项目公司（或社会资本）之间形成的行政法律关系；②作为公共产品或服务的购买者（或者购买者的代理人），政府基于 PPP 项目合同与项目公司（或社会资本）之间形成平等的民事主体关系，按照 PPP 项目合同的约定行使权利、履行义务。除 PPP 项目合同外，项目公司的股东之间，项目公司与项目的融资方、承包商、专业运营商、原料供应商、产品或服务购买方、保险公司等其他参与方之间，还会围绕 PPP 项目合作订立一系列的合同来确立和调整彼此之间的权利义务关

① 《财政部关于规范政府和社会资本合作合同管理工作的通知》（财金〔2014〕156 号）（简称 156 号文）中的附件《PPP 项目合同指南（试行）》将社会资本定义为：依法设立且有效存续的具有法人资格的企业，包括民营企业、国有企业、外国企业和外商投资企业；但本级人民政府下属的政府融资平台公司及其控股的其他国有企业（上市公司除外）不得作为社会资本方参与本级政府辖区内的 PPP 项目。

系，共同构成 PPP 项目的合同体系，主要包括股东协议、履约合同（包括原料供应合同、运营服务合同、工程承包合同、产品或服务购买合同等）、保险合同和融资合同等（图 2-1）。其中，PPP 项目合同与工程承包合同作为 PPP 主交易关系中的两级合同是整个 PPP 项目合同体系的核心。

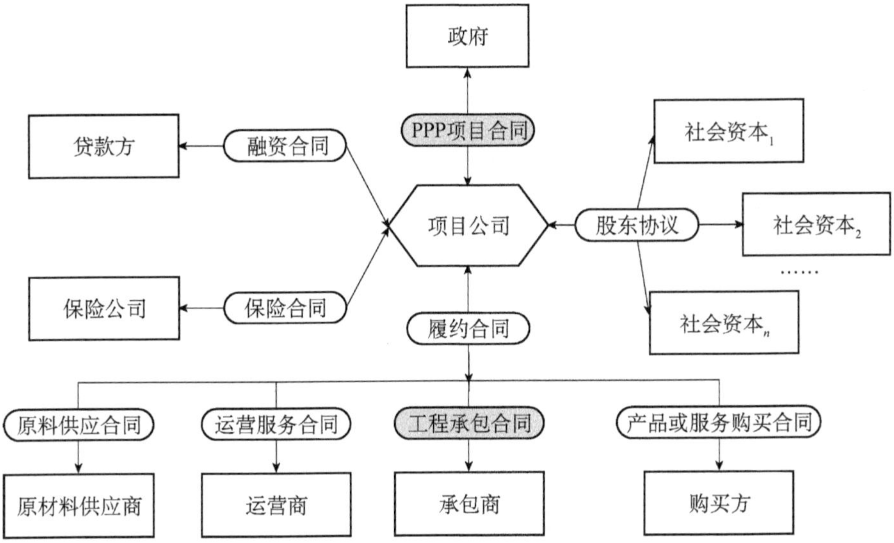

图 2-1　PPP 合同体系

资料来源：依据财政部《PPP 项目合同指南（试行）》绘制

2.1.1　政府和社会资本（项目公司）之间的 PPP 项目合同

在项目初期阶段，项目公司尚未成立时，政府会先与社会资本（即项目投资人）签订意向书、备忘录或者框架协议，以明确双方的合作意向，详细约定双方有关项目开发的关键权利义务。待项目公司成立后，由项目公司与政府重新签署正式的 PPP 项目合同，或者签署关于承继上述协议的补充合同。在 PPP 项目合同中通常也会对合同生效后，政府与项目公司及其母公司之间，就本项目所达成的协议是否会继续存续进行约定。以政府和社会资本（项目公司）为签约主体的 PPP 项目合同为整个 PPP 项目合同体系的基础和核心，规定了政府与社会资本（项目公司）的权利义务关系以及 PPP 项目的交易结构、风险分配机制等，并以此作为各方主张权利、履行义务的依据和项目全生命周期顺利实施的保障。

PPP 从行为性质上属于政府向社会资本采购公共服务的民事法律行为，

构成民事主体之间的民事法律关系。同时，政府作为公共事务的管理者，在履行 PPP 项目的规划、管理、监督等行政职能时，与社会资本之间构成行政法律关系。因此，我国 PPP 项目合同相关法律关系的确立和调整，主要依据现行的民商法、行政法、经济法和社会法。目前，我国 PPP 项目合同的制定主要依据 156 号文和 2724 号文。其中，156 号文提倡在 PPP 项目合同中要始终贯彻物有所值原则，在风险分担和利益分配方面兼顾公平与效率：既要通过在政府和社会资本之间合理分配项目风险，实现公共服务供给效率和资金使用效益的提升，又要在设置合作期限、方式和投资回报机制时，统筹考虑社会资本方的合理收益预期、政府方的财政承受能力以及使用者的支付能力，防止任何一方因此过分受损或超额获益，并附有《PPP 项目合同指南（试行）》，对 PPP 项目合同通常所包含的具有共性的条款和机制作原则性介绍。2724 号文指出：PPP 项目合同需明确服务标准、价格管理、回报方式、风险分担、信息披露、违约处罚、政府接管以及评估论证等内容，并附《政府和社会资本合作项目通用合同指南（2014 年版）》，为各地 PPP 项目合同的制定提供参考。该合同指南主要反映合同的一般要求，采用模块化的编写框架，共设置 15 个模块、86 项条款，适用于不同模式合作项目的投融资、建设、运营和服务、移交等阶段，具有较强的通用性。后续财政部等相关部门还将研究制定标准化合同文本等，进一步规范 PPP 合同管理工作，为 PPP 项目合同的订立提供依据。

2.1.2 项目公司与承包商之间的工程承包合同

由于项目公司负责项目的建设、运营和管理，项目公司的股东可能会包括希望参与项目建设运营的承包商、原料供应商、运营商、融资方等主体。PPP 项目库统计，2014～2018 年成交的 PPP 项目中，建筑承包商充当社会资本（私人部门）的占比为 57.47%，而运营商充当社会资本的占比仅为 19.30%。显然，建筑承包商在私人部门中占据主导地位，但其运营能力较为有限。现有研究发现，不同 PPP 项目类型具有不同的资产特征和对主办人的不同能力需求，合理的主办人构成应与之相适应：①对固定资产投资规模大的项目（如公路、铁路、机场、港口）、综合能力强的承包商和投资机构的组合将具有更多专业和资金方面的优势；②对技术和综合运营能力要求高的项目（如垃圾处理、水处理），运营商和技术商的组合是项目成功的保障；

③对核心设备技术要求高的项目（如电站），专业技术商是项目成功的关键；④对综合运营能力要求高的项目（如医院、政府办公楼等公用设施），综合运营商的参与则是项目成功运作的重要支持（刘婷等，2014）。由此可知，除固定资产投资规模大的PPP项目建议以承包商作为投资人外（也即实践中常说的“两标并一标”），其他类型的项目均需在项目公司成立之后，将项目建设工作分包给具有相应资质的承包商。项目公司一般只作为融资主体和项目运营管理者而存在，本身不一定具备自行设计、采购、建设项目的条件，因此会将部分或全部设计、采购、建设工作委托给工程承包商，签订工程承包合同。

项目公司可以与单一承包商签订总承包合同，也可以分别与不同承包商签订合同，承包商的选择要遵循相关法律法规的规定。在PPP项目中，对承包商和分包商的选择是影响工程技术成败的关键因素，其技术水平、资历、信誉以及财务能力在很大程度上会影响贷款人对项目的商业评估和风险判断，是项目能否获得贷款的重要因素之一；并且，工程承包合同的履行情况往往直接影响PPP项目合同的履行情况，进而影响项目的贷款偿还和收益情况。因此，为了有效转移项目建设期间的风险，项目公司通常会与承包商签订一个固定价格、固定工期的“交钥匙”合同，将工程费用超支、工期延误、工程质量不合格等风险全部转移给承包商。此外，工程承包合同中通常还会包括履约担保和违约金条款，来进一步约束承包商，使其妥善履行合同义务。

2.2　PPP项目中两级合同的性质

“契约”[①]（contract）可以理解为节约交易成本的协调形式，其详细地规定了支付、权利和责任（Williamson，1979），但对权利和责任的约束以及在各种情况下不能履约的后果则很少在签订的契约中非常详细地加以规定，而是依靠法律或声誉来执行（聂辉华，2009）。治理的本质即“协调利益相关者之间的关系”，而契约的核心内容权利（权）、责任（责）、支付（利）

① 经济学范畴的“契约”或“合约”，即对应于工程领域中的广义的“合同”，包括合同的签订、修正与补充等内容。

是界定与反映交易双方之间关系的重要途径，其中权利是为一定责任而设立的，配置权利必须对等于所分配的责任（Aghion and Tirole，1997）。契约经济学将契约分为一系列短期契约、长期契约与垂直一体化。由于人的有限理性、交易费用的存在以及与专用性投资等原因，现实中的交易双方只能缔结一份不完全契约（incomplete contract）（Fehr and Schmidt，1999）。Hart 和 Moore（1988）将不完全契约定义为不能穷尽未来所有可能性（偶然性、或然性）的契约，认为不完全契约的实质是契约当事人双方对信息是可观察的，但是却不能被第三方（如法院）所证实。在不完全契约理论框架下，当发生契约中未能清晰描述或明确规定的情形或事件时，契约当事人必将针对不可预测情形或事件的解决办法和收益配置等进行再谈判，即通过缔约阶段的初始契约及履约阶段的再谈判机制对双方的责任、权利及其风险进行约定与调整，来提高契约效率，保障交易的完成（聂辉华，2009）（图 2-2）。

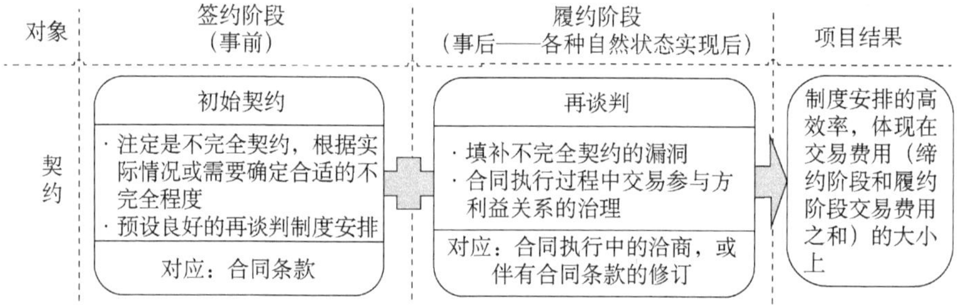

图 2-2 不完全契约的效率实现模型

资料来源：根据聂辉华（2009）绘制

2.2.1 政府和社会资本（项目公司）之间的 PPP 项目合同

《基础设施和公用事业特许经营管理办法》（国家发展改革委等六部委第 25 号令）规定：基础设施和公用事业特许经营期限应当根据行业特点、所提供公共产品或服务需求、项目生命周期、投资回收期等综合因素确定，最长不超过 30 年；对于投资规模大、回报周期长的基础设施和公用事业特许经营项目可以由政府或者其授权部门与特许经营者根据项目实际情况，约定超过前款规定的特许经营期限。目前，我国 PPP 项目特许经营期一般为 10～30 年，有的甚至是项目全寿命期的合作。如在 BOO 项目中，社会资本在政府授予的特许权下投资建设基础设施，拥有该设施的所有权并将一直经营该设施（柯永建和王守清，2011）。

一般地说，实施契约所需的时间越长，契约不可预期的不确定因素就越多，契约的不完全性也就越大（Williamson，1979）。政府与社会资本以契约的方式对合作条件、融资结构、风险分担、利益分配、项目实施等合同要素做出共同安排；要素之间存在极为复杂的内部联系，在短期内尚可维持平衡，但在长期合作过程中，如果有某一方因素发生变化，则这种平衡状态很容易被打破（陈婉玲，2018）。人的有限理性致使其无法在事前规定在项目实施过程中，发生合同中未约定情况时双方的权利和义务（Hart and Moore，1988），或者事先在合同中详尽描述这些事件并规定当事人应采取的确切行动的成本很高。随着 PPP 项目的实施，政府和社会资本的分歧逐渐显化，初始契约合同在一定程度上不能适应环境变化，再谈判程序不得不启动以处理不可预见的问题（Wang，2017）。加之，我国 PPP 模式仍处于探索阶段，尚未形成成熟的基于中国情境的 PPP 模式实践经验；虽然 PPP 模式相关政策文件密集发布，但尚缺乏完整的法律配套体系，使得运作中出现的许多情况的解决办法无章可循。为此，财政部 113 号文明确提出：按照项目合同约定的条件和程序，项目实施机构和社会资本或项目公司可根据社会经济环境、公共产品和服务的需求量及结构等条件的变化，提出修订项目合同申请，待政府审核同意后执行。

综上所述，鉴于我国 PPP 项目的长期性、复杂性，以及 PPP 项目合同的不完备程度，为保证 PPP 合同的灵活性，鼓励当事人事后协商以调整交易条件是长期合同的常态。因为合同交易双方建立长期合同关系的目的在于合作，而非关系的对抗与破裂，政府和社会资本（项目公司）不仅须关注 PPP 项目合同初始条款的设定，也须关注履约过程中的合同修订。

2.2.2　项目公司与承包商之间的工程承包合同

工程承包合同是开展工程建设活动、处理工程纠纷、协调建设各方关系、划分各主体责任范围、规范和约束工程建设交易主体行为的重要依据。承包商主要负责项目的建设，通常与项目公司签订固定价格、固定工期的工程总承包合同。相比于 PPP 项目合同，工程承包合同的期限一般较短，合同执行期间对不确定性事件的可预测性较强。并且，工程承包合同编制的依据包括《中华人民共和国标准施工招标文件（2007 年版）》、《建设工程工程量清单计价规范》（GB 505000—2013）（简称13清单）、《建设工程施工合同（示范文本）》（GF—2013—0201）（简称13合同）、国际咨询工程师联合会（FIDIC）系列合同条件等。其中，《中华人民共和国标准施工招标文件（2007年版）》是招标文件的编制依据；13清单为编制工程量清单和招标控制价、投标报价、合同价款约定、工程计量与价款支付、工程价款调整、索赔、竣工结算、工程计价争议处理等内容提供参考；13合同约定了合同行为的程序以及承发包双方的权利和义务，并在合同类型、价款调整等方面实现了与13清单的匹配与对接；FIDIC系列合同条件针对国际工程项目，有效地解决在国际、国内工程咨询和工程承包活动中的合同管理问题，促使我国工程承包合同体系不断完善。在此背景下，工程承包合同的编制更加精细化，其对合同执行过程中的权责利分配及相应的执行程序做出较为详细的规定，对合同履行过程中不确定性事件的发生做出预测并设定相应的处理程序。相比于PPP项目合同，工程承包合同的不完备程度较小。此外，《中华人民共和国招标投标法》规定，招标人与中标人对双方签订的中标合同实质性内容不能进行变更；《中华人民共和国标准施工招标文件（2007年版）》对招投标合同实质性的变更情形都做出了相应的规定。故工程承包合同中，对事后合同修订/变更的范围和情形做出较为严格的规定，尽量保证履约过程按照初始合同设定的内容进行。

综上所述，相比于PPP项目合同，工程承包合同的期限较短，由于合同制定过程中的法律法规及示范文本相对健全，合同不完备程度相对较低，且对于履约过程中的合同修订/变更等情形做出严格的规定，尽量保证初始合同的有效执行。由此可知，工程承包合同的签约方更加注重初始合同条款的设定。

2.3 PPP项目中的公平问题

PPP项目成功的关键在于各参与方之间实现公平有效的风险分担和利益共享（刘婷等，2014）。古典契约论认为，契约是缔约人经过充分的讨论、谈判和讨价还价，一致同意放弃自己的自然权利而形成的。对于任何契约，公平都是一种必然的要求。然而，在现实社会中，每个人都具有不同的地位、利益、知识与权威等，在缔结契约的实际过程中，那些具有更大权力、更高地位和更多知识的人在谈判中具有更有利的处境，从而有能力使契约的条款迎合自己的个人利益（姚大志，2017），这就使得契约无法实现绝对的公平。

2.3.1　政府与社会资本（项目公司）之间的公平问题

PPP 项目的主交易关系涉及政府、社会资本以及承包商等不同社会地位的利益相关方。其中，政府不仅作为 PPP 项目合同的签约方，履行合同中规定的权利义务，同时，还拥有 PPP 项目的规划、采购、管理、监督等行政管理职能；这种绝对的政治权利优势导致双方在合同条款设定及执行过程中的地位不平等，而过多的政府干预已经成为我国 PPP 项目面临的主要风险因素之一（亓霞等，2009）。社会资本方对政府方的强势地位无可奈何，产生了不公平的感受。由上文的分析可知，PPP 项目合同签约双方不仅关注初始合同中权责利的分配，还更注重履约过程中的再分配结果；因此，不仅需要考虑合同签订时社会资本方的公平感知，也要考虑履约过程中其公平感知。①在缔约阶段，公共部门利用其强势地位签订更有利于保证自身利益而有失公允的合同。例如，由于风险厌恶以及过度自我防御的倾向，公共部门在 PPP 合同中设立大量转嫁责任的条款（Ke et al.，2010），直接导致私人部门不得不承担与收益不匹配甚至是其自身无法控制的风险（如利率风险）。②在履约过程中，公共部门往往不严格按照合同的约定履行职责（宋金波等，2014），特别是当外界条件发生变化致使重新谈判时，公共部门基于节省交易成本与便捷的目的，有时以发布行政命令的方式代替与私人部门再谈判这一过程。究其原因，我国官本位思想根深蒂固，公共部门在 PPP 关系中一直处于绝对领导地位（Ke et al.，2011）。加之，其对 PPP 模式认识有限，往往把 PPP 项目当作是由己方主导的“一般工程项目”，致使公共部门在潜意识中认为公私双方之间属于“雇佣”关系而非平等的合作关系。在此情况下，公共部门更倾向于对私人部门强加干预，从而很容易置私人部门于不公平境地。一旦私人部门感到不公平，将采取应对措施以保护自身利益，甚至可能通过机会主义行为获取利益以弥补损失，然而这两种行为均不利于项目目标的实现。由此可知，在合同执行过程中，公共部门保证私人部门具有较高水平的公平感知至关重要，不仅有助于私人部门积极性的提高，而且对双方良好关系的形成乃至 PPP 项目的成功有着积极的影响。

2.3.2 项目公司与承包商之间的公平问题

发包人在合同条件拟定当中的主动地位促使其以己方利益为出发点来设定合同条款。一方面，发包人在合同条件拟定过程中往往倾向于将工程项目过多的风险划由承包人承担，并为己方配置超限权利，以便进行项目控制；另一方面，发包人顾忌合同签订后被处于信息优势和专业优势的承包商“敲竹杠”，加之其风险厌恶的本质（Burnes and Coram，1999），便倾向于利用合同签订前的优势地位在合同中设立大量转嫁责任的条款，致使承包商产生不公平感知。一般工程项目承发包关系中的公平感知与 PPP 项目中公私双方之间的截然不同。前者所签订的合同为短期契约，在交易过程中双方通过严格履行合同的规定来达成项目目标，因而研究承包商公平感知的关注点为承发包双方签订的合同（杜亚灵等，2014）。Hart 和 Moore（2008）认为，契约为交易关系提供了一个参照点，是交易主体权利感受的参照点；在他们的模型中，一方交易当事人的履约行为是其从契约承诺中获得的权利感受的函数，不公平的契约会影响当事人的履约行为。迫于我国建筑行业买方市场的格局，承包人虽明知合同中存在转嫁责任的条款，但为中标以实现其赢利的目的，往往采取“低报价高索赔”等投标策略，先与发包人签订合同，待事后履约过程中利用合同的不完备性及自身的信息优势与专业优势，采取机会主义行为，以弥补其在合同约定中的不平衡心理；相比于合同签订之前的绝对买方市场，承包人在合同履约过程中拥有绝大部分的实际控制权，其对事前契约的不满将导致其在履约过程中动辄制造纠纷，试图通过二次经营（如以实现承包商私利为目的的变更、调价、索赔）来达成其预期状态，进而导致合同纠纷不断。

第3章　交易关系中的公平与公平感知

实际上，公平问题存在于现实社会的多个方面，并从组织内部的微观层面逐步扩展到中观层面，被用于分析组织与组织之间的关系。其相关研究主要集中在战略联盟与供应链领域，并形成较为成熟的理论体系，然而工程领域关于公平问题的研究尚处于起步阶段。鉴于此，探索PPP项目中的公平问题还需借鉴供应链及战略联盟领域的相关研究成果，以求为我国PPP项目实现公平，进而为提高履约绩效提供技术支持。

3.1　公 平 理 论

《现代汉语词典》将“公平”一词定义为：处理事情合情合理，不偏袒哪一方面。公平主要强调在衡量人们的利益关系时采用同一衡量标准，它是公正原则在现实社会中的应用，是对目前社会制度的补充处理，这种处理方法不仅可以完善现有的社会制度，还具有一定的公正性质；实际上，公平的核心即是平等（王桂艳，2006）。

3.1.1　公平理论的内容

亚当斯提出公平理论，用于探讨个人在组织中对本身投入与所得报酬是否对等的主观认知。公平理论认为，人们会将自己在工作中所付出的努力（或投入）与从工作中所获得的报酬（或产出）进行比较，并将自己的投入产出与他人的投入产出做比较，以此衡量自己与企业及企业中其他员工的关系；如果人们认为自己的投入产出之比与他人的投入产出之比不相等时，便产生不公平的感觉；人们感知到的不公平程度越高，其不满情绪就会越严重，为了减轻自己的不满情绪，人们会努力地改变此状态从而重新获得公平感知；重新获得公平感知的方法有：改变或曲解投入与产出、更改参照对象、结束合作关系等（Adams，1965）。由此可知，组织公平一般涵盖了两个层级：第一层级是组织公平的客观状态，即组织通过持续地改善和发展各种组织的制度、建立相关程序、实施相应措施以实现组织公平，不过绝对的、极致的公平难以实现；第二层级是组织公平感，即组织中的人对组织中所发生行为的公平程度的主观感受，不同个体感知公平的能力不同，因而对公平与否的标准不统一，亦不存在绝对意义的公平（马飞和孔凡晶，2010；姚艳虹和韩树强，2013）。

综上所述，公平虽然是对客体事物属性的概括，但这种属性已不再是客体事物纯自有的性质，而是在与主体的关系中展现的打上主体烙印的性质。一个评价对象是否被感知为公平，其依据是它是否满足和实现了主体的某些价值目标、目的或理想，并且因参考基准选择的不同，决策主体感受公平的程度也会有所不同。

3.1.2 公平理论的维度划分

随着组织行为学领域关于公平理论的研究不断深化，公平的概念也变得更加丰富与完善，其正从一种整体性概念向多维度概念转变。考虑到结果分配与导致分配结果的程序的重要程度并不总是一致的，学者们将程序公平（procedural justice）从组织公平中剥离出来，其中程序公平强调交易伙伴对达成结果的程序公平程度感知。Thibaut 和 Walker 研究发现，不同的司法审判程序会导致诉讼者对审判结果的满意度以及对审判过程的公平感知有所差异，也就是说，人们的公平感知亦受到决策制定过程的公平程度的影响；基于此，他们提出了过程控制（process control）和决策控制（decision control）两个重要概念（Thibaut and Walker，1975）。Leventhal（1986）通过分析分配程序与分配过程的内在属性，认为程序公平可用以下 6 个标准来衡量，即避免偏见原则（bias suppression rule）、一致性原则（consistency rule）、可修正原则（correct ability rule）、准确性原则（accuracy rule）、代表性原则（representative rule）、道德伦理原则（moral and ethical rule）。因此，组织公平逐渐地被划分为分配公平（distributive/allocation justice）与程序公平 2 个维度。在此基础上，Bies 和 Moag（1989）将互动公平（interactional justice）

从组织公平的概念中提炼出来。互动公平强调的是交易过程中程序执行者对待员工的态度、方法等对员工公平感知的影响。Greenberg 又将互动公平划分为人际公平（interpersonal justice）与信息公平（informational justice）。人际公平主要是指被程序执行者和决策者尊重、以礼相待的程度；信息公平反映的是员工在传递信息过程中，对为何采取这种分配程序和为何得到此类分配结果所得到的解释程度（Greenberg，1993）。

尽管关于公平的理论正在不断地发展与深入，但理论界关于公平的结构和维度还未形成统一认识，大致存在四种观点（图 3-1）：①单因素论，即公平是单维度的，由于分配公平与程序公平联系较为密切，以至于二者难以区分；②双因素论，公平由分配公平与程序公平 2 个维度构成；③三因素论，公平被划分为分配公平、程序公平和互动公平 3 个维度；④四因素论，公平被划分为分配公平、程序公平、人际公平、信息公平 4 个维度。

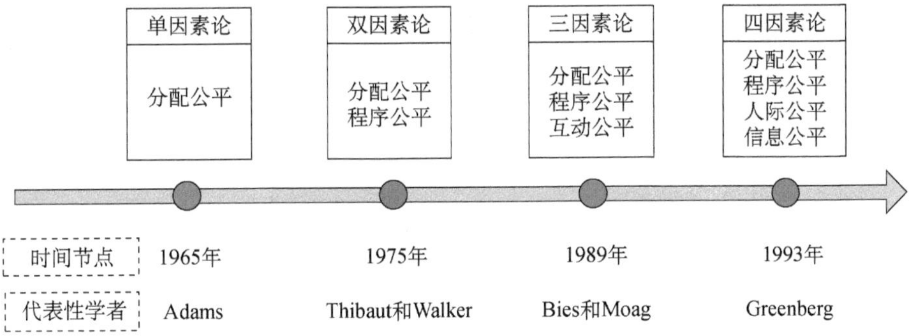

图 3-1　组织行为学领域关于公平维度划分的发展脉络

3.2　公平的相关概念辨析

现有研究中与公平相关的概念包括公平关切、公平偏好、公平感知，相应的研究涉及组织内部及组织之间，但鲜有学者对这些概念进行严格的区分。

3.2.1　公平关切

公平关切描述的是人们在现实生活中非常关注利润分配的公平性。在公平关切行为倾向的作用下，当人们感到不公平时会以牺牲己方利益为代价，采取相关措施来达到惩罚对方的目的（杜少甫等，2010）。现有研究中大部分文献均是在效用函数中引入利润差异来描述公平关切，最具有代表性的是 Cui 等（2007）将公平关切的函数定义为 $u(w,p)=\pi(w,p)+f_r(w,p)$ ，其中 $\pi(w,p)$ 为经济主体的利润， $f_r(w,p)$ 为经济主体的公平效用。公平关切这一概念多用于供应链领域中，分析供应链协调（Zhou et al.，2016）、产品定价（李波等，2015）等方面的问题，通常认为成员企业的公平关切行为倾向会对供应链的协调状态与产品的批发、零售价格产生一定影响；少数学者将此概念引入工程领域中，运用公平关切的效用函数来分析谈判模型（李真等，2013）、利润分配（吕俊娜等，2014）等问题。例如，吕俊娜等（2014）基于公平关切理论构建了总承包商与分包商之间的利益分配模型。研究结果显示，在分包商具有相对显著优势的情况下，考虑其公平关切行为的利益分配机制是一种帕累托改进（Pareto improvement）；孙春玲和徐叠元（2015）已尝试将公平关切概念引入 PPP 项目的公共产品定价模型中。

3.2.2 公平偏好

人们在追求自己物质利益的同时，还关注自己收入和别人收入之间的差距，即人们都具有公平偏好。通过对相关文献综述可知，公平偏好可分为基于结果的公平偏好与基于动机的公平偏好两种。前者是指当己方的收入低于对方时，便产生嫉妒的情绪，此时无法容忍对方的物质收益显著高于己方；当己方的收入高于对方时，便产生同情的情绪，此时不能忍受己方的收益明显高于对方（Fehr and Schmidt，1999）。后者是指参与人的收益不仅取决于已经选择的策略，还取决于参与人对其他参与人选择策略信念的认知，即如果一方认为对方是善意的，便会报答这种善意；相反的，如果其认为对方怀有恶意，便会报复这种恶意的行为（Guest，2011）。现有关于组织间公平偏好的研究多集中于供应链领域。该领域主要应用公平偏好理论来分析供应链协调（李媛和赵道致，2015）、激励机制（孟庆峰等，2012）等问题。通常认为，供应链系统中成员企业的公平偏好倾向于对其行为具有积极影响（丁川等，2013）。曹启龙等（2014）将其应用到工程领域中，研究委托代理关系下的激励与监督问题。

3.2.3　公平感知

现有研究中对组织间公平感知的定义基本一致，即经济交易关系中交易伙伴感知的回报结果与其贡献、责任之间的匹配关系（高展军和王龙伟，2013）。一般涉及战略联盟、供应链、一般工程领域，其基于各自领域的特征对公平感知做了更为细致的界定。例如：高展军和江旭（2016）将战略联盟中的公平感知界定为交易者对交易中的决策、程序或结果兼顾平衡性与适配性的感知；杜亚灵等（2014）开发与验证了工程项目中承包商公平感知的量表，将公平感知界定为承包商通过将合同中的重要条款（即合同中决定分配与程序的重要条款）赋予业主的权益与赋予己方的权益进行比较、将这些重要条款与同一时期市场中其他承发包合同中的相应条款进行比较、将这些重要条款与己方以往交易中的相应条款进行比较而得出对本次交易过程与结果的相对满足程度。

综上所述，公平可分为客观公平状态与主观公平感两个层级。由于它们分属于不同的范畴，客观公平状态必然与主观公平感不完全一致。公平关切、公平偏好、公平感知3个概念均属于主观公平感这一层级，其内在含义基本一致，即交易者通过将自己的境遇与对方进行比较、与市场中其他交易进行比较、与自己以往经历进行比较而得出的一种主观感受；但公平关切与公平偏好均为一维概念，通常是在效用函数中引入利润差异来刻画公平程度，其内涵比较单一，无法详尽地描述出交易者的多重感受，而公平感知是一种多维度概念，一般是通过开发基于不同交易背景的测量量表来描述，有利于更加饱满地展现交易主体对客观事物的主观感受。

3.3　供应链、战略联盟中的公平问题

由上文可知，有关公平感知影响因素的研究起源于组织行为学领域。随着相关研究的不断深入，其研究范围由组织内部扩展到组织之间，主要集中

在战略联盟与供应链领域。组织间公平的研究一方面继承组织行为学中关于组织公平的概念，另一方面也基于组织间关系的特点进行了组织间公平概念的探索。现有关于组织间公平感知的维度划分未达成一致观点，其中选用二维模型与三维模型的居多，也有学者以四维模型作为研究基础。

3.3.1 公平感知的二维模型

公平感知的二维模型包含分配公平与程序公平 2 个维度，现有研究对两者的定义大致分为两类。一类是沿用 Kumar 等（1995）对分配公平与程序公平的定义，将分配公平定义为企业从交易关系中实际获得收益与其预期收益的比较，将程序公平定义为渠道成员对交易伙伴进行交易的程序和过程所感知到的公平性，主要包括六方面的感知：交易政策的不偏不倚、对交易政策的反驳能力、对交易政策的解释力度、对运作环境的熟悉程度、相互谦恭有礼、双向沟通。此内涵的二维模型多应用于供应链系统中考察交易结束之后交易者的公平感知（张闯等，2014）。另一类是借鉴 Luo（2007a）对分配公平与程序公平的定义，将分配公平定义为当事人在交易关系中所获回报（或收获）与其贡献、承诺与责任对等程度的评估，贡献可以是货币形式（如利润、奖金），也可以是非货币形式（如知识的获取、声誉的提升）；将程序公平定义为交易过程中与利益相关的策略制定的过程和程序的公平性的感知程度，当履约过程与标准是透明的、可调整的、可纠正的、无偏见的、具有代表性的，对各成员没有歧视，且符合合同规定，即视为公平；其一般应用于缔约阶段对交易者公平感知的考察（Luo，2007b）。显然，两种观点对程序公平的定义存在差别。相比前者，后者缺少相互谦恭有礼、双向沟通等内容，而此部分即对应互动公平。

3.3.2 公平感知的三维模型与四维模型

随着研究的深入，有的学者将互动公平从程序公平中剥离出来使其成为一个独立的维度，即形成三维模型；在此基础上，部分学者又将信息交换的内容从互动公平中独立出来将互动公平进一步划分为人际公平和信息公平，继而形成四维模型。三维模型与四维模型相似，主要运用于供应链、战略联盟领域中，考察交易结束后交易主体对整个交易过程的公平感知。由于它们对分配公平与程序公平的定义与二维模型一致，故下文只针对互动公平与信息公平进行综述：①关于三维模型的研究，最具有代表性的是Luo（2007b）在验证战略联盟中边界管理者的分配公平、程序公平与互动公平独立及其交互作用影响联盟绩效时，将互动公平定义为联盟各方边界管理人员之间的相互对待以及信息交换过程的公平程度；②以四维模型为研究基础的，如Liu等（2012）从分配公平、程序公平、人际公平、信息公平四方面考察供应链系统中生产商与经销商的公平感知对其关系绩效的影响。其中，互动公平是指从各方代表中感受到公平对待程度的感知，信息公平是指对各方代表之间信息交流与交换的公平程度的感知。

综上所述，现有研究对公平感知包含分配公平与程序公平2个维度已达成共识，而是否将其他维度纳入概念内则与研究公平感知的观测时点和简化处理的需求有关。即，一般情况下，当考察交易者在缔约阶段对公平程度感知时，考虑到双方未发生交互行为，并且合同中鲜有对人际交往、信息交换方面的规定，通常选择以分配公平与程序公平为核心的二维模型；当考察交易者在交易结束后或者交易过程中的公平感知时，由于双方已发生充分的互动，一般采用三维模型或四维模型；当学者认为互动公平或信息公平在其交易背景下并非研究重点，出于简化处理的考虑，即使观测时点为交易结束后或交易过程中，亦可选用公平感知的二维模型。并根据供应链和战略联盟的特点，人们界定了供应链和战略联盟中公平各结构维度的内涵：分配公平指的是组织各成员从合作中所得到的回报与他们的贡献、组织承诺以及承担的责任相比是公平的，其中回报可以是货币形式的（比如利润和分红），也可以是非货币形式的（比如知识获得和声誉提高）；程序公平指的是关系到组织各方收益的决策制定过程和程序是无偏见的、公平的，即联盟的决策以及执行程序和标准是透明的、可调整的、可纠正的、无偏见的、具有代表性的，对各成员没有歧视，且符合合同规定；互动公平包括人际公平与信息公平两个方面，其中人际公平指的是组织相互之间的人际关系处理是公平的，信息公平指的是组织相互之间的信息交流和交换是公平的。组织间公平感知各结构维度的内涵如表3-1所示。

表 3-1　组织间公平感知各结构维度的内涵

<table>
<tr><th colspan="2">结构维度</th><th>公平感知核心</th><th>公平感知对象</th><th>关注焦点</th><th>定义</th></tr>
<tr><td colspan="2">分配公平</td><td>结果公平</td><td>利益（包括货币形式和非货币形式）分配结果</td><td>经济性</td><td>组织各成员从合作中所得到的回报与他们的贡献、组织承诺以及承担的责任相比是公平的，其中回报可以是货币形式的（比如利润和分红），也可以是非货币形式的（比如知识获得和声誉提高）</td></tr>
<tr><td colspan="2">程序公平</td><td>决策公平</td><td>决策及执行程序和标准</td><td>正式性</td><td>关系到组织各方收益的决策制定过程和程序是无偏见的、公平的，即联盟的决策以及执行程序和标准是透明的、可调整的、可纠正的、无偏见的、具有代表性的，对各成员没有歧视，且符合合同规定</td></tr>
<tr><td rowspan="2">互动公平</td><td>人际公平</td><td rowspan="2">相互对待公平</td><td rowspan="2">互动过程</td><td rowspan="2">社会性</td><td>组织相互之间的人际关系处理是公平的</td></tr>
<tr><td>信息公平</td><td>组织相互之间的信息交流和交换是公平的</td></tr>
</table>

3.4　工程项目中的公平问题

在“社会人”假设条件下，在工程项目缔约和履约过程中，行为决策主体并非单纯地追求利益最大化，而是更多地表现出社会偏好，进而追求满意解（董志强，2011）。工程项目治理的研究已经意识到，在工程项目缔约和履约过程中，项目各参与方除了追求利益外，对发展良好的信任关系等非物质利益也表现出相应的诉求，具有互惠、公平等社会偏好；在此基础上，对工程项目中的公平问题进行了初步探索。

工程领域对公平的研究主要集中于两方面：①承包商群体具有公平性偏好情境下的激励问题，如在多标段多承包合同工程项目中，考虑承包商对利益分配的公平性偏好，建立或优化工期（段庆康等，2013）、质量激励模型（李真等，2012）；②在工程项目的某一具体经济活动中，公平感知的影响因素及其对这一经济活动结果的影响；例如 Kadefors（2005）通过案例分析发现，在固定价格合同项目的竞争性招标中，价格形成中基于成本的规范会影响投标人的公平感知；Aibinu 等（2008）的研究表明，承包商对业主处理索赔程序的公平感知会影响索赔处理的结果，进而对其合作行为具有较大影响。显然，上述研究将公平感知视为激励模型中的一个参数或者影响经济活动效率的单一维度概念，仍是基于经济学视角进行的。并且，现有文献普遍认为，承包商的公平感知对工程项目的成功至关重要。例如，吴光东等（2012）将公平关切概念引入到工程领域；邹声和（2013）分析了承发包合同中的显失公平条款；李真等（2013）认为承包商的公平感知具有激励作用；Love 等（2015）通过访谈得出，如果承包商感到不公平就会消极合作。但上述文献中鲜见针对承包商的公平感知而进行专题研究。

本篇参考文献

毕蕾. 2016. 公共基础设施 PPP 项目主体间的机会主义及治理. 财经问题研究，（4）：18-23.

曹启龙，盛昭瀚，周晶，等. 2014. 基于公平偏好的我国政府投资项目代建制激励—监督模型. 中国软科学，（10）：144-153.

陈婉玲. 2018. PPP 长期合同困境及立法救济. 现代法学，40（6）：79-94.

丁川，王开弘，冉戎. 2013. 基于公平偏好的营销渠道合作机制研究. 管理科学学报，16（8）：80-94.

董志强. 2011. 我们为何偏好公平：一个演化视角的解释. 经济研究，（8）：65-77.

杜少甫，杜婵，梁樑，等. 2010. 考虑公平关切的供应链契约与协调. 管理科学学报，（11）：41-48.

杜亚灵，李会玲，柯洪. 2014. 工程项目中业主初始信任对合作的影响研究：承包商公平感知的中介作用. 管理学报，11（10）：1542-1551.

杜亚灵，王剑云. 2013. BT 模式下工程项目控制权的合理配置研究——基于多案例的比较分析. 软科学，27（5）：56-61.

段庆康，周晶，邵婷. 2013. 考虑公平性偏好的多标段工程项目工期激励研究. 项目管理技术，11（11）：51-54.

高展军，江旭. 2016. 联盟公平的工具效应及其对合作绩效的影响——被中介的调节效应研究. 南开管理评论，（2）：145-156.

高展军，王龙伟. 2013. 联盟契约对知识整合的影响研究——基于公平感知的分析. 科学学与科学技术管理，（7）：95-103.

柯永建，王守清. 2011. 特许经营项目融资（PPP）——风险分担管理. 北京：清华大学出版社.

李波，李宜楠，侯丽婷，等. 2015. 具有公平关切的零售商对双渠道供应链决策影响分析. 控制与决策，（5）：955-960.

李祥兴，王先俊. 2018. 改革开放以来我国对政府与市场关系认知的嬗变及启示——兼谈对新自由主义思潮及其影响的批判. 当代中国史研究，25（4）：27-35.

李媛，赵道致. 2015. 考虑公平偏好的低碳化供应链契约协调研究. 管理工程学报，29（1）：156-161.

李真，孟庆峰，盛昭瀚，等. 2012. 工程质量优化的承包商群体激励效率演化分析. 中国管理科学，(3)：112-121.
李真，孟庆峰，盛昭瀚. 2013. 考虑公平关切的工期优化收益共享谈判. 系统工程理论与实践，(1)：82-91.
联合国工业发展组织. 1996. 基础设施建设BOT项目指南. 水利部国际司翻译组译.
刘婷，王守清，盛和太，等. 2014. PPP项目资本结构选择的国际经验研究. 建筑经济，(11)：11-14.
吕俊娜，刘伟，邹庆，等. 2014. 考虑公平关切的工程总承包合作利益分配模型. 系统工程，32（12)：62-66.
马飞，孔凡晶. 2010. 组织公平理论研究述评. 经济纵横，(11)：121-125.
孟庆峰，盛昭瀚，李真. 2012. 基于公平偏好的供应链质量激励机制效率演化. 系统工程理论与实践，(11)：2394-2403.
聂辉华. 2009. 声誉、契约与组织. 北京：中国人民大学出版社.
亓霞，柯永建，王守清. 2009. 基于案例的中国PPP项目的主要风险因素分析. 中国软科学，(5)：107-113.
宋金波，常静，靳璐璐. 2014. BOT项目提前终止关键影响因素——基于多案例的研究. 管理案例研究与评论，7（1)：86-95.
孙春玲，徐叠元. 2015. 利益均衡视角下的PPP项目定价研究. 价格理论与实践，(10)：123-125.
王桂艳. 2006. 正义、公正、公平辨析. 南开学报（哲学社会科学版)，(2)：134-140.
王守清. 2018. 探索PPP模式的中国经验. 建筑，(16)：20-21.
王守清，柯永建. 2008. 特许经营项目融资（BOT、PFI和PPP). 北京：清华大学出版社.
王丝丝. 2017. PPP项目再谈判过程影响因素的识别及其对再谈判效果的影响. 天津：天津理工大学硕士学位论文.
韦小泉，谢娜，程哲，等. 2017. 中国PPP发展的驱动因素时空分异研究. 财政科学，(2)：85-97.
吴光东，施建刚，唐代中. 2012. 工程项目团队动态特征、冲突维度与项目成功关系实证. 管理工程学报，(4)：49-57.
肖春华. 2002. 上海市轨道交通建设BT模式初探. 隧道建设，(2)：33-36.
肖春华. 2003. 城市轨道交通建设的BT模式. 城市轨道交通研究，(2)：13-16.
徐可，何立华. 2016. PPP模式中BT、BOT与TOT的比较分析——基于模式结构、风险分担、所有权三个视角. 工程经济，(1)：61-64.
严敏，张亚娟，严玲. 2015. 项目治理视角下BT项目投资控制关键问题研究：以某地铁项目为例. 土木工程学报，(8)：118-128.
姚大志. 2017. 公平与契约主义. 哲学动态，(5)：79-85.
姚艳虹，韩树强. 2013. 组织公平与人格特质对员工创新行为的交互影响研究. 管理学报，10（5)：700-707.

余勇军，伍迪，王守清. 2014. 中国 BT 项目关键成功因素研究. 工程管理学报，（3）：78-83.

张兵，王雅，刘欣，等. 2019. PPP 项目失败的组态研究——基于 30 个案例的清晰集定性比较分析. 公共行政评论，（4）：65-81.

张闯，杜楠，夏春玉，等. 2014. 渠道成员退出和呼吁：感知公平与长期导向的作用. 管理科学，（2）：108-117.

周江华. 2005. 采用 BT 模式进行项目运作相关问题的探讨. 铁道工程学报，（4）：73-77.

周正祥，张秀芳，张平. 2015. 新常态下 PPP 模式应用存在的问题及对策. 中国软科学，（9）：82-95.

邹声和. 2013. 施工合同显失公平条款的防范. 建筑经济，（8）：59-61.

Adams J S. 1965. Inequity in social exchange. Advances in Experimental Social Psychology，2：267-299.

Aghion P，Tirole J. 1997. Formal and real authority in organizations. Journal of Political Economy，105（1）：1-29.

Aibinu A A，Ofori G，Ling F Y Y. 2008. Explaining cooperative behavior in building and civil engineering projects’ claims process：Interactive effects of outcome favorability and procedural fairness. Journal of Construction Engineering and Management，134（9）：681-691.

Bies R J. 1989. Organizational citizenship behavior：The good soldier syndrome. Academy of Management Review，14（2）：294-297.

Brinkerhoff D W，Brinkerhoff J M. 2011. Public-private partnerships：Perspectives on purposes，publicness，and good governance. Public Administration & Development，31（1）：2-14.

Burnes B，Coram R. 1999. Barriers to partnerships in the public sector：The case of the UK construction industry. Supply Chain Management，4（1）：43-50.

Cheng Z，Ke Y J，Lin J，et al. 2016. Spatio-temporal dynamics of public private partnership projects in China. International Journal of Project Management，34（7）：1242-1251.

Cui T H，Raju J S，Zhang Z J. 2007. Fairness and channel coordination. Management Science，53（8）：1303-1314.

Diallo I. 1983. United nations institute for training and research. International Organizations in General Universal International Organizations & Cooperation，336-338.

Fehr E，Schmidt K M. 1999. A theory of fairness，competition，and cooperation. The Quarterly Journal of Economics，114：817-868.

Greenberg J. 1993. Stealing in the name of justice：Informational and interpersonal moderators of theft reactions to underpayment inequity. Organizational Behavior & Human Decision Processes，54（1）：81-103.

Guest D E. 2011. Human resource management and performance：Still searching for some answers. Human Resource Management Journal，21（1）：3-13.

Hart O，Moore J. 1988. Incomplete contracts and renegotiation. Econometrica，56（4）：755-785.

Hart O，Moore J. 2008. Contracts as reference points. The Quarterly Journal of Economics，123（1）：1-48.

Kadefors A. 2005. Fairness in interorganizational project relations：Norms and strategies. Construction Management & Economics，23（8）：871-878.

Ke Y J，Wang S Q，Chan A P C，et al . 2010. Preferred risk allocation in China's public-private partnership（PPP）projects. International Journal of Project Management，28（5）：482-492.

Ke Y J，Wang S Q，Chan A P C，et al. 2011. Understanding the risks in China's PPP projects：Ranking of their probability and consequence. Engineering Construction & Architectural Management，18（5）：481-496.

Kumar N，Scheer L K，Steenkamp J B E M. 1995. The effects of supplier fairness on vulnerable resellers. Journal of Marketing Research，32（1）：54-65.

Leventhal G S. 1980. What should be done with equity theory? //Gergen K J，Greenberg M S，Willis R H. Social Exchange. Boston：Springer：27-28.

Liu Y，Huang Y，Luo Y D，et al. 2012. How does justice matter in achieving buyer-supplier relationship performance? Journal of Operations Management，30（5）：355-367.

Love P E D，Liu J X，Matthews J，et al. 2015. Future proofing PPPs：Life-cycle performance measurement and building information modelling. Automation in Construction，56：26-35.

Luo Y D. 2007a. The Independent and interactive roles of procedural，distributive，and interactional justice in strategic alliances. Academy of Management Journal，50（3）：644-664.

Luo Y D. 2007b. Are joint venture partners more opportunistic in a more volatile environment? Strategic Management Journal，28（1）：39-60.

Thibaut J，Walker L. 1978. A theory of procedure. California Law Review，66（3）：541-566.

Wang J S. 2017. Research on the market demand risk and sharing mechanism of PPP projects. Journal of Railway Engineering Society，34（11）：95-98.

Williamson O E. 1979. Transaction-cost economics：The governance of contractual relations. The Journal of Law and Economics，22（2）：233-261.

Zhou Y J，Bao M J，Chen X H，et al. 2016. Co-op advertising and emission reduction cost sharing contracts and coordination in low-carbon supply chain based on fairness concerns. Journal of Cleaner Production，133：402-413.

第二篇

PPP项目合同中的公平

PPP 主交易关系中的两级合同的第一级合同即 PPP 项目合同，其为连接公私两大阵营的关键节点。如前所述，PPP 项目合同本质上是一种长期契约。为了确保长期契约的非强制执行，运行一种适应性的、连续性的决策程序就很有必要，同时应避免契约的修正成为一种机会主义的谈判。鉴于此，交易双方不再追求完全契约，而是形成一种随着交易的展开和交易时间的延续而不断修正的契约关系。由此可见，PPP 项目合同不仅关注初始合同条款的设定，更重要的是关注漫长的履约过程中的再谈判以及合同修订。现阶段，我国 PPP 项目履约困难的现象普遍存在，其原因之一为大多数私人部门在 PPP 项目缔约或者履约过程中明显感觉不公平，因此对 PPP 项目合同中公平问题的研究应涉及缔约和履约。鉴于第三篇将着重研究缔约阶段的公平问题，本篇将主要考察 PPP 项目合同履行过程中的公平问题。本篇将建立 PPP 项目履约过程中私人部门公平感知的概念模型，进而采用行为实验的研究方法，考察其对私人部门履约绩效的影响，以及在不同项目获取途径下这一影响所存在的差异；虽然公平感知是一种主观感受，在实际研究过程中难以实施测量，但是关于私人部门公平感知的量表是其后续研究中不可或缺的测量工具，因此本篇还将开发一套信度与效度水平较高的中国情境下 PPP 项目中私人部门公平感知的测量量表，以期为后续研究提供技术支持和工具保障。

第4章　PPP项目合同中公平的研究现状

4.1 研究背景

4.1.1 我国现阶段普遍存在PPP项目履约困难的现象

PPP强调公共部门与私人部门通过缔约的方式共同提供公共产品或服务（Carbonara et al.，2014），其履约过程的顺利程度是衡量PPP项目是否成功的标准之一。我国自20世纪80年代开始采用PPP模式建设基础设施。随着2014年政府密集发布PPP相关政策文件，PPP项目的数量也呈井喷式增长。截至2018年12月末，PPP项目库收录管理库和储备清单中的PPP项目分别为8654个和3971个，四批示范项目共计1009个。然而，实践中大部分PPP项目履约过程困难重重，如PPP专家王守清教授在2006年接受采访，被问及20世纪90年代我国BOT项目中失败案例所占比例及其失败原因时指出：完全失败的例子不多，但是比较失败的案例较多，所谓比较失败的案例是指项目相关各方（政府、企业、百姓等）都不满意，甚至出现争议和官司（王丽丽，2006）。柯永建（2010）指出：在PPP发展尚不成熟的中国，情况更不容乐观，往往一方因为项目的紧迫性让步，接受对方的条件，但在项目实施中却不能兑现承诺从而导致合同争端，以致目前国内只有少量PPP项目能够正常运行。

本章遴选出10个具有代表性的履约问题案例，如表4-1所示。所列项目缔约时间分布在PPP模式发展的各个历史时期，项目所在地遍及不同市场成熟度的多个省市，项目类型涉及供水、污水处理、供电等采用PPP模式的主流领域，私人部门涵盖外资企业、民营企业与国有企业等多种类型，履约过程存在的问题主要表现为四方面：①服务质量不达标；②公私双方发生纠纷、申请仲裁和启动诉讼程序；③社会资本撤资（即对于由多个社会资本出资的 PPP 项目，其中一家社会资本撤资，而该项目并未因此而提前终止）；④提前终止。由表 4-1 可知，即便是在北京、上海等市场经济发展水平较高的城市，由资金雄厚、经验丰富的知名企业充当私人部门的 PPP 项目，其履约过程中也存在表现为各种形式的问题。由此可以推断，PPP 项目的履约困难并非偶然现象，而是在我国 PPP 发展的不同历史阶段、在多个领域的项目中一直存在的普遍现象。

4.1.2 绝大多数私人部门在 PPP 项目缔约与履约过程中明显感觉不公平

PPP 项目履约困难主要症状之一是项目提前终止。相关研究表明，项目提前终止的关键影响因素之一为公共部门不履行或者拒绝履行 PPP 合同中约定的义务与责任（宋金波等，2014），而其容易使私人部门感觉不公平。相关报道也证实了这一现象，例如，在合肥市王小郢污水处理厂资产权益转让项目中，柏林水务中国控股有限公司的梁先生在双方谈判结束后向北京大岳咨询有限责任公司感慨道：政府制定的项目条件过于严格，监管力度大，而我们实际面临的风险也是巨大的，但是对方又挥舞着主动权的大棒，我们也不敢提出太多的修改意见，只好接受了招标文件中的这些条件（郑洁，2004）。从“过于严格”“挥舞着主动权的大棒”“不敢提出”“只好接受”等字眼可以充分感受到私人部门对严苛合同条件的无可奈何，侧面反映出私人部门不公平的感受较为强烈。再如，《经济参考报》记者在采访中了解到，在多数 PPP 项目合作中，社会资本由于占股少，处于绝对弱势地位，一些地方将社会资本视为“附属”，在公司架构上“大权独揽”，在决策上“独断专行”，令社会资本沦为“二等公民”，一旦项目出现重大问题，地方政府难免动用行政手段进行干预，导致社会资本“泥牛入海，受尽欺负”（任鹏飞等，2015）。其中，“沦为‘二等公民’”“受尽欺负”等词语体现了公私双方关系的不平等，进而说明私人部门会产生不公平的感知。

4.1.3 现阶段 PPP 项目中私人部门公平感知与履约绩效的复杂关系有待证实

西方经典公平理论强调，公平与绩效之间是一种投桃报李式的对等承诺

表 4-1　典型 PPP 案例基本情况

编号	项目名称	私人部门	项目签约年份	特许经营期限	问题描述	症状			
						服务质量不达标	纠纷/仲裁/诉讼	社会资本撤资	提前终止
1	上海延安东路隧道复线 BOT 项目	晶立（香港）科技有限公司	1994	30 年	上海出台新政策，不允许政府承诺固定回报，因此私人部门与政府重新谈判，政府于 2002 年回购该项目				√
2	泉州刺桐大桥 BOT 项目	泉州名流实业股份有限公司	1995	30 年	1997 年，因出现竞争性项目，该项目运营困难；2016 年，政府回购该项目				√
3	福州闽江四桥 BOT 项目	香港秀明国际投资有限公司	1997	28 年	政府未履行双方签订的《专营权协议》中的承诺，致使该公司的经营陷入严重困难，2004 年走上仲裁之路，2005 年正式解除合作		√		√
4	廉江塘山水厂 BOT 项目	中法水务投资有限公司	1997	30 年	1999 年，项目闲置，并开始启动诉讼程序，直至 2012 年政府回购该项目		√		√
5	长春北郊污水处理 BOT 项目	长春汇津污水处理有限公司	2000	20 年	2003 年，排水公司停止向项目支付任何污水处理费，经多次调解无果，长春汇津污水处理有限公司提出行政起诉，最终以长春汇津污水处理有限公司败诉而告终；2005 年，政府回购该项目		√		√
6	深圳龙岗平湖垃圾焚烧发电 BOT 项目	中联实业股份有限公司、万德能源投资有限公司	2001（立项）	25 年	附近社区臭气弥漫，噪声较大，排出的废水、废气、粉尘等污染附近水库；建该厂时社会资本承诺投资 10 亿元，实际只投资了 3 亿元	√			
7	杭州湾跨海大桥 BOT 项目	雅戈尔集团股份有限公司、杭州宋城集团控股有限公司等 17 家民营企业	2001	30 年	2005 年，出现竞争性项目；2012 年，全年资金缺口超过 8 亿元；自 2008 年开始，民营企业陆续退出股份或撤资			√	

续表

编号	项目名称	私人部门	项目签约年份	特许经营期限	问题描述	症状			
						服务质量不达标	纠纷/仲裁/诉讼	社会资本撤资	提前终止
8	青岛海泊河和麦岛污水处理厂改建扩建项目	法国威立雅水务集团、中国光大水务投资有限公司	2003	25 年	2003 年，被查出排放污水的水质超标；2007 年，项目擅自将污水处理厂的回用水管道接到自来水管主管道上，污染了自来水水质，因此政府与社会资本重新谈判；2014 年法国威立雅水务集团在项目中的股份被中国光大水务投资有限公司收购	√		√	
9	国家体育场“鸟巢”BOT 项目	中国中信集团有限公司、北京城建集团有限责任公司、美国金州控股集团有限公司	2003	30 年	政府要求项目减少 1000 个停车位、减少体育场中商业设施、取消闭合顶盖等，这些改变直接影响体育场的商业运营，致使项目亏损，进而在 2009 年中信联合体放弃 30 年特许经营权，转而获得永久股东身份				√
10	西宁市第一污水处理TOT 项目	江苏鹏鹞环保集团有限公司	2008	30 年	2013 年，因西宁政府长期拖欠水费，江苏鹏鹞环保集团有限公司提起诉讼；2014 年 12 月，因出水水质超标，西宁市环境保护局向项目发出数张共计数百万元罚单	√	√		

（Guest，2011），即当一方感知到公平时，将致力于展现较高水平的绩效。事实上，人力资源管理（戚君琴，2016）、战略联盟（高展军和江旭，2016）、供应链（Luo et al.，2015）、一般工程项目（杜亚灵等，2016）等领域已证明公平感知与合作绩效、关系绩效的关系，甚至提出了提高合作绩效与关系绩效的有效路径。然而，不同于人力资源管理的雇佣关系、战略联盟中合作与竞争并存的关系与一般工程项目的委托代理关系，PPP 项目中公私双方是一种伙伴关系。当事人之间的关系不同导致其对彼此的预期也有所差别。不同于供应链与一般工程项目中的短期契约具有较好的连续性与适应性，PPP 是一种长期契约，在项目执行过程中不确定因素较多，当事人需要通过再谈判来重新调整初始合同，而此过程为私人部门实施机会主义行为提供了契机。鉴于 PPP 的特殊性，无法将其他领域的研究结果复制到 PPP 项目中，并且现有研究中尚未发现针对 PPP 项目中两者之间关系的研究，因而有必要对 PPP 特定关系背景下的公平感知与履约绩效之间的关系进行专项研究。

现有研究中通常认为，公平感知与履约绩效之间呈正相关关系（Luo et al.，2015；武志伟和陈莹，2010）。然而，实践中大部分 PPP 项目都存在不公平的现象，在某一时点上的不公平感受不一定导致较差的履约绩效。例如，通过相关报道（郑洁，2004）可知，在合肥市王小郢污水处理厂 BOT 项目中，私人部门在合同谈判时产生了较为强烈的不公平感知，而其履约过程却比较顺畅，并且被国家发展和改革委员会评选为 13 个 PPP 项目的典型案例之一。显然，这与以往研究结论相悖，其可能的原因为公平感知与履约绩效之间的关系受到权变因素调节。实际上，我国现阶段存在多种项目获取途径[①]，交易形成的方式不同可能会影响私人部门对项目的预期，导致其在同一公平感受下会选择截然不同的行为，因而多样化的项目获取途径是否确实会对公平感知与履约绩效之间的关系产生调节作用值得探索。鉴于此，本篇锁定 PPP 项目履约阶段，试图揭示私人部门公平感知与 PPP 项目履约绩效的关系及其影响机理。同时，以项目获取途径为调节变量，以期探索各种类型项目的最佳项目获取途径以及在此种获取途径下提高私人部门履约绩效的有效措施。

---

① 113 号文中，规定的采购方式有公开招标、竞争性磋商、邀请招标、竞争性谈判和单一来源采购 5 种，规定的发起方式有政府发起与社会资本发起 2 种。

4.2　公平感知及其对履约绩效影响的文献分析

4.2.1　战略联盟与供应链领域的相关研究

在战略联盟与供应链领域中，公平感知对履约绩效影响的相关研究大致分为两类，一类为公平感知对联盟绩效、供应链绩效的影响，另一类为公平感知对交易双方关系的影响。鉴于此，下文将对两类研究分别进行综述。

1. 公平感知对联盟绩效、供应链绩效的影响

关于公平感知对联盟绩效、供应链绩效影响的研究已经比较充分，通常认为公平感知有助于联盟绩效、供应链绩效的提升。一部分学者认为，公平感知直接作用于绩效。其中，Luo（2007c）对战略联盟中的相关问题做了较为系统地研究：①基于松散耦合的逻辑，验证了边界管理人员的程序公平感知可有效提高跨国联盟的绩效，并且指出，联盟各方均感到程序公平比仅有一方感到程序公平更有利于联盟绩效的提升；②验证了分配公平、程序公平与互动公平三者单独和交互作用对联盟绩效的影响，认为三者均对联盟绩效产生正向影响，当联盟各参与方的目标不一致时，分配公平与程序公平的交互作用将极大地提升联盟绩效，并且互动公平程度越高，程序公平对联盟绩效的促进作用越显著（Luo，2007b）。另一部分学者认为，公平感知和绩效影响两者之间是通过中介变量联结的，故探索了公平感知对绩效影响的具体路径。例如，Griffith 等（2006）通过对供应链中 290 份样本分析，发现如果能从供应商制定的政策中感知到较强的分配公平与程序公平，则经销商将增强其长期导向（long-term orientation）与关系行为（relationship behavior），进而可降低纠纷、提高满意度，最终实现供应链绩效的提升；Luo（2009）基于国际合资公司的收敛性见解与公平理论，认为分配公平作为改善国际合资公司绩效的重要因素是通过影响组织间联系实现的，并且分配公平与合作契约的功能在管理合作与提高盈利能力、稳定性方面是互补的。

2. 公平感知对交易双方关系的影响

现有研究的关注焦点逐渐从联盟绩效、供应链绩效等概念收敛为交易双方之间的关系，通常表述为关系承诺、关系稳定性、关系持续性等。除此之外，合作绩效、关系绩效的概念中也包含此部分内容。现有研究通常认为，公平感知对交易双方维持长期关系、增强合作满意度具有非常显著的影响。例如，Liu 等（2012）基于松散耦合理论对 216 对来自中国制造商与经销商的数据进行分析，认为公平感知通过促进耦合行为可有效提升供应链系统中的关系绩效。然而，关于公平感知的不同维度对交易双方之间关系的影响存在区别：通常认为，公平感知的每一维度均对交易双方之间的关系产生积极影响。例如，Luo 等（2015）基于社会交换理论，分析了 225 份来自中国家电企业的数据，研究结果表明，分配公平、程序公平与互动公平均可以提高供应商与购买商的关系绩效；而武志伟和陈莹（2011）在研究公平感知对合作绩效的影响时发现，分配公平与程序公平是影响企业间合作绩效的关键因素，但互动公平对于合作绩效来说没有实质性影响。研究结论存在分歧的原因可能为，公平感知对交易双方之间关系的影响存在权变因素。实际上，已有学者在此类研究中考虑了调节变量。例如，Luo（2008）运用结构方程模型分析了公平感知与组织间合作效果的关系，研究结果显示，文化和治理模式能够调节程序公平与组织间合作效果的关系；蔡旻雯等（2012）利用层级回归方法验证了市场地位对分配公平和程序公平与联盟承诺之间的关系具有调节作用。

4.2.2　工程项目中的相关研究

工程项目中关于公平感知与合作行为之间关系的研究较少，而关系治理对行为选择影响的相关研究较为丰富。加之，公平感知属于关系治理的范畴，而合作是一种行为选择，因而此类研究结论对工程项目中的相关研究具有一定借鉴意义。鉴于此，本小节分别对工程项目中关系治理对行为选择影响、公平感知对合作影响的相关文献进行综述。

1. 关系治理对行为选择的影响

工程领域中关于关系治理作为前因变量的研究多集中于关系治理对项目

绩效的影响，通常认为两者具有正相关关系。例如，Lu 等（2015）采用偏最小二乘法处理数据，认为关系治理对项目绩效的提升至关重要，同时还能够有效抑制机会主义行为。而后，此类研究逐渐聚焦到关系治理对项目绩效中某一因素的影响，如信任对合作、沟通对冲突的影响等。首先，信任作为一种主要的治理机制，可有效激励双方保持交易合作的意愿。例如，Fu 等（2015）分析了工程项目中合同治理与信任两种机制实施的边界条件，研究结果表明，合同治理促进承包商的任务行为（task behaviour），而信任对承包商的关系行为会产生路径依赖型影响，并且当委托人的努力成本变化率小于或等于临界值时，合同治理与信任两种治理机制的功能是互补的；张喆等（2008）对中国情境下高科技生物制药行业 PPP 项目的合作进行研究，其结果显示，公私双方之间的信任能够达到增强合作的效果，并且外部环境会负向调节两者之间的关系，而合作伙伴方的行为不确定性则会正向调节它们的关系。其次，团队间良好的沟通能够确保信息及时的传递，不仅可以明确传达己方的观点，还能明白对方的意图与观点，从而有助于项目工作的开展。例如，吴光东等（2012）应用结构方程模型验证了工程项目团队动态特征、冲突维度与项目成功的关系，其结果显示，沟通作为团队动态特征的表征有利于降低交易双方之间的冲突，即项目团队之间的沟通越顺畅，双方之间产生冲突的概率越低。

2. 公平感知对合作的影响

在一般交易关系中，较高水平的公平感知将有利于双方合作的顺利进行；同样的，在委托代理关系中，公平感知可通过抑制道德风险来实现双方的合作。发包商与承包商作为一种典型的委托代理关系，其行为也遵从上述结论。现有的关于工程项目中公平感知对合作影响的文献较少，其一般是针对合同缔结或履约的某一阶段展开的，并且部分学者还发现，两者之间的关系受到权变因素的调节。例如，杜亚灵等（2014）运用结构方程模型的方法对 162 套有效数据进行分析，认为在缔约阶段，承包商的分配公平与程序公平均对合作具有显著的正向影响；吕文学和李智（2016）通过对 164 位工程项目争端谈判中的主要谈判人员进行问卷调查，研究结果显示，程序公平、分配公平和互动公平有利于激发谈判者的合作行为，并且后两者与合作之间的关系受到争端双方在项目执行过程中所表现出的灵活性和团结性的正向调节；Aibinu 等（2011）通过对 41 位新加坡承包商进行结构性问卷调查，发现在工程项目中公平感知会对项目交付过程中的合作行为产生正向影响，并且还会降低冲突强度（conflict intensity）以及改变承包商的纠纷倾向（tendencies to dispute）。

通过上述分析可知，战略联盟、供应链领域的相关研究较为深入与全面，不仅验证了公平感知不同维度对绩效、交易关系的影响，还分析了各个维度对它们的相对影响程度，与此同时，还考虑了权变因素对两者关系的调节作用；而基于工程领域的相关文献较少，多是针对合同缔结或履行的某一阶段进行研究的，便于不同阶段产生的公平感知与交易者实施的行为一一对应。上述文献的研究主题有以下特点：①在公平感知对联盟绩效、供应链绩效影响的相关研究中，虽然同时涵盖了交易过程与结果两方面内容，但实际上其更关心交易结果的改善，而对交易过程中双方的关系与行为重视不足；②公平感知对交易双方关系影响的研究大多是基于短期契约开展的，而对于不确定性更高的长期契约来说，其更容易产生机会主义行为与冲突；③公平感知对合作影响的研究中，基于工程项目的委托代理关系有别于平等的伙伴关系，致使交易者在同一心理状态下可能选择的合作行为有所差异。

4.3　心理状态对行为选择影响的研究方法文献分析

4.3.1　量化研究方法

关于心理状态对行为选择影响的研究通常运用结构方程模型或回归分析等量化研究方法进行。其一般研究过程为：首先，在测量变量的基础上设计初步调查问卷，接着通过双向翻译、访谈或预测试等方法对其进行调整，形成正式问卷；其次，选定调研对象，发放与收集问卷；最后，运用结构方程模型或回归分析的方法对数据进行处理并得出结果。例如，Griffith 等（2006）运用结构方程模型对 290 份样本进行分析，探究了供应商制定政策的程序与分配公平感知对经销商关系行为的影响；Zhang 等（2016）以中国工程从业人员为调研对象发放问卷，采用层级回归分析方法处理所回收的 284 份数据，并据此分析了承包商公平感知对其合作行为的影响。

4.3.2 质性研究方法

现有文献中，有采用案例分析、扎根理论等质性研究方法开展心理状态对行为选择影响的研究，其一般通过二手数据、现场访谈、非正式交流、直接观察等渠道收集资料，并运用跨案例分析、文本分析、类别形成等方法对其进行剖析。例如，尹贻林等（2015）通过对 60 位关键项目管理人员进行半结构性访谈收集资料，采用扎根理论方法分析了工程项目中信任对风险初次分担与再分担的积极或消极影响；Tuuli 等（2010）以香港地区 5 个工程项目为研究素材，运用跨案例分析、类别形成（category formation）等方法分析了组织间信任与控制之间的关系。

4.3.3 实验研究方法

实验研究方法已在工商管理领域中广泛应用，目前正逐步向工程领域渗透，一般依次通过设计实验、选定适当的被试者、实施实验、分析实验结果等程序验证两者的关系。例如：张敏（2012）通过情境实验，模拟了在时间限制下，项目执行者的感知时间压力对创新性作用的主要过程，实验结果说明，在项目实施过程中时间限制会加大项目执行者的感知时间压力并产生消极情绪，进而对创新行为带来不利影响；严玲等（2016）以承包商公平感知对履约行为影响的研究为例，讨论了行为实验中的 3 个关键环节，即构建基于刺激-机体-反应（stimulus-organism-response，SOR）对照实验的假设、获取诱导实验刺激与依据不同情境设计单因素被试内实验方案、数据获取的可靠性设计。

综上所述，采用量化的研究方法验证两者关系所得出的结论，一般较为客观与准确，通常可将其视为客观事实，但此方法对样本容量要求较高，并且难以保证其所收集问卷的质量；在质性的研究方法中通过访谈、文本分析、直接观察等渠道获得到的资料是丰富的、具有深度的，但此方法要求研究者具有较扎实的理论功底与对相关领域的深度了解，并且所得到的结果主观性较强。此外，量化研究与质性研究均较难控制外部因素的干扰。而实验研究方法可克服获取数据数量与质量的不足，并且可通过操纵自变量检查因变量的变化，从而验证自变量与因变量之间的对应关系。

4.4　文献分析对本篇的启示

通过上述文献分析可知，由公私双方不公平问题导致的 PPP 项目履约困难现象普遍存在，而有关公平的研究主要集中于供应链和战略联盟领域，工程项目领域虽然已经认识到关系治理、合作等因素的重要性，但是对于公平的研究还处于初探阶段，并未形成基于工程项目特性的研究体系。结合现有研究不足，本节得出以下 3 点启示。

4.4.1　建立私人部门公平感知的概念模型

公平感知是一个包含多维度且与研究背景密切相关的复杂概念，其在战略联盟、供应链、一般工程项目中的概念内涵无法直接移植到 PPP 项目中。具体而言，战略联盟、供应链领域中，基于其重复博弈的特点，人们通常考察交易结束后交易者对合作过程公平程度的评价，其研究结论用于指导后续交易活动的顺利进行；一般工程项目中，基于其一次性特征，人们考察的是承包商在缔约阶段对合同条款公平程度的评价，其研究结论可避免承包商在项目执行过程中的不合作行为；而 PPP 项目是一种长期契约，初始合同必定会因外界条件的变化而调整，因此关注交易结束后或缔结合同时当事人的公平感知均不合理。鉴于此，必须建立基于 PPP 特定关系背景下的公平感知概念模型。

4.4.2　考虑项目获取途径的调节作用

在战略联盟与供应链领域中，公平感知的不同维度对交易双方关系的影响是存在分歧的。与此同时，在 PPP 实践中，大多数项目存在不公平的现象，而在某一时点上的不公平感受不一定会导致较差的履约绩效，这与公平感知促进绩效提升的结论是相违背的；存在上述两种悖论可能的原因为两者之间的关系受到权变因素的调节。考虑到我国现阶段实践中存在 5 种采购方式与 2 种发起方式，交易形成方式的不同会导致私人部门对项目预期的迥异，即在同一公平感受下会表现出截然不同的行为选择，因而本篇将考虑项目获取途径对两者关系的调节作用。

4.4.3 采用实验的方法验证两者关系

由于本书涉及的公平感知是一种微妙的心理状态，其对行为的影响是具有迟延性的。加之，我国现阶段实践中 PPP 项目多处于履约阶段，在此类项目中私人部门的心理感知还未能完全转化为行动，因此通过问卷调查所获得的截面数据与通过访谈、文本分析所获得的文本资料无法完全反映公平感知与履约绩效之间的因果关系，导致研究的内部效度不足；实验方法可以通过实验场景设计、实验对照组安排、控制变量选择等工作，确保在实验过程中可以有效地操纵或改变自变量，而使因变量的变化得到观察。鉴于此，本篇采用情境模拟实验获取研究数据，通过谨慎、精巧的实验设计，对不同项目获取途径下的私人部门公平感知对 PPP 项目履约绩效的影响进行更为全面、细致的研究。

综上所述，本篇将构建私人部门公平感知的概念模型，并在此基础上，建立 PPP 项目履约绩效的判别矩阵，采用实验研究方法验证公平感知与 PPP 项目绩效之间的关系，并且检验项目获取途径对两者关系的调节作用。

第 5 章　PPP 项目中私人部门公平感知的构念建立与结构维度

本章旨在运用扎根理论的方法建立 PPP 项目中私人部门公平感知的概念模型，以作为其对履约绩效影响研究的基础（杜亚灵和孙娜，2016）。首先，通过文本分析与深度访谈收集资料；其次，借助 NVivo10 软件对文本资料进行编码，得到公平感知的结构维度；最后，在此基础上，通过比较研究结果与实际情况，构建 PPP 项目中私人部门公平感知的理论模型。

5.1　研究方法与研究工具

对 Web of Science 数据库中 2018 年以前的相关文献进行检索，结果显示，鲜有专门研究 PPP 项目中公平感知的文献，而我国自 20 世纪 80 年代开始就在公共基础设施领域采用 PPP 模式。此类实践经验丰富而理论匮乏的问题，在管理科学领域内通常采用扎根理论进行探索性分析。

5.1.1　研究方法简介

扎根理论是一种质性研究方法，由 Glaser 和 Strauss 在合著的 *The Discovery of Grounded Theory* 一书中首次明确提出。它是指在没有任何理论假设的情况下，从大量翔实的资料中归纳和演绎核心概念，进而自下而上地构建或完善实质性理论，同时能够确保较高的信度与解释力（姚丽芬和龙如银，2017）。该理论强调克服理论与资料间的隔阂，在文本资料的基础上建立创新理论，其拥有一套具体、清晰的研究步骤，具体为选择研究课题、文献回顾与分析、资料收集与分析、建立初步理论、结论与建议，如图 5-1 所示，其中资料收集与分析为核心步骤。资料收集的渠道大致包含访谈、文本资料搜集、观察3类，而访谈是最常用的方法。在访谈过程中，研究者应以参与者的身份关注受访者所关注的问题，避免任何先入为主的提示与引导，通过使用开放性问题来鼓励受访者表达自己内心真实想法，而所搜集到的音频、视频、文本资料均可作为研究素材。资料分析主要包含开放性编码、主轴编码与选择性编码3个过程。首先，将所收集或转译的文本资料依次打散、赋予概念并以新的方式重新组合（即开放性编码）；其次，在此基础上，发现与建立概念类属之间的联系并将其逐步合并、抽象化（即主轴编码）；最后，在所有已发现的概念类属中经过系统分析后提炼出核心类属（即选择性编码）（姚丽芬和龙如银，2017），而此过程要求研究者忠实于原始文本资料。实际上，资料收集与资料分析2个过程是同时发生、同步进行、螺旋循环的。

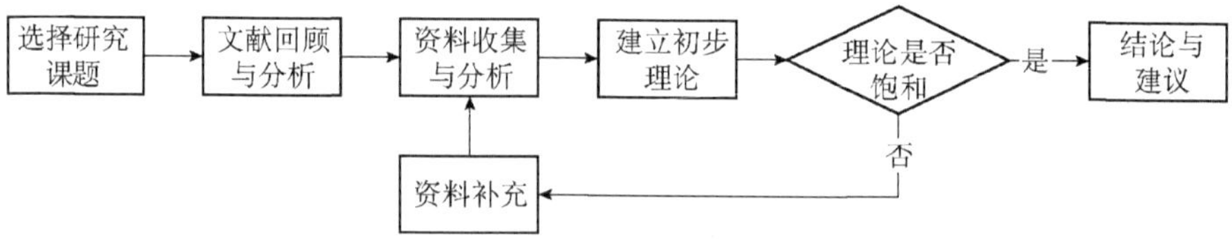

图 5-1　扎根理论研究流程图

5.1.2　研究工具的选择

人工编码的程序较为烦琐且其结果易受主观因素影响。为了实现文本资料处理过程的系统化、降低主观因素的影响以及提高编码的效率，本章使用NVivo10软件以辅助完成文本资料的编码工作。NVivo10是一款质性分析软件，支持研究者对非数值性、无结构的资料（如文字、图片、视频、音频等）进行索引、查询、管理以及编码等操作，可有效提高研究者分析资料的效率与准确度。编码是该软件最重要的一项功能，它提供了两种编码思路：①自下而上，当研究者对所研究的概念相对模糊时，可先通过浏览文本资料对其进行编码和创建节点，而后逐步合并所创建的节点直至理论饱和；②自上而下，当研究者已掌握研究框架且所研究的概念较为明确时，可依据其概念来建立节点系统，再将文本资料中相关内容提取到对应节点下。扎根理论是从初始文本资料中抽象出理论的自下而上的研究方法，因此本书采用第一种编码思路。此外，为了提高编码的准确性，可使用该软件中“查询”功能对文本资料进行复查以避免遗漏重要的概念和节点；为了降低主观因素的影响，可使用该软件中的“聚类分析”功能对文本资料和节点进行自动分组，并通过讨论与分析最终确定分组结果。

5.2　资料收集与整理

本章首先通过文本资料的收集与分析提炼出可启动再谈判的事由和合同中与程序相关的条款或段落；其次在此基础上，依据文本资料分析的结果设计访谈提纲，采用“目的性抽样”方法确定访谈对象并对其进行深度访谈；最后对访谈录音逐字逐句地记录，形成关于访谈内容的文本资料，与文本分析所形成的资料一起导入 NVivo10 中进行编码工作，其具体步骤如图 5-2 所示。

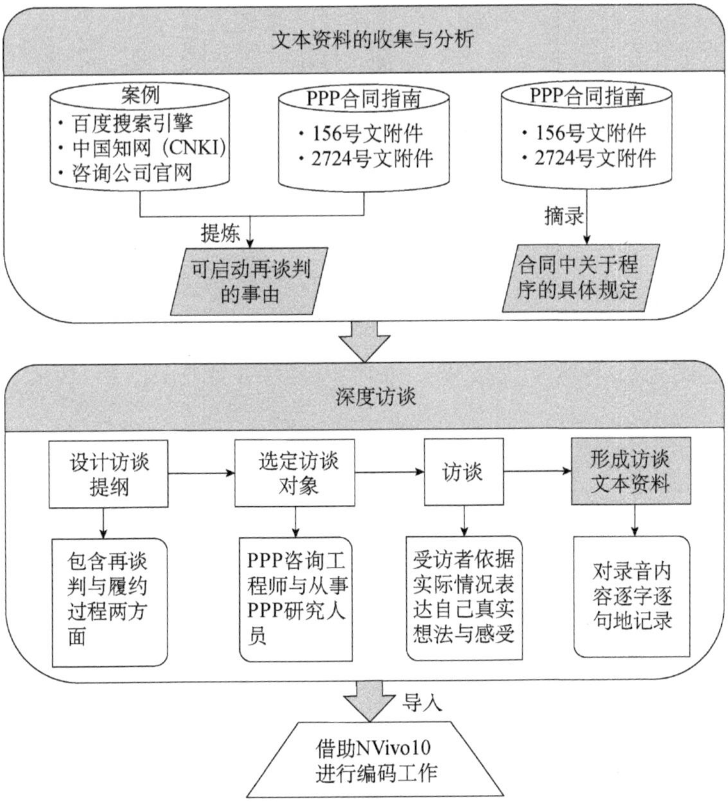

图 5-2　资料收集与整理的具体步骤

5.2.1 文本资料的收集与分析

由第 4 章关于公平的相关文献综述可知，人们对公平的感知包含分配公平与程序公平 2 个维度已达成共识，分配公平是指当事人在交易关系中所涉及的利益、风险、权利的配置情况，程序公平是指当事人在交易过程中严格按照合同规定的程序履行情况以及尊重彼此知情权、质疑权的程度。履约阶段的公平感知主要反映的是交易主体对履约过程中利益、风险、程序等实际落实情况的满意度。在 PPP 项目执行过程中，就分配公平而言，应重点考察再谈判过程对风险或利益的调整情况；就程序公平而言，应着重关注实际执行的程序与合同约定的一致程度。因此，有必要提炼可启动再谈判的事由以及合同中关于程序的具体规定以作为研究私人部门公平感知的切入点。

1. 可启动再谈判的事由

通过对相关文献、案例及合同条款的分析来寻找可启动再谈判的事由，其主要获取途径：①在百度搜索引擎、中国知网以及上海济邦投资咨询有限公司、北京大岳咨询有限责任公司、北京金准咨询有限责任公司等咨询公司官网中搜索涉及再谈判过程的 PPP 案例；②通过阅读 156 号文附件《PPP 项目合同指南（试行）》和 2724 号文附件《政府和社会资本合作项目通用合同指南（2014 年版）》，摘录其中涉及分配的段落（或条款）。通过阅读与分析上述文献、案例与条款提炼可启动再谈判的事由，如表 5-1 所示。囿于篇幅，表中仅列出条款（或段落）来源，条款（或段落）的具体内容见附录二。

表 5-1 PPP 项目中启动再谈判的事由简表

序号	事件	案例/文献	条款/段落来源
1	项目无法按期开始运营	大丽高速公路 BOT 项目	第二章第八节
2	未满足前提条件的合同终止		第二章第四节
3	法律变更	上海大厂自来水处理厂 BOT 项目	第二章第十五节
4	计划外的维护		第二章第九节
5	计划外的暂停服务		第二章第八节
6	回购	深圳梧桐山隧道 BOT 项目	第二章第十八节
7	不可抗力事件	柬埔寨暹粒吴哥国际机场项目	第二章第十六节

续表

序号	事件	案例/文献	条款/段落来源
8	价格调整	北京地铁四号线 BOT 项目	第二章第十一节；2724 号文附件《政府和社会资本合作项目通用合同指南（2014 年版）》第 56 条
9	超额利润	巴西的圣保罗地下铁四号线 BOT 项目	第三章第二节
10	再融资	英国达伦特山谷（Darent Valley）医院 PPP 项目	第二章第五节
11	产品或服务质量未达标	晋州市城市污水处理厂 BOT 项目	第三章第一节
12	政府承诺最低采购量	山东中华发电 BOT 项目/深圳沙角 B 火力发电 BOT 项目	第三章第一节
13	唯一性条款	泉州刺桐大桥 BOT 项目	第二章第十三节
14	政府提供相关连接设施	武汉汤逊湖污水处理 BOT 项目	第四章第二节
15	政府方办理有关政府审批手续		第二章第十三节
16	政府方负责或协助获取相关土地权利		第二章第六节

注："条款/段落来源"一列中未标明文件号的均为 156 号文附件《PPP 项目合同指南（试行）》中的内容

2. 合同中关于程序的具体规定

通过阅读 2724 号文附件《政府和社会资本合作项目通用合同指南（2014 年版）》、156 号文附件《PPP 项目合同指南（试行）》，以及 113 号文，摘录其中涉及程序的段落（或条款），如表 5-2 所示。囿于篇幅，表中"条款（或段落）具体内容"一列仅列出相关条款（或段落）的关键语句，有多个条款来源的，仅列出其中一处具体内容。

表 5-2　PPP 合同中关于程序的规定

序号	针对事件	条款（或段落）具体内容	条款/段落来源	引起社会资本不满意的情况
1	政府方出入场地	履行双方约定的合理通知义务后才可入场	第二章第六节	政府方出入场地之前未按照合同约定的程序通知社会资本
2	社会资本签订融资或承发包合同	要求项目公司在签订工程承包合同或运营维护合同前事先报告政府方	第二章第五/十七节	过多干预社会资本签订融资合同或承发包合同
3	社会资本编制运营方案	审阅项目公司拟定的运营方案并提出意见	第二章第八节	过多干预社会资本编制运营方案

续表

序号	针对事件	条款（或段落）具体内容	条款/段落来源	引起社会资本不满意的情况
4	政府方审查设计文件	政府方应当在约定期限内（通常在合同明确约定）审查设计文件	第二章第七节	政府方未在约定时间内完成设计文件的审查
5	政府方审查运营维护计划	项目公司应在报送运营维护计划时提前向政府方报告，政府方应在暂停服务开始之前给予书面答复或批准	第二章第八节	政府方未在约定时间内完成运营维护计划的审查
6	政府方实施救济	在 PPP 项目合同中通常会规定通知和补救程序	第二章第十八节	社会资本违约时政府方未按照合同规定的程序实施救济
7	政府方提供前期工作支持	①协调相关部门和利益主体提供必要资料和文件；②对社会资本主体的合理诉求提供支持；③组织召开项目协调会	2724 号文附件《政府和社会资本合作项目通用合同指南（2014 年版）》第 21 条	政府方未将项目前期准备阶段相关信息提供给社会资本
8	政府方提供连接设施	双方互相通知和报告的义务，以确保一方能够及时了解对方设施的建设情况	第四章第二节	政府方未将项目间接口的相关信息提供给社会资本
9	审查意见不合理	如项目公司对政府方提出的意见存在异议，可以提交争议解决程序处理	第二章第七节	当社会资本履行了争议解决程序时，政府方未按照合同约定的方式给予回应
10	行政监管履行不当	社会资本或项目公司对政府职能部门的行政监管处理决定不服的，可依法申请行政复议或提起行政诉讼	113 号文第三十条	当社会资本依法申请行政复议或提起行政诉讼时，政府方未按合同约定的方式给予回应

注：①表中的政府方即本书研究的公共部门，社会资本即本书研究的私人部门；
②“条款/段落来源”一列中未标明文件号的均为 156 号文附件《PPP 项目合同指南（试行）》中的段落

5.2.2 深度访谈

深度访谈是扎根理论方法中获取资料的重要方式，其是指研究者对符合特定条件的访谈对象使用无结构的方式进行个人对话访谈，以挖掘实践中访谈对象对研究中所涉及问题的理解与感受。本章采用深度访谈获取研究素材，下文分别对设计访谈提纲、选定访谈对象以及访谈加以论述。

1. 设计访谈提纲

本章主要依据资料收集与分析的结果来设计访谈提纲。首先，主要围绕可启动再谈判的事由提出问题，以了解再谈判过程中公私双方争论的焦点以及私人部门对此的感受，并据此抽取与分配公平、互动公平相关的内容；其次，私人部门对程序公平的感知较为简单，即如果在履约过程中公共部门未按照合同规定的程序执行，并且因此导致私人部门利益受损，则私人部门会感到不公平，因而将此部分作为辅助性问题，仅选一例受访者印象深刻的事件进行提问来印证已有观点即可。访谈提纲如表 5-3 所示。

表 5-3　关于私人部门公平感知的访谈提纲

分类	序号	事件锁定	细节追问	所涉及的方面
一、针对再谈判进行提问	1	您参与过的 PPP 项目中是否有因下列事件（见附录二中序号为 1～11 的事件）进行再谈判的？请您选择其中一至两个让您印象深刻的事件具体回答以下问题	①再谈判进行了多长时间，再谈判的过程顺利吗？公私双方争论的焦点是什么？ ②对于争论的焦点，社会资本的观点是什么，政府的观点是什么？社会资本同意政府的观点吗？如果不同意的话请阐述一下原因。 ③在再谈判期间，公私双方谈判的气氛是怎样的？ ④在再谈判期间，对于社会资本提出的反对意见，政府的反应是怎样的，社会资本对此感受是什么？	分配公平、互动公平
	2	您参与过的 PPP 项目中政府的承诺实现了吗？请在下列事件中（见附录二中序号为 12～16 的事件）选一个为例，回答以下问题	①政府实现承诺了吗？ ②若没有实现承诺，公私双方是怎样解决这个问题的？ ③社会资本对最终解决方案满意吗，如果不满意的话请阐述一下原因	分配公平
二、针对程序进行提问	3	请回忆一下在 PPP 项目建设或运营期间，政府出入项目设施场地（或实施救济）之前是否通知社会资本，并具体回答以下问题	①政府出入项目场地（或实施救济）之前会通知社会资本吗？对于政府未提前通知社会资本，社会资本的感受是什么？为什么会有这样的感受呢？ ②如果政府提前通知社会资本，一般提前多长时间呢？社会资本认为提前这么长时间恰当吗？如果认为其不恰当请阐述一下原因	程序公平、互动公平
	4	请在以下事件中（社会资本编制设计方案、运营方案或运营维护计划）挑选一件您最为熟悉的，具体回答以下问题	①社会资本将设计方案（或运营方案、运营维护计划）提交给政府部门，一般多长时间会收到答复？私人部门对政府答复速度的感受是什么？ ②政府对社会资本所提交的方案或计划的观点是什么？社会资本同意政府的观点吗？如果不同意政府的观点，社会资本与政府之间是怎样进行协商的呢？ ③协商后的结果是什么，最终采取的是哪一方的意见呢？社会资本对此结果的感受是什么？	程序公平、互动公平
	5	请在以下事件中（政府应将项目前期准备阶段的相关信息、项目间接口的相关信息提供给社会资本）挑选一件您最为熟悉的，具体回答以下问题	①政府会将项目前期准备阶段的相关信息（或项目间接口的相关信息）提供给社会资本吗？ ②如果政府未将其提供给社会资本，会对 PPP 项目产生影响吗？ ③若对 PPP 项目产生了一定的影响，双方是怎样解决这个问题的？私人部门对此解决方案的感受是什么？	程序公平
	6	您遇见或经历过社会资本对政府提出的审查意见存在异议或对其行政监管处理决定不服的情况吗？如果有的话请具体回答以下问题	①对此情况的发生，社会资本是否将其提交争议解决程序？ ②如果他们提交了争议解决程序，政府的反应是什么？社会资本对此的感受是什么？ ③如果社会资本并未就此提交争议解决程序，请阐述一下原因	程序公平

注：表中的政府即本书研究的公共部门，社会资本即本书研究的私人部门

2. 选定访谈对象

深度访谈一般关注的是受访者所表达的内容是否能够完整与准确地覆盖研究主题，而对样本数量未有明确要求。一般而言，深度访谈所需样本数量较少，通常采用目的性抽样方法，抽取那些能够为本章提供最大信息量的研究对象，以确保研究结果的科学性（孙晓娥，2012）。据此，结合本书的研究视角（即基于私人部门的视角）与研究阶段（即 PPP 项目履约阶段），可知其访谈对象的最佳选择为直接参与 PPP 项目运营管理、与公共部门有过接触经历、对 PPP 项目有深入理解的私人部门中的中高层管理者。除此之外，PPP 咨询工程师接触过 PPP 项目的运营阶段以及各种类型的私人部门，对许多项目中再谈判与履约过程的真实状况以及私人部门的主观感受较为了解，其所表达的观点具有代表性；同时，从事 PPP 研究的人员实际调研过一定数量的项目，结合自身理论功底，其观点更为客观与深入。因此，这两种工作人员亦可作为访谈对象。研究者严格按照上述原则联系了多家企业、咨询公司以及科研单位，最终有 4 人接受访谈，具体信息如表 5-4 所示。受访者 A 与 B 从事实务时间较长，曾参与过 PPP 项目的数量较多，因此可以断定其对 PPP 具有深刻的认识与理解，咨询工程师的身份使其观点代表了部分私人部门的实际情况或感受，因此，其访谈内容可以为本书提供丰富的信息；受访者 C 与 D 从事 PPP 科研工作的时间较长，研究过一定数量的 PPP 合同，扎实的理论基础使其观点不受我国目前市场环境的影响，因而可为本书提供较为准确的信息。

表 5-4　受访者基本信息

序号	受访者	单位性质	职务/职称	学历	从事实务或研究时间/年	曾参与过 PPP 项目或研究过 PPP 合同的数量/个
1	A	PPP 咨询公司	总经理	硕士	8	＞15
2	B	PPP 咨询公司	项目总监	博士	5	＞15
3	C	高等院校	教授	博士	5	8
4	D	高等院校	教授	博士	3	3

3. 访谈

在正式访谈前一周，研究者将电子访谈提纲通过电子邮件发送给受访者，以便对方对访谈内容进行充分理解与思考。在正式访谈之初，研究者承诺此次访谈不涉及商业机密以及个人隐私，访谈结果仅作为学术研究并对其严格保密，在征得受访者同意后对访谈过程进行全程录音。进入正式访谈后，研究者先介绍研究背景，而后以我国现阶段 PPP 项目操作不规范、公私双方之间存在摩擦等较为普遍的现象来导入问题，让受访者逐渐放松，进入正常的访谈状态；研究者依据访谈提纲提出问题，并在关键事件上进行细节追问，在此过程中需要受访者依据实际经历或了解的情况表达自己真实想法与感受。访谈主要在受访者办公室或学校会议室内进行，每次深度访谈约为 2 小时。访谈结束后，研究者对录音内容逐字逐句记录，最终形成关于访谈内容的文本资料，与文本分析所形成的资料一起导入 NVivo10 中进行编码工作。

下面以某一访谈对象的具体访谈过程为例进行细节描述。

访问者：在再谈判期间，公私双方谈判的气氛是怎样的？

受访者：各种情况都有，也有称兄道弟的时候，也有拍桌子的时候。

访问者：融洽的气氛是不是比较容易促成谈判目标的实现？

受访者：不是一团和气就能达到目的，该争的时候就要争。有的社会资本比较强硬，和政府相关领导把主要决策商定下来，使下面的人也没有办法，就得照办，反而这种情况更有利于项目的推进。

访问者：也就是说谈判气氛与谈判目标的实现没有必然的联系。那政府在谈判过程中会注重尊重、礼貌对待社会资本方吗？

受访者：这个当然会，政府对待社会资本方一般跟对自己人的态度差不多，而且社会资本方既然来这里做项目，肯定会跟政府搞好关系，这样以后也好办事。大部分社会资本方与政府都不会把关系搞得水火不容。

访问者：您刚才说政府对待社会资本方跟对待自己的职能部门一样，那政府举行相关会议的时候也会邀请社会资本方参加吗？

受访者：一般都会邀请的，双方就很多事宜进行沟通。比如涉及提标改造的事宜，政府在这方面的专业性不强，通常会把社会资本方叫过来一起研究。

访问者：在这过程中，政府会听取社会资本方提的意见吗？如果不采纳的话，社会资本方有什么感受？

受访者：会的，因为有些专业上的东西，政府也不是太懂，一般就是让社会资本方出方案，特别是技术上的问题，肯定会听取社会资本方的意见的。不过如果有些政府比较强硬，执意不采纳他们意见，这时候社会资本方当然心存无奈。

5.3 范畴挖掘与提炼

5.3.1 开放性编码

开放性编码是将所收集的资料逐步进行概念化和范畴化，即首先对原始文本资料进行概念化并赋予标签，而后通过持续分析与比较，对概念进行重新整合，使其构成更为抽象的范畴（宁烨等，2016）。本过程借助 NVivo10 进行编码，具体操作过程如下。①仔细阅读文本资料，逐字逐行进行分析，提炼其中与研究主题相关的内容并建立一级节点（即概念）；②通过持续比较与分析，将出现频率较高且相关联的一级节点合并到相应二级节点下（即副范畴）；③应用软件的“查询”模块中的“复合”功能，对文本资料进行复查，下面以二级节点“损害赔偿”为例进行说明：以“赔偿 or 补偿”为关键词（keyword），选择与此二级节点的关系为“与非”（即带有关键词且不属于此二级节点的内容）并运行结果，结果中有 2 个符合条件的参考点，分别涉及“连接设施的建设”“调价原则”相关内容，其中“连接设施的建设”是指如果由政府负责建设的项目的连接设施无法按照合同约定的时间完工，应给予项目公司一定的损害赔偿，故将其编码到此节点下，而“调价原则”系 156 号文附件《PPP 项目合同指南（试行）》中第四章第一节，指的是使用者所获得的效益与付出成本的关系，故与本节点无关，属于“定价和调价机制”节点。通过开放性编码，最终得到 88 个概念和 19 个副范畴，见表 5-5 第 3～5 列，但囿于篇幅，没有将概念一一列出，仅列出其来源；为了更清楚地表达副范畴所包含的内容，对其进行了逐一解释，其实均可概括为：在合同执行过程中，如果实际情况与初始合同保持一致，则私人部门公平感知的程度较高，否则，会使其感知到不公平。

5.3.2 主轴编码

主轴编码的主要目的是通过深入剖析副范畴之间潜在的联结关系，对副范畴进行逐步合并与提炼，最终将其整合为内涵更为丰富的主范畴，从而可更精准地、深入地解释现象（崔淼和苏敬勤，2012）。其具体步骤如下：①应用 NVivo10 软件中的“聚类分析”功能对副范畴进行归类，即依据单词相似性对所有二级节点进行聚类，其中选择 Jaccard 系数度量其间的相似性。该系数适用于比较有限样本集之间的相似性与差异性。Jaccard 系数值越大，样本相似度越高。②研究小组对运行出的结果进行讨论，即通过分析副范畴之间潜在的逻辑关系对其进行调整，最终将 19 个副范畴整合为 7 个主范畴，其结果见表 5-5 第 2 列。其中私人部门所获得的收益与初始合同中允诺的一致、私人部门所承担的风险与初始合同中允诺的一致这 2 个主范畴与杜亚灵等（2016）对分配公平维度划分的观点相吻合，公共部门履行职责的合理性、私人部门知情权的有效性、私人部门质疑权的有效性这 3 个主范畴以及相互对待和信息交换这 2 个主范畴分别与 Luo（2007b）对程序公平、互动公平维度划分的观点相吻合。

5.3.3　选择性编码

选择性编码是在主范畴中挖掘一个具有统领性的核心范畴，将其系统地与其他范畴进行联结，验证其间关系，从而发展出系统的理论框架（沈鹏熠和张雅，2015）。其具体操作过程如下：①研究小组通过文献综述发现，工程领域中多将公平划分为分配公平与程序公平 2 个维度，战略联盟中多将公平划分为分配公平、程序公平与互动公平 3 个维度。鉴于 PPP 是一种长期契约，且本篇的关注点为再谈判与履约过程中的公平感知，因此参照战略联盟中划分方式对主范畴进行合并，最终将 7 个主范畴合并为 3 个副核心范畴，其结果见表 5-5 第 1 列。②通过对概念、副范畴、主范畴、副核心范畴的不断比较、修正，寻找核心范畴与其他范畴之间的逻辑关系，提炼出 PPP 项目中私人部门公平感知这一核心范畴。基于此，本章构建了 PPP 项目中私人部门公平感知的概念模型。

5.3.4　编码的信度检验

研究者对研究结果进行了信度检验，即通过比较不同研究者对同一资料编码结果的一致性来检验（杜亚灵等，2017a），Kappa 系数为常用的一致性检验指标。研究小组中两名成员利用 NVivo10 软件分别对文本资料进行编

表 5-5　私人部门公平感知的核心范畴编码结果

副核心范畴	主范畴	副范畴	副范畴解释	概念来源
分配公平	私人部门所获得的收益与初始合同中允诺的一致	损害赔偿	①私人部门未违约的情况下（如由政府方原因导致合同终止、项目无法按期开始运营、法律变更、政治不可抗力等），公共部门给予项目公司的损害赔偿额度与其实际遭受的损失一致，从而维持了初始合同利益分配的格局； ②私人部门违约的情况下（如由私人部门违约导致的合同终止、项目无法按期运营、计划外暂停服务），项目公司给予公共部门的损害赔偿额度与其实际遭受的损失一致，从而维持了初始合同利益分配的格局； ③项目合同应约定运营期间由于政府特殊要求造成社会资本主体支出增加、收入减少的补偿方式、补偿金额、支付程序及协商机制等	156号文附件《PPP项目合同指南（试行）》第二章第四/八/九/十五/十六/十七节/十八节、第四章第二节； 2724号文附件《政府和社会资本合作项目通用合同指南（2014年版）》第46条； 访谈文本资料
		定价和调价机制	①在合同实际执行过程中，定价与调价严格按照合同中的定价依据、标准和调价的触发条件、方法、程序等实施，并且调价之后项目公司可获得的投资回报率与合同约定的一致； ②在合同实际执行过程中，当出现超额利润时，公共部门按照合同的约定给予项目公司足额的超额利润；当项目公司提供的设施或服务质量未达到标准时，公共部门应严格按照合同的约定进行相应扣减； ③在合同实际执行过程中，当发生再融资时，公共部门按照合同约定的比例对再融资所节省的财务费用进行分成	156号文附件《PPP项目合同指南（试行）》第二章第五/十一/十七节、第三章第一/二节、第四章第一/二/三节； 2724号文附件《政府和社会资本合作项目通用合同指南（2014年版）》第56条； 访谈文本资料
	私人部门所承担的风险与初始合同中允诺的一致	政治风险	在合同实际执行过程中，当法律变更、审批延误此类事件发生时，公共部门确实按照合同的约定延长了相应合同期限，而未将此类风险推诿给项目公司	156号文附件《PPP项目合同指南（试行）》第二章第十三/十五节
		市场收益风险	①对于政府付费或进行可行性缺口补助的项目，在特许经营期间，当实际需求低于合同约定的最低采购量时，公共部门按照最低采购量给予项目公司相应费用，按照合同的约定保障了项目公司的最低收益； ②对于使用者付费的项目，在特许经营期间，政府按照合同约定确实未批准建设竞争性项目，保证了合同中约定的项目边界不变	156号文附件《PPP项目合同指南（试行）》第二章第十三节、第三章第一节、第四章第一节； 访谈文本资料
		建造风险	①在合同实际执行过程中，对于由公共部门提供相关连接设施的项目，其按照合同约定的完工时间要求完成建设，若无法按照要求完工，则公共部门确实依照合同的约定延长了相应项目期限，而未将此完工风险推诿给项目公司； ②在合同实际执行过程中，对于由公共部门负责或协助获取相关土地权利的项目，公私双方按照合同的约定承担相关费用，项目公司所承担费用的额度与其承担能力、可获得的投资回报等相匹配	156号文附件《PPP项目合同指南（试行）》第二章第六/十三节、第四章第二节

续表

副核心范畴	主范畴	副范畴	副范畴解释	概念来源
分配公平	私人部门所承担的风险与初始合同中允诺的一致	经营风险	①在特许经营期间，当因公共部门原因导致项目无法按期开始运营、计划外暂停服务以及计划外维护时，公共部门确实按照合同的约定延长了相应的项目期限，而未将此完工风险推诿给项目公司； ②对于政府付费或进行可行性缺口补助的项目，特许经营期间因发生不可抗力导致项目无法正常运营时，公共部门按照合同的约定给予了项目公司相应付费，从而确实承担了部分或全部不可抗力风险	156号文附件《PPP项目合同指南（试行）》第二章第八/九/十六节
程序公平	公共部门履行职责的合理性	不干预职责范围之外的工作	在合同实际执行过程中，项目公司实际行使了合同赋予的权利（如签订融资合同与承发包合同的权利、编制运营方案的权利、决定公共部门进场的权利等），而公共部门未对此强加干预	156号文附件《PPP项目合同指南（试行）》第二章第四/五/六/八节
		认真履行合同赋予的职责	①在合同实际执行过程中，公共部门仅基于特定目的（通常在合同中明确规定，如检查建设进度）进入项目设施场地，并且按照合同的约定提前通知项目公司； ②在合同实际执行过程中，对项目公司提交的设计文件、运营维护计划等，公共部门在合同约定的期限内完成了审查，并且将审查意见及时反馈至项目公司； ③在项目公司违约的情况下，公共部门按照合同的约定及时通知项目公司，并给予一定期限进行补救，在规定期限内仍无法补救的，公共部门才开始对其实施救济	156号文附件《PPP项目合同指南（试行）》第二章第六/七/八/十四/十七/十八节、第三章第一节； 访谈文本资料
	私人部门知情权的有效性	前期准备阶段的知情权	在项目前期准备阶段，公共部门按照约定协调相关部门和利益主体，并且向项目公司提供必要的资料和文件	2724号文附件《政府和社会资本合作项目通用合同指南（2014年版）》第21条
		项目间接口的相关信息知情权	对于由项目公司和公共部门分别负责建设一部分连接设施的情况，在合同实际执行过程中，公共部门确实履行了通知和报告义务，并且确保私人部门能够及时了解己方设施的建设情况	156号文附件《PPP项目合同指南（试行）》第四章第二节
	私人部门质疑权的有效性	审查意见不合理的质疑权	在合同实际执行过程中，当项目公司对公共部门所提出的审查意见存在异议时，实际履行了争议解决程序，公共部门也按照合同约定的方式给予回应	156号文附件《PPP项目合同指南（试行）》第二章第七节
		行政监管履行不当的质疑权	在合同实际执行过程中，当项目公司对公共部门的行政监管处理决定不服时，确实申请了行政复议或提起了行政诉讼，公共部门也按照合同约定的方式给予回应	113号文第三十条

续表

副核心范畴	主范畴	副范畴	副范畴解释	概念来源
互动公平	相互对待	相互理解	在合同实际执行过程中，对项目公司提出的反对意见，公共部门均对其认真思考，如果其意见切实可行，公共部门还因此调整了决策	访谈文本资料
		诚实	在合同实际执行过程中，公共部门在解决问题时真诚坦率，并且在提供项目开展所需的信息时，不刻意隐瞒真实信息或者扭曲实际情况	访谈文本资料
		礼貌	在合同实际执行过程中，公共部门在行使权力或进行决策时，充分考虑了私人部门的实际情况，并且给予足够的准备时间。例如，公共部门在出入项目设施场地时提前通知项目公司，给其留有充分的时间进行准备	156 号文附件《PPP 项目合同指南（试行）》第二章第六/十七节
		尊重	在合同实际执行过程中，公共部门与项目公司互动时遵循了平等的基本原则，并且充分尊重了项目公司的意见，而未以行政命令的方式传达己方的安排	访谈文本资料
	信息交换	公开透明	在合同实际执行过程中，公共部门经常向项目公司解释他们的决定，使私人部门明确其决策的合理性	访谈文本资料
		及时反馈	在合同实际执行过程中，公共部门及时答复项目公司所提交的计划、申请（如运营维护计划、合同修订申请），或者及时反馈其审查意见（如可行性研究报告、项目产出说明、运营维护手册），从而保证了私人部门后续工作的正常开展	156 号文附件《PPP 项目合同指南（试行）》第二章第七/八/九/十七节
		双向交流	在合同实际执行过程中，公共部门在进行决策时确实邀请了项目公司参加会议，并且认真听取项目公司的意见	访谈文本资料

码，其中节点名称是预先给定的，而后利用该软件的“查询”模块中的“编码比较”功能对所得到的结果进行分析，得出分配公平（0.871）、程序公平（0.792）、互动公平（0.853）的 Kappa 系数均大于 0.7，其说明研究者对文本资料的编码结果的确认程度是可以接受的。

5.4　模型构建与阐释

5.4.1　研究结果与讨论

本章通过开放性编码、主轴编码、选择性编码 3 个步骤得出 PPP 项目中私人部门公平感知的结构维度，将其研究结果与实际情况进行比较，并通过与实践工作者讨论挖掘出其深层原因。下文首先对初始合同的公平性进行讨论，再分别从分配公平、程序公平、互动公平 3 个维度进行比较分析。

1. 初始合同的公平性

Hart 和 Moore（2008）认为，契约为交易关系提供了一个参照点，是交易主体权利感受的参照点；在他们的模型中，一方交易当事人的履约行为是其从契约承诺中获得的权利感受的函数。契约经济学将契约分为短期契约、长期契约与垂直一体化（Williamson，1979）。Hart 和 Moore 这一观点是针对长期契约提出的，而 PPP 项目的建设与运营期限较长，是典型的长期契约，因此适用本观点。由此可以认为，私人部门出于长期利益的考虑，通常签订较为公平的合同，在合同执行过程中以及因外界发生变化进行再谈判时均应以初始合同为参照点；如果实际情况或调整结果与初始合同一致，则私人部门会感知到公平。然而，通过与实践工作者讨论发现，实践中存在与此相悖的现象，致使目前中国 PPP 市场中存在部分不公平的初始合同，究其原因：①公共部门更倾向于将风险转移出去（张水波等，2015），且由于财政预算的约束，其期望签订风险较小且价格较低的合同，加之，我国政府在 PPP 项目中相对强势（柯永建等，2008），因此所签订的合同在很大程度上将满足公共部门的需求，而使私人部门处于不利地位；②我国不严格按照合同履行的现象相对较多（亓霞等，2009），在项目执行过程中势必会出现漏洞，以至于增加了私人部门采取机会主义行为的可能性，基于此，私人部门愿意在谈判时做出让步而签订公平性较低的合同，由此导致了“赢者诅咒”现象，而最终由公共部门为此现象“埋单”。通过上述两种原因可以发现，中国 PPP 市场的成熟与规范程度相对较低，其主要原因为：在我国大力推广 PPP 的过程中，政府官员对其认识不深入，相关人才、咨询机构的储备相对匮乏。然而，这只是一个短暂的、不稳定的现象。随着 PPP 项目愈来愈多，实践工作者将对其运作情况更加了解与熟悉，上述不公平现象会逐渐减少而趋近于相对公平的状态。因此，本章将基于成熟的 PPP 市场，以公平的初始合同为参照点来展开讨论。

2. 分配公平

研究结果显示，PPP 项目中的分配公平包括私人部门所获得的收益与初始合同中允诺的一致、私人部门所承担的风险与初始合同中允诺的一致 2 个维度，其与分配公平本源含义相同，即当事人在交易关系中所获得的回报（即收益）与其贡献（即风险）对等即会感知到公平（Luo，2009）。然而，私人部门所获得的收益在整个合同执行期内分布不均衡。例如：项目升级改造时需投入大量资金致使私人部门承担巨大的风险（如市场需求风险），此时其收益不会即刻改变，而是随着项目运营与管理的实际情况的改善（或恶化）而逐步提高（或降低）。因此，在合同执行过程中的某一时点来比较回报与贡献的对等程度显然是不合理的。在此种情况下，考虑到初始合同是公私双方经过长时间谈判而签订的，是双方均为认可的，因此以初始合同为参照点较为恰当（杜亚灵等，2017a）。本书通过分析 156 号文附件《PPP 项目合同指南（试行）》和 2724 号文附件《政府和社会资本合作项目通用合同指南（2014 年版）》，得出分配公平包括收益与风险两部分内容。①在项目执行过程中可使私人部门的收益发生变化的事项包括损害赔偿、定价和调价机制两种。前者是当公共部门、私人部门或者第三方违约时应给予受害方一定的损害赔偿，当其赔偿额度与损失程度对等时，使得私人部门的利益分配状态与初始合同一致，即会感知到公平；后者是 PPP 项目中至关重要的利益调整机制，当价格调整后，私人部门可获得的投资回报率与初始合同约定的一致，会使其感知到公平。②政府应全部或部分承担的风险包括政治风险［对应法律变更（change in law）、审批获得（approval and permit）］、市场收益风险［对应市场需求变化（market demand change）、专有权（exclusive right）］、建造风险［对应公共设备服务的提供（supporting facilities risk）、场地可及性（land acquisition）〕以及经营风险。显然，这与 Ke 等（2010）的观点相吻合，若在项目执行过程中公共部门认真管理上述风险，而不是将其推诿给私人部门，会使其感知到公平。

3. 程序公平

本章中程序公平包括公共部门履行职责的合理性、私人部门知情权的有效性、私人部门质疑权的有效性 3 个维度。实践中私人部门对程序公平的敏感程度较弱，主要原因为以下两方面。①中国 PPP 市场中程序上不合规的现象普遍存在。例如：当私人部门受到政府干预时，会将自己的境遇与其他 PPP 项目的情况进行比较，如果发现市场中大多 PPP 项目均存在此现象，则其感知到的不公平程度会减弱。②公共部门履行合同的随意程度较高，但并不全部会使私人部门的利益受到损失。例如：从访谈中了解到，部分政府付费的 PPP 项目中，当财政预算紧张时，公共部门会拖延支付服务费，而当财政预算盈余时，公共部门不仅会补足已拖欠的费用，而且会预先支付未来的服务费，故当公共部门拖延支付时，私人部门出于均衡的考虑，所感知到的不公平程度会稍弱。由此可知，在项目执行过程中公私双方不严格按照合同履行的现象普遍存在（高颖等，2015）。在此情况下，私人部门对程序公平的感知会受到其所处市场环境的影响。然而，在较为成熟的 PPP 市场中，程序公平的问题应该体现在以下三个方面。①PPP 合同分别赋予了公私双方不同的职责，其中公共部门的职责为监督（Cui et al.，2013）与救济（朱蕾等，2007），但在项目执行过程中公共部门的行为超出其职责范围（即政府干预）的现象屡见不鲜，这种情况易使私人部门感知到不公平。事实上，相关研究表明，政府干预是导致中国 PPP 项目失败的首要原因（Ke et al.，2011）。②私人部门是 PPP 项目的直接执行者，故 PPP 合同中对公共部门的知情权有较为详细的规定，相对而言，私人部门的知情权则容易被忽视。例如：合同中缺乏相关规定，或即使合同中有明确规定，但在项目执行过程中不严格按照合同履行，而由此导致的不利后果却由私人部门承担，因而使其感知到不公平。③合同中明确规定了私人部门的质疑权，在项目执行过程中，如果公共部门对私人部门的质疑缺乏积极地响应，将使其感知到不公平。例如：合同中明确规定公共部门出入场地时不得影响项目正常建设和运营，若在项目实际执行过程中，由于其出入场地而阻碍 PPP 项目的正常开展，私人部门有权对其提出质疑，此时公共部门应当立即撤出场地以保证项目的正常运行；相反地，公共部门对私人部门提出的质疑置之不理且由此引起的不利后果由对方承担，将使其感知到不公平。

4. 互动公平

研究结果显示，互动公平包括相互对待和信息交换 2 个维度。相较于分配公平和程序公平与具体交易内容密切相关，互动公平更强调交易过程中的社会性。PPP 虽然是一种经济行为，但其实现仍需依靠“社会人”完成，因而其也具有一定的社会属性，并且交易双方之间的互动遵循社会交换理论（杜亚灵等，2014），即当公共部门满足私人部门社会性需求时，私人部门会以适当的态度和行为响应以作为报答。通过与实践工作者讨论得知，实践中公私双方之间的互动情况与研究结果一致，即表现为尊重、相互理解、及时反馈以及双向交流等。然而，继续深究则发现，这种现象不能完全用社会交换理论来解释。事实上，在我国出现这种现象的原因为：①与中国特有的为人处世方式相关，由于中国社会是一种“人情”社会，在一般交易中，当事人之间的关系对项目执行的效果有着重要影响（武志伟和陈莹，2011），因而公私双方之间形成良好的关系有利于 PPP 项目的顺利执行；②实践中公共部门通常会邀请私人部门参加相关会议进行决策，一方面是因为公共部门缺乏专业优势而需私人部门对相关问题提出解决方案，另一方面是为了避免承担其决策不当而带来的不利后果。然而，上述现象与理论分析不一致的根源为中国 PPP 市场还不够成熟，致使对公私双方行为的约束较为欠缺，进而影响 PPP 项目的实施效果。

5.4.2 概念模型的构建

通过第 4 章有关公平的相关文献综述可知，公平感知并不是一种客观评价，而是一种主观感受。这种主观感受会因主体所属的情境不同而有所差异，即公平感知也可以理解为满意度。鉴于此，本章通过扎根理论研究方法将 PPP 项目中私人部门的公平感知界定为私人部门对 PPP 项目执行过程中利益和风险实际落实情况与合同约定的一致性的满意度、对决策制定程序以及影响此程序的权限落实情况的满意度、对双方之间情感交流与信息交换方面的满意度，主要表现为以下三个方面：①合同的本质即对当事人的权利、责任、利益进行配置，在合同执行过程中尤其是在再谈判期间，会不可避免地对原有配置进行调整，由于 PPP 合同是公私双方经长时间谈判而达成的合意，当所得到结果与初始合同中约定的保持一致时，私人部门即会感到满足；②PPP 合同分别赋予了公私双方不同的职责，对于私人部门而言，作为 PPP 项目的执行者，其在履行合同的过程中需对诸多事情进行决策，而在此期间如果公共部门认真履行合同赋予的职责而不干预职责范围之外的工作，私人部门即会感到满意；③PPP 虽然是一种经济行为，但此交易过程仍是由"社会人"实现的，因而其也具有一定的社会属性，基于此，公私双方在交易过程中需满足彼此心理和社会方面的需求以保证决策执行的顺畅性，包括相互理解、诚实、礼貌、尊重、公开透明、及时反馈、双向交流。当私人部门的这些需求被满足时即会感到满意。综上所述，PPP 项目中，私人部门的公平感知是一个包括分配公平、程序公平、互动公平 3 个维度的概念体系，其概念模型如图 5-3 所示。

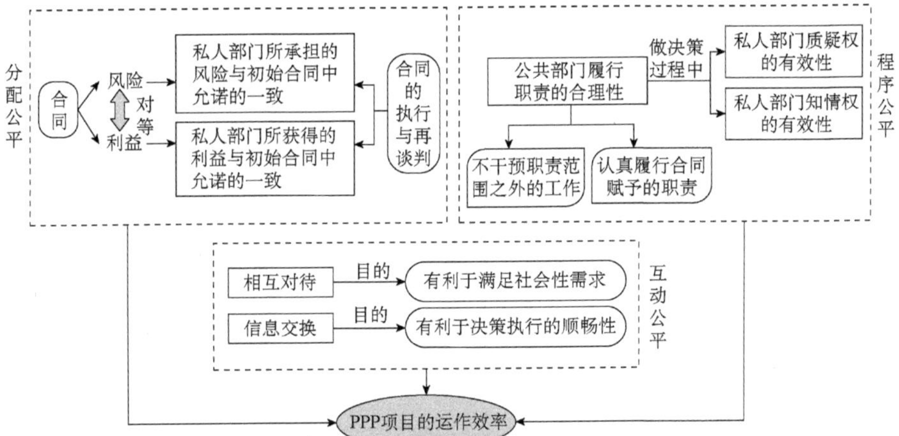

图 5-3　私人部门公平感知的概念模型

第 6 章　PPP 项目中私人部门履约绩效判别矩阵的构建

为检验私人部门公平感知与履约绩效之间的关系，需首先对私人部门履约绩效进行评估，考虑到本篇所采用的实验方法对于变量的要求易于实施和操作，故本章将建立 PPP 项目履约绩效的客观判别矩阵。首先，通过文献综述提出履约绩效的内涵及其衡量标准（杜亚灵等，2017b）；其次，在此基础上，通过阅读与分析文献、合同文本来提炼关键观测事件；最后，通过案例分析和同实践工作者讨论来建立私人部门履约绩效的判别矩阵（杜亚灵等，2019）。

6.1　履约绩效的界定及其影响因素分析

6.1.1　履约绩效的界定

Hart 和 Moore（2008）提出的敷衍履约和尽善履约显然是契约履行效果的两种极端状态，但相关研究并未明确提出履约绩效的构念。工程领域则提到过类似构念，如 Ke 等（2015）界定的关系品质（relationship quality）以及 Cao 和 Lumineau（2015）界定的关系绩效（relationship performance）。前者指项目执行过程中不同参与者之间合作的和谐程度，后者指参与者在质量、价格及交付等方面的绩效。而 PPP 的相关文献中与履约绩效类似的构念主要有以下几种。①Ng 等（2010）界定的项目成功以成本节约、时间减少、解决方案更高效、公私间关系改善等为特征。显然，其特征描述既包括了反映项目结果的成本、时间等，又包括了反映项目过程的公私关系。②Xiong 等（2015）界定了利益相关者满意度以及 Verweij（2015）提出了

PPP 项目被满意地执行（be satisfactorily implemented）。前者通过关键绩效指标（key performance indicator，KPI）与绩效目标指标（performance objective indicator，POI）之间的差异测量，涉及多个利益相关者的绩效目标研究，其中公众注重的收费比率等皆反映项目结果，私人部门除关注反映项目结果的利润获取等外，还注重反映项目过程的公共部门支持；后者研究公共部门对项目执行情况的满意度，其测量指标既包括反映项目结果的成本、质量、工期等，又包括反映项目过程的公私关系、安全、风险、外部利益相关者满意度等。可见，不同利益相关者对过程和结果的关注侧重点不同：公众更关注项目结果，而公共部门和私人部门关注项目结果和项目过程。③张亚蕾等（2015）认为，满足利益相关方需求和效益目标即为有效的公私合作。其评价体系涵盖消费者有效需求、项目自身条件、政府为合作提供保障、项目公司开发项目能力等 4 个维度，显然，公私合作有效性的评价更侧重于项目过程。

综上所述，现有与 PPP 项目履约绩效类似的构念大都同时包含对其过程与结果的评价，然而两者并不高度统一。例如，较好的项目过程通常会导致较好的结果，但两者之间不存在必然联系，为提高准确性，还需将其剥离开来进行研究。又因反映项目结果的相关文献（如项目绩效）类似的研究较多，而纯粹对项目过程进行研究的相对薄弱，还需从相关研究中进一步分离出反映过程特征的内容并构建独立构念。故本章所指的履约绩效针对项目过程，强调 PPP 项目过程中私人部门在合同约束及关系支配下的履约情况。鉴于此，本书将履约绩效定义为，私人部门在 PPP 项目执行过程中所采取履约行为的作为程度，其反映了实现合同目标过程的顺畅程度。

6.1.2 履约绩效的影响因素分析

对 PPP 项目成功、利益相关者满意度、PPP 项目被满意地执行及公私合作有效性的影响因素进行大致分类：①PPP 项目成功的影响因素可归纳为有利的外部因素（如稳定的宏观经济条件、政治稳定）、政府对 PPP 项目的支持及管理（如采购的透明性、政府提供担保）、私人部门的自身条件（如强大的私人财团、技术创新）、PPP 项目自身的可行性（如选择合适的项目、项目的长期需求）、公众的支持、公私之间良好的合作（如双方坚定的承诺、信任）（Osei-Kyei and Chan，2015）；②利益相关者满意度的影响因素可归纳为项目产出目标的达成（如可以接受的质量、按时或提前完成项目）、私人部门获得利益（如从公共服务中获利、改善技术水平或获得技术转移）、公共部门获得利益（如向公共部门引进了商业及获取收益的能力、解决了公共部门预算限制的问题）、公众获得利益（如为公众提供了更加便捷且廉价的服务、项目服务的高质量）（Xiong et al.，2015）；③PPP 项目被满意地执行的影响因素分为外部导向的管理、密切的公私合作、严密监控合同服从情况及项目类型，对应于原文（Verweij，2015）中的设计-建造-融资-维护（design-build-finance-maintain，DBFM）合同；④公私合作有效性的影响因素包括消费者具有有效需求、项目具备公私合作的条件、政府能够为公私合作提供保障及项目公司具备公私合作的能力（张亚蕾等，2015）。显然，这些概念的影响因素大多包括政府提供的支持及管理、私人部门的能力及公私双方的密切合作三大类。

6.2 履约绩效的判别过程

依据 PPP 项目履约过程的性质可将其分为两种不同的时刻，即外界环境发生变化需通过再谈判调整初始合同时（简称再谈判时）与双方无异议地执行合同时。①对于再谈判时履约绩效的判别，其最具有代表性的是 De Brux（2010）通过案例分析发现，在 PPP 项目中不仅存在基于机会主义的再谈判（opportunistic renegotiation），还存在基于合作的再谈判（cooperative renegotiation）。前者指的是当事人基于其自利本性与寻租动机，在再谈判过程中仅寻求有利于己方攫取短期利益的解决途径，最终导致“敲竹杠”事件的发生和社会剩余的减少；后者指的是当事人基于双方关系的持续性考虑，在再谈判过程中寻求能够保障双方利益与维系双方关系的解决途径，最终使得社会剩余增加。②对于双方无异议地执行合同时履约绩效的判别，张水波等（2015）将承包商的合作行为分为角色内行为与角色外行为两种。前者指的是承包商为完成项目目标实施的已在合同、补充协议等正式文件中做出规定的必须行为，后者指的是发包商或承包商实施的超越合同规定、对项目有益的自发行为。

在判别私人部门履约绩效时，首先，应将 PPP 项目履约过程分为再谈判时与双方无异议地执行合同时两种时刻；其次，识别两种时刻上的关键观测事件，对于再谈判时的关键观测事件可借鉴第 5 章的研究成果（即表 5-1 中内容），对于双方无异议地执行合同时的观测事件可通过分析文献、合同文本识别出来；再次，在此基础上，通过案例分析和向实践工作者求证，分别提炼出基于合作的再谈判、基于机会主义的再谈判的判别标准以及角色外行为、角色内行为的判别标准；最后，依据研究结果对私人部门的履约绩效进行判别：若私人部门在某一观测事件上选择了基于合作的再谈判或实施了角色外行为，则认为私人部门履约绩效较好，若私人部门在某一观测事件上选择了基于机会主义的再谈判或实施了角色内行为，则认为私人部门履约绩效较差，如图 6-1 所示。

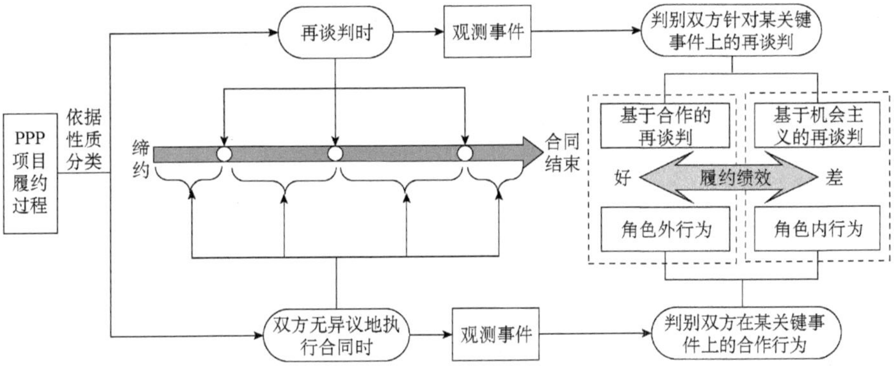

图 6-1　私人部门履约绩效的判别过程

6.3　履约绩效的观测事件识别

由上文可知，在衡量私人部门履约绩效之前，应先识别再谈判时或者双方无异议地执行合同时的观测事件。首先，对再谈判时的观测事件，应遴选可引发再谈判的常见事件，此部分内容已在第 5 章中得到，即对应表 5-1 中“事件”一列；为了便于对再谈判时私人部门履约行为的特征描述，依据再谈判时的主要内容将观测事件合并，具体方法如下：阅读观测事件对应的 156 号文附件《PPP 项目合同指南（试行）》和 2724 号文附件《政府和社会资本合作项目通用合同指南（2014 年版）》中的条款或段落［即附录二中

“条款（或段落）具体内容”一列］和涉及再谈判的 PPP 案例，摘录体现再谈判具体内容的关键语句，将再谈判内容相近的观测事件合并，如表 6-1 所示。其次，对双方无异议地执行合同时的观测事件，具体识别原则如下：①在 CNKI 中以 PPP 且绩效为主题，或在 ScienceDirect 数据库中以 PPP 为关键词搜索关于建立 PPP 项目关键绩效指标的文献，从中遴选评价私人部门履约行为的指标；②在中国政府采购网、各地方政府采购网中，部分 PPP 项目的成交公告附有 PPP 合同（简称 PPP 公示合同），下载并筛选篇幅较长、内容框架与 156 号文附件《PPP 项目合同指南（试行）》或 2724 号文附件《政府和社会资本合作项目通用合同指南（2014 年版）》相近的合同作为研究资料，以此避免市场中不规范的操作，接着通过阅读与分析遴选出的 PPP 公示合同、156 号文附件《PPP 项目合同指南（试行）》和 2724 号文附件《政府和社会资本合作项目通用合同指南（2014 年版）》，从中摘录对私人部门履约行为虽有明确规定但仍留有选择空间的条款或段落；③将遴选出的关键绩效指标以及合同条款或段落进行汇总，提炼出私人部门合作行为最不稳定的关键事件，最终得到双方无异议地执行合同时的观测事件集合，具体内容如表 6-2 所示。

表 6-1　PPP 项目再谈判时的观测事件及其分类

序号	观测事件	体现再谈判具体内容的关键语句	来源	再谈判的主要内容
1	未满足前提条件的合同终止	经济赔偿	156 号文附件《PPP 项目合同指南（试行）》第二章第四节	经济赔偿/补偿额度
2	回购	补偿金额	156 号文附件《PPP 项目合同指南（试行）》第二章第十八节	
3	项目无法按期开始运营	延迟开始运营日、索赔额外费用、支付违约金、获得一定的赔偿	156 号文附件《PPP 项目合同指南（试行）》第二章第八节	经济赔偿/补偿额度、延展的工期或运营期限
4	法律变更	索赔额外费用、要求延长工期、申请延长项目合作期限	156 号文附件《PPP 项目合同指南（试行）》第二章第十五节	
5	计划外的维护	索赔因此造成的费用和损失、申请延展项目期限、赔偿相关损失	156 号文附件《PPP 项目合同指南（试行）》第二章第九节	
6	计划外的暂停服务	索赔因此造成的费用损失、申请延展项目期限、赔偿相关损失	156 号文附件《PPP 项目合同指南（试行）》第二章第八节	
7	不可抗力事件	延长工期、获得额外补偿、延长项目合作期限	156 号文附件《PPP 项目合同指南（试行）》第二章第十六节	

续表

序号	观测事件	体现再谈判具体内容的关键语句	来源	再谈判的主要内容
8	最低采购量	1995～1998 年该项目的发电量不及最低购电量，按照合同的约定，政府应赔偿项目公司损失，再谈判后双方同意将特许期延长 3 年作为赔偿	156 号文附件《PPP 项目合同指南（试行）》第一章第二节；深圳沙角 B 电厂 BOT 项目	经济赔偿/补偿额度、延展的工期或运营期限
9	建设竞争性项目	政府对项目做出为期 9 年的排他性承诺，但 7 年后政府违约建设新项目，项目公司据此向政府索赔	156 号文附件《PPP 项目合同指南（试行）》第四章第一节；福建闽江四桥 BOT 项目	
10	政府提供相关连接设施	项目延长、损害赔偿	156 号文附件《PPP 项目合同指南（试行）》第二章第八/十三节	
11	政府方负责或协助获取相关土地权利	延迟开始运营日、索赔额外费用（若政府未实现此承诺将导致项目无法按期开始运营，则再谈判的主要内容与其一致）	156 号文附件《PPP 项目合同指南（试行）》第二章第六/十三节	
12	政府方办理有关审批手续	延迟开始运营日、索赔额外费用（若政府未实现此承诺将导致项目无法按期开始运营，则再谈判的主要内容与其一致）	156 号文附件《PPP 项目合同指南（试行）》第二章第十三节	
13	价格调整	项目公司提供服务的定价	156 号文附件《PPP 项目合同指南（试行）》第三章第一节；2724 号文附件《政府和社会资本合作项目通用合同指南（2014 年版）》第 56 条	公共产品或服务的价格
14	超额利润	超额利润与项目公司进行分成	156 号文附件《PPP 项目合同指南（试行）》第三章第二节	分享给公共部门的超额利润的额度
15	再融资	因再融资所节省的财务费用享有按约定比例分成的权利，双方协商后政府得到再融资收益的 35%	156 号文附件《PPP 项目合同指南（试行）》第二章第五节；英国 Darent Valley 医院 PPP 项目	分享给公共部门的因再融资所得收益与所节省财务费用的额度

注：表中的“政府”即本书研究的公共部门，“项目公司”即本书研究的私人部门

表 6-2　PPP 项目双方无异议地执行合同时的观测事件及其来源

序号	观测事件	合同条款概括/KPI	来源
1	设计方案的优化	合同条款概括：私人部门在不改变规划主要素的情况下，如果其认为变更设计将加快建设速度、降低建设或维护成本、提高项目的质量，可对设计进行优化，但应经报公共部门同意后实施	《海口国家高新区美安科技新城一期公园绿地工程和美安中心公园 PPP 项目合同》第 10.2 条；《枣强县大营镇文化教育会展中心 PPP 项目合同》第 7.1 条

续表

序号	观测事件	合同条款概括/KPI	来源
2	技术创新或转移	KPI：技术创新（technology innovation）、技术转移（technology transfer）	Yuan 等（2009）
3	公众投诉的处理	KPI：公众投诉监督程序是否落实	王超等（2014）
		合同条款概括：私人部门须公开投诉监督方式，接受属地政府部门、社会公众的监督，有效解决各种诉求、纠纷和服务质量投诉	《枣强县大营镇污水管网 PPP 项目合同》附件 2
4	职工培训的投入	KPI：培训有效性、员工培训（employee training）	Yuan 等（2009）； 兰兰和高成修（2013）
		合同条款概括：私人部门应建立规范的操作程序和管理制度，培训雇员，使所有雇员均能够持证上岗	《海口市地下综合管廊 PPP 项目协议》第 8.2 条
5	信息资料的提供	合同条款概括：私人部门定期向公共部门提供有关项目实施的资料和信息，包括建设阶段的项目计划与进度报告、运营阶段的有关项目运营情况的报告（如运营维护计划、经审计的财务报告、事故报告等）、移交阶段的技术信息、与项目设施有关的资料等，同时确保信息资料完整、真实、清晰	156 号文附件《PPP 项目合同指南（试行）》第二章十七/十九节； 2724 号文附件《政府和社会资本合作项目通用合同指南（2014 年版）》第 36/52 条； 《顺德北部片区横五路（一期）、荷岳路改造及荷岳路—林上路快速化改造（一期）道路工程 PPP 项目特许经营协议》第 11.2/ 16.1/16.2/20.1 条
6	设备的维护、检修与更新	KPI：设备管理（facility management）	Love 等（2015）； Yuan 等（2009）
		合同条款概括：私人部门应确保项目设施始终处于良好运营状态并能够以安全、连续、稳定的方式提供符合适用法律、合同要求、运营维护手册的服务	《唐山市韩城镇集中供热工程 PPP 项目合同》第 7.3 条； 《枣强县大营镇文化教育会展中心 PPP 项目合同》第 8.1 条
7	计划外维护与计划外暂停服务的补救	合同条款概括：若发生计划外暂停服务或计划外维护时，私人部门应立即通知公共部门，解释其原因，并尽最大可能地降低暂停服务的影响并尽快恢复正常服务	156 号文附件《PPP 项目合同指南（试行）》第二章九节； 《北京市房山区大石河水环境综合治理 PPP 项目政府采购合同》第 31.3 条
8	应急预案与保障体系的启动	合同条款概括：私人部门应针对自然灾害、重特大事故、环境公害以及人为破坏等突发情况建立相应的应急预案、响应组织和指挥、设备等保障体系，并保证出现重大意外事故时其保障体系能够及时、正常启动	《海口市高级技工学校化工制药实训楼、高技能人才公共实训基地项目 PPP 项目合同》第 2.6/8.5 条； 《禅城区魁奇路快速化岭南大道节点工程 PPP 项目合同》第 7.4 条

6.4 履约绩效判别矩阵的建立

为了确保研究结果的准确性与可操作性，研究者先后通过案例分析和向实践工作者求证两个步骤来确定私人部门履约绩效的判别标准，具体步骤如下。①在百度搜索引擎与 CNKI 中搜索再谈判过程和履约过程较顺利或较困难的 PPP 案例，通过对其阅读与分析，提炼出每一观测事件上使公共部门满意或不满意的履约行为或选择的特征描述。在此基础上，结合基于合作的再谈判、基于机会主义的再谈判、角色外行为、角色内行为的内涵，对各观测事件上的私人部门以基于合作的再谈判、基于机会主义的再谈判或者角色外行为、角色内行为的判别标准进行描述，从而形成再谈判时和双方无异议地执行合同时私人部门履约绩效判别矩阵的初稿。②选取我国若干较为专业的 PPP 咨询公司，邀请其实践工作人员针对私人部门以基于合作的再谈判、基于机会主义的再谈判以及角色外行为、角色内行为的判别标准进行逐一讨论，并依据讨论结果对已形成的初稿做出调整，得到再谈判时和双方无异议地执行合同时私人部门履约绩效判别矩阵的最终稿，如表 6-3、表 6-4 所示。

表 6-3　PPP 项目再谈判时私人部门履约绩效的判别矩阵

序号	观测事件	基于合作的再谈判	基于机会主义的再谈判	来源
1	未满足前提条件的合同终止、回购	私人部门索要（或给予）的经济赔偿额度与第三方审核的金额基本一致，并且能够提供充分、真实的依据	私人部门索要（或给予）的经济赔偿额度明显高于（或低于）第三方审核的金额，并且未能提供充分依据，甚至提供了虚假信息	☆深圳梧桐山隧道 BOT 项目（由回购引发的再谈判）
2	项目无法按期开始运营、法律变更、计划外维护、计划外暂停服务、不可抗力事件、公共部门未实现承诺①	①当公共部门违约时，私人部门向其索要的（或当私人部门违约时，其给予对方的）经济赔偿额度与第三方审核的基本一致，并且能够提供充分、真实的依据；②在其有权要求延长期限的情况下，申请延长的工期合理，或者申请延长的运营期限合理（即在此期限内，私人部门所得收益恰好弥补此次损失）	①当公共部门违约时，私人部门向其索要的（或当私人部门违约时，其给予对方的）经济赔偿额度明显高于（或低于）第三方审核的金额，并且私人部门未能提供充分依据，甚至提供了虚假信息；②在其有权要求延长期限的情况下，申请延长的工期过长，或者申请延长的经营期限过长（即在此期限内，私人部门所得利润明显高于其损失程度）	☆柬埔寨暹粒吴哥国际机场项目（由不可抗力引发的再谈判）
3	价格调整	私人部门提出的价格与政府测算出的基本一致，并且能够提供充分、真实的依据	私人部门提出的价格明显高于政府测算出的，并且未能提供充分依据，甚至提供虚假信息	☆来宾生活垃圾焚烧发电 BOT 项目 ◎成都市第六自来水厂 B 厂 BOT 项目

① 公共部门的承诺一般包括：公共部门负责或协助获取相关土地权利项目、最低采购量、不在项目附近建设竞争性项目、公共部门办理有关政府审批手续、公共部门提供相关连接设施。

续表

序号	观测事件	基于合作的再谈判	基于机会主义的再谈判	来源
4	超额利润	私人部门按照合同约定的比例将实际超额利润分享给公共部门，并且能够提供充分、真实的依据	私人部门按照合同约定的比例没有将实际的超额利润分享给公共部门，未能提供充分的依据，甚至提供了虚假信息（如超额利润金额与实际所得不符）	◎巴西的圣保罗地下铁四号线 BOT 项目
5	再融资	对再融资所获得的收益（或所节省的财务费用），私人部门分享给公共部门的金额与公共部门提出的基本一致，且与公共部门因再融资而承担的风险相匹配	对再融资所获得的收益（或所节省的财务费用），私人部门分享给公共部门的金额明显低于公共部门提出的①，且与公共部门因再融资而承担的风险不匹配	◎英国 Darent Valley 医院 PPP 项目

注：☆为再谈判较为困难的 PPP 案例，◎为再谈判较为顺利的 PPP 案例

表 6-4 PPP 项目双方无异议地执行合同时私人部门履约绩效的判别矩阵

序号	观测事件	角色外行为	角色内行为	对应案例
1	设计方案的优化	私人部门对公共部门提供的设计方案进行细致分析与认真思考，对存在优化空间的方案能够提出优化建议，且该建议有利于缩短工期、降低建设与运维成本、提高公共产品或服务的质量	私人部门按照合同的约定对公共部门提供的设计方案进行审阅，但未经过细致分析与认真思考，即便此方案存在优化空间，也未提出优化建议，仅按照原方案进行建设与运营	
2	技术创新或转移	私人部门不仅按照合同的约定采用先进技术或工艺，而且在技术研发与创新方面投入大量资金和科研人员；私人部门毫无保留地将己方拥有的先进技术转移到项目中，并未以此为由向公共部门索取额外费用	私人部门按照合同的约定采用先进技术或工艺，但在技术研发与创新方面投入很少甚至不投入；私人部门按照合同的约定实现了技术转移，但试图向公共部门索取额外费用	◎澳大利亚阿德莱德水务 PPP 项目
3	公众投诉的处理	私人部门不仅接收了社会公众的投诉，而且对投诉问题进行细致分析、积极解决，并及时将处理结果反馈至社会公众，最终令其感到满意	私人部门按照合同的约定接收了社会公众的投诉，但对投诉问题分析不到位、处理不认真，并且未将处理结果及时反馈至社会公众，时常令其感到不满意	
4	职工培训的投入	私人部门不仅按照合同的约定组织员工进行岗位培训，而且员工培训率较高、培训频率较高以及培训内容具有针对性，从而使得员工的业务素质在较短时间内得到了极大提升	私人部门按照合同的约定组织员工进行岗位培训，但员工培训率较低、培训频率较低以及培训内容缺乏针对性从而使得员工的业务素质无法得到有效提升	◎山东日照电厂 BOT 项目

① 私人部门可能实施的机会主义行为：当公私双方已事先约定再融资所获收益的分成比例时，私人部门会通过降低再融资收益的计算结果（如调整计算方法、提高计算折现率等）来减少给予公共部门的收益金额；当公私双方未事先约定再融资所获收益的分成比例时，私人部门会通过争取更高的分成比例来减少给予公共部门的收益金额。这两种方式均使得公共部门所得的收益与其因再融资而承担的风险不匹配。

续表

序号	观测事件	角色外行为	角色内行为	对应案例
5	信息资料的共享	私人部门不仅按照合同约定的内容与时间向公共部门提供有关项目实施的资料和信息，而且资料完整、清晰、真实	私人部门按照合同约定的内容与时间向公共部门提供有关项目实施的资料和信息，但提供的资料不完整、内容不清晰	
6	设备维护、检修与更新	私人部门不仅按照合同约定的频率、程序及内容对设备进行了维护、检修与更新，而且当设备出现故障时在第一时间内采取维修措施，并且当设备磨损致使运行效率明显下降或者技术落后时，及时进行更新，使设备一直处于良好的运行状态	私人部门按照合同约定的频率、程序及内容对设备进行了维护、检修与更新，但当设备出现故障时，采取维修措施不及时，总是拖到约定的最后期限才完成维修，而且仅当设备磨损至无法继续使用时才进行更新	◎山东日照电厂 BOT 项目
7	计划外维护与计划外暂停服务的补救	在此类事件发生后，私人部门第一时间通知公共部门并及时采取补救措施，尽己方最大努力将损失降到最低，从而使公共部门感到满意	在此类事件发生后，私人部门按照合同约定的程序与期限通知公共部门并采取补救措施，但其是等到合同约定的最后期限才实施上述行为，从而使公共部门感到不满意	
8	应急预案与保障体系的启动	私人部门事先建立了全面、操作性较强的应急预案与保障体系，当意外事故发生时，及时启动应急预案或保障体系，有效降低此次事故带来的不利影响，从而使得公共部门感到满意	私人部门按照合同的约定建立了应急预案与保障体系，但方案比较粗糙、操作性较差，当意外事故发生时，应急预案或保障体系启动缓慢，未能及时、有效降低此次事故带来的不利影响，从而使得公共部门感到不满意	

注：“◎”为再谈判较为顺利的 PPP 案例

第 7 章　研究假设与研究设计

本章主要为后续情境模拟实验的实施打下基础。首先，通过比较分析实验室实验与实地实验的优缺点选择研究方法；其次，提出分配公平、程序公平、互动公平对履约绩效具有正向影响以及对项目获取途径具备调节作用的研究假设；再次，在此基础上，通过文献综述、分析案例、同实践工作者讨论等方法建立私人部门履约绩效的判别矩阵；最后，对项目获取途径加以区分。

7.1　情境模拟实验的选用依据与方法介绍

由 4.4.3 可知，通过定量以及定性研究方法无法很好地检验公平感知与履约绩效之间的因果关系，而通过操纵自变量的实验方法可清楚地观察到两者之间的对应关系。实验是针对某一特定情境，通过控制和操纵一个或多个变量来观察受试者的行为从而从中提炼出具有研究价值的行为特征（Brandts and Charness，2011）。其原本主要应用于生物、物理等自然科学领域，随后被逐渐应用于社会科学领域，目前在工商与营销等管理领域中得到广泛应用。实验可被划分为实验室实验与实地实验。①前者是在配有专业设备的实验室中进行，在严格控制实验条件的情况下，通过模拟诱导场景来观察受试者的行为反应（Slonim et al.，2013）；在此过程中，研究者可以依据研究需要来设置实验环境、控制实验条件，从而能够较为清楚地观察自变量与因变量之间的因果关系，但由于实验条件与现实情境中的自然状态存在一定差别，其研究结果往往难以在外部真实世界中推广。②后者是在真实社会环境下进行，即在实践参与者中随机选择受试对象，通过对其施加外生刺激或不刻意施加刺激以观测受试者的行为反应（List and Rasul，2011）；在此过程中，研究者可以观察到受试者在真实环境下的自然反应，其研究结果更加接近实践，但其无法严格控制实验条件而提取出自变量的独立影响。综上所述，上述两种研究方法均可达到检验两变量之间因果关系的目的。考虑到本书是基于私人部门普遍感到不公平与 PPP 项目履约绩效较差的现状提出来的，其研究结果试图应用于实践以改变 PPP 项目履约困难的现状，故应采用研究结果更接近实践的实地实验方法。但囿于社会资源、时间，研究者难以联系到多个符合研究条件的 PPP 项目进行观察，因此本篇采用基于情境模拟的实验室实验（即情境模拟实验）来检验两者之间的关系以及探索项目获取途径的调节作用。

7.2　实验假设的提出

7.2.1　公平感知与履约绩效之间的关系

Hart 和 Moore（2008）提出了契约参照点理论，认为一方交易当事人的履约行为是其从契约承诺中获得的权利感受的函数，即在当事人享有契约赋予的相关权利时，会认为自己被友善地对待，从而积极地履行合同；反之，会产生己方利益受损的心理感知，进而采取机会主义行为以实施报复，最终导致履约绩效下降。而 PPP 项目是一种典型的长期契约，如果在项目执行过程中，利益与风险的实际落实情况、项目执行和决策制定的程序与 PPP 初始合同一致，私人部门即会感知到公平。显然，私人部门以 PPP 初始合同为参照点产生的公平感知与此观点中当事人从契约承诺获得的权力感受相似，故此观点适用于本章。由此可以认为，在 PPP 项目中，当私人部门公平感知水平较高时，其将积极地履行合同；而当其感知到不公平时，私人部门可能会产生对抗思维致使其消极地履行合同甚至实施机会主义行为。

具体而言：①当一方当事人具有较高水平的分配公平感知时，其将对未来收益或利润分配的公平性充满信心（Luo et al.，2015），认为己方的付出或努力能够得到相应的回报，因而更愿意投入到已建立起来的合作关系中，并积极履约以获得更多的利润（刘婀等，2013）；②当一方当事人具有较高水平的程序公平感知时，其获得了对自身价值的认可（史会斌，2014），并且公平的决策制定程序使其相信己方利益能够得到长期保障，从而会通过选择合作与积极履约的方式来追求长期利益（蔡昊雯等，2012）；③当一方当事人具有较高水平的互动公平感知时，交易双方产生了友谊与情感上的依恋，同时充分的信息交流将减少交易双方之间的分歧而加强合作意愿（Liu et al.，2012），此时交易主体更倾向于选择积极履约。已有研究验证了在战略联盟、供应链与工程领域中交易主体的公平感知对其行为选择的积极影响。例如：Luo（2007b）基于松散耦合理论（loose coupling theory），调研了 216 对中国的生产商与经销商，研究结果显示，在供应链系统中公平感知不直接作用于关系绩效，而是通过促进交易双方的耦合行为，进而提升关系绩效；杜亚灵等（2016）基于工程项目临时性社会网络组织的本质特征，通过对 162 套有效数据处理，分析了业主的初始信任、承包商公平感知以及合作之间的关系，结果显示，业主的初始信任有助于承包商公平感知的形成，承包商的公平感知对合作具有积极影响，并且承包商公平感知在业主初始信任与合作之间起到部分中介作用。

基于上述分析，本章提出如下假设：

假设 H1，私人部门的公平感知对 PPP 项目履约绩效有显著的正向影响；

假设 H1a，私人部门的分配公平感知越强，PPP 项目履约绩效就越好；

假设 H1b，私人部门的程序公平感知越强，PPP 项目履约绩效就越好；

假设 H1c，私人部门的互动公平感知越强，PPP 项目履约绩效就越好。

7.2.2 项目获取途径的调节作用

项目获取途径指的是交易双方关系形成的渠道，在 PPP 项目中其通常由 3 个因素综合决定，即项目发起方式、项目采购方式、是否存在有意向的私人部门。其中，项目发起方式是指由哪一方提出建设与运营公共基础设施的需求，项目采购方式是指公共部门为建设与运营公共基础设施依法选择私人部门合作者所采用的方式，是否存在有意向的私人部门是指在采购过程中是否存在公共部门对某一供应商的合作意向明显高于其他供应商的现象。营销领域已有相关研究验证了关系形成方式能够影响当事人对其交易关系的预期或对另一方的容忍程度，进而使其在同一种情绪下将选择不同性质的行为。本书尝试将此观点引入 PPP 领域，并以项目采购方式为例加以论述：PPP 项目中常见的采购方式有公开招标与竞争性磋商。对于前者，合同条款通常在发布采购公告之前已经拟定，私人部门中标后将直接签署合同；而对于后者，采购过程中供应商需与公共部门对合同条款进行多轮磋商，必要时还需提供设计方案或针对某一关键问题的解决方案。显然，相对于公开招标，通过竞争性磋商获取项目的私人部门对项目的投入更多，相应地，其在 PPP 项目执行过程中必定更加珍惜己方的劳动成果，故在此采购方式下，即使私人部门感到不公平，但考虑到己方已付出的努力也会选择相对积极的履约行为。由此可以推断，通过不同采购方式获取项目的私人部门，即使感到同一水平的公平感知，也将采取不同积极程度的履约行为。

基于上述分析，本章提出如下假设：

假设 H2，项目获取途径对私人部门公平感知与 PPP 项目履约绩效之间的关系具有调节作用；

假设 H2a，项目获取途径对分配公平与 PPP 项目履约绩效之间的关系具有调节作用；

假设 H2b，项目获取途径对程序公平与 PPP 项目履约绩效之间的关系具有调节作用；

假设 H2c，项目获取途径对互动公平与 PPP 项目履约绩效之间的关系具有调节作用。

理论模型如图 7-1 所示，该模型反映了公平感知与履约绩效之间的关系，这一关系受到项目获取途径的调节。

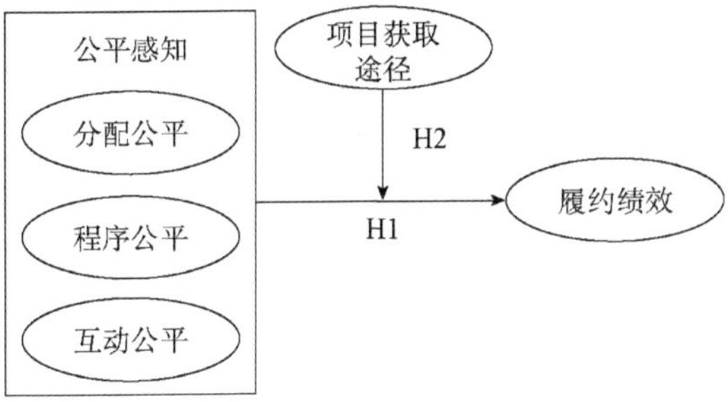

图 7-1　理论研究模型

7.3　项目获取途径的识别

项目获取途径是指私人部门获取 PPP 项目的渠道。由于各私人部门的社会资源、企业文化、生存技能不同，其获取项目的渠道也千差万别，不易总结与归纳，而 113 号文详细规定了 PPP 项目操作过程的 5 个阶段与 19 个节点（图 7-2），从中能够提取与项目获取途径相关的内容，因此本章以 113 号文为依据对项目获取途径进行识别。通过详细阅读与分析 113 号文可知，与项目获取途径相关的节点有项目发起、采购文件编制、响应文件评审。其中，项目发起规定了项目发起方式，采购文件编制规定了项目采购方式，从采购文件编制与响应文件评审中可提炼出是否存在有意向的私人部门。

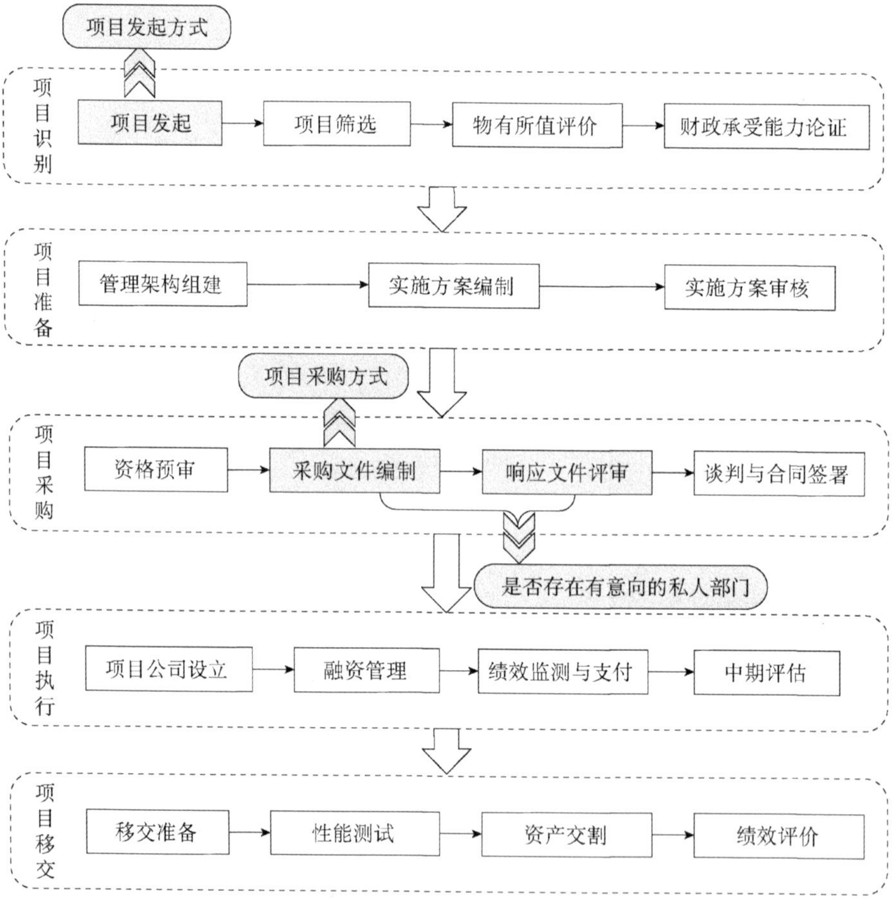

图 7-2 PPP 项目的操作流程

资料来源：依据 113 号文绘制

7.3.1　项目发起方式

项目发起方式是指由哪一方提出建设与运营公共基础设施的需求，通常情况下有以下 2 种方式。①政府发起（即公共部门发起），其是指公共部门基于社会公众的需求以及财政紧缺的现状提出建设与运营基础设施的需求（Yun et al.，2015）。公共部门发起是公共基础设施建设与运营的传统发起方式，即项目规划书、可行性研究报告、实施方案的编制等前期工作全部由公共部门完成，其中留给私人部门发挥其专业优势的空间相对较小。②社会资本发起（即私人部门发起），其是指私人部门基于己方的专业优势与利益诉求提出建设与运营基础设施（Yun et al.，2015）的需求。在此方式下，私人部门通常具有实施此项目的巨大优势（如掌握了项目所需的关键技术和知识产权），并且其利益目标与项目目标相对接近，其更有利于私人部门将创新引入公共服务领域，进而实现项目目标或帮助公共部门实现战略目标。与此同时，其还能够降低交易成本与采购过程的持续时间（Liu et al.，2016）。在实践中，如澳大利亚、韩国、中国台湾等国家或地区允许私人部门发起 PPP 项目。其中，中国台湾地区在 2000 年颁布的“促进民间参与公共建设法”中对民间自提（即私人部门发起）的相关事宜做出具体规定，为民间自提提供了法律保障；然而，部分国家或地区考虑到私人部门发起这一方式缺乏充分竞争，很可能滋生腐败反而降低公共基础设施的提供效率，因而明确禁止以此方式发起 PPP 项目。我国 113 号文明确规定：“政府和社会资本合作项目由政府或社会资本发起，以政府发起为主。”

7.3.2　项目采购方式

项目采购方式是指公共部门为建设与运营公共基础设施，依法选择私人部门合作者所采用的方式。113 号文中规定了以下 5 种采购方式。①公开招标，指公共部门通过在指定媒介上发布招标公告邀请不特定的供应商投标，并按照法律程序与招标文件规定的评标标准和方法确定中标人。其适用于核心条件与技术参数明确、可以事先估算出项目投资总额的 PPP 项目。此方式操作简便、容易实现充分竞争，有利于公共部门选择实力较强且服务价格优惠的供应商，但其不能就服务范围、实施方案等实质性内容进行谈判与更改，以至于无法更好地利用私人部门在管理与技术方面的优势。②竞争性磋商，其是指公共部门通过组建竞争性磋商小组与符合条件的供应商就采购货物、工程和服务事宜进行磋商。供应商按照磋商文件的要求提交响应文件和报价，公共部门从磋商小组评审后提出的候选供应商名单中确定中标供应商。其适用于因投资规模大、技术复杂等原因难以事先确定采购需求或者实施方案，需要与供应商进行协商的项目，其不仅可以制定符合项目特点、适合于私人部门优势的实施方案，还能够抵制恶意低价竞争的现象，从而实现采购过程的物有所值，但此方式持续时间长，需公共部门与私人部门投入大量的资金和精力。③邀请招标，其是指公共部门以投标邀请书的方式直接邀请特定供应商参加投标。④竞争性谈判，其是指公共部门直接邀请三家以上供应商就采购事宜进行谈判。⑤单一来源采购，其是指公共部门因特定原因仅向某一特定供应商采购。

7.3.3 是否存在有意向的私人部门

是否存在有意向的私人部门是指在采购过程中是否存在公共部门对某一供应商的合作意向明显高于其他供应商的现象。实践中存在以下两种情况：①存在有意向的私人部门，其是指因某一供应商在资金、实力等方面明显占优势或者与公共部门有过合作经历等，在采购过程中公共部门对其合作意向明显高于其他供应商；②无有意向的私人部门，其是指公共部门对所有投标供应商一视同仁，并严格按照法律法规与招标文件确定的评标方法、标准选择供应商，不存在公共部门具有选择倾向和与供应商串通的现象。在实践中，公共部门无有意向的私人部门属于采购过程的规范操作，即公共部门能够公平择优地选择专业能力与融资实力较强的供应商；而公共部门具有有意向的私人部门存在于不规范的采购过程中，在此情况下，公共部门通常设置有利于意向社会资本中标的评定方法与标准，致使中标社会资本的实力情况非常不稳定。即，如果公共部门是基于更好地完成项目的目的，倾向于选择综合实力较强或者与其有过愉快合作经历的供应商，其显然有利于项目目标的实现；如果公共部门是基于获取私利的目的，将忽略供应商的实际综合实力而仅选择有助于己方获取私利的供应商，其势必会降低公共基础设施建设与运营的效率。

综上所述，项目获取途径可由上述三方面决定，每个方面内有 2 个或 5

个因素加以区分，如果将其组合可得到多种情况，在后续情境模拟实验中可结合实践对其进行筛选，如对区分度较低的方面可以不予考虑。

7.4　情境模拟实验的实施

7.4.1　研究设计

采用正交实验设计①来安排实验，并运用正交表选择最优水平组合，以8种不同情境下的公平感知的客观部分和项目获取途径描述作为操纵自变量的处理。本章包含自变量、因变量与调节变量3种研究设计。其中，自变量为私人部门公平感知的3个维度，每个维度分为高、低2个水平，即高分配公平（D）、低分配公平（d）、高程序公平（P）、低程序公平（p）、高互动公平（I）、低互动公平（i）；因变量为私人部门履约绩效，其中在再谈判时包含基于合作的再谈判与基于机会主义的再谈判2个水平，在双方无异议地执行合同时分为角色外行为与角色内行为2个水平；调节变量为项目获取途径，其中，项目采购方式分为公开招标和竞争性磋商2个水平，是否存在有意向的私人部门分为存在有意向的私人部门与无有意向的私人部门2个水平。依照上述变量及其包含的水平来设计正交表，正交表的设计原则为：①任一列中，同一因素不同水平出现的次数相同；②任两列中，同一行组成的数字对出现的次数相同。实验的正交表如表7-1所示，其中将分配公平、程序公平和互动公平的低水平赋值为“0”，高水平赋值为“1”；采购方式中的公开招标赋值为“1”，竞争性磋商赋值为“2”；是否存在有意向的私人部门中无有意向的私人部门赋值为“1”，存在有意向的私人部门赋值为“2”。

表7-1　正交表的设计结果

实验号	自变量			调节变量	
	分配公平	程序公平	互动公平	采购方式	是否存在有意向的私人部门
情境1	0	1	1	1	1

① 正交实验设计是一种研究多因素、多水平的设计方法，它根据正交性从全面试验中挑选出部分有代表性的点进行试验，是一种高效率、快速、经济的实验设计方法。

续表

实验号	自变量			调节变量	
	分配公平	程序公平	互动公平	采购方式	是否存在有意向的私人部门
情境 2	1	1	0	1	1
情境 3	1	0	1	1	2
情境 4	0	0	0	1	2
情境 5	1	0	1	2	1
情境 6	0	0	0	2	1
情境 7	0	1	1	2	2
情境 8	1	1	0	2	2

7.4.2 引起某一公平感知状态的情境设计

依据表 7-1 可知，将引起某一公平感知状态的情境拟定为 dPI、DPi、DpI、dpi 4 种，在此基础上，在表 5-5（私人部门公平感知的核心范畴编码结果）中提炼出 4 类能够引起私人部门公平感知变化且在实践中发生频率较高的事件，并在 PPP 公示合同中查找相关条款，依据合同规定以及实践情况展开构造情境。本章分别遴选了价格调整事件构造 dPI 情境、法律变更引起的补偿事件构造 DPi 情境、绩效未达标引起的政府付费扣减事件构造 DpI 情境、实际需求量低于最低采购量事件构造 dpi 情境。将构造出的情境向实践工作者征求意见，依据反馈意见对其进行调整与完善，最终形成情境描述，如表 7-2 所示。

表 7-2　引起某一公平状态的情境描述

序号	事件	情境描述
1	价格调整	自上月开始，因运营成本大幅度提高（如电价上涨）致使项目公司收益率急剧下降，甚至面临亏损的危险，您组织员工进行了周密的资料采集和论证，最终形成书面调价申请并提交给政府部门。政府部门严格按照合同约定的程序组织相关职能部门和专家对您提交的调价申请进行了审核，在合同规定的 N 个工作日内完成审核并将审核结果及时反馈给了您，即政府部门同意调价，但调整幅度比您申请中的要低很多。您对公共部门的审核结果表示不服。鉴于此，政府部门专门召开了由公私双方代表，以及参与本次调价申请审核的专家参加的会议，政府部门代表在会上对您提出的疑问进行了耐心细致的解释，对您的立场与困难表示了充分理解

续表

序号	事件	情境描述
2	法律变更引起的补偿	两个月前，国家颁布了一项新法规，使得该类项目的服务标准得到提高。自上月初，项目公司开始执行新标准，这使得项目运营成本增加超过 N%。您向政府部门提交了关于补偿事件发生及其影响的书面通知，政府部门在 M 个工作日内（合同规定的即是 M 个工作日）组织了公私双方代表进行谈判，并在谈判过程中就补偿的形式、数额以及时间进行了逐一讨论，然而双方对补偿金额存在分歧。您通过提供财务报表等资料来证明己方提出金额的合理性，而政府部门收到您提供的资料后并未认真分析，仍然坚持己方意见，于是您又多次提交了相关补充材料并向政府部门坦诚己方的困境。经过反复谈判后，政府部门终于在发出通知后的第 N 个工作日（其为合同规定的最后期限）同意了您提出的补偿金额
3	绩效未达标引起的政府付费扣减	政府部门于本月中旬对该项目进行了考核，发现其公共产品或服务未达到合同约定的标准，而后通知您采取补救措施，您接到通知后立即组织员工开展补救工作。然而，在收到通知后的第 X 个工作日（未到合同规定的第 N 个工作日），补救工作尚在进行，政府部门就派第三方介入项目的运营维护工作；在此期间，政府部门通知您，他们已就此事件提取了相应金额的运营维护保证金，但您并未收到任何费用与支出记录证明。您就上述事件向政府部门提出异议，政府部门收到您反映的意见后，专门召开了由公私双方代表参加的会议。政府部门代表在会上耐心解释了他们做出此项决定的原因，并表示非常理解您的处境，同时给出了所扣运营维护保证金的明细，并且其与政府部门的实际损失基本相符
4	实际需求量低于最低采购量	自上月初至本月末，该项目的实际需求量低于最低采购量 L，您在该月末向政府部门提交了有关服务费支付的报表，政府部门在 X 个工作日（超过合同规定的 N 个工作日）审查完成并上报当地财政局，当地财政局收到审查意见后拨付了服务费，您在提交报表后 Y 个工作日（超过合同约定的 M 个工作日）才收到服务费；并且上月与本月政府部门均是按照实际处理量支付服务费的，这使得项目公司收益有所下降，于是您向政府部门反映了实际情况，政府部门收到您的意见后并未给出反馈意见或者采取相应措施

7.4.3　实验变量的确定

该实验需要确定的变量包括私人部门公平感知这一自变量、私人部门履约绩效这一因变量和项目获取途径这一调节变量，其分别在第 3 章与第 4 章进行了研究，下文依据具体公平情境以及实践情况对其进行筛选与确定。

1. 私人部门公平感知的确定

私人部门的公平感知已在第 3 章中建立了概念模型，但不同被试者对同一客观公平情境所感受到的公平程度有所差异，因此在实验过程中让被试者依据客观的公平情境对公共部门的表现给予评价（非常同意、比较同意、不太同意、完全不同意）。其评价结果作为本次实验的自变量水平，即非常同意、比较同意对应于公平感知水平较高，不太同意、完全不同意对应于公平感知水平较低。

2. 私人部门履约绩效的确定

私人部门履约绩效的判别矩阵已在 6.4 节中得出，包括再谈判时与双方无异议地执行合同时两部分。为了使被试者能够在公平感知发生变化时选择更符合当下感受的行为，应在履约绩效判别矩阵中遴选出与公平情境联系较为密切的行为作为该实验的因变量，每个公平情境下衔接 2 种履约行为，每一行为下包含履约绩效较好和履约绩效较差 2 种情况的描述，如表 7-3 所示。

表 7-3 每一公平情境下履约行为的选择

序号	涉及的事件	履约行为	履约水平	
			差	好
1	价格调整	维护、检修与更新项目设备	对项目设备进行日常维护和检修只要满足合同约定的内容、程序及频率即可，无须过分投入公司的资金和精力在这项工作上；设备磨损至无法继续使用时再进行更新，以便最大限度地降低运营成本	为了保证项目设备高效运行，最大限度地避免发生意外事故或其他紧急情况，在必要的时候扩大日常维护和检修的内容、增加其频率；当项目设备磨损致使其运行效率明显下降或者行业内出现更先进的替代设备后，及时对其进行更新改造
		处理公众对公共产品或服务的投诉	对公众的投诉意见，会安排相关人员进行整理与分析，并形成包含解决方案的报告提交给政府部门即可，至于是否进行相应的整改工作，可视情况而定	会安排专人进行调查取证、深入分析并形成切实可行的解决方案，在向政府部门提交报告的同时，即尽最大努力在企业内部展开整改工作，力争提高公众满意度
2	法律变更引起的补偿	维护、检修与更新项目设备	对项目设备进行日常维护和检修只要满足合同约定的内容、程序及频率即可，无须过分投入公司的资金和精力在这项工作上；设备磨损至无法继续使用时再进行更新，以便最大限度地降低运营成本	为了保证项目设备高效运行，最大限度地避免发生意外事故或其他紧急情况，在必要的时候扩大日常维护和检修的内容、增加其频率；当项目设备磨损至其运行效率明显下降时或者行业内出现更先进的替代设备后，及时对其进行更新改造
		职工培训	按照合同约定的内容、程序和频率对职工进行培训，考虑到培训投入的增加未必使收益得到明显提高，认为只要职工能够提供符合标准的服务即可，不必要在此项工作上过分增加投入	不仅按照合同约定的内容、程序和频率开展培训，还针对不同岗位的员工适时增加具有针对性的培训课程，在提高员工业务素养的同时，提升运营管理水平，以此最大限度地提高公共产品或服务的质量，从而使得社会公众感到满意
3	绩效未达标引起的政府付费扣减	对计划外维护或计划外暂停服务的补救	按合同约定的程序通知政府部门，组织部分员工有序开展补救工作并在合同约定的期限内完成，只要此事件未对社会公众利益产生过多不利影响即可，无须过分投入精力与资金	及时通知政府部门并立即组织员工开展补救工作，必要时投入额外资金与人员以便最大限度地降低此类事件给社会公众带来的不利影响

续表

序号	涉及的事件	履约行为	履约水平	
			差	好
3	绩效未达标引起的政府付费扣减	因项目运营良好产生超额利润而引起的再谈判	虽然按照合同约定的比例将超额收益分享给政府部门，但会通过降低超额收益的计算结果来适当减少此部分金额，而多得的超额收益将用于提高项目运营效率与员工福利待遇等	严格按合同约定的比例将实际超额收益分享给政府部门，并且能够提供真实、充分的依据；同时，将己方所得超额收益用于提高项目运营效率与员工福利待遇等
4	实际需求量低于最低采购量	因政府部门不按照合同约定支付服务费用而引起再谈判	提出的经济补偿额度高于实际的损失，以此填补政府少支付的服务费，以及将来可能蒙受的损失	提出的经济补偿额与实际损失基本一致，并且能够提供充分、真实的依据，甚至在政府部门财政困难的情况下做出妥协
		技术创新	按照合同约定采用先进技术或工艺，以满足项目运营的基本要求；在技术研发方面的投入与收获很可能不成正比，即便投入了大量资金与人员，也未必达到降低运营成本的效果，因此不打算在此方面投入过多的资金与人员	按合同约定采用先进技术或工艺，与此同时，依托母公司设立技术研发中心并开展一系列科学研究，待研究成果成熟后，立即应用于该项目，以此提高运营与服务效率

3. 项目获取途径的确定

由 7.3 节可知，项目获取途径由项目发起方式、项目采购方式与是否存在有意向的私人部门三方面决定。对于项目发起方式，我国目前主要以公共部门发起为主，而以私人部门发起的 PPP 项目鲜少，以此因素作为调节变量将存在区别度较小的问题；对于项目采购方式，我国现阶段 PPP 实践中广泛采用公开招标与竞争性磋商 2 种；对于是否存在有意向的私人部门，我国实践中普遍存在无有意向的私人部门与存在有意向的私人部门 2 种现象。鉴于此，本章不考虑项目发起方式这一区分方式，而选取项目采购方式中的公开招标与竞争性磋商、是否存在有意向的私人部门中的无有意向的私人部门与存在有意向的私人部门加以区分，将其组合可构成 4 种情况，即公开招标且无有意向的私人部门、公开招标且存在有意向的私人部门、竞争性磋商且无有意向的私人部门、竞争性磋商且存在有意向的私人部门。

7.4.4　样本选取与数据收集

为了保证获取数据的真实性，问卷通过实验指导语告诉被试者：该实验不涉及工作机密和个人隐私，答案无好坏或对错之分，只要依据其自身专业知识以及实践经验选择题项即可，所得数据仅供学术研究使用。问卷具体内容见附录三。为了方便被试者填答问卷以及提高问卷的回收率，研究者在“问卷星”网站注册账号并发布问卷。为了使研究结果贴近实践以及保证其可靠性，被试者应实际参与过多个 PPP 项目或对 PPP 项目的履约过程非常熟悉。鉴于此，研究者选择仅在中国 PPP 专家交流群中发放问卷，该微信群汇集了国内知名咨询公司的中高层管理者以及各大高校 PPP 学者，以此保证被试者具有较高的专业素养。

在发放第一轮问卷时，共收回 25 份数据，每份问卷包括 8 组数据（即对应 8 个情境），剔除自变量、调节变量水平与表 7-1 不符的数据，由此得到的每个情境的数据数量不等（最多的为 20 份，最少的为 12 份）。由于正交实验要求同一因素不同水平的数据数量相等，又发放了第二轮问卷，共收回 15 份问卷，挑选若干符合表 7-1 中情境的数据，最终每个情境得到 18 份数据（每份数据中包含 8 组，共计 144 份）。通过 SPSS21.0 软件对收回的数据进行可靠性分析，用克隆巴赫 α 系数值（Cronbach’s α 系数值）衡量。该系数代表量表所有可能的项目划分方法得到的折半信度系数的平均值，是最常用的信度测量方法，结果显示 Cronbach’s α 系数值为 0.835，基于标准化项的 Cronbach’s α 系数值为 0.756，可见该问卷的内在一致性较高、可靠性较强。对被试者的背景信息进行统计得出：被试者 16.73%来自政府部门或政府方投资代表，20.41%来自咨询机构，48.32%来自科研机构或高等院校，10.00%来自运营管理公司、工程建设公司以及建设运营公司，其余 4.54%为其他利益相关者；中高层管理者及专业技术人员占比 70.34%；本科及以上学历占比 100.00%；参与过 PPP 项目或（和）研究过 PPP 合同总数 3 个以上的占比 47.63%。由此可知，被试者的专业素养较高且具有较为丰富的 PPP 实践经验，以此确保了本章所收回数据较为可靠、准确。

第 8 章　研究过程、结论及策略建议

本章运用情境模拟实验的研究方法，以 8 种不同情境下公平感知的客观部分和项目获取途径描述作为操纵自变量的方式，通过发放问卷来收集数据，并利用多元方差分析和一元方差分析对 18 份样本数据（每份数据中包含 8 组，共计 144 份）进行处理；将得到的实验结果反馈至实践工作者，与其共同探讨实验结果的深层次原因；基于讨论结果，重点针对采购方式与是否存在有意向的私人部门的调节作用进行分析，并结合研究结论，对 PPP 项目中的政府部门提供策略建议。

8.1　实验数据分析及其结果的理论阐释

8.1.1　实验数据分析

本章中自变量与调节变量均属于类别变量，因此采用方差分析方法对实验数据进行处理（周浩和龙立荣，2007）。首先，采用多元方差分析对研究假设进行检验，在此情况下，交互效应就是调节作用。研究结果显示，分配公平、程序公平、互动公平两两之间的交互效应不显著，采购方式、是否存在有意向的私人部门与程序公平的交互效应不显著，分配公平、程序公平、互动公平、采购方式与是否存在有意向的私人部门中任意 3 个变量、4 个变量以及 5 个变量之间的交互效应不显著（p 均大于 0.05）。因此，将上述交互效应删除，得到非饱和模型，如表 8-1 所示。由表 8-1 可知，分配公平、程序公平、互动公平对私人部门履约绩效的影响均显著，分配公平、互动公平分别与采购方式、是否存在有意向的私人部门对私人部门履约绩效的交互效应显著。

表 8-1　非饱和模型多元方差分析结果

自变量	履约绩效（因变量）		
	Df（自由度）	*F*（方差检验量）	*P*（显著性）
分配公平	1118	6.051	0.015
程序公平	1118	9.747	0.002
互动公平	1118	10.068	0.002
采购方式×分配公平	1118	5.889	0.017
采购方式×互动公平	1118	5.449	0.021
是否存在有意向的私人部门×分配公平	1118	4.203	0.043
是否存在有意向的私人部门×互动公平	1118	5.203	0.024

1. 分配公平、程序公平、互动公平对履约绩效主效应的检验

采用一元方差分析对数据进行处理，考察不同情境下，履约绩效得分的平均值（用 *M* 表示），结果如表 8-2 所示：高分配公平情境下私人部门的履约绩效高于低分配公平（$M_{高}$=1.599，$M_{低}$=1.386），分配公平对私人部门的履约绩效主效应显著（p=0.001），因而假设 H1a 得到验证；高程序公平情境下私人部门的履约绩效高于低程序公平（$M_{高}$=1.627，$M_{低}$=1.412），程序公平对私人部门履约绩效的主效应显著（p=0.013），因而假设 1b 得到验证；高互动公平情境下私人部门的履约绩效高于低互动公平（$M_{高}$=1.574，$M_{低}$=1.378），互动公平对私人部门履约绩效的主效应显著（p=0.001），因而假设 1c 得到验证。

表 8-2　自变量对因变量的主效应分析结果

自变量	履约绩效（因变量）		
	$M_{高}$	$M_{低}$	p
分配公平	1.599	1.386	0.001
程序公平	1.627	1.412	0.013
互动公平	1.574	1.378	0.001

2. 项目获取途径对公平感知与履约绩效之间调节作用的检验

本章通过验证公平感知与履约绩效的交互作用来检验项目获取途径对公平感知的调节作用。研究结果表明，采购方式对分配公平、互动公平具有调节作用，而采购方式对程序公平与履约绩效之间关系的调节作用并没有得到验证；

是否存在有意向的私人部门对分配公平、互动公平具有调节作用，而是否存在有意向的私人部门对程序公平与履约绩效之间的调节作用并没有得到验证。

（1）采购方式对分配公平与履约绩效之间关系的调节作用如图 8-1 所示。在低分配公平情境下，竞争性磋商方式下的履约绩效大于公开招标的，同样的，在高分配公平情境下，竞争性磋商方式下的履约绩效大于公开招标的；并且相对于公开招标下的履约绩效，竞争性磋商方式下的履约绩效对分配公平的变化更为敏感。

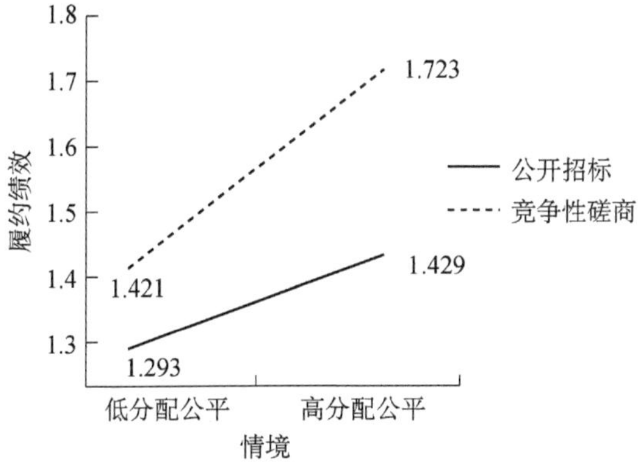

图 8-1　采购方式对分配公平的调节作用

（2）采购方式对互动公平与履约绩效之间关系的调节作用如图 8-2 所示。在低互动公平情境下，竞争性磋商方式下的履约绩效大于公开招标的，同样的，在高互动公平情境下，竞争性磋商方式下的履约绩效大于公开招标的；并且相对于竞争性磋商下的履约绩效，在公开招标方式下的履约绩效对互动公平的变化更为敏感。

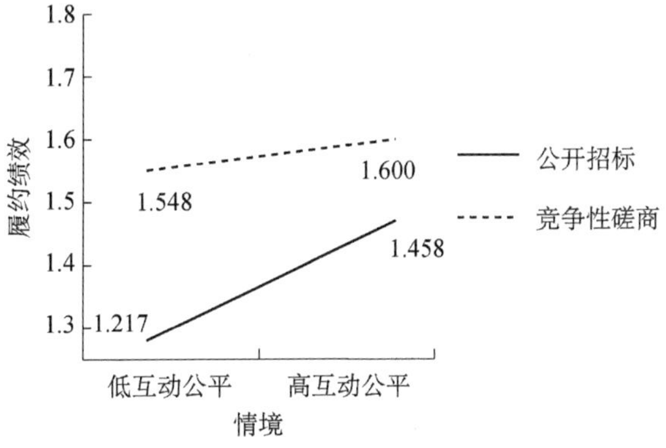

图 8-2　采购方式对互动公平的调节作用

（3）是否存在有意向的私人部门对分配公平与履约绩效之间关系的调节作用如图8-3所示。在低分配公平情境下，无有意向的私人部门情况下的履约绩效大于存在有意向的私人部门情况下的，相反的，在高分配公平情境下，存在有意向的私人部门情况下的履约绩效大于无有意向的私人部门情况下的；并且相对于无有意向的私人部门情况下的履约绩效，存在有意向的私人部门情况下的履约绩效对公平感知的变化更为敏感。

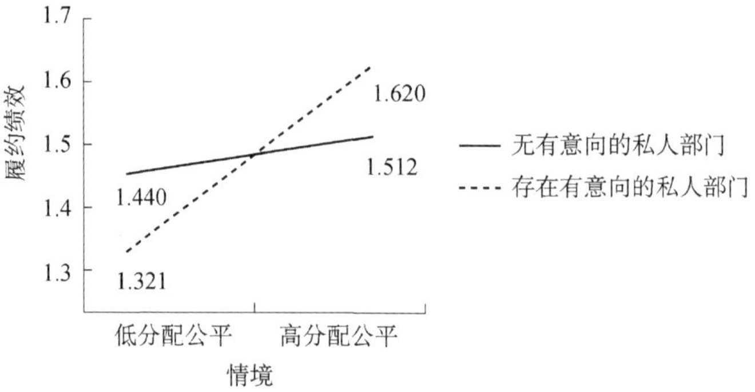

图8-3　是否存在有意向的私人部门对分配公平的调节作用

（4）是否存在有意向的私人部门对互动公平与履约绩效之间关系的调节作用如图8-4所示。在低互动公平情境下，存在有意向的私人部门情况下的履约绩效大于无有意向的私人部门情况下的，相反的，在高互动公平情境下，无有意向的私人部门情况下的履约绩效大于存在有意向的私人部门情况下的；并且相对于存在有意向的私人部门情况下的履约绩效，无有意向的私人部门情况下的履约绩效对公平感知的变化更为敏感。

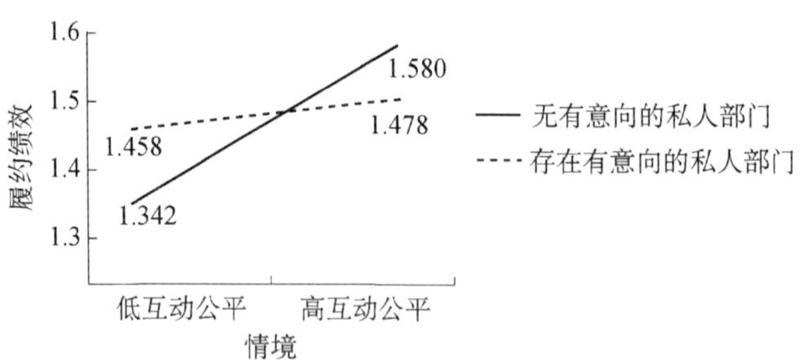

图8-4　是否存在有意向的私人部门对互动公平的调节作用

8.1.2　实验结果的理论阐释

由表 8-2 可知，公平感知与履约绩效呈正相关关系，即当私人部门公平感知较高时，将采取积极的履约行为，这与战略联盟（Luo，2007b）、供应链（Liu et al.，2012）、工程项目（Aibinu et al.，2011）中的研究结论相符，在此不再赘述。由图 8-1～图 8-4 可知，采购方式以及是否存在有意向的私人部门对公平感知与履约绩效之间的关系具有调节作用。研究者通过再次访谈 PPP 实践工作者，与其一起分析与讨论得出深层次原因。

1. 采购方式的调节作用分析

通过数据分析可得出以下 3 个结论。①对于分配公平的变化来说，竞争性磋商方式下的履约绩效对其更为敏感。其原因为，在磋商过程中公私双方通常将绝大部分精力集中在利益分配方面[①]，其最终分配方案皆是私人部门通过付出精力与时间争取而来的，并且认为其是合理的，而公开招标方式下的分配结果是由公共部门单方面拟定的，私人部门对分配方案的认可度相对较低。因此，在前种方式下，私人部门尤其关注利益分配的结果，一旦其与合同约定的发生出入，必定采取相应行为以实施报答或报复。②对于互动公平的变化来说，公开招标方式下的履约绩效对其更为敏感。其原因为，在公开招标方式下公私双方接触较少，对彼此的处事方式仍处于摸索阶段，故当私人部门感觉公共部门对己方的态度有所变化时，将本能地采取措施以抵抗或者迎合对方，而在竞争性磋商方式下，公私双方通过长时间的磋商过程对彼此有较为深入的了解，通常在项目实施以前就已形成比较固定的相处模式，故私人部门对公共部门态度的变化不一定会采取应对措施。③采购方式对程序公平与履约绩效之间关系的调节作用不显著。其原因为，国家发展和改革委员会以及财政部分别发布了 PPP 合同指南（156 号文附件《PPP 项目合同指南（试行）》和 2724 号文附件《政府和社会资本合作项目通用合同指南（2014 年版）》）。同时，在较为成熟的行业中也存在合同范本，在公开招标和竞争性磋商方式下，实践操作者通常依照上述文本拟定与程序相关的合

① 下面举一例说明此问题：如“海口国家高新区美安科技新城一期公园绿地工程和美安中心公园 PPP 项目”的采购方式为竞争性磋商，在它的《社会资本采购结果确认谈判备忘录》中共记录了 18 条谈判内容，其中 10 条是关于利益分配的（如因公共利益终止项目的损害赔偿问题）。可见，在磋商过程中双方谈判的焦点主要集中在利益分配上。

同条款，即在这两种方式下私人部门对公共部门履约程序的关注程度基本一致。因此，在这两种情况下，面对程序公平的变化，私人部门选择实施的履约行为基本相同。

2. 是否存在有意向的私人部门的调节作用分析

通过数据分析可得出以下 3 个结论。①存在有意向的私人部门情况下的履约绩效对分配公平的变化比较敏感。其原因为，如果公共部门在采购之前就向某一供应商主动表示了合作意向，则此供应商更倾向于认为合同中约定的以及履约中实际执行的利益分配方案是公平的甚至是有利于己方的。在此情况下，当在实际履约中私人部门感觉到分配结果不公平时将产生巨大的心理落差，从而将采取相应措施以报复公共部门。②无有意向私人部门情况下的履约绩效对互动公平的变化更为敏感。其原因为，存在有意向的私人部门的情况下，公私双方在签署合同之前有过多次交往经历，对彼此的处事方式较为了解，并形成了相对稳定的交往状态，当私人部门感到互动公平发生变化时，不会即刻采取应对措施，而在无有意向的私人部门的情况下，双方在合同签署以前接触次数相对较少，在履约过程中私人部门将试图寻求最契合公共部门的交往方式，因此当其感到互动公平变化时，更倾向立即采取应对措施来响应公共部门。③是否存在有意向的私人部门对程序公平与履约绩效之间的调节作用不显著。其原因为，相对于分配结果存在多种可能，实践中公私双方对程序相关规定的认知较为统一，特别是当 PPP 市场愈来愈成熟，对于公共部门职责的界定、质疑权和知情权实施的程序将愈来愈趋于一致，因此在这两种情况下，当私人部门感觉到程序公平的变化时，所选择采取的履约行为差别不大。

8.2 研究结论

本篇锁定 PPP 项目履约过程，验证了私人部门公平感知与 PPP 项目履约绩效之间的关系，以及项目获取途径的调节作用，具体研究结论包括以下四方面内容。

1. 建立了 PPP 项目中私人部门公平感知的概念模型

采用扎根理论方法得出了 PPP 项目中私人部门公平感知的概念模型。将 PPP 项目中私人部门公平感知界定为：私人部门对 PPP 项目执行过程中利益与风险实际落实情况与合同约定的一致性的满意程度、对决策制定程序以及影响此程序的权限落实情况的满意程度、对双方之间情感交流与信息交换方面的满意程度。其包含分配公平、程序公平以及互动公平 3 个维度，其中分配公平包括私人部门所获得的收益与初始合同中允诺的一致、私人部门所承担的风险与初始合同中允诺的一致 2 个维度，程序公平包括公共部门履行职责的合理性、私人部门知情权的有效性、私人部门质疑权的有效性 3 个维度，互动公平包括相互对待和信息交换 2 个维度。

2. 建立了私人部门履约绩效的判别矩阵

采用文本分析以及向实践工作者求证的方法对私人部门履约绩效进行了判别：①界定了私人部门履约绩效，即私人部门在 PPP 项目执行过程中所采取履约行为的作为程度，其反映了实现合同目标过程的顺畅程度；②识别观测事件，对于再谈判时，识别了未满足前提条件的合同终止、回购，项目无法按期开始运营、法律变更、计划外维护、计划外暂停服务、不可抗力事件、公共部门未实现承诺，价格调整，超额利润，再融资等 5 个事件，对于双方无异议地执行合同时，识别了设计方案的优化，技术创新或转移，公众投诉的处理，职工培训的投入，信息资料的共享，设备的维护、检修与更新，计划外维护与计划外暂停服务的补救，应急预案与保障体系的启动 8 个事件；③建立了履约绩效的判别矩阵，对于 PPP 项目再谈判时各观测事件上的基于合作的再谈判、基于机会主义的再谈判的判别标准如表 6-3 所示，对于 PPP 项目双方无异议地执行合同时的各观测事件上的角色外行为、角色内行为的判别标准如表 6-4 所示。

3. 揭示了不同项目获取途径下私人部门公平感知对 PPP 项目履约绩效的影响机理

采用情境模拟实验的研究方法检验了研究假设，得出以下 3 个结论：①私人部门公平感知与 PPP 项目履约绩效呈显著正相关关系；②采购方式对分配公平、互动公平与履约绩效之间关系的调节作用显著，而对程序公平与履约绩效之间关系的调节作用不显著，其中，竞争性磋商方式下的履约绩效对分配公平的变化更为敏感，公开招标方式下的履约绩效对于互动公平的变化更为敏感；③是否存在有意向的私人部门对分配公平、互动公平与履约绩效之间关系的调节作用显著，而对于程序公平与履约绩效之间关系的调节作用不显著，其中，存在有意向的私人部门情况下的履约绩效对分配公平的变化比较敏感，无有意向的私人部门情况下的履约绩效对互动公平的变化更为敏感。

4. 提出了不同项目获取途径下公共部门在 PPP 项目履约过程中的管理建议

基于采购方式与是否存在有意向的私人部门对公平感知与履约绩效之间关系的调节作用，结合 PPP 实践，从选用采购方式以及规范采购过程两方面提出以下 3 条策略建议：①在竞争性磋商方式下或者在存在有意向的私人部门情况下，政府部门在履约阶段应注重提升社会资本的分配公平感知；②在公开招标方式下或者在无有意向的私人部门情况下，政府部门在履约阶段应注重提升社会资本的互动公平感知；③无论选用何种采购方式或者是否存在有意向的私人部门，政府部门在履约阶段均应按照合同约定的程序履行职责。

8.3 策略建议

1. 在竞争性磋商方式下或者在存在有意向的私人部门情况下，政府部门在履约阶段应注重提升社会资本的分配公平感知

由 8.1.2 节分析可知，在竞争性磋商方式下或者在存在有意向的私人部门情况下，社会资本通常特别关注履约过程的利益分配结果，即若其感到利益分配结果是公平的，将选择更加积极的履约行为，从而使得 PPP 项目履约绩效大幅度提升，相反的，若其感到分配结果不公平，就会选择消极的履约行为，从而使得 PPP 项目履约绩效大幅度降低。鉴于此，在上述两种项目获取途径下，政府部门在履约阶段应更加注重利益分配结果的公平性，即在由

发生损害赔偿、调价等引起的再谈判中，政府部门应确保任何利益调整的结果均与初始合同严格保持一致，且在项目履约过程中严格按照合同履行，尤其对于双方争执不下的情况，如果社会资本能够提供真实、充分的依据，建议政府部门做出适当的妥协。

2. 在公开招标方式下或者在无有意向的私人部门情况下，政府部门在履约阶段应注重提升社会资本的互动公平感知

由 8.1.2 节分析可知，在公开招标方式下或者在无有意向的私人部门情况下，社会资本均对互动过程中的公平程度更为敏感，即政府部门真诚、礼貌的态度与及时沟通的行为将很容易激励社会资本实施积极的履约行为；相反的，政府部门较差的态度与行为也能够轻易地引起社会资本的反感而使其选择消极的履约行为。鉴于此，在上述两种项目获取途径下，政府部门最首要的是与社会资本建立平等的交易关系，其次在对待社会资本态度方面，应真诚坦率、充分考虑对方的困难，在信息交流方面，应及时向对方解释己方的决定、及时答复对方提交的方案或审查意见、邀请对方参加有关决策的会议并充分考虑其提出的意见。

3. 无论选用何种采购方式或者是否存在有意向的私人部门，政府部门在履约阶段均应按照合同约定的程序履行职责

由 8.1.2 节分析可知，无论选用何种采购方式或者是否存在有意向的私人部门，社会资本对程序公平变化的敏感程度一致。因此，在这四种项目获取途径下，政府部门在履约阶段按照合同约定的程序履行职责即可：①一方面应切实有力地执行己方的职责，另一方面对合同赋予社会资本的权力不强加干预，即从微观事务中剥离出来，转而在宏观层面给予间接引导与沟通；②确保社会资本质疑权与知情权的有效性，及时将己方掌握的且与社会资本利益相关的信息提供给对方，例如前期准备阶段的信息等，对社会资本提出的质疑应及时给予解决。

第9章　PPP项目中私人部门公平感知量表的开发与验证

前文对PPP项目中私人部门公平感知对其履约绩效的影响进行了实验研究，并探讨了项目获取途径的调节作用（杜亚灵等，2019），在表5-5中提炼出了4类能够引起私人部门公平感知变化且在实践中发生频率较高的事件来构造行为实验所需的情境，并未解决PPP项目中私人部门公平感知的测度问题。鉴于此，本章将基于第5章建立的私人部门公平感知的构念，开发适用于中国现阶段PPP项目的私人部门公平感知量表，并对其进行验证（杜亚灵等，2017c）。

9.1　研究设计与研究方法

9.1.1　量表设计

将表5-5作为本章的测量量表蓝本，即编码结果中的"副范畴"视为观测变量，"主范畴"视为潜在变量，"副核心范畴"视为维度，具体内容如表9-1所示。

表9-1　PPP项目中私人部门公平感知测量量表

维度	潜在变量及其编号	观测变量（量表题项）	题项编号
分配公平	私人部门所获得的收益与初始合同中允诺的一致（DJ_{P1}）	损害赔偿：在公共部门或私人部门违约的情况下，违约方给予对方的损害赔偿额度与其实际遭受的损失一致	A1
		定价和调价机制：当定价与调价、超额利润分享、设施或服务质量不达标对项目公司进行扣减以及对再融资所节省的费用分成时，公私双方严格按照合同约定的程序、方法等实施	A2

续表

维度	潜在变量及其编号	观测变量（量表题项）	题项编号
分配公平	私人部门所承担的风险与初始合同中允诺的一致（DJ_{P2}）	政治风险：当法律变更、审批延误此类事件发生时，公共部门按照合同的约定延长了相应合同期限，而未将此类风险推诿给项目公司	A3
		市场收益风险：当实际需求低于合同约定的最低采购量时，公共部门按照最低采购量给予项目公司相应费用；或者公共部门按照合同的约定确实未批准建设竞争性项目	A4
		建造风险：对由公共部门负责提供相关链接设施或者获取相关土地权利的项目，其按照合同的约定完成了建设工作或者承担了相关费用	A5
		经营风险：当因公共部门原因或不可抗力导致项目公司无法正常运营时，公共部门按照合同的约定延长了相应项目期限或者给予项目公司相应费用	A6
程序公平	公共部门履行职责的合理性（PJ_{P1}）	不干预职责范围之外的工作：项目公司实际行使了合同赋予的权利（如签订融资合同和承发包合同的权利、编制运营方案的权利等），而公共部门未对此强加干预	B1
		认真履行合同赋予的职责：公共部门严格按照合同的约定履行职责，包括进入项目设施场地时提前通知项目公司，在合同约定的时间内完成文件审查，以及在实施救济前给予项目公司一定的补救时间	B2
	私人部门知情权的有效性（PJ_{P2}）	前期准备阶段的知情权：在项目前期准备阶段，公共部门按照约定协调相关部门和利益主体，并且向项目公司提供了必要的资料和文件	B3
		项目间接口的相关信息知情权：对于由公共部门和私人部门分别建设一部分链接设施的情况，公共部门确保项目公司及时了解己方的设施建设情况	B4
	私人部门质疑权的有效性（PJ_{P3}）	审查意见不合理的质疑权：项目公司可以对公共部门提出的设计审查意见提出质疑，并且公共部门按照合同约定的方式给予回应	B5
		行政监管履行不当的质疑权：项目公司可以对公共部门的行政监管处理决定提出质疑，并且公共部门按照合同约定的方式给予回应	B6
互动公平	相互对待（IJ_{P1}）	相互理解：公共部门认真思考项目公司提出的反对意见	C1
		诚实：公共部门在解决问题时真诚坦率，并且在提供项目开展所需信息时，不刻意隐瞒真实信息或者扭曲实际情况	C2
		礼貌：公共部门在行使权力或进行决策时，充分考虑了私人部门的实际情况，并且给予了足够的准备时间	C3
		尊重：公共部门与项目公司互动时遵循了平等的基本原则，并且充分尊重了私人部门的意见	C4
	信息交换（IJ_{P2}）	公开透明：公共部门经常向项目公司解释己方的决定，使私人部门明确其决策的合理性	C5
		及时反馈：公共部门及时答复项目公司所提交的计划、申请，或者及时反馈其审查意见	C6
		双向交流：公共部门在进行决策时确实邀请了项目公司参加会议，并且认真听取了项目公司的意见	C7

9.1.2 样本选取与数据收集

本章的数据收集对象应为担任私人部门角色的企业人员，但考虑到收集此类数据的难度较大，容易导致样本数量较少，因而将数据收集对象扩展为三类：①PPP项目公司（包括投资公司、工程建设公司、运营管理公司）的工作人员；②为私人部门提供服务的投融资咨询机构的工作人员；③长期从事关于PPP科学研究的工作人员。发放问卷的途径为：①联系研究者调研过或参与过的PPP项目的负责人，以及研究者访谈过的PPP咨询公司（如上海济邦投资咨询有限公司），在确认接收问卷调查后，向其推荐的私人部门的高层管理者或为私人部门提供咨询服务的咨询工程师发放电子版调查问卷，并在其帮助和推荐下向其符合条件的同事或朋友发放电子版调查问卷；②参加天津理工大学公共项目与工程造价研究所（IPPCE）开设的PPP微培训的学员，大多从事工程咨询相关工作，实际参与过一定数量的PPP项目，对PPP有较为具体的理解，研究者通过向其发送电子版调查问卷收集数据。

本章采用利克特5级量表来衡量观测变量，即选项为“非常公平，这样做有利于大幅度提升社会资本的公平感知”、“比较公平，这样做有利于在一定程度上提升社会资本的公平感知”、“基本公平，这样做略微提升社会资本的公平感知”、“一般，这样做不会对社会资本的公平感知有什么影响”以及“不公平，这样做反而会使社会资本产生不公平的感觉”，其依次表示5～1分；为了提高本次调查问卷的信度与效度，在正式发放问卷之前，邀请天津理工大学管理学院内从事相关研究的讲师、副教授或教授进行问卷预测试，并根据其反馈意见来调整与完善各题项的具体描述，最终形成正式问卷。要求受试者根据实际情况填答调查问卷。共发放问卷200份，收回问卷94份，删除填写不完整、填答结果为同一数值及具有明显Z形的无效问卷后，剩余有效问卷89份，问卷回收率47.00%，有效率为94.68%。通过统计受试者的个人背景信息可知：工作单位为PPP项目公司的占35.90%，投融资咨询机构的占24.20%，科研机构或高等院校的占35.50%，其他利益相关者占4.40%，表明受试者符合填答问卷的基本条件；受试者中本科及以上学历的占100.00%，中高层管理人员占24.60%，从事PPP项目实务操作或（和）科学研究工作在3年以上的占43.20%，曾经参与过PPP项目或（和）研究过PPP合同的占82.80%，表明大多受试者具有专业的知识或丰富的实践经验，对 PPP 项目的实施过程较为熟悉；受试者认为，曾参与过的 PPP 项目中政府与私人部门所签订的初始合同一般公平和比较公平的占 69.70%，曾参与过的 PPP 项目中合同执行情况一般和比较好的占 79.31%，表明受试者所参加的 PPP 项目均比较规范。由此可以认为，本章所收集的数据是较为真实、可靠的。

9.2　数据分析与研究结果

9.2.1　探索性因子分析

1. 信度分析与项目净化

信度即是可靠性，是指采用相同的方法对同一对象重复测量时所得结果的一致程度；本章采用 Cronbach's α 系数值内部一致性系数检验量表的信度，即当 Cronbach's α 系数值≥0.7 时说明量表的信度良好，当 Cronbach's α 系数值＞0.5 时说明量表的信度符合要求；采用项已删除的 Cronbach's α 系数值来删除量表中不适当的题项，即当删除某题项后 Cronbach's α 系数值提高到了可接受水平的信度要求，则应删除此题项。运用 SPSS21.0 软件对 PPP 项目中私人部门公平感知的测量量表的数据进行分析，通过检验发现：总体 Cronbach's α 系数值为 0.949，所包含 7 个因子的 Cronbach's α 系数值分别为 0.883、0.768、0.676、0.521、0.821、0.897、0.832，均满足信度要求；删除任一项的 Cronbach's α 系数值均小于 0.949，故应保留所有题项。

2. 效度分析

效度即是有效性，是指测量工具或手段可以准确测量变量的程度。本章采用探索性因子分析来检验量表的效度，在此之前，需进行抽样适合性检验（Kaiser-Meyer-Olkin，KMO）以及巴特利（Bartlett）球形检验，以确保数据适合采用探索性因子分析。通常认为，KMO＞0.5 且 Bartlett 球形检验相伴概率值小于相应的 Cronbach's α 系数值，则样本数据适合采用因子分析。结果表明：测量量表的总体 KMO 值为 0.770，Bartlett 球形检验相伴概率值为 0.000，小于相对应的 Cronbach's α 系数值，即样本数据可以进行因子分析。

本章运用主成分分析法进行因子提炼，应用最大方差法进行旋转，并且提取特征根大于 1 的因子。在探索性因子分析过程中，选取量表题项的标准为：①观测变量的因子负荷大于 0.45；②题项的共同性（communality）应大于 0.2。由表 9-2 探索性因子分析结果可知：本章最终提炼出 7 个因子，且所有题项全部有效聚集在最初假定因子上，因子负荷均大于 0.45，累计方差解释量达 88.089%，分析结果较好。

表 9-2 探索性因子分析结果

潜在变量	观测变量	因子 1	因子 2	因子 3	因子 4	因子 5	因子 6	因子 7	共同性
DJ_{P1}	A1	0.904	0.171	0.212	0.056	0.072	0.075	0.011	0.908
	A2	0.836	0.114	0.123	0.072	0.145	0.118	0.117	0.908
DJ_{P2}	A3	0.015	0.816	0.065	0.144	0.345	−0.122	0.022	0.911
	A4	0.215	0.814	−0.095	0.334	0.163	0.260	0.236	0.881
	A5	0.114	0.779	0.276	0.253	0.179	0.096	0.172	0.849
	A6	0.213	0.685	0.178	−0.019	0.157	0.138	0.317	0.847
PJ_{P1}	B1	0.081	−0.096	0.852	−0.023	0.136	0.276	0.058	0.882
	B2	0.271	0.308	0.760	0.198	0.069	−0.109	0.303	0.873
PJ_{P2}	B3	0.491	0.247	0.217	0.684	0.131	−0.044	0.018	0.923
	B4	0.234	0.437	−0.137	0.677	0.078	0.306	0.251	0.909
PJ_{P3}	B5	0.302	0.072	0.114	0.658	0.830	0.113	0.105	0.928
	B6	0.124	0.225	0.226	0.039	0.700	0.211	0.302	0.868
IJ_{P1}	C1	0.171	0.179	0.094	0.037	0.245	0.850	−0.013	0.886
	C2	0.138	0.126	−0.090	0.082	0.152	0.760	0.149	0.834
	C3	0.273	0.072	0.018	−0.212	0.236	0.688	0.247	0.912
	C4	0.143	0.466	0.179	0.026	0.068	0.643	0.034	0.772
IJ_{P2}	C5	−0.094	0.196	0.273	0.147	0.058	0.026	0.726	0.903
	C6	0.152	0.124	0.111	0.243	0.113	−0.190	0.669	0.875
	C7	0.197	−0.070	0.015	0.137	0.173	0.376	0.749	0.868
特征根		4.556	3.236	2.652	2.162	1.441	1.432	1.257	—
累计方差解释量/%		23.980	41.012	54.972	66.352	73.938	81.473	88.089	—

9.2.2　验证性因子分析

1. 一阶验证性因子分析

本章采用 AMOS21.0 软件对样本数据进行验证性因子分析，并选取卡方和自由度的比值（χ^2/df）、近似误差均方根（root mean square error of approximation，RMSEA）、比较拟合指数（comparative fit index，CFI）、标准拟合指数（norm fit index，NFI）、增量拟合指数（incremental fit index，IFI）5 项指标来判断模型与样本数据的拟合情况，其中，χ^2/df 值在 0.2 以下，RMSEA 值在 0.08 以下，CFI、NFI 和 IFI 值在 0.9 以上，说明模型拟合情况良好。一阶验证性因子分析结果显示，各拟合指标的数值均满足上述要求，且各个观测变量与其测度的因子之间的标准化路径系数大于 0.45，即观测变量可有效反映其测度的构念特质；由此可以验证，PPP 项目中私人部门公平感知的 7 因子模型是合理的（图 9-1）。此外，一阶模型中 7 个潜在变量之间的相关度较高，表明存在高阶因子的理论构念，因此将进行二阶验证性因子分析。

2. 二阶验证性因子分析

现将分配公平、程序公平和互动公平 3 个维度作为二阶因子，对 PPP 项目中私人部门公平感知 7 因子模型进行二阶验证性因子分析。二阶验证性因子分析结果显示（图 9-2），一阶因子与其测度的二阶因子之间的标准化路径系数均大于 0.45，表明该二阶因子模型构建合理。此外，分配公平与程序公平、程序公平与互动公平、分配公平与互动公平之间的相关度较高（分别为 0.96、0.88、0.84），理论上可能存在更高阶因子的理论构念，但由于二阶因子数仅有 3 个，参照侯杰泰等（2004）的理论（即当低阶因子数小于 4 个时不宜再构建高阶因子），本章不再构建 PPP 项目中私人部门公平感知的三阶因子模型。

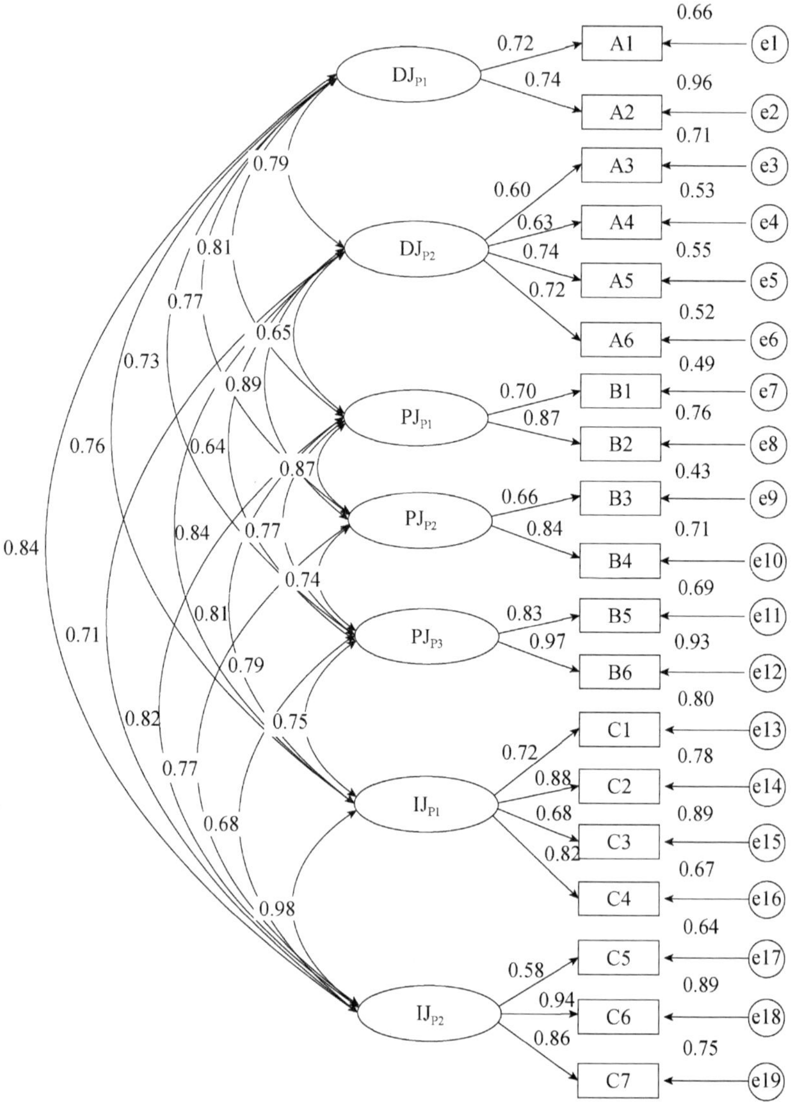

图 9-1 PPP 项目中私人部门公平感知一阶因子模型标准化路径图

χ^2=142.144，*df*=98，χ^2/*df*=1.450＜2.00；RMSEA=0.032＜0.08；CFI=0.984＞0.90；NFI=0.928＞0.90；IFI=0.985＞0.90

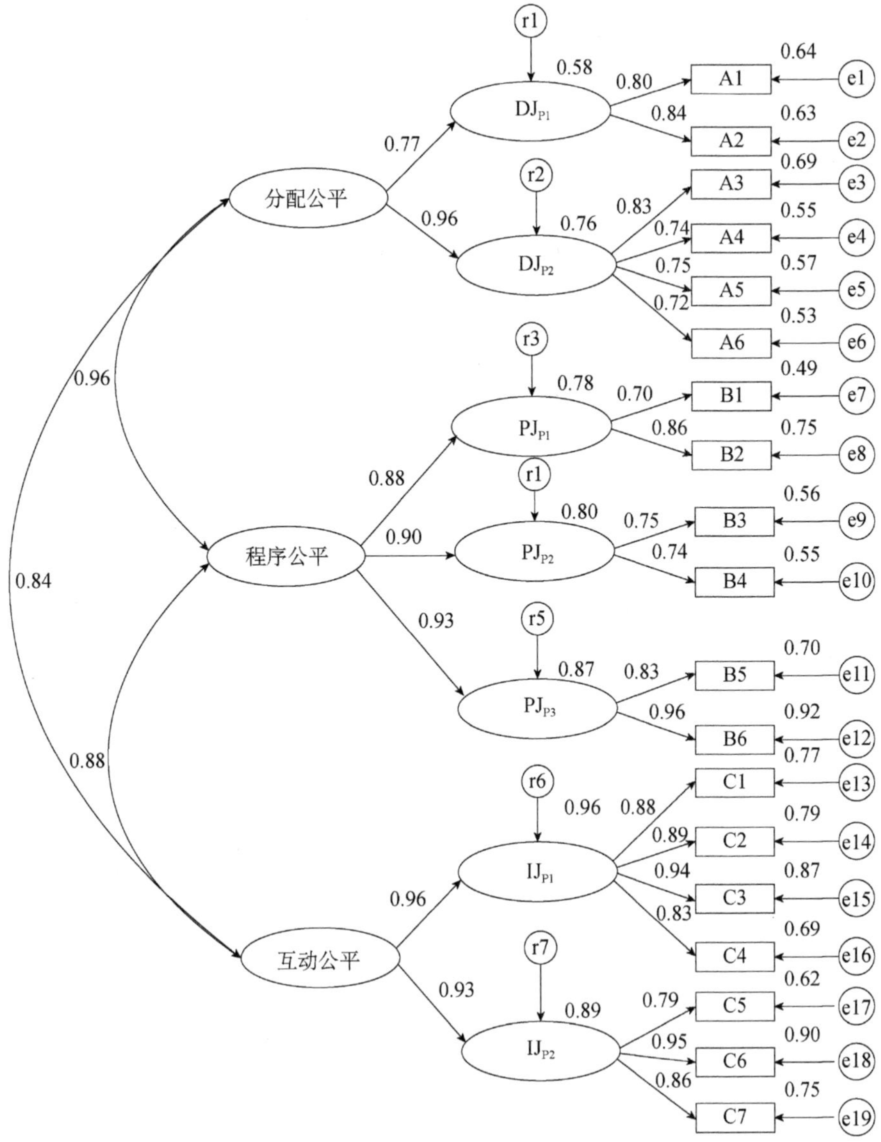

图 9-2　PPP 项目中私人部门公平感知二阶因子模型标准化路径图

χ^2=145.260，*df*=114，χ^2/df=1.274＜2.00；RMSEA=0.045＜0.08；CFI=0.912＞0.90；NFI=0.902＞0.90；IFI=0.980＞0.90

9.2.3 量表的信度与效度检验

1. 信度检验

上文已对各因子进行信度分析，其 Cronbach's α 系数值均大于 0.5，符合信度要求；并且所有题项均有效聚集在最初假定的因子上，无题项删减或调整情况，因此，上文对量表信度检验结果有效，即该量表具有良好的信度水平，具体如表 9-3 所示。

表 9-3 PPP 项目中私人部门公平感知量表的内部一致性信度系数

潜在变量	DJ_{P1}	DJ_{P2}	PJ_{P1}	PJ_{P2}	PJ_{P3}	IJ_{P1}	IJ_{P2}	总量表
Cronbach's α 系数值	0.883	0.768	0.676	0.521	0.821	0.897	0.832	0.949
题项数量/个	2	4	2	2	2	4	3	19

2. 效度检验

本章通过内容效度、效标效度以及建构效度三方面来检测量表的效度水平。内容效度是指量表实际预测到的内容与所要测量内容的吻合程度，效标效度是指根据量表所收集到的数据能够正确做出推论的程度，这两种效度分析主要由调查问卷的逻辑处理能力决定。该量表沿用了关于 PPP 项目中私人部门公平感知的定性研究中的编码结果，通过扎根理论对真实的访谈资料以及规范性文件编码整理而得。在此基础上，通过多轮问卷预测试对量表进行调整，最后得到了可以广泛发放的调查问卷，此规范严谨的量表开发过程可以保证其内容效度和效标效度达到较高水平。

建构效度是指量表题项可以准确测量出理论的特质或概念的程度，其分为收敛效度和区别效度。①对于收敛效度，本章主要通过测量平均变异抽取量（AVE）判断量表的收敛度，依据表 9-4 中结果计算得出各因子的 AVE 值分别为 0.674、0.555、0.510、0.712、0.513、0.615、0.591，各指标均大于 0.5，表明量表收敛效度良好；②对于区别效度，本章通过测量 7 个因子之间的相关系数以及比较 7 个因子之间的相关系数与 AVE 值的均方根来判断量表的区别度，从表 9-4 中可以看出，7 个因子之间的相关系数均小于标准值 0.85，并且 7 个因子 AVE 值的算术平方根均大于其与其他因子的相关系数，则该量表的区别效度良好。

综上所述，PPP 项目中私人部门公平感知的测量量表的效度水平较高。

表 9-4　PPP 项目中私人部门公平感知 7 因子相关系数表

项目	因子 1	因子 2	因子 3	因子 4	因子 5	因子 6	因子 7
因子 1	（0.821）						
因子 2	0.235**	（0.745）					
因子 3	0.263**	0.336***	（0.714）				
因子 4	0.312*	0.235*	0.460***	（0.844）			
因子 5	0.279**	0.445***	0.398***	0.369*	（0.716）		
因子 6	0.262**	0.216*	0.382***	0.489***	0.394***	（0.784）	
因子 7	0.345***	0.206*	0.447*	0.328**	0.284*	0.396*	（0.769）

注：对角线括号内为因子的 AVE 值的平方根，* 表示 $p \leqslant 0.05$，** 表示 $p \leqslant 0.01$，*** 表示 $p \leqslant 0.001$

9.3　分析与讨论

通过对样本数据进行二阶验证性因子分析，得出以下结果，并将其反馈至实践工作者，经分析讨论，挖掘其深层次原因。

9.3.1　分配公平

私人部门所承担的风险与初始合同中允诺的一致这一因子与分配公平之间的路径系数 0.96 远高于私人部门所获得的收益与初始合同中允诺的一致的 0.77。得到这一结果的原因有以下两方面。①学术界王守清团队自 2006 年开始就针对 PPP 项目风险分配问题进行研究，时至今日已形成认可度较高的风险分配方案。通过对我国若干较为专业的 PPP 咨询公司的业务访谈与调研，获知实践部门人员多以此风险分配方案为蓝本来草拟 PPP 项目实施方案中的风险分配基本框架。由此可知，公私双方对 PPP 项目中合理风险分配的认知普遍一致。在此背景下，如果公共部门将本应己方承担的全部或部分风险推诿给私人部门，会使其格外地感知到不公平。②虽然 PPP 初始合同中规定了有关损害赔偿和调价的触发条件、方法以及程序等，但由于 PPP 项目期限较长，在合同执行过程中存在诸多不确定因素（Zou et al.，2014）。一旦外界条件发生变化，公私双方将按照实际损失程度或成本变化情况来确定损害赔偿额度或调整价格。此时，私人部门所获得的赔偿金额或者实际调整的价格很可能与初始合同中规定的不符。基于对实际情况的考虑，私人部门由此感知到不公平的程度较低。综上所述，私人部门对私人部门所承担的风险与初始合同中允诺的一致的敏感度高于私人部门所获得的收益与初始合同中允诺的一致在理论上是可以解释的。

9.3.2 程序公平

公共部门履行职责的合理性、私人部门知情权的有效性、私人部门质疑权的有效性 3 个因子与程序公平之间的路径系数分别为 0.88、0.90 和 0.93。通过与实践工作者共同剖析此结果，认为其可能的原因有以下几点。①私人部门在遇到政府履行职责不合规的情形时，会不由自主地将自己的境遇与市场中其他 PPP 项目的情况或者自己以往的经历进行比较（而不是理论所假设的与 PPP 初始合同约定的相比），仅当私人部门认为自己所受对待更糟糕时，才会产生不公平的感知。然而，由于目前 PPP 市场中政府实际操作程序不规范的现象普遍存在，私人部门对公共部门履行职责的合理性的敏感程度相对较低。②依据相关规定，政府应将项目相关信息及时告知私人部门，以使其顺利地开展后续工作，但在实践中政府有时基于特定目的会刻意隐瞒部分信息，而由此导致的不利后果却不得不由私人部门承担。显然，私人部门将为此感到较高程度的不公平。③PPP 项目的本质即是依靠私人部门的专业技术与先进管理经验来建设与运营公共基础设施。相较于政府，私人部门参与程度更加深入，对实际情况更为了解，进而也最具有话语权。正因如此，私人部门提出的质疑得不到政府的响应会感到特别的不公平。鉴于此，公共部门履行职责的合理性对程序公平的解释力度相对较小、私人部门知情权的有效性和私人部门质疑权的有效性对程序公平的解释力度较大，在理论上是可以解释的。

9.3.3 互动公平

相互对待、信息交换 2 个因子与互动公平之间的路径系数均较高，即 0.96 和 0.93。将此结果反馈至实践工作者，通过共同分析讨论，认为原因可能为以下几点。①PPP 项目是由公私双方共同合作完成的，其基本要求即是公私双方关系平等；在此基础上，由于在项目执行过程中应特别注重发挥私人部门的专业优势，政府应该给予对方充分的尊重（周正祥等，2015），并且以礼貌、真诚的态度对待私人部门。然而，囿于市场经济发展的水平，并受中国传统文化的影响，政府潜意识中往往认为己方的地位凌驾于私人部门之上，致使公私双方无法以完全平等的地位进行交易。此外，相关研究指出，政府信用风险是 PPP 项目关键风险因素之一（亓霞等，2009）。政府不诚实的现象频频发生，在此情况下，私人部门感到自己的努力与付出得不到应有的尊重，往往会产生挫败感，继而产生较高程度的不公平感知。②政府受到传统交易模式的影响，倾向于依靠其监管者优势向私人部门下达指令。而忽略了向私人部门解释决策与双向交流的重要性。从访谈中了解到，政府邀请私人部门参加相关决策会议，虽然在一定程度上有利于实现充分交流，但政府因担心其专业劣势，而将大部分责任与风险交由私人部门承担。然而，私人部门是项目直接执行者，理应参与项目执行中绝大部分的决策过程，因此充分的信息交换可以有效提高私人部门的互动公平感知。综上所述，相互对待与信息交换对互动公平的解释力度较大是可以理解的；相较于传统交易模式，传统文化对政府的影响更为深远，因而不难理解相互对待的解释力度略大于信息交换。

9.4　研究结论与研究局限

PPP 模式的首要特征为伙伴关系，因而在项目执行过程中格外强调公私双方关系的质量，部分研究的关注焦点也从对 PPP 项目的风险管理（Sastoque et al.，2016）、采购问题（Liu et al.，2016）等具体事项的研究收敛于对公私双方之间合作关系的研究。在此情况下，私人部门的公平感知将愈来愈受到关注。鉴于 PPP 项目的期限较长、不确定性因素较多的特征，本书将私人部门公平感知界定为私人部门依据公私双方签订的 PPP 初始合同，对通过再谈判进行调整所得结果和合同履行过程中实际情况的满意程度而进行的主观评价。在此基础上，对私人部门公平感知进行解构，并开发了测量量表。通过对样本数据进行探索性因子分析，证实了私人部门公平感知的 3 因素结构，即分配公平、程序公平和互动公平。通过对样本数据进行验证性因子分析，证实了该量表结构模型的合理性。同时，实证结果显示，相较于私人部门所获得的收益与初始合同中允诺的一致，私人部门所承担的风险与初始合同中允诺的一致对分配公平的解释力度较大；公共部门履行职责的合理性、私人部门知情权的有效性、私人部门质疑权的有效性对程序公平的解析力度依次增大；相较于信息交换，相互对待对互动公平的解释力度更大。该量表具有较高水平的信度与效度，表明它可以在中国 PPP 领域进行推广使用。本章的不足之处为：囿于时间、成本以及社会资源等方面的限制，本次调研的样本数量为 89 份，远未达到理论要求的 200 份以上，这将在一定程度上降低实证分析结果的精确度，后续研究中应继续增加样本容量以完善研究结论；本章的调查问卷中并未限定项目类型，样本数据中涵盖了可应用 PPP 模式的各个领域，致使在推广该私人部门公平感知的量表时缺乏针对性。私人部门公平感知测量量表的开发为公共部门与私人部门之间关系的研究提供了工具保障和技术支持，因此后续研究中可针对私人部门公平感知的影响因素或私人部门公平感知与合作绩效之间的关系等方面进行进一步探索。

本篇参考文献

毕蕾. 2016. 公共基础设施 PPP 项目主体间的机会主义及治理. 财经问题研究，(4)：18-23.

蔡昊雯，史会斌，李垣. 2012. 程序公平和分配公平对联盟承诺的影响：基于中国医院联盟的实证研究. 管理评论，(3)：157-163，170.

曹启龙，盛昭瀚，周晶，等. 2014. 基于公平偏好的我国政府投资项目代建制激励—监督模型. 中国软科学，(10)：144-153.

陈婉玲. 2018. PPP 长期合同困境及立法救济. 现代法学，40 (6)：79-94.

崔淼，苏敬勤. 2012. 中国企业管理创新的驱动力——兼与西方企业的比较. 科学学研究，(5)：755-765.

丁川，王开弘，冉戎. 2013. 基于公平偏好的营销渠道合作机制研究. 管理科学学报，16 (8)：80-94.

董志强. 2011. 我们为何偏好公平：一个演化视角的解释. 经济研究，(8)：65-77.

杜亚灵，李会玲，柯洪. 2014. 工程项目中业主初始信任对合作的影响研究：承包商公平感知的中介作用. 管理学报，11 (10)：1542-1551.

杜亚灵，李会玲，柯洪. 2016. 中国情境下工程项目中承包商公平感知量表的开发与验证. 系统管理学报，25 (1)：165-174.

杜亚灵，孙娜. 2016. PPP 项目中私人部门公平感知的构念及其结构维度：基于扎根理论的探索性研究. 科技管理研究，36 (16)：201-208.

杜亚灵，孙娜，柯丹. 2017a. PPP 项目中私人部门公平感知量表的开发与验证. 重庆大学学报（社会科学版），23 (3)：52-62.

杜亚灵，王剑云. 2013. BT 模式下工程项目控制权的合理配置研究——基于多案例的比较分析. 软科学，27 (5)：56-61.

杜亚灵，温莎娜，孙娜. 2019. PPP 项目中私人部门公平感知对其履约绩效影响的实验研究：项目获取途径的调节作用. 大连理工大学学报（社会科学版），40 (5)：16-25.

杜亚灵，赵欣，马辉，等. 2017c. PPP 项目中公共代理机构对私人部门控制的构念与结构维度——基于扎根理论的探索性研究. 软科学，31 (1)：130-135.

杜亚灵，赵欣，温莎娜. 2017b. 基于扎根理论的 PPP 项目履约绩效影响因素. 中国科技论坛，(4)：13-20.

段庆康，周晶，邵婷. 2013. 考虑公平性偏好的多标段工程项目工期激励研究. 项目管理技术，11（11）：51-54.
高颖，张水波，冯卓. 2015. PPP 项目运营期间需求量下降情形下的补偿机制研究. 管理工程学报，（2）：93-102.
高展军，江旭. 2016. 联盟公平的工具效应及其对合作绩效的影响——被中介的调节效应研究. 南开管理评论，（2）：145-156.
高展军，王龙伟. 2013. 联盟契约对知识整合的影响研究——基于公平感知的分析. 科学学与科学技术管理，（7）：95-103.
侯杰泰，温忠麟，成子娟. 2004. 结构方程模型及其应用. 北京：教育科学出版社.
柯永建. 2010. 中国 PPP 项目风险公平分担. 北京：清华大学博士学位论文.
柯永建，王守清. 2011. 特许经营项目融资（PPP）——风险分担管理. 北京：清华大学出版社.
柯永建，王守清，陈炳泉. 2008. 基础设施 PPP 项目的风险分担. 建筑经济，（4）：31-36.
兰兰，高成修. 2013. 基于 AHP 的 PPP 绩效评估体系研究. 海南大学学报（人文社会科学版），（3）：115-119.
李波，李宜楠，侯丽婷，等. 2015. 具有公平关切的零售商对双渠道供应链决策影响分析. 控制与决策，（5）：955-960.
李祥兴，王先俊. 2018. 改革开放以来我国对政府与市场关系认知的嬗变及启示——兼谈对新自由主义思潮及其影响的批判. 当代中国史研究，25（4）：27-35.
李媛，赵道致. 2015. 考虑公平偏好的低碳化供应链契约协调研究. 管理工程学报，29（1）：156-161.
李真，孟庆峰，盛昭瀚. 2013. 考虑公平关切的工期优化收益共享谈判. 系统工程理论与实践，（1）：82-91.
李真，孟庆峰，盛昭瀚，等. 2012. 工程质量优化的承包商群体激励效率演化分析. 中国管理科学，（3）：112-121.
刘婷，王守清，盛和太，等. 2014. PPP 项目资本结构选择的国际经验研究. 建筑经济，（11）：11-14.
刘娴，徐飞，宋波. 2013. 不确定环境下分配公平与信任对战略联盟绩效的影响. 工业工程与管理，（4）：64-70.
吕俊娜，刘伟，邹庆，等. 2014. 考虑公平关切的工程总承包合作利益分配模型. 系统工程，32（12）：62-66.
吕文学，李智. 2016. 公平感与关系治理对工程争端谈判中合作行为的影响. 项目管理技术，14（1）：7-13.
马飞，孔凡晶. 2010. 组织公平理论研究述评. 经济纵横，（11）：121-125.
孟庆峰，盛昭瀚，李真. 2012. 基于公平偏好的供应链质量激励机制效率演化. 系统工程理论与实践，（11）：2394-2403.
聂辉华. 2009. 声誉、契约与组织. 北京：中国人民大学出版社.

宁烨，刘南荻，王姗姗. 2016. 跨文化情景下组织试错学习机理研究. 管理科学，29（2）：29-41.

戚君琴. 2016. 大五人格、组织公平感和关系绩效的实证研究——以中小型包装行业生产一线员工为例. 上海：华东理工大学硕士学位论文.

亓霞，柯永建，王守清. 2009. 基于案例的中国 PPP 项目的主要风险因素分析. 中国软科学，（5）：107-113.

任鹏飞，强勇，夏军，等. 2015. 地方政府"大权独揽"企业占股受限沦为"二等公民"，社会资本参与公用事业"受尽欺负". http://dz.jjckb.cn/www/pages/webpage2009/html/2015-01/27/content_1513. htm. [2016-09-28].

沈鹏熠，张雅. 2015. 非营利组织服务导向行为影响因素分析. 华东经济管理，（7）：177-184.

史会斌. 2014. 非对称联盟中组织公平感对承诺影响差异的实证研究. 工业技术经济，（8）：139-146.

宋金波，常静，靳璐璐. 2014. BOT 项目提前终止关键影响因素——基于多案例的研究. 管理案例研究与评论，7（1）：86-95.

孙春玲，徐叠元. 2015. 利益均衡视角下的 PPP 项目定价研究. 价格理论与实践，（10）：123-125.

孙晓娥. 2012. 深度访谈研究方法的实证论析. 西安交通大学学报（社会科学版），（3）：101-106.

王超，赵新博，王守清. 2014. 基于 CSF 和 KPI 的 PPP 项目绩效评价指标研究. 项目管理技术，12（8）：18-24.

王桂艳. 2006. 正义、公正、公平辨析. 南开学报（哲学社会科学版），（2）：134-140.

王丽丽. 2006. 好一朵带刺的玫瑰——访我国著名 BOT 专家王守清教授. 施工企业管理，（6）：2-4.

王守清. 2018. 探索 PPP 模式的中国经验. 建筑，（16）：20-21.

王丝丝. 2017. PPP 项目再谈判过程影响因素的识别及其对再谈判效果的影响. 天津：天津理工大学硕士学位论文.

韦小泉，谢娜，程哲，等. 2017. 中国 PPP 发展的驱动因素时空分异研究. 财政科学，（2）：85-97.

吴光东，施建刚，唐代中. 2012. 工程项目团队动态特征、冲突维度与项目成功关系实证. 管理工程学报，（4）：49-57.

武志伟，陈莹. 2010. 关系公平性、企业间信任与合作绩效——基于中国企业的实证研究. 科学学与科学技术管理，（11）：143-149.

武志伟，陈莹. 2011. 企业间关系公平性维度测量的实证研究. 软科学，（1）：110-113.

肖春华. 2002. 上海市轨道交通建设 BT 模式初探. 隧道建设，（2）：33-36.

肖春华. 2003. 城市轨道交通建设的 BT 模式. 城市轨道交通研究，（2）：13-16.

严玲，邓娇娇，严敏，等. 2016. 工程项目管理研究中的实验研究方法：以承包人履约行为实验为例. 工程管理学报，30（1）：87-92.

严敏，张亚娟，严玲. 2015. 项目治理视角下BT项目投资控制关键问题研究：以某地铁项目为例. 土木工程学报，（8）：118-128.

姚大志. 2017. 公平与契约主义. 哲学动态，（5）：79-85.

姚丽芬，龙如银. 2017. 基于扎根理论的游客环保行为影响因素研究. 重庆大学学报（社会科学版），23（1）：17-25.

姚艳虹，韩树强. 2013. 组织公平与人格特质对员工创新行为的交互影响研究. 管理学报，10（5）：700-707.

尹贻林，董宇，王垚. 2015. 工程项目信任对风险分担的影响研究：基于扎根理论的半结构性访谈分析. 土木工程学报，48（9）：117-128.

余勇军，伍迪，王守清. 2014. 中国BT项目关键成功因素研究. 工程管理学报，（3）：78-83.

张闯，杜楠，夏春玉，等. 2014. 渠道成员退出和呼吁：感知公平与长期导向的作用. 管理科学，（2）：108-117.

张敏. 2012. 任务紧迫性下项目创新行为实验研究——基于情绪的调节作用. 科学学研究，（10）：1593-1600.

张水波，陈俊颖，胡振宇. 2015. 工程合同对承包方合作行为的影响研究：信任的中介作用. 工程管理学报，29（4）：6-11.

张亚蕾，胡振，倪恒意. 2015. 公共项目公私合作（PPP）有效性评价体系研究. 建筑经济（5）：34-36.

张喆，万迪昉，贾明. 2008. 高科技生物制药行业PPP合作中信任与合作效果的关系研究——环境不确定性和合作方行为不确定性的调节作用. 科学学与科学技术管理，29（6）：172-177.

郑洁. 2004. 浅谈王小郢污水厂资产权益转让项目商务谈判. http://www.h2o-china.com/news/29307.html[2016-09-28].

周浩，龙立荣. 2007. 家长式领导与组织公正感的关系. 心理学报，（5）：909-917.

周江华. 2005. 采用BT模式进行项目运作相关问题的探讨. 铁道工程学报，（4）：73-77.

周正祥，张秀芳，张平. 2015. 新常态下PPP模式应用存在的问题及对策. 中国软科学，（9）：82-95.

朱蕾，袁竞峰，杜静. 2007. 基于PPP合同行政属性的政府介入权研究. 建筑经济，（10）：92-95.

邹声和. 2013. 施工合同显失公平条款的防范. 建筑经济，（8）：59-61.

Adams J S. 1965. Inequity in social exchange. Advances in Experimental Social Psychology，2：267-299.

Aghion P，Tirole J. 1997. Formal and real authority in organizations. Journal of Political

Economy，105（1）：1-29.

Aibinu A A，Ling F Y Y，Ofori G. 2011. Structural equation modelling of organizational justice and cooperative behaviour in the construction project claims process：Contractors' perspectives. Construction Management & Economics，29（5）：463-481.

Aibinu A A，Ofori G，Ling F Y Y. 2008. Explaining cooperative behavior in building and civil engineering projects' claims process：Interactive effects of outcome favorability and procedural fairness. Journal of Construction Engineering and Management，134（9）：681-691.

Bies R J. 1993. Privacy and procedural justice in organizations. Social Justice Research，6（1）：69-86.

Brandts J，Charness G. 2011. The strategy versus the direct-response method：A first survey of experimental comparisons. Experimental Economics，14（3）：375-398.

Brinkerhoff D W，Brinkerhoff J M. 2011. Public-private partnerships：Perspectives on purposes，publicness，and good governance. Public Administration & Development，31（1）：2-14.

Burnes B，Coram R. 1999. Barriers to partnerships in the public sector：The case of the UK construction industry. Supply Chain Management，4（1）：43-50.

Cao Z，Lumineau F. 2015. Revisiting the interplay between contractual and relational governance：A qualitative and meta-analytic investigation. Journal of Operations Management，33-34：15-42.

Carbonara N，Costantino N，Pellegrino R. 2014. Concession period for PPPs：A win-win model for a fair risk sharing. International Journal of Project Management，32（7）：1223-1232.

Cheng Z，Ke Y J，Lin J，et al. 2016. Spatio-temporal dynamics of public private partnership projects in China. International Journal of Project Management，34（7）：1242-1251.

Cui C Y，Han G B，Feng L. 2013. Government supervision game for infrastructure PPP. Advanced Materials Research，838-841：3142-3146.

Cui T H，Raju J S，Zhang Z J. 2007. Fairness and channel coordination. Management Science，53（8）：1303-1314.

De Brux J. 2010. The dark and bright sides of renegotiation：An application to transport concession contracts. Utilities Policy，18（2）：77-85.

Diallo I. 1983. United nations institute for training and research. International Organizations in General Universal International Organizations & Cooperation，336-338.

Fehr E，Schmidt K M. 1999. A theory of fairness，competition，and cooperation. The Quarterly Journal of Economics，114：817-868.

Fu Y C，Chen Y Q，Zhang S B，et al. 2015. Promoting cooperation in construction projects：

An integrated approach of contractual incentive and trust. Construction Management & Economics，33（8）：653-670.

Greenberg J. 1993. Stealing in the name of justice：Informational and interpersonal moderators of theft reactions to underpayment inequity. Organizational Behavior & Human Decision Processes，54（1）：81-103.

Griffith D A，Harvey M G，Lusch R F. 2006. Social exchange in supply chain relationships：The resulting benefits of procedural and distributive justice. Journal of Operations Management，24（2）：85-98.

Guest D E. 2011. Human resource management and performance：Still searching for some answers. Human Resource Management Journal，21（1）：3-13.

Hart O，Moore J. 1988. Incomplete contracts and renegotiation. Econometrica，56（4）：755-785.

Hart O，Moore J. 2008. Contracts as reference points. The Quarterly Journal of Economics，123（1）：1-48.

Kadefors A. 2005. Fairness in interorganizational project relations：Norms and strategies. Construction Management & Economics，23（8）：871-878.

Ke Y J，Ling F Y Y，Zou P X W. 2015. Effects of contract strategy on interpersonal relations and project outcomes of public sector construction contracts in Australia. Journal of Management in Engineering，31（4）：04014062.

Ke Y J，Wang S Q，Chan A P C，et al. 2011. Understanding the risks in China's PPP projects：Ranking of their probability and consequence. Engineering Construction & Architectural Management，18（5）：481-496.

Ke Y Y，Wang S Q，Chan A P C，et al. 2010. Preferred risk allocation in China's public-private partnership（PPP）projects. International Journal of Project Management，28（5）：482-492.

Kumar N，Scheer L K，Steenkamp J B E M. 1995. The effects of supplier fairness on vulnerable resellers. Journal of Marketing Research，32（1）：54-65.

Leventhal G S. 1980. What should be done with equity theory？// Gergen K J，Greenberg M S，Willis R H. Social Exchange. Boston：Springer.

List J A，Rasul I. 2011. Chapter 2-Field experiments in labor economics. Handbook of Labor Economics，4a：103-228.

Liu T T，Wang Y，Wilkinson S. 2016. Identifying critical factors affecting the effectiveness and efficiency of tendering processes in Public-Private Partnerships（PPPs）：A comparative analysis of Australia and China. International Journal of Project Management，34（4）：701-716.

Liu Y，Huang Y，Luo Y D，et al. 2012. How does justice matter in achieving buyer-supplier relationship performance? Journal of Operations Management，30（5）：355-367.

Love P E D，Liu J X，Matthews J，et al. 2015. Future proofing PPPs：Life-cycle performance measurement and building information modelling. Automation in Construction，56：26-35.

Lu P，Guo S P，Qian L M，et al. 2015. The effectiveness of contractual and relational governances in construction projects in China. International Journal of Project Management，33（1）：212-222.

Luo Y D. 2007a. Are joint venture partners more opportunistic in a more volatile environment? Strategic Management Journal，28（1）：39-60.

Luo Y D. 2007b. The Independent and interactive roles of procedural，distributive，and interactional justice in strategic alliances. Academy of Management Journal，50（3）：644-664.

Luo Y D. 2007c. An integrated anti-opportunism system in international exchange. Journal of International Business Studies，38（6）：855-877.

Luo Y D. 2008. Procedural fairness and interfirm cooperation in strategic alliances. Strategic Management Journal，29（1）：27-46.

Luo Y D. 2009. From gain-sharing to gain-generation：The quest for distributive justice in international joint ventures. Journal of International Management，15（4）：343-356.

Luo Y D，Liu Y，Yang Q，et al. 2015. Improving performance and reducing cost in buyer-supplier relationships：The role of justice in curtailing opportunism. Journal of Business Research，68（3）：607-615.

Ng S T，Wong Y M W，Wong J M W. 2010. A structural equation model of feasibility evaluation and project success for public-private partnerships in Hong Kong. IEEE Transactions on Engineering Management，57（2）：310-322.

Osei-Kyei R，Chan A P C. 2015. Review of studies on the critical success factors for public-private partnership（PPP）projects from 1990 to 2013. International Journal of Project Management，33（6）：1335-1346.

Sastoque L M，Arboleda C A，Ponz J L. 2016. A proposal for risk allocation in social infrastructure projects applying PPP in Colombia. Procedia Engineering，145：1354-1361.

Slonim R，Wang C，Garbarino E，et al. 2013. Opting-in：Participation bias in economic experiments. Journal of Economic Behavior & Organization，90：43-70.

Thibaut J，Walker L. 1978. A theory of procedure. California Law Review，66（3）：541-566.

Tuuli M M，Rowlinson S，Koh T Y. 2010. Control modes and mechanisms in construction project teams：Drivers and consequences. Construction Management & Economics，28（5）：451-465.

Verweij S. 2015. Producing satisfactory outcomes in the implementation phase of PPP infrastructure projects：A fuzzy set qualitative comparative analysis of 27 road constructions in the Netherlands. International Journal of Project Management，33：1877-1887.

Wang J S. 2017. Research on the market demand risk and sharing mechanism of PPP projects. Journal of Railway Engineering Society，34（11）：95-98.

Williamson O E. 1979. Transaction-cost economics：The governance of contractual relations. The Journal of Law and Economics，22（2）：233-261.

Xiong W，Yuan J F，Li Q，et al. 2015. Performance objective-based dynamic adjustment model to balance the stakeholders' satisfaction in PPP projects. Journal of Civil Engineering & Management，21（5）：539-547.

Yuan J，Zeng A Y，Skibniewski M J，et al. 2009. Selection of performance objectives and key performance indicators in public-private partnership projects to achieve value for money. Construction Management & Economics，27：253-270.

Yun S，Jung W，Han S H，et al. 2015. Critical organizational success factors for public private partnership projects：A comparison of solicited and unsolicited proposals. Journal of Civil Engineering and Management，21（2）：131-143.

Zhang S B，Zhang S J，Gao Y，et al.，2016. Contractual governance：Effects of risk allocation on contractors' cooperative behavior in construction projects. Journal of Construction Engineering & Management，142（6）：04016005.

Zou W W，Kumaraswamy M M，Chung J K H，et al. 2014. Identifying the critical success factors for relationship management in PPP projects. International Journal of Project Management，32（2）：265-274.

Zhou Y J，Bao M J，Chen X H，et al. 2016. Co-op advertising and emission reduction cost sharing contracts and coordination in low-carbon supply chain based on fairness concerns. Journal of Cleaner Production，133：402-413.

第三篇

工程承发包合同中的公平

PPP 主交易关系中的两级合同的第二级合同即工程承发包合同，它是社会资本（项目公司）将自身承担的工作内容中的建设部分分包给承包商的重要文件。相比于 PPP 项目合同而言，工程承发包合同是一种短期契约，且由于合同制定过程中的法律法规及示范文本相对健全，合同不完备程度相对较低，因此其主要追求初始合同的有效执行。我国建筑市场属于典型的买方市场，业主顾忌合同签订后被处于信息优势和专业优势的承包商“敲竹杠”，便利用其合同签订前的优势地位在合同中设立大量转嫁责任的条款，致使承包商产生不公平的感知而影响双方的合作过程。鉴于此，工程承发包合同中公平问题的研究应聚焦于合同签订这一时点。无论 PPP 项目中工程承发包合同的边界如何，其必然是包括工程施工的，也必然具有我国工程施工合同的一般特征。因此，本篇仅以工程施工合同为研究对象，建立工程项目中承包商公平感知的概念模型，分析承包商公平感知的影响因素并据此提出其提升策略；同时，开发中国情境下工程项目中承包商公平感知的量表并对其进行验证，进而考察承包商公平感知对承发包双方合作的影响路径，验证其在初始信任与合作之间的中介作用。

第 10 章　工程承发包合同中公平的研究现状

10.1　研 究 背 景

10.1.1　我国建筑行业特征分析

1. 我国建筑行业属于典型的买方市场

随着我国城镇化进程的加快，建筑业已成为推动我国经济发展、促进社会进步、实现国家或企业战略目标的支柱性产业之一。作为国民经济发展的支柱性产业，建筑业保持着持续增长的态势；据我国统计局 2019 年统计，2018 年全国建筑业总产值达 235 086 亿元，全国建筑业房屋建筑施工面积 140.9 亿米 ^{2}，通过对 2008～2018 年中国建筑业总产值进行汇总（图 10-1）发现，我国建筑业总产值保持持续增长态势。

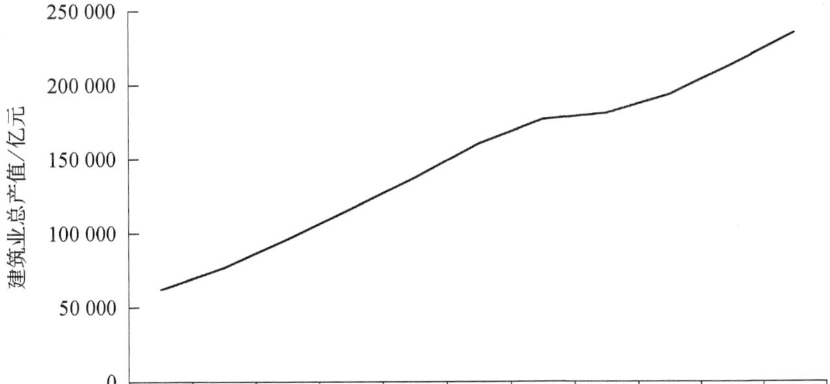

	2008年	2009年	2010年	2011年	2012年	2013年	2014年	2015年	2016年	2017年	2018年
—— 建筑业总产值	62 037	76 808	96 031	116 463	137 218	160 366	176 713	180 757	193 567	213 954	235 086

图 10-1　2008～2018 年中国建筑业总产值汇总

资料来源：根据《2019 中国统计年鉴》绘制

根据《国家新型城镇化规划（2014—2020 年）》，预计 2020 年我国的城镇化率将达到 60%，由此带来的巨额投资需求或将高达 40 多万亿元。而建筑行业的高速发展带来了建筑企业数量的爆发式增长，以 2018 年为例，全国各种类型建筑业法人单位已超过 120 万家，其中有施工活动的具有建筑业企业资质的总承包和专业承包建筑业企业达 9.5 万多家①。行业集中度（concentration ratio，CR）常用于衡量市场竞争或垄断的程度，是指某行业的相关市场内前 *n* 家最大的企业所占市场份额（产量、销售额等）的总和，通常取 n=4 或者 n=8。根据美国经济学家贝恩和日本通产省对 CR 的划分标准，市场结构可以粗分为寡占型（$CR_8 \geqslant 40\%$）和竞争型（$CR_8 < 40\%$），其中，寡占型可分为极高寡占型（$CR_8 \geqslant 70\%$）和极低寡占型（$40\% \leqslant CR_8 < 70\%$）；竞争型可分为低集中竞争型（$20\% \leqslant CR_8 < 40\%$）和分散竞争型（$CR_8 < 20\%$）（吕姝仪，2009）。我国建筑市场的行业集中度虽一直存在波动，却从未跳出竞争型市场结构的范围，属于典型的买方市场。

2. 工程项目施工合同中转嫁责任条款普遍存在

我国建设工程招标投标制度规定由发包人负责招标文件的编制工作，而合同文件作为招标文件的重要组成部分，同样由发包人负责拟定；因此，合同签订前，发包人在合同条款拟定方面具有绝对的控制权，本能地在权责利分配方面有失公平，将更多的风险划分给承包人而没有分配相应的利益或权利；加之发包人风险厌恶的本质（Burnes and Coram，1999），促使其利用合同签订前的优势地位在合同中设立大量转嫁责任的条款，以避免合同执行阶段被承包商“敲竹杠”。尽管在此后的招标文件澄清以及合同谈判阶段，承包人有机会就合同条件问题提出异议，但基于发包人的优势地位，合同条件很难更改，承包人只能被动接受合同条件的约定及安排（刘鹏程，2010）。实践中发包人拟定的转嫁责任条款有的通过黑白合同来实现，也有的体现在专用条款或者补充协议中，以便规避法律，逃避监管（邹声和，2013）。常见的转嫁责任条款如表 10-1 所示。

---

① 建筑业持续快速发展 城乡面貌显著改善——新中国成立 70 周年经济社会发展成就系列报告之十. http://www.gov.cn/xinwen/2019-07/31/content_5417485.htm［2020-07-01］.

表 10-1　工程实践中常见的转嫁责任条款

序号	条款内容	转接责任表征	给承包人带来的风险
1	要求施工企业垫资	发包方与施工方签订的合同按正常的付款条件写明，但通过签订补充协议的方式要求施工方垫资施工，或者约定按施工节点付款；前者可称为显性垫资条款，后者可称为隐性垫资条款	如果发包方的资金链断裂，施工企业将面临血本无归的局面；此外，发包方往往通过其他条款如质量、政府手续等条款加强对施工企业的约束，个别发包方甚至恶意阻止施工企业达到节点目标，以逃避付款责任
2	要求承包人放弃优先受偿权	发包方为了获得银行贷款，往往在招标文件中规定建筑企业放弃优先受偿权，并且在招标文件中规定，如果施工企业在投标中提出异议，就视为不响应招标文件，可能会作为废标处理	如果发包方资金缺失，建设工程的拍卖款应当先偿还银行债务，施工企业的工程款很可能得不到清偿
3	发包人指定材料设备或自行采购材料设备	通过三方合同使总承包企业承担质量责任，这种三方合同往往由总承包企业作为甲方，设备或材料供应商作为乙方，发包方作为第三方签订，价格由发包方决定，价款由发包方直接支付	总承包企业的利润受到挤压，且其只承担质量责任，几乎没有权利，导致责任与利益严重不对等
4	对措施费、管理费、利润甚至税金进行不合理的约定	约定增加的工程量不计取措施费、管理费、利润、税金	实际施工过程中工程量增加在所难免，对增加部分不计取措施费、管理费、利润、税金的约定大大减少了承包人应获得的合理利润
5	延期支付结算款	承包方及时提交了结算报告，但发包方只收不签字、盖章；有的发包方收到承包方的结算报告后，派人员去与承包方对账，但故意拉长对账过程，不给承包方任何书面答复	承包人一方面未能得到工程款，另一方面又要支付民工劳务工资和材料设备款，资金周转压力大
6	交易过程中人工和材料不能涨价	发包人在合同中约定好人工和材料的价格，而在项目执行过程中，人工和材料价格上涨不予调价	如果继续按原合同价格进行结算，承包商不但不能赚到利润，甚至会亏本
7	转移施工项目竣工验收责任	发包方往往要求施工企业承担竣工验收的不利后果，常以此作为付款或结算的条件，使施工企业收取尾款十分困难	根据住房和城乡建设部的规定，施工项目的竣工验收由发包方负责。施工企业不但承担着额外的责任，而且不能按期收到尾款

3. 履约过程中的合同纠纷居高不下

由于我国建筑行业的买方市场格局，承包人迫于竞争的压力及生存的需要，往往会接受发包人提出的转嫁责任条款；合同签订后，承包人便利用合同不完备性以及自身的专业优势向发包人索取与所承担风险对应的利益或权利，体现在变更、调价、索赔等多个方面，或以消极推诿的态度应对合同履行过程中的风险，致使发包人权益受损，双方纠纷不断，严重影响合同履行效率。据统计，我国人民法院受理建设工程合同纠纷一审案件数量居高不下，并持续增加，2016 年高达 174 875 件，具体如图 10-2。由于履约过程中更换承包商需要花费巨大的成本，通过法律途径调节的结果常常是承发包双方各自退让，以保证利益分配更加趋于合理化。由此一来，发包人并未真正意义上实现其事前契约中转嫁责任条款的目的。

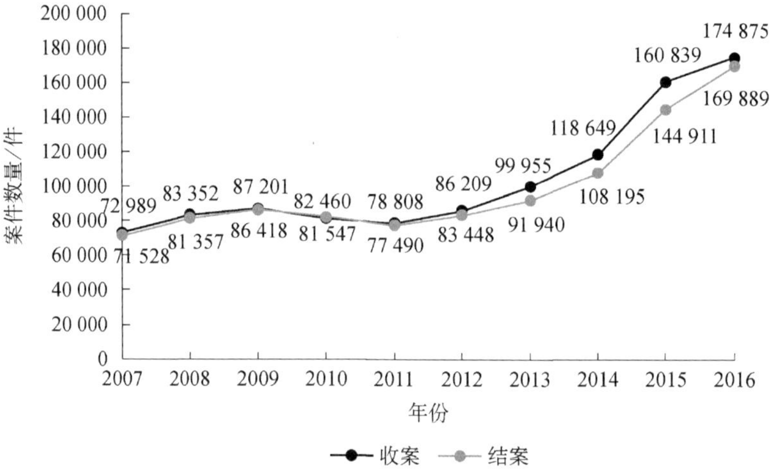

图 10-2 2007～2016 年建设工程合同纠纷一审案件收结案情况

资料来源：根据《2017 中国统计年鉴》绘制

10.1.2 研究对象的界定

关系与公平之间的联系随着关系、情境的不同而呈现出错综复杂的特点，关系性质会影响公平感受和情绪（胡箭，2013）。为避免不同管理模式下的承发包关系对承包商公平感知产生影响，本章针对“设计-招标-建造”（design-bid-build，DBB）模式下施工合同中承包商的公平感知进行研究，具体原因如下。

（1）首先，由业主委托建造咨询师进行项目前期的评估、设计和规划，待相关工作完成之后，再根据项目的性质，通过招标工作选择相应的工程承包商。这种模式是国际上比较通用的模式（何湘波，2010），世界银行、亚洲开发银行贷款项目和采用《FIDIC 施工合同条件（1999 年第 1 版）》的项目均采用这种模式。在 DBB 模式中存在三方核心主体，即工程业主方、设计方以及工程承包商：工程业主方分别与设计方、工程承包方签订合同；在这种模式下，设计方同工程承包方没有直接的合同关系，承包方对设计的疑问或者建议只能通过发包方向设计方转达，设计方对设计缺陷等问题向发包方负责，在施工过程中要负责向发包方及施工单位进行设计交底、处理设计变更和参加竣工验收（万玲和余晓钟，2010）。此外，DBB 模式下，还存在业主与监理单位签订的监理合同、承包商与供货方签订的供货合同，如果再分包，承包商与分包商签订的分包合同，这些合同与设计合同和施工合同共同构成 DBB 模式的合同体系，如图 10-3 所示。在 DBB 模式下，业主选择的设计方和施工方是相互独立的，三方的权利、责任、利益分配相对明确，故本章选取 DBB 这一最传统的工程项目管理模式进行研究。

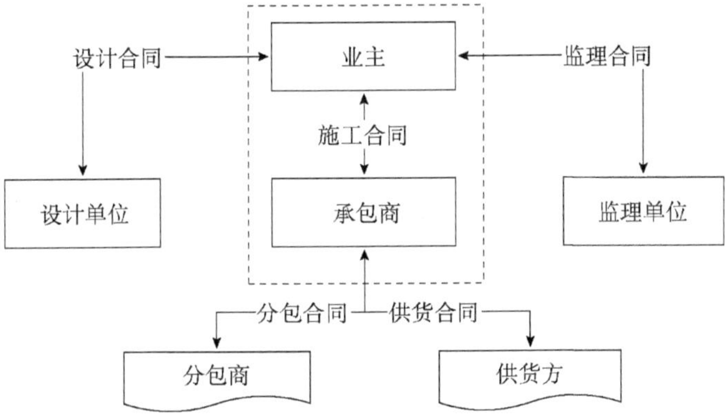

图 10-3　DBB 模式下的组织结构及合同关系

（2）施工合同是指工程发包人与承包人为完成特定的建筑、安装工程的施工任务而签订的确定双方权利和义务的协议（杨俊芳，2013）。施工合同是建设工程合同的一种，也称建筑安装承包合同。根据《中华人民共和国合同法》第二百七十五条规定，施工合同的内容包括工程范围、建设工期、中间交工工程的开工和竣工时间、工程质量、工程造价、技术资料交付时间、材料和设备供应责任、拨款和结算、竣工验收、质量保修范围和质量保证期、双方相互协作等条款。建设工程施工合同是建设工程的主要合同，是工程建设质量控制、进度控制、投资控制的主要依据。故本篇选取施工合同下承包商的公平感知进行研究。

10.1.3　研究施工合同中承包商公平感知的必要性

1. 现有研究揭示了公平对于组织之间合作的重要性

有关公平的研究起源于组织行为学，研究组织内部员工对利益分配结果的主观评价，而后引入组织之间的关系当中，以供应链和战略联盟尤为普遍。现有研究也已经揭示了公平如何在供应链和战略联盟中发挥作用，具体如表 10-2 所示。

表 10-2　公平对于组织之间合作重要性的文献统计

序号	文献	研究对象	促进合作行为							抑制不合作行为	
			承诺	信任	绩效	知识共享	谈判效率	关系稳定性	关系专用性投资	机会主义行为	伙伴冲突
1	张涵等（2015）	科技创业联盟		√	√			√			
2	史会斌和吴金希（2013a）	战略联盟	√	√							
3	蔡昊雯等（2012）	医院联盟	√								
4	杜玉申等（2012）	供应链						√		√	√
5	黄健柏等（2013）	战略联盟					√				
6	谭佳音和李波（2013）	供应链		√							
7	Doz（1996）	战略联盟						√			
8	Gassenheimer 等（1998）	战略联盟						√			
9	Luo（2007a）	战略联盟			√						
10	Liu 等（2012）	供应链	√			√			√		
11	Luo（2009b）	国际合资企业	√	√							
12	Luo（2007b）	供应链			√						√
13	Luo（2008）	战略联盟	√	√	√						
14	Griffith 等（2006）	供应链			√			√			√
15	Walter 等（2012）	战略联盟			√						
合计/篇			5	5	6	1	1	5	1	1	3

由表 10-2 可知，供应链和战略联盟中关于公平作用机制的研究主要体

现在以下三个方面：公平对联盟演化的影响、公平对组织在联盟中态度与行为的影响、公平对联盟绩效的影响。①公平作为与效率同样重要的联盟评价标准，影响着整个联盟的演化。公平是组织对联盟进行评价的重要标准，评价结果是否公平会直接影响到组织在联盟后续阶段中的行为和联盟的稳定性（Doz，1996；Gassenheimer et al.，1998）。②公平影响着企业在联盟中的相关态度与行为。例如，其促进承诺、知识共享、信任、关系专用性投资等合作行为，还能够抑制机会主义行为、伙伴冲突等不合作行为，进而有效地保证组织之间合作关系的稳定性（杜玉申等，2012）。③公平能够提高组织之间合作的绩效。例如，Luo（2008）通过一系列的研究发现，公平可以增进合资企业联盟成员之间的信任，增加其之间的承诺，并进一步提高联盟绩效。

2. 部分研究已经意识到承包商公平感知对工程项目的成功至关重要

工程项目的实施需要不同利益相关方（如承包方、设计方、供货方、咨询方等）的参与，以实现项目内部不同要素所有者之间的合作（王华和尹贻林，2004），故属于组织之间的合作。面对日益复杂和充满不确定性的工程项目内外环境，尽管项目管理的硬性要素如物力、财力及相应的技术手段发展迅速，但基于理性控制的传统管理经验等开始出现“控制失灵”问题，工程项目履约困难的现状并没有得到有效的缓解；于是，在承包商的“社会人”的假设下，有关研究开始关注承包商公平感知对项目成功的作用，相关研究主要分为以下两个方面。①承包商群体具有公平性偏好情境下的激励问题：在多标段多承包合同工程项目中，考虑承包商对利益分配的公平性偏好来建立或优化工期；李真等（2012）构建了单阶段群体激励模型以及考虑承包商个体存在公平感知的多阶段群体激励模型。②公平感知对某一具体经济活动结果的影响：吕文学和李智（2016）认为，在工程争端谈判中，公平感知对谈判者的合作行为可产生重要影响；Aibinu 等（2008）的研究表明，承包商对业主处理索赔程序的公平感知会影响索赔处理的结果，进而对其合作行为产生较大影响；孟庆峰等（2012）立足于工程全生命周期角度构建业主与承包商的收益共享谈判模型，研究了主体公平关切程度对谈判可行域、谈判成功结果、谈判效率等方面的影响。

综上所述，对工程项目的临时性社会网络组织的本质认识正使得工程领域的研究范式从原来的契约范式向关系范式拓展（杜亚灵和尹贻林，2012），部分学者的研究重点也由原来的追求项目成功收敛于追求合作成功。在此背景下，承包商公平感知在项目增值及项目绩效提升方面的作用必将受到越来越多的关注，故有必要对承包商公平感知进行专题研究。

10.1.4 研究关键问题

由上述分析可知，供应链与战略联盟中关于组织之间公平的研究已相对成熟，并逐渐向工程领域过渡。工程领域的相关研究普遍认同承包商的公平感知对工程项目成功至关重要，但此类研究将公平感知视为激励模型中的一个参数或者影响某一具体经济活动效率的单一维度概念，仍基于经济学视角；虽然现有研究对工程项目属性的认识由“临时性契约组织”过渡到“社会性网络组织”，代理人的“社会人”假设也促使学者们关注公平感知对履约绩效的影响，但对如何提高公平感知的相关研究尚处于初步探索阶段。故研究者锁定 DBB 项目施工合同，将识别工程项目中承包商公平感知的影响因素作为本篇的科学问题并加以研究。

为系统地分析此科学问题，将其解构为以下三个关键问题进行研究。

1. 关键问题一：建立工程项目中承包商公平感知的概念模型

考察工程项目中承包商公平感知的影响因素及其提升策略的基础，即建立工程项目中承包商公平感知的概念模型。概念模型包括对现实世界中的具体事物进行高度抽象的内涵、涵盖一切反映特有属性事物的外延以及表征逻辑结构的维度划分。由供应链、战略联盟领域有关公平的研究可知，公平感知的概念模型是一个多维度的复杂体系，而工程领域鲜有文献对其进行系统研究；故本篇将建立工程项目中承包商公平感知的概念模型作为研究的关键问题之一。

2. 关键问题二：分析工程项目中承包商公平感知的影响因素

部分研究已经揭示了承包商公平感知对其履约行为以及工程项目的成功至关重要，并意图开启“承包商公平感知-履约绩效”的项目治理新路径，而研究公平感知对承包人履约行为的诱导作用的前提就是确定如何提高承包商的公平感知，即识别承包商公平感知的影响因素。故在关键问题一实现的基础上，结合工程项目的特点，将工程项目中承包商公平感知的影响因素分析作为第二个关键问题。

3. 关键问题三：提出工程项目中承包商公平感知提升策略建议

理论研究的意义在于给实践提供技术支持和向导，分析工程项目中承包商公平感知的影响因素旨在提高承发包双方的履约绩效。本篇依据关键问题二识别出的承包商公平感知影响因素，结合工程实践，提出工程项目中承包商公平感知提升策略建议，为发包人进行合同条款设计或承包人进行合同审查提供参考与建议，即为第三个关键问题。

10.2　公平感知影响因素及其提升策略的文献分析

10.2.1　有关公平感知影响因素的综述

有关公平感知影响因素的研究起源于组织行为学领域。随着相关研究的不断深入，其研究范围由组织内部扩展到组织之间，最初主要集中在战略联盟与供应链领域，随后引入到工程领域。

1. 战略联盟中有关公平感知影响因素的研究现状

战略联盟成员的公平感知来源于对企业在战略联盟中所获得的利益结果和其合作伙伴行为的评价，因而企业从战略联盟中所获得的结果以及联盟管理的过程将对联盟中的公平感知产生影响。联盟各方由于不同的环境、不同的个人背景或者不同的组织特征而对环境和关系的认知有所差异，这也是联盟各方在交易过程中主张的公平相对不同的原因所在。蔡昊雯等（2012）用市场地位作为组织特征、联盟地位和组织环境的代表，验证了不同市场地位的组织在合作过程中追求的目标是不同的，这也就决定了它们对不同类型的公平具有不同的反应；由于所处市场地位可能影响组织对制度环境的反应

（Oliver，1991），史会斌和吴金希（2013a）分析了在市场地位和制度环境共同作用下，联盟中组织公平反应行为的变化；Luo（2008）分别从组织层面与个人层面实证研究了目标差异、联盟各方之间的熟悉程度、所有权对称性、共同工作的时间长度、联盟管理经验对程序公平的影响；史会斌和吴金希（2013b）通过实证分析验证了联盟成员的关系对联盟中企业公平感知形成的影响；高展军和王龙伟（2013）基于契约治理、联盟公平以及制度理论，提出了联盟显性契约与规范契约影响分配公平与程序公平的权变观点，进而得出显性契约与分配公平正相关，与程序公平负相关，而规范契约与分配公平和程序公平均正相关的结论；Luo（2007b）研究了联盟各方文化差异程度对互动公平和合作冲突关系的影响，即联盟各方所得到的结果、联盟的管理实践（如沟通及冲突的解决方法）和联盟伙伴的组织特征均会对联盟成员的公平感知造成影响。

2. 供应链中有关公平影响因素的研究现状

Yilmaz等（2004）通过实证研究提出了供应商的角色绩效，如交货绩效、运作支持、销售代表的绩效，并提出了使分销商产生的财务收入会对分销商的分配公平与程序公平感知产生影响；钱丽萍和杨翩翩（2010）分析了渠道关系特征（正式化和参与）及渠道伙伴特征（市场导向和伙伴声誉）对公平感的影响，研究结果显示，渠道决策结构、市场导向以及声誉是影响渠道成员公平感知的重要因素；高展军（2013）认为，企业战略的使用将影响目标企业对渠道程序公平与分配公平的感知，并且其感知程度会受到渠道依赖不对称的调节影响；Leung和Kwong（2003）基于公平的观点对中外合资企业管理中的问题进行了分析，指出由于文化以及社会制度的差异，中外合作伙伴在人力资源政策的侧重点、公平的规则以及公平决策的标准上存在明显差异。此外，部分研究主要从机制设计的角度出发，通过对公平分配的测度和利用博弈论模型等数学方法，主要考虑投入和风险等要素，探讨如何达到组织间合作中的效益公平分配问题，代表性的研究有李红玲和钟书华（2001a，2001b，2002）、杨屹等（2003）。

综上所述，战略联盟和供应链领域中关于公平感知影响因素的文献多是研究某单一因素对公平感知的影响，个别文献对公平感知的多个影响因素共同作用进行了探讨。通过综合上述文献识别出的影响因素可发现：影响组织之间公平感知的因素包括客观和主观两个方面，客观因素如契约、组织所处的市场地位和组织文化、制度环境等，主观因素如信任、联盟伙伴之间的熟悉程度、一起工作的时间长度、伙伴声誉等。

3. 工程领域有关公平感知的影响因素的综述

“社会人”假设条件下，在工程项目缔约和履约过程中，行为决策主体并非单纯地追求利益最大化，而是更多地表现出社会偏好进而追求满意解（董志强，2011）。工程项目治理的研究已经意识到，在工程项目缔约和履约过程中，项目各参与方除了追求利益外，对发展良好的信任关系等非物质利益也表现出相应的诉求，具有互惠、公平等社会偏好；在此基础上，初步探索了工程领域有关公平感知的影响因素。吕文学和李智（2016）通过案例分析发现，在固定价格合同项目的竞争性招标中，价格形成中的基于成本的规范会影响投标人的公平感知；杜亚灵等（2014）基于社会交换理论的视角，构建了以业主初始信任为前因、承包商对合同的公平感知为中介、二者合作为结果的概念模型，进而证实了业主初始信任对承包商公平感知的形成具有显著的正向影响。

10.2.2　有关组织之间公平感知提升策略的综述

通过对现有关于组织之间公平感知的提升策略的综述可知，目前组织之间公平感知的提升策略主要分为两个方面。

1. 基于组织所处的制度环境等客观方面提出公平感知提升策略

例如，张涵等（2015）在研究公平感知对联盟网络联系与联盟绩效的中介作用中指出，有关联盟合作的相关政策的进一步完善及公平的科技创业合作环境有利于提高联盟合作的公平性；联盟合作、交流、交易的公平性应当得到联盟管理部门的特别重视，同时，建立一套公平合理的规则和程序是联盟持续稳定运作的前提。舒斯亮（2015）对公平关切的形成原因进行了详细的剖析，并通过采取一系列措施使得服务企业的公平关切水平得到显著降低，主张加大信息预测方面的投入，提高公平关切信息预测的准确度。刘思强等（2013）以发电市场为例，针对政府监管部门提出了公平感知策略建议，即作为市场的监管机构应本着公开、公平、公正的原则建立与之相适应的公平制度和平台，并遵循社会资源得到合理配置和有效节约的原则，进而加强竞争性卖方与垄断企业之间的平等性沟通。孟庆峰等（2012）将公平偏好引入到多阶段的群体激励过程中，研究了制造商如何在供应商存在公平感知的情况下设计合理的报酬结构，并由此提出，制造商在设计报酬结构中的激励向量时，应该从系统性观点出发，将其中所有的激励向量整合到一块，并考虑到各个激励向量之间的联系。

2. 基于组织之间的伙伴关系等主观方面提出公平感知提升策略

舒斯亮（2015）针对服务供应链中公平感知的提升，提出了促进服务供应链节点企业之间更加紧密的合作伙伴关系。钱丽萍和杨翩翩（2010）指出，公平作用的发挥依赖于企业成员之间良好的沟通，其可以使得企业成员增加对彼此的信任及满意度，进而减少冲突和摩擦等负面行为的产生；渠道成员的行为可以通过建立正式化的流程来规范，并需要管理者积极引导其参与到渠道活动的决策过程当中；企业在关注市场变化的同时，更应该积极应对市场变化；在同行之中拥有良好的口碑也是非常重要的因素。

3. 工程领域公平感知的提升策略

工程领域现有的关于公平感知的提升策略也涉及主观和客观两个方面。鉴于目前工程领域的制度环境和约束机制等相对健全，多数学者在兼顾客观因素的同时，着重基于信任、项目参与方的心理预期等主观因素对公平感知的影响提出公平感知提升策略建议。例如，曹启龙等（2016）将公平偏好纳入 PPP 项目多任务激励问题中，提出需要根据项目运营期间的绩效表现情况，有针对性地制定对私人部门的激励措施；再者，公众的可接受程度、投资者的预期和行业中的平均价格水平也会影响到公共产品服务价格的制定，也就是说，适合的激励机制和多方的利益协调机制对制定的激励措施合理性具有同等的重要性。孟庆峰等（2012）指出，公平性对激励效率的影响应该是业主在多阶段群体激励中最需要关注的一方面。吕文学和李智（2016）主张工程负责人在处理争端问题时，要本着合作的态度来对待此类问题，双方在进行谈判时应制定让双方都满意的报价，并关注报价是否合理（合理的报价影响着承包人感知到的程序公平程度），以公平的态度对待对方（以公平的态度进行交流影响着承包商感知到的交流公平程度）；此外，在双方都有着长期良好关系的情况下，交流公平和分配公平应该是其在谈判时更需要注意的地方。李真等（2012）认为，业主不能无视承包商的公平关切行为，需要采取措施来杜绝只关注施工期内收益优化的短视行为；双方在保持适度公平关切时会提高谈判成功率，缩短谈判周期。杜亚灵等（2014）提出业主在签订工程承发包合同时，应保证该合同中的责权利对等、没有主观偏见及合同歧视条款，这样才能使得承包商感知到较高程度的公平，然而，只有在业主对承包商的初始信任（尤其是善意信任）水平较高的情况下，才容易使得双方签订相对公平的合同。

10.3　提升公平感知的研究方法文献分析

10.3.1　组织之间有关公平感知的文献所采用的研究方法综述

从理性和现实世界的关系来看，管理科学的研究方法主要分为四大类，即理论演绎、数理分析、实证研究、实验研究，前两种可归纳为演绎式研究方法（马庆国，2004）。本章对组织之间公平感知的文献所采用的研究方法进行了统计，并基于不同的研究问题进行了以下归类。

1. 针对公平感知构念建立的文献所采用的研究方法

通过文献综述发现，鲜有专题研究组织之间公平感知构念建立的文献，而关于公平感知的研究多会以对其进行概念界定为基础。进一步分析可知，多数文献都是在文献综述的基础上提出其对公平感知的界定，如张涵等（2015）、丁川等（2013）、孟庆峰等（2012）、Mirchandani 和 Lederer（2013）等通过综述对组织之间公平感知的界定的相关研究，得出其对公平感知概念的界定；或是直接引用已有的、相对成熟的构念，如史会斌（2010）、蔡昊雯等（2012）、高展军和王龙伟（2013）直接引用 Luo（2007a）对公平感知的概念进行界定与维度划分。

2. 针对公平感知影响因素分析的文献所采用的研究方法

现有关于公平感知影响因素分析的文献所采用的研究方法如表 10-3 所示。由表可知，关于公平感知影响因素的分析所采用的研究方法涵盖实证研究、数理分析、理论演绎三类。对联盟之间公平感知的研究中采用结构方程模型进行实证研究的居多，此类研究多采用问卷调查的方式来采集数据进行分析；而供应链领域由于涉及成本、费用、利润等要素的计算，其以数据仿真为基础的数理分析类研究方法占主导地位。

表 10-3　关于组织之间公平感知影响因素分析的文献所采用的研究方法汇总

序号	文献	研究对象	研究方法	研究类型
1	武志伟和陈莹（2010）	渠道关系	结构方程模型	实证研究
2	杜楠等（2013）	供应链	结构方程模型	
3	蔡昊雯等（2012）	医院联盟	结构方程模型	
4	史会斌和吴金希（2013a）	战略联盟	结构方程模型	
5	Yilmaz 等（2004）	供应链	结构方程模型	
6	杜少甫等（2010）	供应链	行为运筹+数值算例	数理分析
7	肖玉明（2009）	供应链	行为运筹+数值算例	
8	陈兆波等（2013）	两级供应链	行为运筹+数值算例	
9	王磊等（2012）	双渠道供应链	效用函数与数据仿真	
10	高展军和江旭（2016）	战略联盟	理论分析	理论演绎
11	高展军和王龙伟（2013）	企业间合作	理论分析	
12	史会斌和李垣（2008）	联盟	研究评述	
13	钱丽萍和杨翩翩（2010）	供应链	理论推导	

10.3.2　工程领域有关公平感知的文献所采用的研究方法综述

工程领域有关公平感知的文献所采用的研究方法借鉴了供应链和战略联盟领域的相关研究，具体研究方法多样化，多属于实证研究的范畴。例如，吕文学和李智（2016）运用逐步回归的方法验证了在工程争端谈判中，公平感知会对谈判者的合作行为产生重要影响；曹启龙等（2016）建立了公平偏好下 PPP 项目多任务的委托代理模型，并考察了在投资方的收益在大于（或者小于）其所在群体的平均收益时，政府在设置激励机制时将做出怎样的调整；Love 等（2015）通过对相关人员访谈后认为，一旦承包商感知到不公平时，其就会消极地进行接下来的合作；Burnes 和 Coram（1999）通过对多个案例的研究指出，如果该工程项目采用的是固定价格合同，那么，在其竞争性招标阶段，投标人对价格形成中基于的成本规范的直觉感受会直接影响到其公平感知；杜亚灵等（2014）运用结构方程模型构建了以业主初始信任为前因、承包商对合同的公平感知为中介、二者合作为结果的概念模型，进而证实了业主的初始信任能显著地正向调节承包商的公平感知。实证研究方法很难对项目的外部干扰因素进行控制，并且在数据获取及计量方法运用上的缺陷无法完全规避，因此相当数量的学者逐步对承包人行为采用了实验研究的方法进行研究。例如，李真等（2012）通过采用计算实验的方法，探讨了承包商个体存在公平感知时，如何在多阶段考虑群体激励问题；孟庆峰等（2012）基于多代理（multi-agent）理论的计算实验方法，讨论了考虑公平偏好的收益共享谈判模型；严玲等（2016）运用行为实验的研究方法，建立了“刺激-机体-反应”（stimulus-organism-response，SOR）模型，进而研究了承包商的公平感知是如何影响其在合作过程中的履约行为的。

10.4　文献分析对本篇的启示

10.4.1　从主观和客观两个方面识别承包商公平感知的影响因素

通过对现有公平感知影响因素进行综述，分析现有研究的特点，得出其对本篇的启示，其主要包括两个方面。①全面地识别承包商公平感知的影响因素。从文献研究数量上来讲，供应链与战略联盟领域有关公平感知影响因素的研究相对较多，而工程领域有关公平感知影响因素的研究相对较少，且供应链与战略联盟领域多是研究某单一因素对公平感知的影响，缺乏对公平感知影响因素进行群体识别，故有必要对承包商公平感知的影响因素进行专题研究，全面地识别承包商公平感知的影响因素。②从主观和客观两个方面考察承包商公平感知的影响因素。通过综合分析供应链和战略联盟领域识别出的影响因素可知，其影响因素大体可分为两类，即客观因素与主观因素。客观因素为契约、组织所处的市场地位和组织文化、制度环境等，主观因素为信任、联盟伙伴之间的熟悉程度、一起工作的时间长度、伙伴声誉等。故本篇对承包商公平感知的考察也将从主观与客观两个方面入手，基于工程项目的特性识别出工程项目中承包商公平感知的影响因素。

10.4.2 系统地提出承包商公平感知的提升策略建议

通过对组织之间以及工程项目中公平感知提升策略进行综述，分析现有研究的特点以及对本篇的启示，其主要包括两个方面。①全面、具体地提出承包商公平感知的提升策略建议。通过对比研究组织之间公平感知影响因素和研究组织之间公平感知提升策略的文献数量可知，后者明显少于前者，且多数研究仅停留于识别出影响因素上，而对如何将其应用与实践的具体策略研究尚少；且其策略建议多是针对公平感知某一方面的，建议模糊、可操作性差，鲜有系统、具体的公平感知提升策略集。故本篇将在识别出承包商公平感知的影响因素之后，单独成章（第 12 章），全面、具体地提出承包商公平感知的提升策略建议。②系统地提出针对工程项目全过程的公平感知提升策略建议。现有工程领域提出的公平感知提升策略建议，多是基于某一单一因素对承包商公平感知的影响提出的策略建议，或者是基于工程项目的某一具体经济活动（如定价问题、索赔问题、谈判问题）而非项目全过程提出的公平感知提升策略。本篇将在此类文献的基础上，系统地提出针对工程项目全过程的公平感知提升策略建议。

10.4.3 运用实验的方法识别基于主体特征的承包商公平感知的影响因素

通过对组织之间以及工程项目中公平感知的文献所采用的研究方法进行综述，分析现有研究的特点以及对本篇的启示，其主要包括两个方面。①运用扎根理论的方法建立承包商公平感知的概念。组织之间公平感知概念的建立多是在文献分析的基础上理论推导而来，或者直接引用已经成熟的公平感知概念。工程领域关于公平感知的研究尚处于初步探索阶段，关于研究公平感知概念建立的文献少，且无成熟的概念界定，而实践中普遍熟知公平感知这一概念，并且承包商具有不公平感知这一现象也普遍存在；鉴于这种理论基础较为匮乏而实践资源较为丰富的特点，运用扎根理论建立承包商公平感知这一概念较为合理。故本篇第 11 章将运用扎根理论的研究方法，建立工程项目中承包商公平感知的概念模型。②运用实验室实验的方法识别基于主体特征的承包商公平感知的影响因素。关于研究组织之间公平感知影响因素的文献多采用结构方程模型或者数据仿真等研究方法，通过问卷调查、模型构建等方式采集数据。然而，工程项目管理研究方法中存在着数据获取困难、研究问题具有情境依赖性等难题（严玲等，2016），利用大样本或问卷调查数据来推断当事人进行管理和决策的影响因素，很难确保研究的内部效度；并且，承包人的公平感知涉及较为微妙的心理反应，敏感于主体的行为或选择、外界环境的变化等，如果通过问卷调查、数据仿真等方式获取数据，将无法保证因变量的变化是完全由自变量引起的；此外，工程领域的部分学者也初步探索了实验方法在工程项目管理领域的应用，通过科学设计和良好控制，提高数据可靠性和研究成果的解释力，有效弥补工程项目管理实证研究方法方面的不足，为本篇提供了重要借鉴（严玲等，2016）。故本篇采用实验室实验方法来识别基于主体特征的承包商公平感知影响因素。

第11章　工程项目中承包商公平感知概念模型的建立

本章旨在考察工程项目中承包商公平感知的影响因素及其提升策略建议的基础，即建立工程项目中承包商公平感知的概念模型。概念模型包括对现实世界中的具体事物进行高度抽象的内涵、涵盖一切反映特有属性事物的外延以及表征逻辑结构的维度划分。由供应链、战略联盟领域有关公平的研究可知，公平感知的概念模型是一个多维度的复杂体系。故本章将工程项目中承包商公平感知的概念模型解构为承包商公平感知构念和承包商公平感知维度划分两部分，结合工程项目非重复博弈、以节约成本而非获得利润为目标的特点建立“承包商公平感知”这一构念及其结构维度。

11.1　研究逻辑

根据上文关于公平感知相关概念及结构维度的综述可知，目前工程领域关于承包商公平感知的研究尚处于初步探索阶段，相关文献数量不多，关于承包商公平感知的概念及其结构维度尚无统一的界定；而实践中普遍熟知公平感知这一概念，且也普遍存在承包商具有不公平感知这一现象。鉴于这种理论基础较为匮乏而实践资源丰富的特点，在管理科学领域，解决此类问题常用扎根理论，即在没有理论假设的前提下，通过分析相关资料以建立理论的质性研究方法（Gandomani et al.，2015），其核心为资料收集和分析的过程（赵红丹和彭正龙，2012）。本章在上文对公平相关概念及其结构维度的综述所得出的研究启示的基础上，向实践部门人员访谈获取研究资料，再将收集到的资料进行编码、提炼范畴，然后通过数据饱和度检验，保证了模型的饱和度，最终得出工程项目中承包商公平感知的概念模型，如图 11-1。

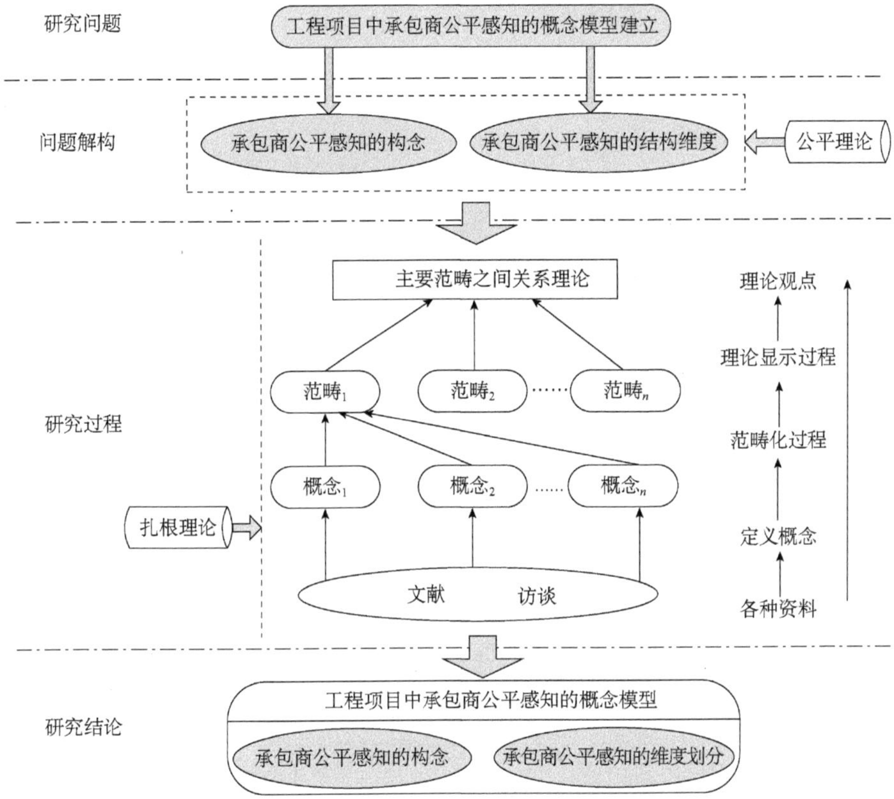

图 11-1　工程项目中承包商公平感知概念模型的建立的研究逻辑框架

11.2　资料收集与整理

扎根理论虽属于质化研究，但是也会在资料收集阶段用到，如访谈法、文献法和观察法等。但考虑到供应链与战略联盟领域有关公平感知的文献资料较为充足，且由第 10 章工程承发包合同中公平的研究现状可知，关于公平感知相关概念的界定较为丰富；因此，拟将文献资料作为扎根理论的来源之一。同时，为确保研究过程贴近工程实践，拟对实际工程中的专业人员进行深度访谈，作为文献资料的重要补充；研究者根据访谈提纲提出与承包商公平感知有关的一系列问题，访谈对象与自身认识和经历相结合，对问题做出较为发散的回答，研究者通过对访谈对象的想法的深入了解，对访谈对象脑中的重要资料进行逐步挖掘。

11.2.1 样本选择

采取理论抽样的方法选择具体访谈对象。由于质性研究要求受访者对所研究的问题有一定的理解和认识，本章选择的受访对象是 DBB 模式下，作为承包商角色（或曾经担任过承包商角色）且从事合同管理业务 2 年或以上的有经验的专业人士。样本数的确定以理论饱和原则为准，即新获取的资料不再提供新的重要信息为止，拟访谈对象数量为 20～30 名，最终对 22 名受访者进行访问。受访者的基本特征如表 11-1 所示。

表 11-1 样本基本特征表

基本特征类别	分类标准	人数/名	百分比/%
性别	男	16	72.7
	女	6	27.3
年龄	25～30 岁	5	22.7
	31～35 岁	7	31.8
	36～40 岁	6	27.3
	41 岁及以上	4	18.2
学历	大专	5	22.7
	本科	15	68.2
	硕士	2	9.1
职位	项目经理	4	18.2
	部门主管	8	36.4
	科室成员	10	45.4

11.2.2 访谈数据收集与整理

由于本访谈属于非结构化访谈，访谈对象与自身认识和经历相结合，对问题做出较为发散的回答；除了情境引入的访谈问题外，其余问题均是根据受访人员的回答做进一步访谈所得。在此，以对其中一名受访人员的访谈为例，其详细过程如图 11-2 所示。

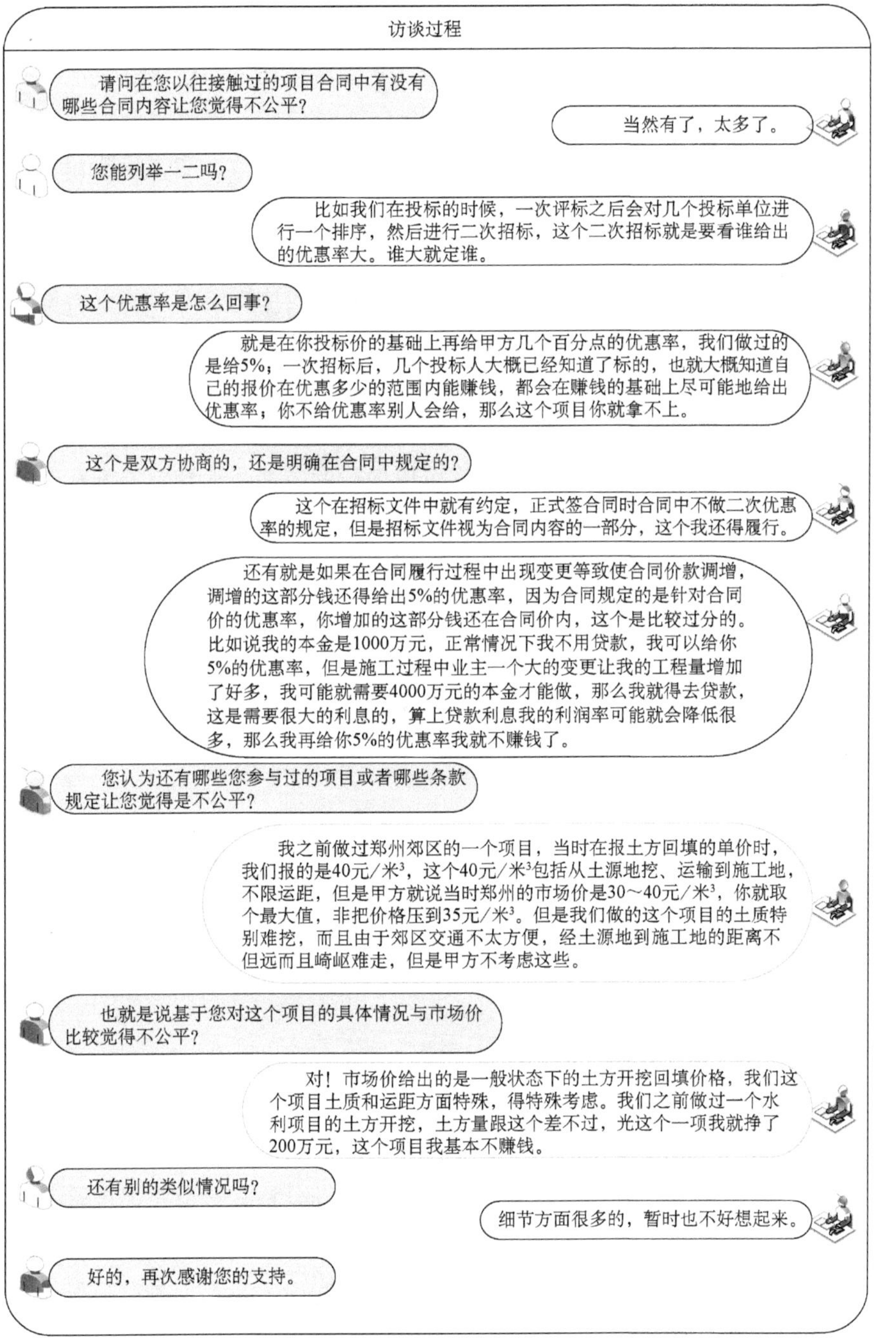

图 11-2　对其中一名受访人员的访谈过程

研究者向访谈对象承诺，本访谈所有问题不涉及工作机密和个人隐私，只需要依照合同的真实情况及主观感受认真作答即可，对访谈结果严格保密并仅用于学术研究。访谈时间为 30～60 分钟，在征得访谈对象同意的情况下对访谈内容进行全程录音。此外，为防止不必要的数据遗失风险，整个访谈过程另外采取笔记形式。访谈提纲以对现在工程领域显失公平现象的认识作为导入问题，让受访人员逐渐放松，进入到访谈的状态，访谈提纲的主要内容包括被访者的基本信息、在参与过的工程项目中有没有对施工合同内容感到不公平的经历、对公平感知的看法等。根据访谈提纲对 22 名实践工作者进行访谈。每次访谈结束后，对访谈的结果进行分析，通过质性编码来归纳概念范畴，进而根据建构理论的需要再次进行抽样，并调整访谈提纲，然后再次访谈并总结新的概念，直至不再出现新的范畴，达到理论饱和为止。访谈结束后，研究者将录音逐字逐句地转化为文字，并反复听录音，将访谈对象话语的真实感受表达出来。将访谈的文字记录与被访者的基本个人信息一并作为扎根理论建模的原始资料，随机选择了 2/3 的访谈记录依据扎根理论分析程序将访谈文本资料导入 NVivo10 软件中进行编码分析，用于构建承包商公平感知的概念模型相关概念和范畴，剩余 1/3 的访谈记录则留作进行理论饱和度检验的数据。

11.3 范畴挖掘与提炼

11.3.1 开放性编码

本章借助 NVivo10 软件对访谈记录等资料进行编码工作，首先对资料进行开放性编码，即将资料逐步概念化和范畴化。其具体步骤如下：①将相似文本资料编码到一级节点（即概念）下；②仔细分析一级节点，剔除其中相互矛盾的概念，并将其余概念继续归类至二级节点（即副范畴）下；③使用该软件中“复合”功能来检验是否存在遗漏编码。为避免失真，尽量使用原始资料的语句对概念命名。经过开放性编码，最终得到 26 个原始概念、16 个副范畴，如表 11-2 所示。

表 11-2　开放式编码范畴化

编号	副范畴	原始概念
1	只约定施工方原因导致的工期延误责任	合同中只规定了施工方自身原因造成的延误，超出工期内一天罚款金额多少，但并未规定非承包商原因或者业主的原因造成的延误怎么办，及施工方为了赶工所出的抢工费谁承担
2	约定工期不能索赔	合同约定无论如何工期不能索赔，但是这肯定避免不了；受访者参与的一个项目由于地质条件不确定，需要第三方来勘测地基，这就延误了一周的工期
3	合同对工期做不切实际的约定	受访者参与南京的一个项目，计划工期为 4 个月，但是至今项目已拖延了 3 年，因为 4 个月的时间材料组织都不到位，但是业主同意签约的前提条件就是承包商同意 4 个月的工期约定
4	甲方随时可以进行工程变更，乙方进行工程变更约束条件多	施工中乙方不得对原施工图纸及方案进行变更，除非甲方主动提出变更，因乙方擅自变更发生的费用和由此导致甲方的直接损失，由乙方承担，延误的工期不予顺延
		合同中约定不允许进行工程变更、索赔，或者是工程某部分发生的变更不允许索赔
5	工程变更产生的费用进行限额约定	合同中规定合同执行过程中可以有变更，但是变更增加的费用不能超过合同价的百分之几，而实际变更增加的费用额度很难预估
		合同中在签证方面约定，甲方只认可不涉及费用增加的签证，但签证一般都会增加费用
		总价包干项目可以实施工程变更，工程量增加但是价款不能增加，而工程量减少价款就得相应减少
6	约定履约过程中人工费不予上调	河南每季度公布一次人工价，而且人工价一直在上涨，每个季度至少要涨 2 元，但是合同上约定，结算时按签合同时的人工价，绝不上调
7	业主要求承包商给予合同价款的优惠率	发包人在第一次招标之后会对投标人进行排序，然后进行二次招标，这个过程中会考察哪个投标人给出的优惠率大（承包单位要让出一个二次优惠率，这个在招标文件中有约定，而在合同中不做规定，但是招标文件视为合同内容的一部分）
		承发包双方签一个固定单价合同，项目完工的时候若工程量增加，通过重新核算工程价款进行调增，但是业主规定调增的部分也要给出几个百分点的优惠率
		合同中约定优惠率是 5%，由于工程量的增加导致承包商的贷款额度增加，相应的贷款成本也增加，此时，若承包商提出降低优惠率，则会被业主视为违约
8	额外增加乙方费用支出	工程招标要招标代理费，但是这部分费用都要从中标人的投标保证金中扣除
		合同规定乙方自行解决施工临时设施并承担相应的费用，施工现场的水电费由乙方承担，但在每次付款时甲方还会再次扣除乙方当期现场发生的水电费用，致使承包商要承担两倍的水电费
9	结算款支付程序不合理	合同中约定项目完工后先付合同价的 95%，剩下的结算时再给，但是有的项目就是“我先结算，结算完了再付给你结算价的 95%”，这个是不一样的。实践中结算持续一两年的现象普遍存在，这期间所涉及的银行贷款利息就是一笔不小的费用
10	甲方权利多，乙方义务多	在海南的一个园林项目合同中，对甲方的义务只规定了 5 条，而对乙方的义务却规定了 27 条，而且几乎每一条实现不了都有大量的罚款
		合同中规定乙方在施工中的问题应本着“文来文去”的原则，而且必须提前 3 天发文给甲方，口头汇报不作依据；所有甲方、监理的往来文件必须无条件接收，有异议的需文字回复；乙方发文应有标准固定格式、规范的文件编号

续表

编号	副范畴	原始概念
11	将甲方的义务推给乙方	拆迁本来是业主方的责任，但招标文件规定承包商负责拆迁工作
		现场所用的水、电、宿舍、现场的活动房等，本该由业主负责，但是合同中规定这些由承包单位自理
12	不同地区的市场规范程度不同	受访者参与浙江绍兴、南京的2个项目，合同内容很不规范；现在做的上海的项目就比较规范，算是真正的总承包商管理，三方合同签的比较正规
		外资业主（受访者合作过的有中国香港、中国澳门、新加坡）就比较公平，他们都是以法律为依据办事，英式管理（有专门的报价部门，所有的图纸都要经过这个部门详细审核，审过之后才给业主）合同中规定得很详细，但是程序多，大陆（内地）中的业主没有如此规范
13	与分包单位提供的专业性报价比较	一个钢构的高层项目，总包给分包的价款是620万元，因为分包单位比较专业，给总包的报价包括了材料损耗等（计算的很详细），但是业主在计算这部分钱的时候只依据图纸，许多细节不做考虑，算出来的价才500多万元
14	与其以往承揽过的项目比较	两个工程量近似的土方回填项目，其中一个项目承包商得到500万元的合同价款，而另一个项目才300万元，可是业主声称是按照图纸计算得到的合同金额，承包商不得不认可
15	与合同当期市场价比较	2011年中标的贵州某一项目，合同中规定的土方价格是每立方米七元，但是当时贵州的平均土方价已经是每立方米七元多了
		在土方回填的单价方面，郑州的行情是35～40元/米^3（从土源地挖、运输到施工地都包括在内，不管运距多远），但是针对山区或者土质难挖等地区的项目增加的部分不加价
16	与不同复杂程度的项目所获得的利润率比较	酒店项目本身就比一般的住宅项目施工难度大、技术要求高，甲方还按住宅项目的利润率签订合同，而且是行业最低利润率

11.3.2 主轴编码分析

主轴编码是范畴之间的各种联系的发现和建立。基于主轴分析，研究发现，访谈对象在访谈过程中，逻辑推理关系蕴含在问题的问答中，因果关系也蕴含在访谈结果中。考虑到开放性编码得到的副范畴较多且命名差别较大，研究者在主轴编码阶段使用人工编码方式。首先，研究者对开放性编码结果进行讨论，根据其实施主体及性质将副范畴进一步归类为主范畴并命名；其次，将讨论结果反馈至受访者，向其征询意见；最后，根据受访者意见再次进行小组讨论，最终得出双方均较为认可的结果。通过主轴编码，最终得出5个主范畴，如表11-3第2列所示。

11.3.3 选择性编码分析

选择性编码是指围绕核心范畴，系统地联系其他范畴，对其关系予以验证，并补充完整范畴的过程。核心范畴一方面可以从已识别的范畴中出现，另一方面可以根据核心现象的需要提取出来。选择性编码的主要任务有：①识别出高度抽象的核心范畴能够代表其他所有范畴；②开发故事线——将全部现象由所有资料和由此识别出的范畴、关系等说明；③核心范畴和其他范畴的联结、初步理论框架的建立以及详细解释；④范畴的继续开发与完善。选择性编码实际上是更为抽象的主轴编码，其资料分析与主轴编码分析差别不大，只是需要更加抽象地进行分析处理。为提取核心范畴，本章使用 NVivo10 软件对主轴编码得到的主范畴进行聚类分析；鉴于得到的结果规律性较为模糊，研究者经过讨论后认为，将核心范畴初步定为合同条款本身不公平和与所处的市场环境比较产生的不公平感受，并将所得的 5 个主范畴归入上述 2 个核心范畴，如表 11-3 第 1～2 列所示。

表 11-3　主轴编码及选择性编码结果

核心范畴	主范畴	副范畴
合同条款本身不公平	合同中对工期及工期索赔约定不公平	只约定施工方原因导致的工期延误责任
		约定工期不能索赔
		合同对工期做不切实际的约定
	合同中对变更权利及变更引起的价款调整约定不公平	甲方随时可以进行工程变更，乙方进行工程变更约束条件多
		工程变更产生的费用进行限额约定
		约定履约过程中人工费不予上调
	合同中对合同价款及其支付方式约定不公平	业主要求承包商给予合同价款的优惠率
		额外增加乙方费用支出
		结算款支付程序不合理
	合同中对甲乙双方的权利义务约定不公平	甲方权利多，乙方义务多
		将甲方的义务推给乙方
与所处的市场环境比较产生的不公平感受	与所处的市场环境进行比较	不同地区的市场规范程度不同
		与分包单位提供的专业性报价比较
		与其以往承揽过的项目比较
		与合同当期市场价比较
		与不同复杂程度的项目所获得的利润率比较

11.3.4 数据检验

1. 数据信度和效度检验

整理访谈录音，采用电话或者电子邮件确认核实其中存在疑问的地方，包括不能听清的内容、不太确定受访者态度的内容。在此基础上，通过NVivo10软件比较不同研究者对文本资料编码的一致性来对编码结果进行信度检验。首先，由两名研究者背对背进行编码，其中节点名称在编码前即给定；其次，使用“编码比较”进行整理，最终得到合同条款本身不公平、与所处的市场环境比较产生的不公平感受的Kappa系数分别为0.820和0.791，均大于0.7，证明研究者对资料编码的一致程度是可以接受的。此外，研究者先在正式访谈之前进行试访谈，并针对试访谈结果体现出的访谈过程中的不足之处来重新调整访谈大纲和访谈形式，使文本效度得以增加。在对访谈流程熟悉之后，进行与受访者的独立访谈，使访谈的效度得到保证。

2. 数据饱和度检验

一般认为，新收集到的数据不能产生新的理论内涵是目前判定采用扎根理论进行建构的理论是否饱和的依据（王璐和高鹏，2010）。研究者用另外1/3的访谈记录进行理论饱和度检验，得到的结果仍然符合模型中承包商公平感知构念所表现的关系，发现没有新的范畴和关系形成。由此可以认为，本章的范畴编码和因素模型在理论上是饱和的。

11.4 模型构建与阐释

11.4.1 工程项目中承包商公平感知构念阐释

通过以上分析过程可知，工程项目中的承包商根据承发包合同对项目交易过程及其所能获得的回报会有一个预期，而承包商对这一预期的满足程度是一个社会比较的结果，这与承发包合同中决定分配与程序的重要条款（即客观的、实质性的内容）有关。此外，承包商还会将这些重要条款赋予业主的权益与赋予己方的权益进行比较、将这些重要条款与同一时期市场中其他承发包合同中的相应条款进行比较、将这些重要条款与已方以往交易中的相应条款进行比较，通过上述比较而形成承包商对这些合同条款的主观理解（即主观的、相对的内容），得出其对本次交易预期过程与结果的相对满足程度，也就是承包商公平感知。

由此可见，承包商公平感知是其对合同条款的理解以及交易所处的市场环境共同作用的结果。它虽然未必能够真实、客观地反映承发包合同的合理性，但承包商的这种基于重要合同条款的主观感受却会对在合同执行过程中承包商的表现具有不可忽视的影响。因此，在既定的市场环境中，在不能改变承包商过往经历的前提下，发现承发包合同中的这些决定分配与程序的重要条款至关重要。根据这一界定，承包商公平感知是一个多维度概念，“过程”对应程序公平，“结果”对应分配公平，而承包商对于“过程”和“结果”合理性的主观判断都是选取某一“参照点”进行比较得出的。

11.4.2　工程项目中承包商公平感知结构维度阐释

由于供应链和战略联盟重复性博弈的特点，研究当事人公平感知的观测时点通常是一次交易完成后，对其合作收益分配的公平程度、合作过程中程序的公正性程度以及信息的开放性程度进行主观评价（Ariño and Ring，2010），研究成果可用于指导下一次交易的顺利进行。然而，由于工程项目的一次性特征，在项目结束后考察承包商的公平感知的实践意义甚微。实际上，在交易活动中，一方当事人的行为或选择会影响另一方的心理状态或预期，同时这种心理状态或预期又会影响其自身的后续行为或选择；所以，业主对合同条款的设定会影响承包商的心理状态及其对合作收益的预期，进而影响承包商在合同执行过程中的行为或选择，因此研究合同签订时承包商的公平感知能够有效地避免合同执行过程中承包商的不合作行为。此外，法学将合同中的权利分为实体性权利和程序性权利：实体性权利反映的是权利的目的或结果，程序性权利是为了行使、主张或保障其实体性权利而必须具有的作一定行为的能力（王锡锌，2001）。也就是说，实体性权利是目的，程序性权利是手段，因此，二者分别对应承包商公平感知中的分配公平和程序公平。考虑到合同签订时承发包双方之间尚未有互动行为的产生，且在合同条款中通常不会对其互动行为进行具体规定，故将承包商的公平感知划分为分配公平和程序公平 2 个维度进行研究，如图 11-3 所示。

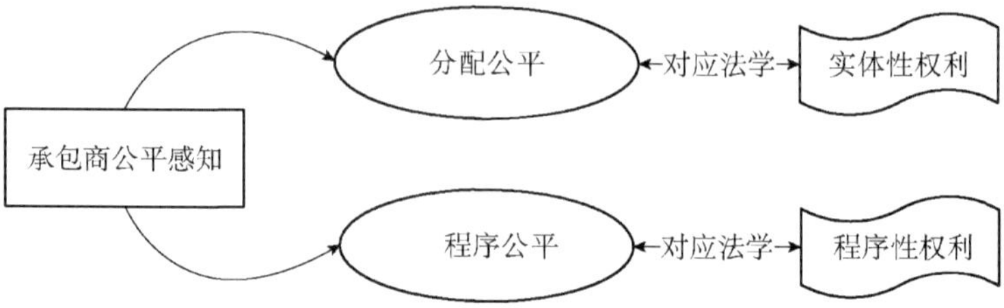

图 11-3 承包商公平感知的概念模型

第 12 章　基于合同条款的承包商公平感知影响因素及其提升策略建议

12.1 研 究 逻 辑

12.1.1 关键问题解构

由第 11 章分析可知，承包商公平感知被划分为分配公平和程序公平 2 个维度，且法学将合同中的权利分为实体性权利和程序性权利：实体性权利反映的是权利的目的或结果，程序性权利是为了行使、主张或保障其实体性权利而必须具有的作一定行为的能力（王锡锌，2001）。二者分别对应承包商公平感知中的分配公平和程序公平。故本章将承包商公平感知解构为分配公平和程序公平两个方面，识别出合同中影响分配公平和程序公平的条款，并加以归纳凝练，作为基于合同条款的承包商公平感知影响因素。本章首先对分配公平和程序公平的内涵加以分析，具体如下。

1. 分配公平

从法理上讲，实体性权利优于程序性权利，程序性权利不具有独立存在的价值（肖晖，2004）。正因如此，分配公平成为公平感知构念中最早被识别的维度（史会斌和李垣，2008），并至今都被认为是其中最重要的维度，甚至可以替代公平感知这一构念，如杨屹等（2003）认为合作伙伴间能否实现收益的分配公平是决定联盟成败的关键问题。供应链和战略联盟中的分配公平指的是交易当事人对其从合作中所获得的回报与其做出的贡献（包括承诺以及承担的责任）对等程度的主观评价（Ariño and Ring，2010）。所谓的回报既包括合作产生的利润、分红等货币形式的，也包括从合作中获得的知识以及声誉的提高等非货币形式的（Luo，2009a）；贡献既包括合作过程中已经承担的责任，也包括维持双方稳定合作关系的承诺。

不同于以获得更多的盈余利润为目的的传统生产制造企业，工程项目通常是以尽可能节约成本为目标（刘晓峰等，2006），即承发包双方存在零和博弈特征，承包商货币形式的回报只能体现在合同价款及额外的奖金上；其非货币形式的回报既可以体现在与利益挂钩的控制权的配置上，也可以体现在承包商声誉的提高等潜在收益上（如业主承诺协助承包商申报相关的奖项）。而承包商的贡献既包括与业主分担相应的风险（即承担相应的责任），也包括为业主提供合同约定之外的增值服务（如承包商提出合理化建议、提前竣工）。因此，结合工程项目的特点，本书认为，承包商的分配公平主要包括以下三个方面：①合同中约定的价款与其承担的风险对等；②拥有的控制权与其承担的风险对等；③获得的奖励金额及潜在收益与其提供的合同约定之外的增值服务对等。由此可见，分配公平与项目治理理论中合同最优设计的“权责利对等”原则相吻合。

事实上，工程领域一直致力于设计或优化承发包合同以满足“权责利对等”，如杜亚灵和唐海荣（2012）以深圳地铁五号线为例，研究了BT项目回购总价（利）、风险分担（责）及控制权配置（权）三者之间的对等关系。该类研究主要涉及两个方面：①基于风险分担的合同价款确定，如严敏等（2012）从风险分担的视角探讨了BT项目回购基价的确定和调整机制；②基于风险分担的控制权配置，如Lam等（2007）分析了控制权配置与风险分担的一致性关系，认为拥有控制权的一方应承担相应的风险。这些研究通常是以承包商的“经济人”假设为前提去研究最优合同的设计，然而工程项目的本质已经由原来的契约组织逐渐过渡到半开放的社会网络结构（杜亚灵和尹贻林，2012），单纯考虑承包商的“经济人”属性难以实现合同的最优设置且不符合当前的实际状况。本章考虑到承包商的“社会人”属性，认为在现阶段工程领域中也应注重对承包商的人文关怀。在签订合同时，承包商的公平感知将带来其在承发包合同执行过程中的积极合作行为，最终有利于提高项目管理绩效。

2. 程序公平

从法理上讲，合同中的程序性权利是实体性权利的前提，任何一种实体性权利都必须通过程序来实现或获得保障（史会斌和李垣，2008），因此程序公平受到越来越多的关注。甚至有研究发现，程序公平对合作关系的影响比分配公平更显著，如杜玉申等（2012）运用结构方程模型方法证实了程序公平对合作关系稳定性的路径系数（r=0.509），显著大于分配公平对合作关系稳定性的路径系数（r=0.388）。这是因为，如果达成最终决策的程序是公正的，那么即使成员在面对不利于自己的结果时也能对这样的最终结果持相对肯定的评价（王毅杰和冯显杰，2013）。供应链和战略联盟中的程序公平指的是在交易过程中与利益相关的决策制定过程和标准是透明的、无偏见的（Luo，2007）。透明是指公开讨论制定相关程序和标准，在准备、调整和改变相关程序和标准时考虑各方的意见和利益；无偏见是指制定和执行相关程序时没有歧视，合作各方的参与权（participative power）与合同规定相符并且与其贡献一致，所有程序的制定皆是为了联盟的整体收益以及联盟的发展，而非某一方的利益（Ariño and Ring，2010）。

工程项目是一个临时性契约组织，加之建设周期长，这些特点决定了合同执行过程中存在很大的不确定性（孙成双和王要武，2003），用一个单纯的规定权责利分配结果的静态合同去管理动态变化的过程是不切实际的。事实上，项目中的决策非常需要组织制度层面上的支持，而作为一种项目治理机制的合同则必须从制度层面来协调利益相关者的关系（Turner and Simister，2003），决策的程序和标准只能在合同中进行规定。正因如此，新制度经济学的学者们将契约的执行环节或事后支持制度视为一个核心问题，并将大量的研究放在了契约的实施或执行方面（Hart and Moore，1988）。由此可见，合同中除了对权责利的分配结果进行规定之外，还应规定应对履约过程中不确定性事件的处理程序。所以在合同中除了部分结果性的规定（即权责利分配）之外，制定秩序而不是给定结果的程序性的规定也是不可缺少的，即契约经济学中的事后支持制度。

通过以上理论分析，本书认为承包商的程序公平主要体现在以下三个方面。

（1）承包商拥有质疑权：过程公正与否的重要表现形式就是“发言权效应”，即决策制定过程中团队成员有表达自身意愿和获得组织认同与尊重的权力（庞荣辉和李建标，2011）；“发言权效应”反映在合同中即为承包商的质疑权，即在业主做出决策之前或执行某项决议的过程中允许承包商表达自己的异议并且被采纳的权力。

（2）针对同一类事件预留给彼此的处理时间相同：在处理双方都可能造成同一结果的事件时，在双方达成一致之前，预留给彼此的准备时间相同；程序公平的原则之一即为统一标准、抵制偏见（Boyd et al.，2007），处于劣势地位的承包商由于主观的社会经济地位较低，很容易产生相对剥夺感（王毅杰和冯显杰，2013）。针对同一类事件的处理过程和标准的不偏不倚有助于提高承包商的公平感知。

（3）承包商执行业主指令与商定或获得利益补偿的先后顺序：一般交易过程中普遍存在着激励问题，激励可分为即时激励与滞延激励；由于即时激励及时兑现诺言，因此对当事人产生巨大的强化作用，而滞延激励实施的激励行为与完成工作任务之间存在时间差，当事人在这段时间内就会产生不公平感（曹元坤和占小军，2003）；故在承包商执行业主指令之前，先商定或获得利益补偿有助于激励承包商更加高效认真地完成工作。

12.1.2 研究逻辑框架

本章的研究逻辑框架图如图 12-1 所示。

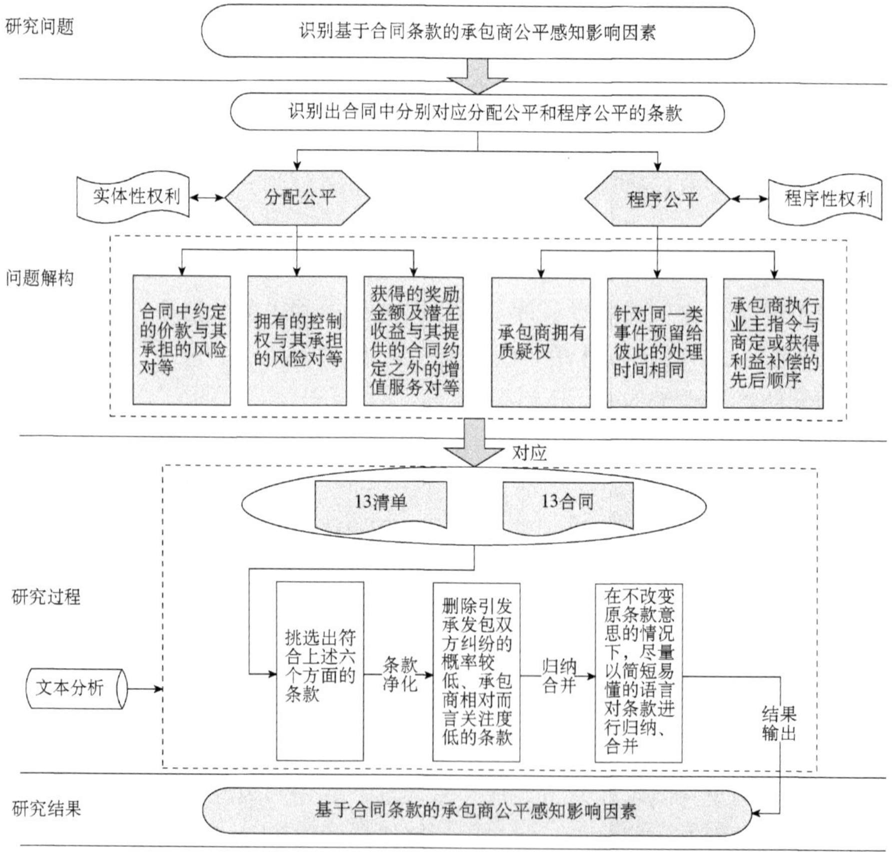

图 12-1 基于合同条款的承包商公平感知的影响因素的分析逻辑框架图

12.2 文本分析

文本分析法是一种定量和定性相结合的内容分析法，通过抓取关键词语并分析它在所掌握的文件资料中出现的频度、背景等，来分析资料知觉重点的所在和转移；通过客观、全面的定性分析，将文件中的文字内容变更为数据反映的分析结果（文宏，2014）。文本分析属于无干扰研究的一种，研究者借助各种书面出版物（如政府或企业文件、报刊、书籍等，统称为文本）发现和分析问题，将文本中的文字、图像内容从零碎和定性的形式转换为系统和定量的形式。它和问卷法、访谈法一样，都将零碎和定性的输入资料转换为系统和定量的输出数据（吴建南等，2007）。

12.2.1　文本资料的选择

鉴于工程项目的一次性特征，不同项目的施工合同均不相同，很难比较其公平性。而工程领域针对 DBB 这一传统模式的合同文本相对较多且在不断地更新完善。目前，我国施工合同在设定和执行过程中主要依据 13 清单和 13 合同：13 清单提供了工程价款组价的方法和依据，而 13 合同约定了合同行为的程序以及承发包双方的权利和义务，并且 13 合同在合同类型、价款调整等方面实现了与 13 清单的匹配与对接。13 清单比《建设工程工程量清单计价规范》（GB 50500—2008）（简称 08 清单）强化了规范的强制性，明确了承发包双方风险分担的范围，强化了项目管理中业主的责任（表 12-1）。而 13 合同比《建设工程施工合同（示范文本）》（GF—1999—0201）（简称 99 合同）的变革与创新之处在于，完善合同结构体系，重视权利义务匹配；细化合同价格类型，拓展合同适用范围；优化风险分担过程，保证合同顺利执行；强调合同履行过程，规范双方交易行为（表 12-2）。因此，13 合同与 13 清单是目前工程实践中公认的相对完善、相对公平的规范性文件。鉴于此，本章以 13 合同和 13 清单为参照，从中抽离出与上文分配公平和程序公平六个方面相对应的内容，作为基于合同条款的承包商公平感知影响因素。

表 12-1　13 清单比 08 清单的主要变革与创新之处

变革与创新之处	具体体现	对应内容或条款
13 清单强化了规范的强制性	13 清单规范强制条文的可操作性增强	08 清单与 13 清单强制条款的数量均为 15 条，但 13 清单增加了对风险分担、措施项目清单编制、招标控制价的使用、投标报价、工程计量这 5 个关键性内容的强制性条文，使清单的强制性条款更加全面，可操作性增强
	13 清单规范部分的强制性条文语气增强	部分强制性条款由 08 清单规范的“应”变为 13 清单规范的“必须”，增强了强制性条文的语气
13 清单明确了承发包双方风险分担的范围	发包人完全承担的外部风险——法律法规类风险	13 清单第 3.4.2 条明确规定了发包人应承担的影响合同价款的风险
	发包人完全承担的内部风险——变更类风险	工程变更、项目特征描述不符、工程量清单缺项属于变更类风险，变更类风险导致的变更发生属于业主的主动行为，因此本风险是相对可控的，发包人应完全承担的内部风险
	合同约定承发包人共担的风险	①工程量偏差风险——13 清单第 9.6.2 条； ②物价变化风险——13 清单第 3.4.3 条； ③不可抗力风险——13 清单第 9.10 条
13 清单强化了项目管理中业主的责任	强化了业主对招标工程量清单准确度的管理责任	13 清单第 4.1.2 条规定：招标工程量清单必须作为招标文件的组成部分，其准确性和完整性由招标人负责
	强化了业主对评标环节的管理责任	13 清单第 7.1.1 条规定：招标文件与中标人投标文件不一致的地方，以投标文件为准
	强化了业主对风险分担的责任	13 清单第 3.4.1 款规定：建设工程发承包，必须在招标文件、合同中明确计价中的风险内容及其范围，不得采用无限风险、所有风险或类似语句规定计价中的风险内容及其范围

表 12-2　13 合同比 99 合同的主要变革与创新之处

变革与创新之处	具体体现	对应内容或条款
完善合同结构体系，重视权利义务匹配	细化合同协议书	13 合同的合同协议书内容由 99 合同的 10 条增加到 13 条，加强了合同管理的合理性和科学性
	强化通用合同条款	13 合同的通用合同条款完全摒弃了我国建筑施工合同范本的局限，根据我国实际情况，借鉴了《FIDIC 施工合同条件（1999 年第 1 版）》通用条款中与我国相适应的部分，去除了不适应部分
细化合同价格类型，拓展合同适用范围	完善合同价格形式	13 合同将合同价格形式修改为 3 类，即单价合同、总价合同、其他价格形式合同。其改进体现在：明确合同的计价方式、明确工程量的计量、有利于风险的合理分担、与 13 清单计价规定及其他相关规范保持一致。
优化风险分担过程，保证合同顺利执行	完善担保制，降低双方交易风险	13 合同规定了从施工合同订立到施工合同义务履行结束过程中的担保
	风险分配原则	与 13 清单一致
强调合同履行过程，规范双方交易行为	体现宏观指引和自由竞争双重目标	13 合同在通用合同条款中加强了专用合同条款的指向，以充分尊重自由约定
	体现对常见违法行为的约束	13 合同增加承诺性条款，防范阴阳合同、违法转包、违法分包等行为，促进建筑市场的有序健康发展
	明确并细化了计量、支付、移交等行为的程序	详见 13 合同第 12.3.3、12.3.4、12.4、13.2.5 条的规定

12.2.2 文本资料的描述性统计

基于上文提出的分配公平和程序公平的六个方面，从 13 合同和 13 清单中检索与此相对应的条款。通过对两个文件的逐字研究，初步提炼出 48 条与分配公平和程序公平有关的条款；在此基础上，邀请 9 名具有相关工作经验的从业人员对 48 条内容进行筛选与净化，对实践中引发承发包双方纠纷概率较低的条款或承包商相关关注度较低的条款予以删除，最终得到 40 条能够表征承包商分配公平和程序公平的条款，如表 12-3 所示。

表 12-3 文本资料的描述性统计结果

文本	条款编号	条款名称	条款内容
13合同	2.2	发包人代表	发包人代表不能按照合同约定履行其职责及义务，并导致合同无法继续正常履行的，承包人可以要求发包人撤换发包人代表
	4.3	监理人的指示	承包人对监理人发出的指示有疑问的，应向监理人提出书面异议，监理人应在 48 小时内对该指示予以确认、更改或撤销，监理人逾期未回复的，承包人有权拒绝执行上述指示
	7.8.1	发包人原因引起的暂停施工	因发包人原因引起暂停施工的，监理人经发包人同意后，应及时下达暂停施工指示。情况紧急且监理人未及时下达暂停施工指示的，按照……
	7.8.2	承包人原因引起的暂停施工	因承包人原因引起的暂停施工，承包人应承担由此增加的费用和（或）延误的工期，且承包人在收到监理人复工指示后 84 天内仍未复工的……
	7.8.6	暂停施工持续 56 天以上	监理人发出暂停施工指示后 56 天内未向承包人发出复工通知……暂停施工持续 84 天以上不复工的……解除合同的，按照第 16.1.3 项〔因发包人违约解除合同〕执行
	7.9	提前竣工	发包人要求承包人提前竣工的，发包人应通过监理人向承包人下达提前竣工指示……承包人认为提前竣工指示无法执行的，应向监理人和发包人提出书面异议，发包人和监理人应在收到异议后 7 天内予以答复。任何情况下，发包人不得压缩合理工期
	8.1	发包人供应材料与工程设备	发包人自行供应材料、工程设备的，应在签订合同时在专用合同条款的附件……承包人应提前 30 天通过监理人以书面的形式通知发包人供应材料与工程设备进场
	8.2	承包人采购材料与工程设备	承包人负责采购材料、工程设备的……合同约定由承包人采购的材料、工程设备，发包人不得指定生产厂家和供应商，发包人违反本款约定指定生产厂家和供应商的，承包人有权拒绝，并由发包人承担相应责任
	8.3.1	发包人供材	发包人应按《发包人供应材料设备一览表》约定的内容提供材料和工程设备……发包人应提前 24 小时以书面形式通知承包人、监理人材料和工程设备到货时间，承包人负责材料和工程设备的清点、检验和接收
	8.3.2	承包人供材	承包人采购的材料和工程设备，应保证产品质量合格，承包人应在材料和工程设备到货前 24 小时通知监理人检验……并应在使用该材料或工程设备之前获得监理人同意

续表

文本	条款编号	条款名称	条款内容
13合同	10.2	变更权	发包人和监理人均可以提出变更。变更指示均通过监理人发出，监理人发出变更指示前应征得发包人同意。承包人收到经发包人签认的变更指示后，方可实施变更。未经许可，承包人不得擅自对工程的任何部分进行变更
	10.3.3	变更执行	承包人收到监理人下达的变更指示后，认为不能执行，应立即提出不能执行该变更指示的理由。承包人认为可以执行变更的，应当书面说明实施该变更指示对合同价格和工期的影响，且合同当事人应当按照第10.4款〔变更估价〕约定确定变更估价
	10.4.2	变更估价程序	承包人应在收到变更指示后14天内，向监理人提交变更估价申请……发包人逾期未完成审批或未提出异议的，视为认可承包人提交的变更估价申请
	10.5	承包人的合理化建议	承包人提出合理化建议的，应向监理人提交合理化建议说明……合理化建议降低了合同价格或者提高了工程经济效益的，发包人可对承包人给予奖励，奖励的方法和金额在专用合同条款中约定
	11.1	价格调整	市场价格波动引起的调整……
	11.2		法律变化引起的调整……
	12.2.1	预付款的支付	预付款的支付按照专用合同条款约定执行，但至迟应在开工通知载明的开工日期7天前支付……发包人收到通知后7天内仍未支付的，承包人有权暂停施工，并按第16.1.1项〔发包人违约的情形〕执行
	12.4.2	进度付款申请单的编制	除专用合同条款另有约定外，进度付款申请单应包括下列内容： （1）截至本次付款周期已完成工作对应的金额； （2）根据第10条〔变更〕应增加和扣减的变更金额； ……
	14.1	竣工结算	除专用合同条款另有约定外，承包人应在工程竣工验收合格后28天内向发包人和监理人提交竣工结算申请单，并提交完整的结算资料……
	16.1.1	发包人违约的情形	发包人明确表示或者以其行为表明不履行合同主要义务的……发包人收到承包人通知后28天内仍不纠正违约行为的，承包人有权暂停相应部位工程施工，并通知监理人
	16.2.1	承包人违约	（7）承包人明确表示或者以其行为表明不履行合同主要义务的……承包人发生除本项第（7）目约定以外的其他违约情况时，监理人可向承包人发出整改通知，要求其在指定的期限内改正
	19.1	承包人的索赔	根据合同约定，承包人认为有权得到追加付款和（或）延长工期的，应按以下程序向发包人提出索赔：（1）承包人应在知道或应当知道索赔事件发生后28天内，向监理人递交索赔意向通知书，并说明发生索赔事件的事由……
	19.2	对承包人索赔的处理	对承包人索赔的处理如下：（1）监理人应在收到索赔报告后14天内完成审查并报送发包人。监理人对索赔报告存在异议的，有权要求承包人提交全部原始记录副本……
	19.3	发包人的索赔	发包人应在知道或应当知道索赔事件发生后28天内通过监理人向承包人提出索赔意向通知书……发包人应在发出索赔意向通知书后28天内，通过监理人向承包人正式递交索赔报告
	19.4	对发包人索赔的处理	对发包人索赔的处理如下：（1）承包人收到发包人提交的索赔报告后，应及时审查索赔报告的内容、查验发包人证明材料……

续表

文本	条款编号	条款名称	条款内容
13清单	7	合同价款约定	实行招标的工程合同价款应在中标通知书发出之日起 30 天内，由发承包双方依据招标文件和中标人的投标文件在书面合同中约定……
	9.1.2	合同价款调整	出现合同价款调增事项（不含工程量偏差、计日工、现场签证、索赔）后的 14 天内，承包人应向发包人提交合同价款调增报告……
	9.11.1	提前竣工（赶工补偿）	招标人应依据相关工程的工期定额合理计算工期，压缩的工期天数不得超过定额工期的 20%，超过者，应在招标文件中明示增加赶工费用
	9.11.2		发包人要求合同工程提前竣工的，应征得承包人同意后与承包人商定采取加快工程进度的措施，并应修订合同工程进度计划。发包人应承担承包人由此增加的提前竣工（赶工补偿）费用
	9.11.3		发包人要求合同工程提前竣工的，应征得承包人同意后与承包人商定采取加快工程进度的措施，并应修订合同工程进度计划。发包人应承担承包人由此增加的提前竣工（赶工补偿）费用
	10.1.2	预付款	包工包料工程的预付款的支付比例不得低于签约合同价（扣除暂列金额）的 10%，不宜高于签约合同价的（扣除暂列金额）的 30%
	10.3.3		已标价工程量清单中的单价项目，承包人……
	10.1.4		发包人应在收到支付申请的 7 天内进行核实，向承包人发出预付款支付证书，并在签发支付证书后的 7 天内向承包人支付预付款
	10.1.5		发包人没有按合同约定按时支付预付款的，承包人可催告……
	10.3.1	进度款	承发包双方应按照合同约定的时间、程序和方法，根据工程计量结果，办理期中价款结算，支付进度款
	10.3.2		进度款支付周期应与合同约定的工程计量周期一致
	10.3.8		承包人应在每个计量周期到期后的 7 天内向发包人……
	10.3.9		发包人应在收到承包人进度款支付申请后的 14 天内……
	10.3.10		发包人应在签发进度款支付证书后的 14 天内，按照支付证书列明的金额向承包人支付进度款
	10.3.11		若发包人逾期未签发进度款支付证书，则视为承包人……

12.3　文本分析结果

针对六个方面中包含条款较多或包含条款的内容较多的部分，在不改变原条款意思的情况下，尽量以简短易懂的语言对条款进行归纳、合并，具体情况为：将描述“合同中约定的价款与其承担的风险对等”的 8 条归纳、合并为 2 条；将描述“拥有的控制权与其承担的风险对等”的 5 条归纳、合并为2条；将描述“获得的奖励金额及潜在收益与其提供的合同约定之外的增值服务对等”的5条归纳、合并为2条；将描述“针对同一类事件预留给彼此的处理时间相同”的12条归纳、合并为3条；将描述“承包商执行业主指令与商定或获得利益补偿的先后顺序”的18条归纳、合并为3条，归纳、合并的结果即为基于合同条款的承包商公平感知影响因素，具体如表12-4所示。

表12-4 文本资料分析结果

维度	因素分类	影响因素	影响因素来源
分配公平	合同中约定的价款与其承担的风险对等	依据合同中相关条款的规定：承发包双方签订的合同价格与承包人应承担的风险相比是公平的	13合同（12.2.1、12.4.2、14.1）；13清单（7、10.1.2）
		依据合同中相关条款的规定：当合同执行过程中发生某些情形需要调整合同价格时，依据合同规定调整的价格额度与承包人在此情形下承担的风险相比是公平的	13合同（11.1、11.2）；13清单（9.1.2）
	拥有的控制权与其承担的风险对等	该合同中有明确规定：由承发包双方中的一方负责采购材料和工程设备的，另一方不得指定生产厂家或供应商，采购方承担材料或工程设备的规格、数量、质量不符合设计或有关标准要求以及交货日期延误、交货地点变更等风险	13合同（8.1、8.2、8.3.1、8.3.2）
		该合同中有明确规定：由发包人签认或下达的变更指示导致的成本增加或工期延长，承包人不承担责任	13合同（10.2）
	获得的奖励金额及潜在收益与其提供的合同约定之外的增值服务对等	该合同中有明确规定：当承包人提出合理化建议给发包人带来效益时，合同中承诺的给予承包人的奖励金额或非货币形式的补偿（如发包人承诺协助承包人申报相关的奖项）与承包人合理化建议引起的合同价格的降低、工期的缩短、工程经济效益的提高相比是公平的	13合同（10.5）
		该合同中有明确规定：当发包人要求承包人提前竣工或承包人提出提前竣工建议时，合同中承诺给予承包人的提前竣工奖励金额或非货币形式的补偿（如发包人承诺协助承包人申报相关的奖项）与提前竣工给发包人带来的效益相比是公平的	13合同（7.9）；13清单（9.11.1、9.11.2、9.11.3）
程序公平	承包商拥有质疑权	该合同中有明确规定：发包人代表若不能按照合同约定履行其职责与义务，并导致合同无法继续正常履行的，承包人有权要求撤换发包人代表	13合同（2.2）
		该合同中有明确规定：承包人对监理人发出的指示有疑问的，可向监理人提出书面异议，监理人应在规定的时间内对该指示予以确认、更改或撤销	13合同（4.3）
		该合同中有明确规定：承包人认为监理人下达的变更指示不能执行的可提出不能执行该变更指示的理由，由承包人、发包人和监理人协商决定撤销、改变或不改变该变更指示	13合同（10.3.3）
	针对同一类事件预留给彼此的处理时间相同	该合同中有明确规定：由承包人原因造成暂停施工持续X天不复工的视为承包人违约，同理，由非承包人原因造成暂停施工持续同样天数（X天）不复工的，则视为发包人违约，并且对双方的违约处理程序一致	13合同（7.8.1、7.8.2、7.8.6、16.1.1、16.2.1）
		该合同中有明确规定：无论承包人供材或发包人供材，均应在材料或者工程设备到货前相同时间内通知对方，并接受对方检验	13合同（8.3.1、8.3.2）

续表

维度	因素分类	影响因素	影响因素来源
程序公平	针对同一类事件预留给彼此的处理时间相同	该合同中有明确规定：当合同执行的过程中出现变更、索赔事件时，预留给承发包双方的处理时间相同且处理程序一致	13 合同（10.4.2、19.1～19.4）
	承包商执行业主指令与商定或获得利益补偿的先后顺序	该合同中有明确规定：发包人应在开工通知载明的开工日期前支付承包人预付款，之后承包人再执行开工指示	13 合同（12.2.1）；13 清单（10.1.2、10.1.4、10.1.5）
		该合同中有明确规定：发包人要求承包人执行提前竣工指示或变更指示之前，要先与之协商提前竣工补偿的费用或变更估价，之后承包人再执行该指示	13 合同（10.4.2、7.9）；13 清单（9.11.1～9.11.3）
		该合同中有明确规定：变更或索赔增加和扣减的金额、进度款在合同执行过程中分期支付，质量保证金在合同执行过程中分期返还，该合同中不存在合同结束时一次性支付或返还的情形	13 合同（10.4.2、12.4.2）；13 清单（10.3.1～10.3.3、10.3.8～10.3.11）

12.4　承包商公平感知提升策略建议

12.4.1　对行政（及行业）主管部门的策略建议

法律意义上的权利是指法律赋予人实现其利益的一种力量，通常来说，就是法律赋予权利主体作为或不作为的许可、认定及保障；而义务，则与权利相对，指政治上、法律上、道义上应尽的责任；二者对立统一。由此可知，从法律角度而言，影响公平的合同条款主要为合同中约定合同各方的权利义务条款。

1. 不断更新、完善合同相关法律法规及规范性文件

由上文分析可知，13 清单提供了工程价款组价的依据和方法，而 13 合同约定了合同行为的程序以及承发包双方的权利义务，并且 13 合同在合同类型、价款调整等方面与 13 清单相互匹配。13 清单比 08 清单的风险分担更加合理，而 13 合同比 99 合同更注重权利义务的相互匹配、风险的合理分担以及强调合同履行过程。故而，13 合同与 13 清单是实践中公认的相对完

善和公平的规范性文件。然而，随着 13 清单与 13 合同的发布实施，其他相关配套文件，或具有同等法律效力的文件更新速度慢，部分内容与 13 清单和 13 合同的约定不符甚至存在冲突，企业在实际操作过程中或不知该遵循哪一个法律文件或借助这一漏洞采取投机取巧行为。故应及时更新相关法律文件，以确保法律文件的一致性。例如，随着 13 清单与 13 合同的发布实施，原建设部发布的《建筑工程施工发包与承包计价管理办法》（中华人民共和国建设部令第 107 号）部分内容已经严重滞后，难以满足实际需求；鉴于此，住房和城乡建设部于 2013 年 12 月 11 日发布了《建筑工程施工发包与承包计价管理办法》（中华人民共和国住房和城乡建设部令第 16 号）并于 2014 年 2 月 1 日生效。该文件进一步完善了工程量清单计价及其配套制度；国家推广工程造价咨询制度，对建筑工程项目实行全过程造价管理；完善工程款支付措施，防止工程款拖欠；完善工程最高投标限价和竣工价款的备案制度；建立了工程造价纠纷调解制度。

2. 加强合同监管

《中华人民共和国合同法》第五条规定：当事人应当遵循公平原则确定各方的权利和义务。该条确立了合同的公平原则，而这也正是民事活动中应当遵循的基本原则。合同的公平原则表现为以下两个方面：①显失公平的合同可以撤销，即对工程项目中常见的垫资、黑白合同、免责条款等撤销其法律效力。②公平处理合同纠纷，即一方面要保护守约方的合法利益，另一方面也不能使违约方承担比过失严重的责任。除此之外，若由于客观情势发生异常变化，导致合同的继续履行使得双方的利益出现重大失衡，应对双方的利益重新进行公平的分配。

12.4.2 对发包人的策略建议

1. 签订“权责利对等”的项目合同

理论上，建设工程合同的风险分配与风险收益强调风险分配的合理性以及风险与收益的对应性。而在实践当中，发包人基于投资控制与风险规避的出发点，往往通过合同条款进行一定程度上的风险转嫁。在建筑行业的买方市场情况下，承包人能够接受一定程度上的额外风险并做出一定程度的收益出让且不会出现不公平感受，合同双方基于外部环境影响形成相对均衡的风险分配与风险收益格局。发包人能够基于有经验承包商的专业与信息优势进行风险转嫁，但对承包人的确无能为力的风险则给予分担。基于上文识别出的合同条款中的承包商公平关切点，对发包人拟定“权责利对等”的合同条款提出以下几方面的建议。

1）合同价款调整方面

针对项目外部环境的变化，如法律法规、税率变化等，多数项目均允许调整，这与 13 清单所提倡的风险分担格局相对应，应该予以采纳。但在编写条款时不应采用“同步调整”等模糊词语，应明确调整的基准期和方法。例如，13 清单中 9.2 条款规定，以投标截止日期前 28 天、非招标工程以合同签订前 28 天为基准日，其后因国家法律、法规、规章和政策发生变化引起的工程造价变化，承发包双方应按照省级或行业建设主管部门或其授权的工程造价管理机构据此发布的规定调整合同价款，但因承包人原因导致工期延误的除外。针对市场价格波动引起的变化，多数项目对人工费和主要材料的价格变化均允许调整，这也符合 13 清单中的风险格局。但是，为避免结算时出现的价款调整纠纷，在拟定合同时应当明确价格波动的范围、幅度和方法，价格调整的范围、调整周期，人工费、材料费等是否能够调整、调整依据等。

2）工程变更方面

工程变更是影响建设项目成本发生变化的最重要的因素之一，对建设项目具有重大的影响，是造成投资失控的一个主要的因素（孙艳，2010）。合同中关于工程变更条款的约定往往是不完全的。约定模糊是导致变更纠纷的主要原因。由于合同中对于工程变更条款约定的不完全性，一旦发生合同中没有约定的变更，则承包人和发包人很可能会形成一种双边锁定关系，即双方会利用合同中对己方有利的条款及各自的专业优势进行博弈。如果双方不能有效地处理，则会出现承包人利用合同的柔性条款进行漫天要价的情况。因此，在项目建设前期，发包人和承包人应在施工合同中规定较为详细的变更项目综合单价确定的方法及内容；并在项目建设过程中，发包人严格地按照合同的约定或者依照合同确定新的较为合理的变更项目综合单价原则来确定工程的变更项目综合单价，使承发包双方均接受这一变更项目综合单价，即可减少甚至杜绝因变更项目综合单价的确定而产生的矛盾，从而减少承发包双方的纠纷。

3）材料采购方面

根据材料供应主体的不同可分为甲方供材和乙方供材。①甲方供材：在项目建设过程中，一些价值大、用量多、对建筑结构和性能有重要影响的材料往往会由发包人提供以确保建设项目的工期、质量和造价；甲方供材应在《发包人供应材料设备一览表》中写明甲方供材的名称、规格、数量、单价、交货方式、交货地点等，还应明确材料价格的组织内容，甲方供材的结算方式、内容以及甲方供材退还数量和退还价格，并考虑施工过程中的材料损耗率问题。②乙方供材：合同约定由承包人采购材料和工程设备的，发包人不得指定生产厂家和供应商，需对承包人所提供的材料或者工程设备的质量进行把关，由承包人承担材料或工程设备的规格、数量、质量不符合设计或有关标准要求以及交货日期延误、交货地点变更等风险；但需考虑由于不可抗力等客观原因导致的材料损坏、交货日期延误等风险；此类情况发生时，建议发包人给予承包人一定的宽限日期或给予一定的风险分担。

4）对承包人提出的合理化建议奖励方面

在项目建设过程中，由承包人进行施工及现场管理，其对工程现场最为了解，因此在合同执行过程中，应充分调动承包人的积极性，鼓励承包人对发包人提供的图纸、技术要求等提出合理化建议，以期提高发包人的收益。此外，承包商合理化建议奖励金额的确定是激励其提出合理化建议的主要因素。发包人可以从以下三个方面给予奖励。①对节约成本的奖励：在确定某一项合理化建议所引起的合同价格降低数额时，不能简单地以合同价与最终结算价的差额作为计算基数，而应依据每项工作对合同价格降低的贡献值大小来确定。②对工期缩减的奖励：在对缩短工期的奖励中，不应根据该工作对工作时间的缩短值来确定奖励金额，而应根据其对总工期的影响来确定奖励金额，即对处于非关键路径上的工作的工作时间缩短不给予奖励，对处于关键路径上的工作，除非该工作的工作时间的缩短改变关键路径及总工期，一般应根据该工作的作业时间缩短值给予相应奖励。③对提高工程效益的奖励：理论上讲，缺陷责任期满之后一至两个月的时间内，承发包双方应做最终结算，除保修责任外，承发包双方的责任义务已基本履行完毕，在此之前，发包人应确定完成对承包人提出的有利于工程经济效益提高的奖励；此项奖励无法根据随后实际运行情况来确定，因此需采用科学的评估方法对项目经济效益进行合理的评估与预测。

5）提前竣工补偿方面

13 清单中规定：发包人要求合同工程提前竣工的，应征得承包人同意后与承包人商定采取加快工程进度的措施，并应修订合同工程进度计划；发包人应承担承包人由此增加的提前竣工（赶工补偿）费用；承发包双方应在合同中约定提前竣工每日历天应补偿额度，此项费用应作为增加合同价款列入竣工结算文件中，应与结算款一并支付。提前竣工补偿额度在确定时既要考虑给予承包人合理的赶工费用，又要考虑给予其提前竣工奖励，原因如下：①如果要工期提前，承包商必然会采取一些赶工措施，赶工费就是为了补偿采取赶工措施而产生的费用，是实实在在发生在工程中，因此要计入工程的价款；②发包人要求承包人提前竣工，以保证其可以提前获得服务或者提前投入使用，给发包人带来一定收益。因此，发包人应给予承包人一定的奖励，以提高承包商的赶工积极性。赶工奖励的确定应根据行业水平、承包人赶工服务的质量、由此给发包人带来的收益综合决定。

2. 给予承包人一定的“发言权”

在进行合同条款拟定时，应当关注合同条款中约定的工程程序或者决策程序，明确说明合同双方在程序当中的责任、权限。一方面，就发包人而言，可以在承包人决策过程中嵌入己方的参与权，实现对承包人权利的限制与约束，体现对项目的控制权。例如，在分包人或供应商选择当中，合同通常在选择程序当中嵌入发包人对分包人的审查环节，并具有否决权。另一方面，发包人在拟定程序公平的相关合同条款时，也应当关注承包人的公平感受，赋予其一定程度的参与权利。例如，在承包人最为关切的价款支付方面，约定其有在延期支付时的催告权利或者在工作流程当中的质疑权等，用以提升承包人的公平感受，抑制其机会主义行为的产生动机，提升其提供完美绩效的可能性。

12.4.3　对承包人的策略建议

1. 工程价款方面

工程价款的风险主要表现在：①工程价款责任范围约定不明确、不公平；②对工程总价款、价款支付及调整的约定不明确；③工程价款结算争议处理约定不明确、不科学；④工程价款控制的约定不明确。故在签订合同时会经过谈判来约定工程价款的相关规定，并约定合同的初始价格；在项目建设过程中，承包人通过有效管理以影响调价、变更、签证、索赔等事件对合同价款的改变，影响工程价款的确定和支付；在项目竣工后，承包人需进行最终结算、结清，承包人需要对工程价款进行管理以保证合理的利益。从招投标直至竣工结算的整个项目生命周期内，都会对项目的工程价款产生影响，因此承包人要在项目的全生命周期内科学管理工程价款，而单一的在项目实施阶段对工程价款进行管理则有很大的概率无法取得理想的效果。

2. 工程变更方面

虽然现有法律、规范、合同范本等均规定了工程的变更项目综合单价的确定和程序，但并不是非常详细，且没有明确约定监理工程师、承发包人确定变更项目综合单价的方法及程序。监理工程师只依据合同通用条款来确定变更项目综合单价的做法，无法得出科学有效的变更项目综合单价，这就会影响到监理工程师及承发包人确定、结算变更项目综合单价的效率及准确性。故明确变更发生的条件及变更处理的程序至关重要，具体包括如下几个方面内容。①明确变更项目清单子目：监理工程师发出变更指示是变更事件发生的标志，当变更指示发出后，承发包双方应明确变更项目所包含的工作内容，编写变更项目工程量清单，明确工程量清单中所包括变更项目的子目。②明确工程变更清单项目包含的工作内容：每个变更项目清单子目所标识的是变更项目的实体工作，为完成这一工作，必然包含若干个工作内容，因此应明确完成这一清单子目所需要包含的工作内容。③工作内容工程量的计算：根据企业定额或当地定额的计算规则，计算每个清单子目下各工作内容的工程量；当工程量的计算规则与工程量清单的计算规则一致时，以工程量清单中的工程量作为工作内容的工程量，当计算规则不一致时，还需计算单位工程量清单变更项目清单子目所分摊的工作内容的定额工程量。

3. 材料采购方面

对于承包人而言，无论是甲方供材还是乙方供材，合同应明确其权利与责任范围。①甲方供材：对于承包人而言，甲方供材可以减轻材料的资金垫付压力，避免材料价格上涨所带来的风险；材料质量与承包人无太大的关系，但承包人有义务对其进行检查，如果因承包人未检查导致不合格的材料应用到工程上，则承包人也需要承担相应的责任；故凡是甲方所供的材料，在材料进场时由承发包双方代表共同取样验收，验收合格后才能用于工程，且材料虽然由甲方供应，承包单位在投标报价中当计取与甲方供材料有关的各项费用，譬如人工费、运杂费、采保费等。②乙方供材：承包人应按照设计和有关标准要求采购材料、工程设备，并提供产品合格证明及出厂证明，对材料、工程设备的质量负主要责任；承包人采购的材料和工程设备由承包人妥善保管，保管费用以及材料、设备使用前必须进行检验或者实验的费用由承包人承担。

4. 承包人提出的合理化建议方面

以降低合同价款、缩短工期、提高工程价值等为前提提出的合理化建议，经发包人工程师和发包人批准后，由承包人组织实施合理化建议；合理化建议被采纳实施后，承包人按照专用合同条款可以得到相应奖励。合理化建议提出的基础是既满足发包人要求又能提高承包人的利益。承包人可根据施工材料市场、施工条件等寻找实现创收的机会点，针对可以提出合理化建议的不同情形，制定相应的创收方案。然而，需注意的是，对于承包商而言，承包商的利润与合同价格呈一定的比例关系。以量价分离的单价合同为例，合同价格的节约会直接导致承包商利润的降低。因此，在承包商决策时，就要在成本节约造成的利润损失与预期可获得的成本节约奖励之间做出权衡。

5. 提前竣工方面

实践中的多数项目的合同工期明显比定额工期要短，这主要是因为建设单位期望工程早日建成投入使用，而施工单位要想中标必须满足建设单位关于工期的实质性要求，故针对提前竣工，承包人应注意以下两点：①施工单位在“僧多粥少”的情况下应该认真研究确定实现工期目标的技术措施，不能盲目地中标，以避免中标后为赶工期而投入大量人力、物力，同时在经济上不可能再得到补偿的情况发生，或者避免一些因工程仓促完工而产生质量问题和造价方面的纠纷；②在应发包人要求合同工程提前竣工的，应综合考虑加快工程进度的措施，评估加快工程进度的可能性、缩短的工期以及由此增加的赶工费用。切忌盲目地加快进度而忽略项目质量及由此增加的风险。

第13章　基于主体特征的承包商公平感知影响因素分析

由第11章的分析可知，工程项目中的承包商的公平感知不仅与承发包合同中决定分配与程序的重要条款（即客观的、实质性的内容）有关，承包商还会将这些重要条款赋予业主的权益与赋予己方的权益进行比较、将这些重要条款与同一时期市场中其他承发包合同中的相应条款进行比较、将这些重要条款与己方以往交易中的相应条款进行比较，通过上述比较形成承包商对这些合同条款的主观理解（即主观的、相对的内容），得出其对本次交易预期过程与结果的相对满足程度。实际上，现有研究也已证实，供应链成员并非是完全理性的，他们将受到其内在偏好的影响，表现出不同的决策行为特征，而这些行为特征将对契约的协调效果和供应链的绩效产生影响（Loch and Wu，2008）。因此，在分析工程项目中承包商的公平感知时，需要考虑情境因素的影响，结合情境因素对承包商公平感知的影响因素进行分析。

13.1　研究逻辑

本节所涉及的承包商公平感知是承包人对合同中“过程”和“结果”设定合理性的主观判断，是微妙的心理状态，敏感于主体的行为或选择、外界环境的变化等。为了提升内部效度，本章选用实验室实验的方法采集相关数据，通过施加某特定刺激来观察被试者的行为反应，采用组内设计进行实验，即在同一样本项目中改变某一特定控制手段的控制强度（刺激），以观察被试者的行为反应。本章的逻辑框架图如图13-1。

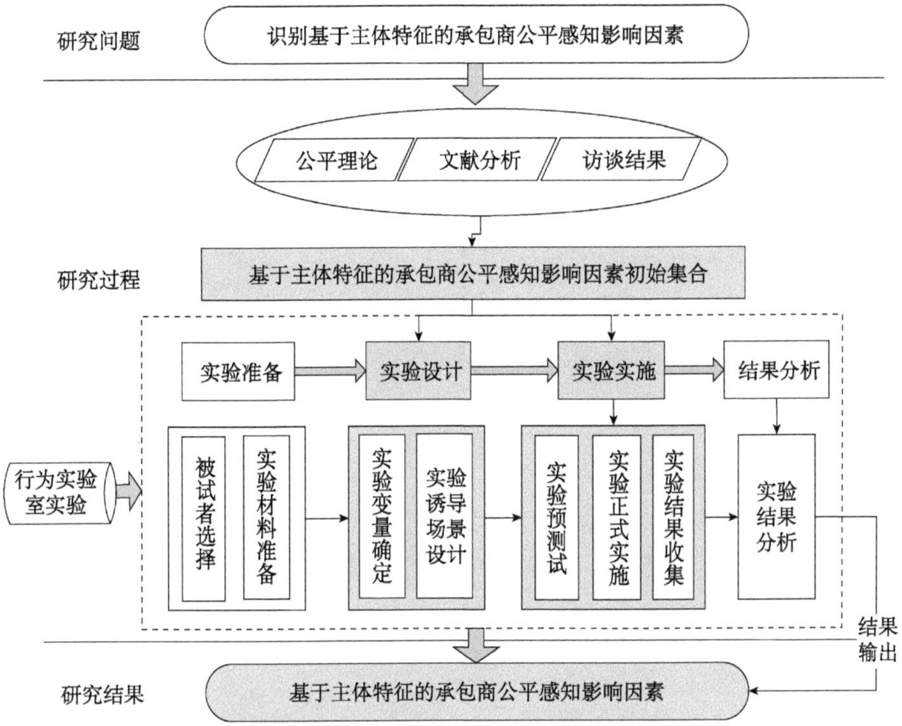

图 13-1　基于主体特征的承包商公平感知影响因素分析逻辑框架图

13.2　实验准备与实验设计

13.2.1　被试者选择

实验要求被试者对工程项目合同及履约情况具有一定程度的理解与体会，且对项目决策具有一定的发言权和决定权，因此研究拟基于此前合作过的承包商单位，选择其中工程项目部及公司经营部门中的骨干员工和中高层管理人员进行实验。选择被试者时应遵循以下原则：被试者来自不同的承包单位，彼此之间互不相识；从事合同审查或合同谈判工作时间大于 2 年；男女性别均衡；被试者人数选定为 14 人。被试者基本特征如表 13-1。

表 13-1 被试者基本特征

基本特性类别	分类标准	人数/人	百分比/%
性别	男	7	50.0
	女	7	50.0
年龄	25～30 岁	3	21.4
	31～35 岁	4	28.6
	36～40 岁	5	35.7
	41 岁及以上	2	14.3
学历	大专	4	28.6
	本科	7	50.0
	硕士	3	21.4
职位	项目经理	4	28.6
	部门主管	7	50.0
	科室成员	3	21.4

13.2.2 实验材料准备

实验采用情境模拟，实验过程中需要在实验室放映屏幕上放映一些工程项目的情境图片，实验者针对每一个影响因素设计不同的情境，通过音频设备以自然朗读的方式传递给被试者，被试者根据音频中所述的行为在事先准备好的答题纸上作答。实验所用的材料主要有 3 种：①视频、图片材料，包括实验预测试阶段的联系材料和正式实验过程中的工程项目情境材料（图纸、安全施工、制度规范等文件等）；②音频材料，由发音标准的女性以自然朗读的方式录入，采用频率为 4.41 千赫兹；③被试者作答材料，每一个被试者位置上均放有一支黑色签字笔和一张提前设置好的答题纸。

13.2.3 实验变量确定

实验室实验通过严格控制无关变量、有计划地操纵自变量或调节变量来观察因变量的变化，根据假设模型中的关键规制因素设计不同的诱导场景对某一特定状态下被试者的决策进行观察与分析。该实验所涉及的变量有自变量、控制变量和调节变量。在实验开始前，需对此 3 类变量进行以下确定。

1. 自变量的确定

本章研究的起点是识别初始自变量集合，考虑到该类因素具有情境依赖性，要嵌入工程项目的特殊性来验证此类影响因素对承包商公平感知影响的效果水平及作用点。通过上文的分析结果，初始自变量集合的确定主要通过以下三个渠道：①通过对公平理论的解析获得；②通过对组织之间公平感知的影响因素的文献分析获得；③通过提炼第 11 章访谈过程中的信息获得。其具体内容如下。

1）通过对公平理论的解析得出“已方以往承揽类似项目的经历”“己方目前正在承揽的类似项目”“其他与自己承揽类似项目的承包商”“当前的市场环境”是具有主体特征的公平感知的影响因素。

Adams（1965）的公平理论认为，知觉对动机的影响在于人们的投入产出之比与他人的投入产出之比的社会比较，人们的一般偏好是自己的投入产出之比应该与比较对象的投入产出之比相等，这一前提被称为“公平准则”；这一理论以西方的契约文明理念为基础，认为一定的付出应当获得对等的回报，当人们将其工作的输出输入比率与他人的比率进行比较时，就会产生公平与否的判断。由公平理论可知，公平比较最重要的参照对象是他人，但有时也会以自己过去的工作经验作为参照对象。之后，学者对公平理论进行了更深入的解读，对公平参照点的选择做了进一步的分析。Oldham 等（1986）认为，除了他人和自己外，人们作公平比较时还有一类重要的参照对象——系统，即与组织的承诺（比如薪酬）进行比较；另外，他人则可以进一步细分为组织内的他人（internal other，比如同事）和组织外的他人（external other，比如同行）。而且人们总是倾向于与自己相似的人作比较，参照对象与自身的相似性越高，其对公平感的影响力越大（Smith，2000）。Kulik 和 Ambrose（1992）提出了参照对象分类的时间维度，其将与参照对象的比较在时间跨度上分为三类，即过去、现在以及可预期的将来，当以自己为参照对象时（即横向的比较），时间维度具有一定的意义，如以自己过去的工资或者将来可能的晋升为参照对象；同时还指出，组织的经营环境（即系统）发生变化时，组织会改变分配的程序与制度，员工会自然而然地将自己过去的分配结果和新制度下可能的分配结果作比较。

由此可知，关于公平理论的解读主要将公平参照点分为三类，即自己（过去、现在以及可预期的将来）、他人（组织内的他人和组织外的他人）和系统（组织环境）。考虑到工程项目的一次性，合同中关于结果和程序的规定与其目前承揽的不同类型的项目无可比性，而以后会承揽什么项目更加无法预期，故只能与自己的过去比较（即与“己方以往承揽类似项目的经历”比较），与“己方目前正在承揽的类似项目”比较；其次，由上文的分析可知，工程项目属于组织之间的合作，此处所涉及的他人单指组织外与自己相似的他人，即“其他与自己承揽类似项目的承包商”；最后，组织行为学中的“系统”对应到工程领域即为“当前的市场环境”。

2）通过对组织之间公平感知的影响因素的文献分析得出“己方市场地位”“双方的合作经历”“伙伴声誉”是具有主体特征的公平感知的影响因素

蔡昊雯等（2012）使用市场地位作为组织特征、联盟地位和组织环境的代表，验证了不同市场地位的组织在合作过程中所追求的目标是不同的，这也就决定了它们对不同类型的公平具有不同的反应；由于具有不同市场地位的组织对制度环境的反应可能有所不同（Oliver，1991），史会斌和吴金希（2013a）分析了市场地位和制度环境共同作用下，联盟中组织公平反应行为的变化；Luo（2008）从组织层面和个人层面实证研究了“联盟伙伴之间的熟悉程度”“一起工作的时间长度”等因素对程序公平的影响；史会斌和吴金希（2013b）通过实证分析验证了“联盟成员的关系”对联盟中企业公平感形成的影响；钱丽萍和杨翩翩（2010）分析了渠道关系特征（正式化和参与）及渠道伙伴声誉对公平感知的影响，研究结果显示“伙伴声誉”是影响渠道成员公平感知的重要因素。本章将“一起工作的时间长度”“联盟伙伴之间的熟悉程度”“联盟成员的关系”归纳为“双方的合作经历”。

3）通过提炼第 11 章访谈过程中的信息得出“己方以往承揽类似项目的经历”“当前的市场环境”是具有主体特征的公平感知的影响因素

通过分析第 11 章访谈结果得出，承包商在对合同条款中过程和结果设定合理性进行主观判断时会考虑不同地区的市场规范程度，并与“己方以往承揽类似项目的经历”“不同复杂程度的项目所获得的利润率”“合同当期市场价”比较；考虑到市场的规范程度、项目的复杂程度、合同当期市场价均属于合同签订时的市场环境，故将其归纳为“当前的市场环境”。

综上所述，通过对公平理论文献分析及访谈结果得出的公平感知的影响因素分析可知，各影响因素可归纳入自己、他人、系统的范畴之内，即形成初始自变量集合，具体如表 13-2 所示。

表 13-2　初始自变量集合

参照点	初始自变量集合	自变量来源
自己	己方以往承揽类似项目的经历	访谈结果、公平理论
	己方目前正在承揽的类似项目	公平理论
	己方市场地位	文献分析
他人	其他与自己承揽类似项目的承包商	公平理论
	伙伴声誉	文献分析
系统	当前的市场环境	访谈结果、公平理论
	双方的合作经历	文献分析

2. 控制变量的确定

该实验通过严格控制无关变量、有计划地操纵自变量或调节变量来观察因变量的变化。首先，为避免不同项目类型、不同项目合同，以及不同的发包人对承包商的公平感知程度不同，实验选取一个普通小区住宅项目 A 作为情境模拟对象，研究者担任该项目的发包人角色，被试者基于每一个影响因素做出公平判断，所针对的合同即为该项目合同；其次，为避免情境描述过长以至于被试者无法长时记忆全部内容而胡乱作答，影响实验结果的有效性，该实验在被试者的答题纸上附有每一组情境描述的具体内容，以便查阅；最后，个体在团体的表现往往受到团体内的无形压力，这种无形压力迫使个体在行为和决策时趋于与团体内的其他成员保持一致，为消除被试者在作答时揣测他人可能的作答情况而影响自己的主观判断，实验过程采用不记名作答，被试者只需在每段情境描述后基于直觉作答即可。

3. 因变量的确定及测度

本章旨在通过实验室实验获取基于主体特征的承包商公平感知影响因素，故因变量锁定为承包商的公平感知，对公平感知的测度采取五级打分制，要求被试者根据每一个影响因素的情境描述作答，依据被试者对实验者描述的情形所感知的公平程度进行评分。被试者觉得“十分公平”就勾选“5”，依次降低，被试者觉得“十分不公平”就勾选“1”，通过对每一个影响因素的打分取平均值来判定其是否对承包商公平感知产生影响以及此影响的程度。

13.2.4 实验诱导场景设计

行为诱导实验针对初始自变量集合中的每一个影响因素设置组间实验，共计 7 组。实验开始时实验室放映幕上播放该实验拟针对的 A 项目的情境资料，包括工程图纸、安全施工、现场视频等文件；实验过程中研究者扮演 A 项目的发包人角色，通过音频设备以自然朗读的方式将本章设定的针对每一个影响因素的模拟情境传递给被试者。当情境材料阅读完毕后，要求被试者基于直觉作答，具体情境描述如下。

A 项目合同对承包商的“回报”、“付出”以及“回报和付出所遵循的过程”做了约定：①承包商预期能够获得的“回报”，包括合同价款、拥有的控制权、获得的奖励金额及潜在收益；②承包商预期的“付出”，包括获得上述回报所承担的风险及其为发包人提供的增值服务；③承包商的“回报和付出所遵循的过程”，包括拥有的质疑权、针对同一类事件预留给彼此的处理时间、承包商执行业主指令与商定或获得利益补偿的先后顺序。

1.“己方以往承揽类似项目的经历”

假设您曾经承揽过规模相同的类似项目 B，在“付出”相同的情况下，己方从 B 项目中获取的“回报”高于 A 项目；或者在“回报”相同的情况下，己方对 B 项目的“付出”少于 A 项目；或在“回报和付出所遵循的过程”方面，B 项目比 A 项目更合理。

2.“己方目前正在承揽的类似项目”

假设您目前正在进行一个规模相同的类似项目 B，在“付出”相同的情况下，己方从 B 项目中获取的“回报”高于 A 项目；或者在“回报”相同的情况下，己方对 B 项目的“付出”少于 A 项目；或者在“回报和付出所遵循的过程”方面，B 项目比 A 项目更合理。

3.“己方市场地位”

假设贵公司是刚刚成立不久的新公司，正处于业务扩张阶段，A 项目合同中关于“回报”与“付出”的相关规定存在“付出”＜“回报”的情况；或者关于“回报和付出所遵循的过程”存在不合理的情况。

4.“其他与自己承揽类似项目的承包商”

此组实验开始前，请另一位研究者扮演承包商角色 X。假设 X 目前正在承揽一个与 A 项目规模相同的类似项目 B，在“付出”相同的情况下，X 承包商从 B 项目中获得的“回报”大于己方从 A 项目中获得的“回报”；或者在“回报”相同的情况下，X 承包商对 B 项目的“付出”小于己方对 A 项目的“付出”；或者在“回报和付出所遵循的过程”方面，B 项目比 A 项目更合理。

5.“伙伴声誉”

假设本 A 项目发包人是业内公认的具有良好声誉的企业，A 项目合同中关于“回报”与“付出”的相关规定存在“付出”＜“回报”的情况；或者关于“回报和付出所遵循的过程”的规定存在不合理的情况。

6.“当前的市场环境”

A 项目合同中关于“回报”与“付出”的比例低于目前同行业的普遍水平；或者关于“回报和付出所遵循的过程”与同行业的普遍规定不一致。

7.“双方的合作经历”

假设您与 A 项目的发包人有过以往合作的经历，彼此之间相对熟悉，A 项目合同中关于“回报”与“付出”的相关规定存在“付出”＜“回报”的情况；或者关于“回报和付出所遵循的过程”的规定存在不合理的情况。

13.3　实验实施与结果分析

13.3.1　实验预测试

正式实验开始前，选取天津理工大学管理学院从事工程项目相关研究的老师及博士研究生共 8 人进行实验预测试。预测试开始前，先引导其对目前建筑市场环境中的不公平现象进行自由讨论，让其慢慢进入状态；在熟悉了该实验的规则和流程之后正式开始预实验。预实验严格按照正式实验的流程执行，被试者指出实验设计中的逻辑不合理、语句不通、存在歧义或者实验流程存在漏洞等情况，并提出合理化建议，研究者据此对实验设计进行改造、完善；并按照改善后的流程重新进行实验，反复操作，直到无新的意见产生，并以最终的实验设计方案作为正式实验的操作指南。

13.3.2 实验正式实施

组织被试者进入实验室，实验开始之前需设置实验导语使被试者明晰实验流程：呈现一些工程项目情境，每次只呈现一则，情境下附几种应对选项，被试者根据感觉选择相应选项并仔细阅读；材料阅读完毕后，被试者需要填写一份纸质问卷，根据阅读的内容，判断问卷中句子的对错；在确认被试者明白实验操作后，实验正式开始；打开音频设备，开始播放情境描述。

第一组：假设您曾经承揽过规模相同的类似项目 B，在“付出”相同的情况下，己方从 B 项目中获取的“回报”高于 A 项目；或者在“回报”相同的情况下，己方对 B 项目的“付出”少于 A 项目；或在“回报和付出所遵循的过程”方面，B 项目比 A 项目更合理。那么您觉得 A 项目合同的公平程度如何？请作答。

第二组：假设您目前正在进行一个规模相同的类似项目 B，在“付出”相同的情况下，己方从 B 项目中获取的“回报”高于 A 项目；或者在“回报”相同的情况下，己方对 B 项目的“付出”少于 A 项目；或者在“回报和付出所遵循的过程”方面，B 项目比 A 项目更合理。那么您觉得 A 项目合同的公平程度如何？请作答。

第三组：假设贵公司是刚刚成立不久的新公司，正处于业务扩张阶段，A 项目合同中关于“回报”与“付出”的相关规定存在“付出”＜“回报”的情况；或者关于“回报和付出所遵循的过程”存在不合理的情况。那么您觉得 A 项目合同的公平程度如何？请作答。

第四组：此组实验开始前，请另一位研究者扮演承包商角色 X。假设 X 目前正在承揽一个与 A 项目规模相同的类似项目 B，在“付出”相同的情况下，X 承包商从 B 项目中获得的“回报”大于己方从 A 项目中获得的“回报”；或者在“回报”相同的情况下，X 承包商对 B 项目的“付出”小于己方对 A 项目的“付出”；或者在“回报和付出所遵循的过程”方面，B 项目比 A 项目更合理。那么您觉得 A 项目合同的公平程度如何？请作答。

第五组：假设本 A 项目发包人是业内公认的具有良好声誉的企业，A 项目合同中关于“回报”与“付出”的相关规定存在“付出”＜“回报”的情况；或者关于“回报和付出所遵循的过程”的规定存在不合理的情况。那么您觉得 A 项目合同的公平程度如何？请作答。

第六组：A 项目合同中关于“回报”与“付出”的比例低于目前同行业的普遍水平；或者关于“回报和付出所遵循的过程”与同行业的普遍规定不一致。那么您觉得 A 项目的公平程度如何？请作答。

第七组：假设您与 A 项目的发包人有过以往合作的经历，彼此之间相对熟悉，A 项目合同中关于“回报”与“付出”的相关规定存在“付出”＜“回报”的情况；或者关于“回报和付出所遵循的过程”的规定存在不合理的情况。那么您觉得 A 项目合同的公平程度如何？请作答。

13.3.3　实验结果收集

实验完毕收回答题纸，并组织被试者离开实验室。实验研究人员对答题纸进行标号：s1，…，s14。针对每组实验，被试者所给出的打分情况如表 13-3 所示。

表 13-3　被试者的打分情况汇总

影响因素	s1	s2	s3	s4	s5	s6	s7	s8	s9	s10	s11	s12	s13	s14
己方以往承揽类似项目的经历	3	3	4	3	4	3	2	2	2	3	2	4	4	2
己方目前正在承揽的类似项目	1	2	2	3	2	1	2	3	3	4	2	3	3	2
己方市场地位	3	3	4	4	3	4	5	4	3	2	4	3	3	3
其他与自己承揽类似项目的承包商	2	2	3	2	2	3	3	3	1	1	3	2	3	2
伙伴声誉	4	3	4	3	5	4	4	2	3	4	4	3	3	4
当前的市场环境	1	2	2	3	3	3	2	4	1	1	3	2	2	2
双方的合作经历	4	3	3	4	4	3	3	3	3	4	2	4	4	5

13.3.4 实验结果分析

对每一个影响因素的打分取平均值，并对平均值进行排序。对于“当前的市场环境”、“其他与自己承揽类似项目的承包商”、“己方目前正在承揽的类似项目”和“己方以往承揽类似项目的经历”这4个影响因素来说，其对承包商公平感知的影响越强，在与其比较时承包商的感知公平程度就越小，即平均值越小，该因素对公平感知的影响力越大；对于“伙伴声誉”、“双方的合作经历”和“己方市场地位”这3个影响因素来说，其对承包商公平感知的影响越强，在与其比较时承包商的感知公平程度就越大，即平均值越大，该因素对公平感知的影响力越大，具体如表13-4所示。

表13-4 各因素对承包商公平感知的影响程度排序

影响因素	平均值	影响强度	备注
当前的市场环境	2.21	高 ↓ 低	平均值越小，该因素对公平感知的影响力越大
其他与自己承揽类似项目的承包商	2.29		
己方目前正在承揽的类似项目	2.36		
己方以往承揽类似项目的经历	2.93		
伙伴声誉	3.57	高 ↓ 低	平均值越大，该因素对公平感知的影响力越大
双方的合作经历	3.50		
己方市场地位	3.43		

由表13-4可知，各因素均不同程度地对承包商的公平感知产生影响，对影响程度进行排序可知：“当前的市场环境”>“其他与自己承揽类似项目的承包商”>“己方目前正在承揽的类似项目”>“己方以往承揽类似项目的经历”；“伙伴声誉”>“双方的合作经历”>“己方市场地位”。分析其原因如下。

（1）公平社会比较的参照对象具有两个基本特征：相似性（relevance）和可获得性（availability）（Levine and Moreland，1987）。人们总是倾向于与自己相似的人作比较，参照对象与自身的相似性越高，其对公平感知的影响力越大；然而，在很多情况下，参照对象的选择首先取决于可获得性，只有在多个参照对象的信息都可获得的前提下，才能按照相似性从中做选择（周浩和龙立荣，2015）。“当前的市场环境”、“其他与自己承揽类似项目的承包商”、“己方目前正在承揽的类似项目”和“己方以往承揽类似项目的经历”这4类参照对象的信息承包商均可获得，并依据其与承包商公平感知的影响程度降序排列。

（2）在社会互动中，另一方会对个体在未来的行为感到不确定，因而不愿意进行投入，这是阻碍双方形成良好社会关系的重要成因；个人声誉帮助一方对另一方在未来的行为做出预测，减少了对个体行为不确定的感知，进而有利于做出是否对双方关系进行投入的决策。例如，当一方有着较佳的合作声誉时，可以认为其在未来同样有着合作行为，也就更可能建立合作关系（施丽芳等，2012）。

（3）依据公平启发理论，由于信息的缺乏和合作的相关不确定性，人们常常是根据可便捷获得的信息来快速地形成公平启发，判断相关主体的行为是否公平以及是否值得信赖，并由此而影响随后决策的制定（Lind，2001）；工程项目涉及跨组织的合作，信息的不对称性高，企业很难通过公开渠道完全获得关于合作伙伴的准确信息；有过合作经历的承包商更加相信合作方是基于互惠的目的提供真实、有效的信息，从而增强其对公平判断结果的信心，提高其公平感知。

（4）具有较高市场地位的企业处于激烈竞争的环境当中，在内部管理上实行市场化运作，使其强调对经济目标的追求，只有与比其市场地位低的企业合作能够提供与其付出相匹配的回报时他们才愿意增加对该交易的承诺。具有较低市场地位的承包商面临生存危机或企业发展需要、自身在合作中的劣势地位，使得其在与比其市场地位高的发包人合作中强调通过知识获取以提高自身的服务能力或通过业务扩张以提高其市场地位，而非单纯看重直接的经济利益。

13.4 承包商公平感知提升策略建议

由承包商公平感知的构念可知，承包商会将合同中赋予业主的权益与赋予己方的权益进行比较、将这些重要条款与同一时期市场中其他承发包合同中的相应条款进行比较、将这些重要条款与己方以往交易中的相应条款进行比较，通过上述比较形成承包商对这些合同条款的理解（即主观的、相对的内容），得出其对本次交易预期过程与结果的相对满足程度。本章基于上文识别出的基于主体特征的承包商公平感知影响因素，对项目交易主体（承包人与发包人）提出承包商公平感知的提升策略建议。

13.4.1 对发包人的策略建议

1. 提高声誉

声誉的作用在于，为关心长远利益的参与人提供一种隐性激励以保证其短期承诺，因此声誉可以成为显性合约的替代品；声誉效应不能保证代理人选择最优努力水平，但是至少能够让代理人尽可能地做好，以增加其长期效用。声誉交易理论认为，如果企业未能履行合约，企业就可能丧失一部分顾客，这样企业声誉的价值等于未来交易的损失减去背信合约所得到的短期收益。好的企业比差的企业更倾向于维持好的声誉，好的企业能够通过维持好的声誉而在长期交易中获利，这反过来又给予了他们愿意为好的声誉支付更多费用的激励。发包人良好的声誉有助于激励更多、更有能力的投标人参与项目的投标，为发包人选择最适宜的承包商提供便利；此外，发包人良好的信誉能够增强承包人对以互惠为目的的交易过程的信心，在一定程度上减少机会主义行为的发生。

2. 给予承包人声誉的激励

对于承包人在风险控制、工程质量及成本节约等方面做出了突出贡献，或在履行合同过程中表现良好方面，发包人可采取措施提高承包人声誉；声誉的种类包括合作声誉及效率声誉等。具体地，发包人可以和承包人进行商议，比如项目承包人做出突出贡献后，可以协助其参评本行业相关奖项等；然而，若承包人的履约表现或风险控制行为表现不积极，发包人可采取可能不利于承包人今后在行业内的发展的约束机制，具体地，可以在合同谈判阶段提出，如一旦承包人出现严重的不认真履约行为，可在行业中给予公开批评等惩罚措施。

13.4.2 对承包人的策略建议

1. 提高己方市场地位

市场地位是指组织在一个产业中的角色。衡量一个企业市场地位的最重要指标之一就是企业获得并保持品牌忠诚的能力，而不是当前短暂的收益或市场份额。我国建筑市场属于典型的买方市场，“僧多粥少”的局面致使承包商处于激烈的竞争中，市场地位的高低在很大程度上决定着企业的生存。本章对承包人如何提高其市场地位提出以下几点建议。①提高建筑产品的质量：确保产品的质量能够满足法律法规及发包人的要求，运用专业和管理等方面的能力控制建筑质量形成的各个环节，管理影响工作质量的人员、机器、原料、方法、环境五大因素，并分阶段验证质量活动的成果，以便及时地采取相应措施，防止不合格情况再次发生。②努力获取建筑行业相关奖项。例如，中国建筑行业为了鼓励施工企业加强管理、搞好工程质量，设立了“中国建设工程鲁班奖（国家优质工程）”“中国土木工程詹天佑奖”等；此类奖项在行业内得到普遍认可，而拥有此类奖项的承包人更容易得到发包人的信任。

2. 改变参照对象

Adams（1965）认为，如果人们觉得自己的投入产出之比与他人的投入产出之比不一致，便会感觉到不公平；不公平感越强，则他们所产生的不满越强，导致其为减轻不满而越发努力地想办法重新获得公平感；重新获得公平感的方法包括终结合作关系、改变或者曲解投入与产出、改变比较对象等。公平理论认为，当人们产生不公平的感觉时，会产生极大的心理压力，导致其做出改变参照对象等行为以消除这种压力。本章基于参照对象的改变提出以下两点建议。①须注意，工程项目的长期性和复杂性致使不同项目之间可参照性差：随着市场环境的变化，人员、原料、机器等费用几乎时刻都在更新，即使在同一项目的不同时期也会存在差异，这也是导致变更的主要原因之一，故无论是自己正在承揽的类型项目或是以往承揽的类似项目都在很大程度上与现项目存在差异，其可参照性差。②避免单纯的以价款或者利润作为比较的重心：不同市场地位、不同发展战略的企业对项目的追求目标不同，尤其在市场拓展阶段，在兼顾利润的同时，也要关注交易过程所带来的知识获取或者声誉提高等潜在收益。

第 14 章　工程项目中承包商公平感知量表的开发与验证

如前所述，工程领域的现有研究多是将公平感知视为激励模型中的一个参数或者影响经济活动效率的单一维度概念，仍是基于经济学视角的；然而，供应链、战略联盟领域的研究早已建立了公平感知的多维度构念，并开发了相应的测量量表，从社会学视角重新审视交易过程。鉴于此，本章将基于第 11 章所构建的承包商公平感知概念模型，挖掘出中国情境下承包商公平感知的具体表征，引导工程实践中的发包人更加注重对承包人的人文关怀，从而促进其伙伴关系的发展，也为优化我国工程项目的承发包合同、提高承包商的公平感知提供技术支持（杜亚灵等，2016）。

14.1　研究设计与研究方法

14.1.1　量表设计

根据委托工作内容的不同，工程实践中的合同可分为设计合同、施工合同、供货合同、咨询合同、总承包合同等，而在我国，有关施工合同的法规及规范性文件相对健全，故本篇的实证研究将针对承包商对施工合同的公平感知。目前，我国施工合同在设定和执行过程中主要依据 13 清单和 13 合同。鉴于此，本书以 13 合同和 13 清单为标杆，从中抽离出与上文理论分析结果相对应的内容，据此设计承包商公平感知的测量量表，并尽量用 13 清单和 13 合同中的术语及表述方式作为量表中的题项。

该量表的开发过程描述如下。①对 13 合同通用合同条款部分的 20 章共计 117 条、13 清单的 16 章共计 60 条进行详细阅读，从中提选出符合上文中分配公平和程序公平所包含的六个方面的条款共计 48 条。②邀请由天津理工大学公共项目与工程造价研究所的资深培训教师 4 人、工程项目合同管理实践工作者 5 人组成的 9 人专家组来研讨上述 48 条内容的存留问题，删掉合同执行过程中引发承发包双方纠纷的概率较低、承包商相对而言关注度较低的条款共计 9 条，增补可能遗漏的条款 0 条，最终得到条款共计 40 条。③针对六个方面中包含条款较多或包含条款的内容较多的部分，在不改变原条款意思的情况下，尽量以简短易懂的语言对条款进行归纳、合并，并以此作为量表的题项。④先后在天津理工大学公共项目与工程造价研究所、合同管理实践工作者中进行两轮小范围问卷预测试，不断调整和完善量表中语意表达不完整或表达存在歧义的题项，最终形成正式量表，详见表 14-1。

表 14-1　工程项目中承包商公平感知测量量表

<table>
<tr><th>维度</th><th>潜在变量及其编号</th><th>观测变量（量表题项）</th><th>题项编号</th></tr>
<tr><td rowspan="6">分配公平</td><td rowspan="2">利责对等（DJ_{C1}）</td><td>依据合同中相关条款的规定：承发包双方签订的合同价格与承包人应承担的风险相比是公平的</td><td>a1</td></tr>
<tr><td>依据合同中相关条款的规定：当合同执行过程中发生某些情形需要调整合同价格时，依据合同规定调整的价格额度与承包人在此情形下承担的风险相比是公平的</td><td>a2</td></tr>
<tr><td rowspan="2">权责对等（DJ_{C2}）</td><td>该合同中有明确规定：由承发包双方中的一方负责采购材料和工程设备的，另一方不得指定生产厂家或供应商，采购方承担材料或工程设备的规格、数量、质量不符合设计或有关标准要求以及交货日期延误、交货地点变更等风险</td><td>a3</td></tr>
<tr><td>该合同中有明确规定：由发包人签认或下达的变更指示导致的成本增加或工期延长，承包人不承担责任</td><td>a4</td></tr>
<tr><td rowspan="2">合同外利益与增值服务对等（DJ_{C3}）</td><td>该合同中有明确规定：当承包人提出合理化建议给发包人带来效益时，合同中承诺的给予承包人的奖励金额或非货币形式的补偿（如发包人承诺协助承包人申报相关的奖项）与承包人合理化建议引起的合同价格的降低、工期的缩短、工程经济效益的提高相比是公平的</td><td>a5</td></tr>
<tr><td>该合同中有明确规定：当发包人要求承包人提前竣工或承包人提出提前竣工建议时，合同中承诺给予承包人的提前竣工奖励金额或非货币形式的补偿（如发包人承诺协助承包人申报相关的奖项）与提前竣工给发包人带来的效益相比是公平的</td><td>a6</td></tr>
<tr><td rowspan="3">程序公平</td><td rowspan="3">拥有质疑权（PJ_{C1}）</td><td>该合同中有明确规定：发包人代表若不能按照合同约定履行其职责与义务，并导致合同无法继续正常履行的，承包人有权要求撤换发包人代表</td><td>b1</td></tr>
<tr><td>该合同中有明确规定：承包人对监理人发出的指示有疑问的，可向监理人提出书面异议，监理人应在规定的时间内对该指示予以确认、更改或撤销</td><td>b2</td></tr>
<tr><td>该合同中有明确规定：承包人认为监理人下达的变更指示不能执行的可提出不能执行该变更指示的理由，由承包人、发包人和监理人协商决定撤销、改变或不改变该变更指示</td><td>b3</td></tr>
</table>

续表

维度	潜在变量及其编号	观测变量（量表题项）	题项编号
程序公平	预留处理时间相同（PJ_{C2}）	该合同中有明确规定：由承包人原因造成暂停施工持续 X 天不复工的视为承包人违约，同理，由非承包人原因造成暂停施工持续同样天数（X 天）不复工的，则视为发包人违约，并且对双方的违约处理程序一致	b4
		该合同中有明确规定：无论承包人供材或发包人供材，均应在材料或者工程设备到货前相同时间内通知对方，并接受对方检验	b5
		该合同中有明确规定：当合同执行的过程中出现变更、索赔事件时，预留给承发包双方的处理时间相同且处理程序一致	b6
	执行指令之前先获得利益补偿（承诺）（PJ_{C3}）	该合同中有明确规定：发包人应在开工通知载明的开工日期前支付承包人预付款，之后承包人再执行开工指示	b7
		该合同中有明确规定：发包人要求承包人执行提前竣工指示或变更指示之前，要先与之协商提前竣工补偿的费用或变更估价，之后承包人再执行该指示	b8
		该合同中有明确规定：变更或索赔增加和扣减的金额、进度款在合同执行过程中分期支付，质量保证金在合同执行过程中分期返还，该合同中不存在合同结束时一次性支付或返还的情形	b9

14.1.2 样本选取与数据收集

本章选取的样本应符合以下两个条件：其一，尽量选择经济发展水平相当的地区为数据采集的主要区域，以避免因经济条件与市场成熟度不同而对受试者主观认知产生的干扰；其二，尽量选择房屋建筑类项目进行数据采集，以避免因项目复杂程度不同而对受试者主观认知产生的干扰。本章以担任承包商角色（或曾经担任过承包商角色）的施工单位人员为数据收集对象。问卷发放的具体途径包括：其一，鉴于攻读天津理工大学项目管理硕士或工程硕士学位的学员大多具有多年项目管理实践工作经验，研究者利用其课间休息时间向学员发放纸质版调查问卷，并于该次课间休息结束后回收；其二，鉴于从天津理工大学 IPPCE 毕业的历届硕士研究生大多从事与建设工程项目相关的工作，研究者通过发放电子版调查问卷的方式向其采集数据，并在其帮助和引荐下向其作为承包商角色的同事或朋友发放问卷。

本章采用利克特 5 级量表的方式收集数据：“完全同意”或“印象深刻”表示 5 分、“比较同意”或“印象清晰”表示 4 分、“基本同意”或“有点印象”表示 3 分、“基本不同意”或“基本没印象”表示 2 分、“完全不同意”或“确定没有”表示 1 分；通过先后在 IPPCE 与合同管理实践工作者中进行两轮小范围问卷预测试，不断调整与完善问卷中各观测变量的描述，最终形成正式问卷。问卷要求受试者回忆其以往参与过的项目，从中选出其对合同内容最熟悉的一个，并根据其对选定项目中承发包合同的理解填答问卷。本章共发放问卷 330 份，收回问卷 206 份，剔除填写不完整、具有明显 Z 形及填答结果多为同一数值的无效问卷后，剩余有效问卷 164 份，问卷的回收率为 62.4%，有效率为 79.6%。通过问卷中受试者情况数据统计可知：受试者本科及以上学历者占 86.0%，参与过的工程项目的数目在 5 个以上者占 43.9%，从事建设项目管理实践工作 3 年以上者占 70.7%，中高层管理者占 37.2%。由此可知，受试者具有相当的专业知识储备，具有较为丰富的实践工作经验，对承发包合同较为熟悉，因此研究者认为他们填答问卷所获取的数据是相对准确、可靠的。通过问卷中样本项目情况部分数据统计可知：房屋建筑类项目占 92.1%，项目投资规模在 1000 万～10 亿元的占 88.4%，表明样本项目的复杂程度相对一致；样本项目中采用 DBB 模式的占 92.7%，保证了采用 13 清单和 13 合同作为量表设计标杆的适当性；样本项目中采用公开招标方式的占 94.5%，确保了问卷调查结果反映的是近乎纯粹市场交易关系下的情况；此外，采用经评审的最低投标价法作为评标方法的样本项目占 87.8%，该评标方法适用于具有通用技术、性能标准的工程项目，确保了问卷调查结果反映的是承包商在项目技术复杂程度相当条件下公平竞争的情况。

14.2　数据分析与研究结果

14.2.1　探索性因子分析

1. 信度分析与项目净化

本章采用 SPSS21.0 软件对量表的信度和效度进行分析。运用 Cronbach's α 系数值来检验量表的信度，并结合项已删除的 Cronbach's α 系数值来净化量表题项；一般情况下，Cronbach's α 系数值＞0.5 表明量表信度符合要求，Cronbach's α 系数值≥0.7 表明量表信度良好；同时，如果因子中存在观测变量的项已删除的 Cronbach's α 系数值大于该因子的 Cronbach's α 系数值，则应删除该观测变量。通过检验发现：观测变量 b5 的 Cronbach's α 系数值为 0.637，而其项已删除的 Cronbach's α 系数值相较前者更大，为 0.687，故应删除题项 b5，其余观测变量的 Cronbach's α 系数值均大于其项已删除的 Cronbach's α 系数值，均应保留。删除题项 b5 后，承包商公平感知量表最终保留了 14 个题项，其总体 Cronbach's α 系数值为 0.834，所包含的 6 个因子的 Cronbach's α 系数值分别为 0.507、0.820、0.622、0.637、0.687、0.660，均满足信度要求。

2. 效度分析

采用探索性因子分析检验量表的效度，但在此之前需要进行 KMO 样本测度和 Bartlett 球形检验，以确保本章数据适合进行探索性因子分析。一般而言，当 KMO 值大于 0.5、Bartlett 球形检验相伴概率值小于相应的 Cronbach's α 系数值时，表明样本数据可以进行因子分析。检验结果显示：量表的总体 KMO 值为 0.809，大于 0.5，Bartlett 球形检验相伴概率值为 0.000，小于其对应的 Cronbach's α 系数值，表明样本数据适合做因子分析。

本章采用主成分分析法进行因子萃取，采用最大方差法进行转轴，选取特征根大于 1 的因子。在探索性因子分析的过程中，采用以下标准来筛选合适的观测变量：①观测变量在其测量对象上的因子负荷可以接受的最低标准为 0.45，该值越大表明观测变量与潜在变量之间存在统计上的显著性越佳，数据的效度就越高；②任一观测变量抽取主成分之后的共同性（communality）大于 0.2，共同性愈高，表示该观测变量与其他观测变量可测量的共同特质愈多。由表 14-2 探索性因子分析结果可知：本章共萃取出 6 个因子，所有题项均有效地聚集在最初假定的因子上，因子负荷均大于 0.45，累计方差解释量达到 71.722%。

表 14-2 探索性因子分析结果

潜在变量	观测变量	因子 1	因子 2	因子 3	因子 4	因子 5	因子 6	共同性
DJ_{C1}	a1	0.908	0.065	0.117	0.054	0.092	0.045	0.856
	a2	0.833	0.175	0.192	0.092	0.175	0.108	0.813
DJ_{C2}	a3	0.015	0.608	0.203	0.124	0.445	−0.132	0.642
	a4	0.213	0.858	0.088	−0.018	0.158	0.158	0.817
DJ_{C3}	a5	0.112	−0.010	0.752	−0.033	0.116	0.256	0.658
	a6	0.124	0.213	0.734	0.178	0.269	−0.009	0.703

续表

潜在变量	观测变量	因子 1	因子 2	因子 3	因子 4	因子 5	因子 6	共同性
PJ_{C1}	b1	0.206	0.176	0.302	0.478	−0.131	0.044	0.658
	b2	0.102	0.058	−0.027	0.830	0.068	0.206	0.751
	b3	−0.012	−0.045	0.344	0.700	0.199	0.121	0.664
PJ_{C2}	b4	0.061	0.039	0.272	0.147	0.830	0.123	0.805
	b6	0.124	0.213	−0.018	0.036	0.728	0.231	0.702
PJ_{C3}	b7	−0.092	0.196	0.270	0.149	0.098	0.726	0.678
	b8	0.153	0.122	0.311	0.246	0.103	0.490	0.608
	b9	0.192	−0.097	0.013	0.135	0.143	0.776	0.687
特征根		1.329	1.791	2.066	1.591	1.647	1.618	—
累计方差解释量/%		10.492	23.582	36.340	47.703	59.464	71.722	—

14.2.2 验证性因子分析

1. 一阶验证性因子分析

本章运用 AMOS21.0 软件对样本数据进行验证性因子分析，选取 χ^2/df、RMSEA、CFI、NFI、IFI 指标作为模型与样本数据拟合情况的判断标准。由一阶验证性因子分析的结果（图 14-1）可知，各拟合指标值均满足要求，表明该 6 因子模型与样本数据拟合度良好；同时，各观测变量与其测度的因子之间的标准化路径系数均大于 0.45，说明观测变量能有效反映其测度的构念特质，从而验证了承包商公平感知 6 因子模型的合理性。从图 14-1 中亦可看出，该一阶模型的 6 个潜在变量之间相关度较高。有研究指出，当一阶验证性因子分析模型中因子之间高度相关时，说明这些因子可能受到较为高阶因子的影响，存在高阶的理论构念。为了探究更为理想的概念模型，本章进一步对其二阶模型进行验证性因子分析。

2. 二阶验证性因子分析

以分配公平和程序公平 2 个维度为二阶因子，对承包商公平感知的 6 因子模型进行二阶验证性因子分析。分析结果如图 14-2 所示，从中可以看出该二阶模型各拟合指标值均达到相应的标准，且相比一阶模型的各项拟合指标均有所提升，表明该二阶模型与样本数据的拟合度优于一阶模型与样本数据的拟合度；同时，分配公平与程序公平两二阶因子均与其对应的一阶因子高度相关，这恰与上文的理论分析结果一致。此外，分配公平与程序公平两因子的相关度高达 0.99，理论上可以进一步提取更高阶的构念，即本书的研究对象“承包商公平感知”。但侯杰泰等（2004）认为，当低阶因子个数≤3 时，不适宜再构划高阶因子；鉴于本章中二阶因子只有 2 个，故不再构建三阶理论模型。

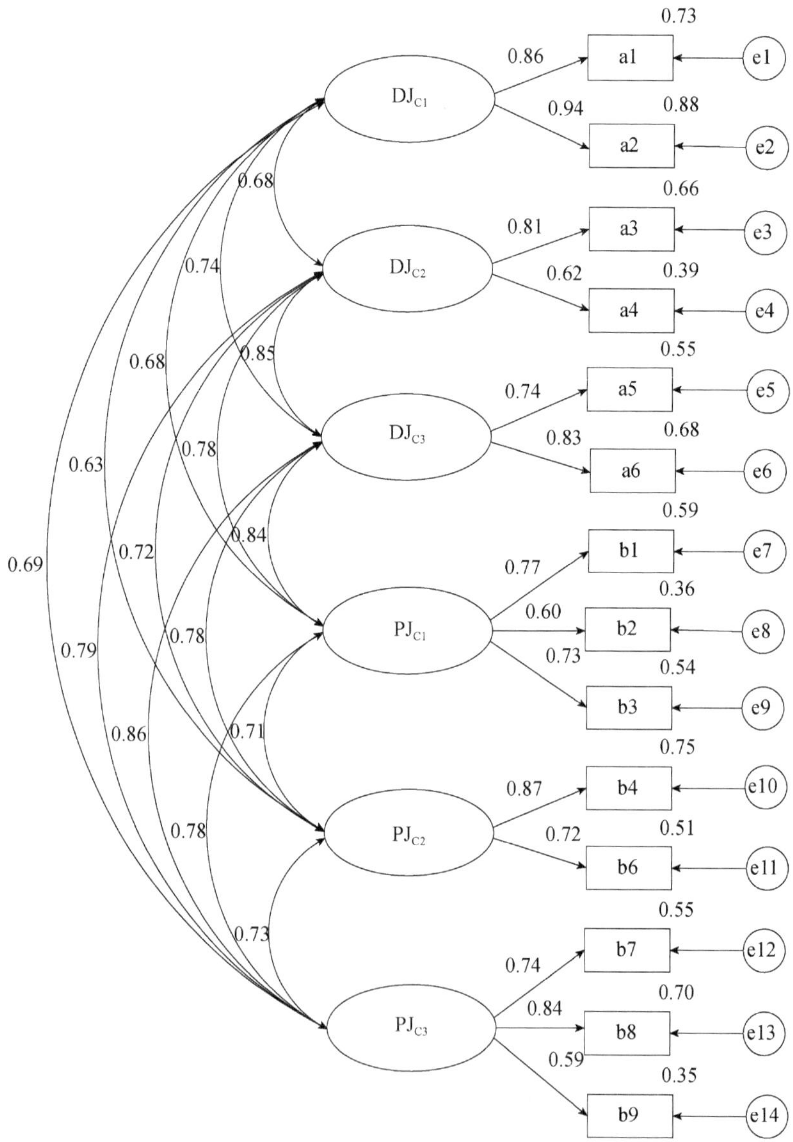

图 14-1 承包商公平感知 6 因子模型的标准化路径图

χ^2=114.810，df=77，χ^2/df=1.491＜2.00；RMSEA=0.052＜0.08；CFI=0.903＞0.90；NFI=0.905＞0.90；IFI =0.915＞0.90

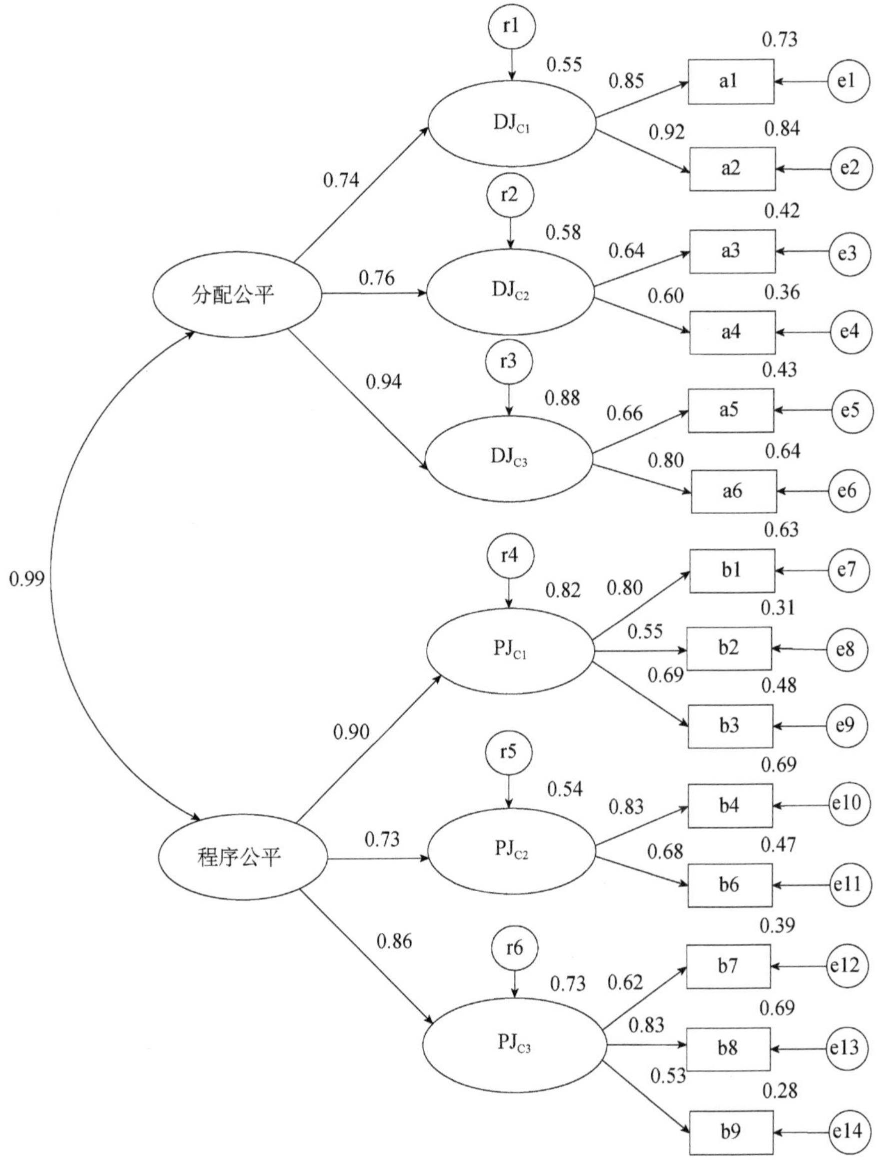

图 14-2　承包商公平感知二阶因子结构模型路径图

$\chi^2=97.555$，$df=71$，$\chi^2/df=1.374<2.00$；RMSEA=0.044$<$0.08；CFI=0.909$>$0.90；NFI=0.913$>$0.90；IFI =0.94$>$0.901

14.2.3 量表的信度与效度检验

1. 信度检验

如前文所述，经项目净化删除题项 b5 后的各因子 Cronbach's α 系数值均大于 0.5，符合信度要求；在进行探索性因子分析时，所有题项均有效地聚集在最初假定的因子上，无题项删减或调整情形；故前文对量表的信度检验结果有效，量表的信度符合要求，详见表 14-3。

表 14-3 量表的内部一致性信度系数

潜在变量	DJ_{C1}	DJ_{C2}	DJ_{C3}	PJ_{C1}	PJ_{C1}	PJ_{C3}	总量表
Cronbach's α 系数值	0.507	0.820	0.622	0.637	0.687	0.660	0.834
题项数量/个	2	2	2	3	2	3	14

2. 效度检验

本章通过内容效度、效标效度、建构效度三个方面来判定该量表的效度水平。内容效度指量表内容或题项的适切性和代表性，常以题目分布的合理性来判断，属于一种命题的逻辑分析；效标效度主要是指量表的内容是否具有预测或估计的能力；二者在很大程度上依赖于问卷设计的逻辑处理能力而非统计分析。本章通过较为缜密的文献分析、理论推演以及规范性文件（13 清单和 13 合同）分析得出初始量表，经由多轮问卷预测试对量表进行修改，最终形成可以广泛发放的最终问卷，通过规范与严谨的量表开发过程可以确保较高的内容效度和效标效度。

建构效度指能够测量出理论的特质或概念的程度，亦即实际的测验分数能解释多少某一心理特质，分为收敛效度和区别效度。常用的评估收敛效度的标准共有 3 种：①所有标准化的因子荷载大于 0.5，且达到显著水平；②组成信度大于 0.7；③AVE 值超过 0.5。本章通过 AVE 值来判定量表的收敛效度，通过计算得出各因子的 AVE 值分别为 0.551、0.511、0.663、0.615、0.634、0.643，均超过 0.5，表明量表收敛效度良好。常用的评估区别效度的标准有两种：①2 个因子之间的相关系数必须低于 0.85，否则会形成多重共线性的问题；表 14-4 显示，本章模型中 6 个因子之间的相关系数最大为 0.484，均小于标准值 0.85。②比较各因子间完全标准化相关系数与所涉及各因子自身 AVE 值的平方根值大小，当前者小于后者，则表明各维度间存在足够的区别效度，反之，则区别效度不够；由表 14-4 可知，本章模型各因子 AVE 值的算术平方根均大于其与其他因子的相关系数。由上述两点可知，该量表具有足够的区别效度。

综上所述，本章开发的承包商公平感知的测度量表具有良好的效度水平。

表 14-4　承包商公平感知 6 因子相关系数表

项目	因子 1	因子 2	因子 3	因子 4	因子 5	因子 6
因子 1	（0.742）					
因子 2	0.305**	（0.715）				
因子 3	0.263**	0.336***	（0.814）			
因子 4	0.272*	0.235*	0.460***	（0.784）		
因子 5	0.349**	0.445***	0.398***	0.369*	（0.796）	
因子 6	0.252**	0.216*	0.382***	0.484***	0.394***	（0.802）

注：对角线括号内为因子 AVE 值的平方根，* 表示 $p\leqslant0.05$，**表示 $p\leqslant0.01$，***表示 $p\leqslant0.001$

14.3　分析与讨论

在对样本数据进行信度检验和项目净化时，题项 b5（该合同中有明确规定：无论承包人供材或发包人供材，均应在材料或者工程设备到货前相同时间内通知对方，并接受对方检验）的存在致使其测度的因子信度有所降低，故予以删除。研究者再次访谈若干合同管理实践工作者，通过分析与讨论，将题项 b5 删除的原因归结为以下两点：其一，与工程实践中频繁发生的调价、变更、索赔等事件相比，由材料到货时间及进场前检验引起的纠纷较为少见，承包商在签订合同时，本能地更加关注与合同执行过程中经常发生的纠纷事件相关的条款，而对材料到货时间及进场前检验则不敏感；其二，对于工程项目中供材的一方而言，无论对方是否对材料或工程设备进行检验，均不涉及相关风险的转移，即负责采购的一方始终承担材料或工程设备的规格、数量、质量不符合设计或有关标准要求等的风险。

此外，对样本数据进行二阶验证性因子分析发现：①合同外利益与增值服务对等这一因子与分配公平之间的标准化路径系数 0.94 要远远高于利责对等的 0.74 和权责对等的 0.76；②分配公平与程序公平两二阶因子的相关度高达 0.99。研究者将这一实证分析结果反馈给实践工作者，通过分析与讨论，认为其原因为以下几点。①工程领域较为丰富的法律法规、成熟的合同范本等使得合同中承发包双方权责的规定较为一致；同时，目前我国建筑市场上承包商的利润率普遍较低[①]，加之经评审的最低投标报价法在评标中的广泛应用，使得承包商在合同内的利润空间有限。相较之下，承包商对为业主提供合同外增值服务后的回报具有更大期待。以合理化建议为例，在相关合同范本的工程变更条款下均设有“承包人合理化建议”的条款，赋予了承包人对工程的建议权，但对承包人提出合理化建议的奖励方式则鲜少规定。显然，为了实现对承包人的有效激励，其奖励额度或比例理应高于合同内工作[②]。此外，随着工程本身及其外部环境复杂性的增加，前期设计不充分、需要有经验的承包人提出合理化建议的情况会越来越多。鉴于此，承包商的分配公平会很大程度上受到合同外利益与增值服务对等因子的影响，而这种影响高于合同内的权责利规定也是可以理解的。②承包商公平感知是通过对合同中规定的过程和结果两方面进行评价得出的，但实践工作者强调，对这两方面的主观评价是密切相关的。如果合同中关于过程或程序的规定不当，通常承包商也会对合同中规定的结果抱以消极的态度；而当承包商认为，合同中规定的结果不当时，通常也会降低其对合同中关于过程或程序规定的评价。实践中的这一现象对分配公平与程序公平之间高达 0.99 的相关度提供了较好的解释。

14.4 理论贡献与研究局限

本章的理论贡献主要表现为，开发了承包商公平感知测量量表，从而揭示了使承包商具有较高程度公平感知的合同应为“权责利对等”“没有偏见和歧视”的。承包商的公平感知只是一种主观评价，它不仅与客观事实有关，还受到主体所选取的参照对象、主观判断误差等的影响；然而，业主在

① 例如，《建筑安装工程费用项目组成》（建标〔2013〕44 号）中规定，利润在税前建筑安装工程费的比重可按不低于 5%且不高于 7%的费率计算。

② 可参考《FIDIC 施工合同条件（1999 年第 1 版）》条款 13.2 价值工程，其明确规定对承包人提出合理化建议的奖励额度为合同额度的减少与已变更工作价值上的减少之间金额差额的 50%。

一个工程项目中无法改变市场氛围、承包商的主观活动等，而只能着力于承发包合同的优化设计。目前，我国建筑市场属于典型的买方市场，承发包双方相对悬殊的地位使得业主过度自我保护的合同条款往往刺激承包商，使其产生不公平的认知，进而促使其在后续合作中不遗余力地将交易向自己认为公平的状态或结果推进，要么减少对项目的贡献（如承担的风险、提供的增值服务），要么通过二次经营（不平衡报价配以变更、调价和索赔）增加其在本次合作中的回报，两种可能最终都会给业主带来损失。因此，为了促使双方更为有效地合作，业主应致力于签订增强承包商公平感知的合同。由本章最终得出的承包商公平感知测量量表可知，确保承包商具有较高程度公平感知的合同既要在结果上符合“权责利对等”的原则，还要在过程上保证对承包商“没有偏见和歧视”。二者是相辅相成、不可或缺的。

本章仍存在以下不足之处。首先，量表是一种测量工具或测量尺度，需要充分体现研究对象的专业特点并具有较强的实践操作性；为此，本章是以 13 合同和 13 清单为标杆，尽量采用其中的语言和表述方式来设计承包商公平感知量表的；这虽然在一定程度上降低了受试者回答问卷中各个题项的难度，但同时也使得这一量表的适用范围受到限制；其主要适用于 DBB 等承包商不承担主要协调管理工作模式的项目，而不适用于 EPC、PPP 等模式的项目。其次，囿于成本、时间、社会资源等条件限制，本章的有效问卷只有 164 份，未达到理论上所要求的数量（理论界普遍认为较为合理的样本数为 200 以上），这在一定程度上可能会影响到实证分析结果的精确性，在后续的研究工作中还需通过不断增加样本容量来进一步完善研究结论。承包商公平感知测量量表的开发为提高工程项目中合作效果方面的研究提供了技术支持和工具保障，承包商公平感知的影响因素分析、承包商公平感知对工程项目中信任、合作等因素的影响都将成为未来的研究方向。

第15章　承包商公平感知在初始信任与合作之间的中介作用

工程项目承发包双方在合作中的对抗关系和防御思维已成为阻碍工程建设项目成功甚至建筑行业进步的重大障碍，而信任则是促使双方合作的关键因素（Cheung et al.，2003；Eriksson and Westerberg，2011；Pinto et al.，2009）。由此可见，信任是促使承发包双方之间由传统的竞争范式向合作范式转化，将双方的关注焦点由项目成本控制转移至项目价值提升的重要驱动力。信任的存在意味着施信方对项目交易中风险的接受，其本质上是建立在“成本-收益”基础上的一种风险行动（Lau and Rowlinson，2011），而消减这种风险的关键即打开信任影响合作的黑箱。正如Schoorman等（1995）所言，信任只是给不被欺骗提供了信心保障，它需要通过一些中介变量间接地促成合作。针对生产型企业的一些研究一般以关系专用性投资、承诺等为中介变量来分析信任对合作的影响。然而，工程领域的现有研究多是识别出信任是促成合作的关键因素之一（Pinto et al.，2009）或者直接分析“信任-合作”的关系（Lu and Hao，2013），鲜有研究尝试打开信任影响合作的黑箱。

事实上，工程项目的众多利益相关方在合同约束之下形成了一种半开放型的社会网络组织（晏艳阳和金鹏，2014）。除合同之外，必然还存在表征态度或意向的关系要素在信任对合作的影响中发挥中介作用。本书认为，社会交换视角下的公平感知即为这种关系的要素之一。对组织之间公平感知的研究多见于供应链、战略联盟等领域，工程领域普遍认可承发包双方公平感知的重要性，但鲜有文献对其进行系统分析（Love et al.，2015）。此外，现有研究通常采用横截面数据进行上述实证分析，忽略了项目交易过程中信任较强的时间属性。根据其特质不同，可将信任划分为交易准备（资格预审）阶段静态的初始信任和交易过程中（合同谈判与再谈判）动态演化的持续性信任（杜亚灵和闫鹏，2014），信任对合作的影响研究也应相应地分阶段进行。鉴于此，本章将尝试构建“业主初始信任-承包商对合同的公平感知-合作”的理论模型，并运用结构方程模型（SEM）的方法对其进行实证检验（杜亚灵等，2014）。研究成果将为初始信任对合作的影响提供理论解释，在实践中的应用可指导业主通过合同优化提高承包商的公平感知，进而降低信任的风险并最终促使项目成功。

15.1　理论分析与研究假设

15.1.1　工程项目中初始信任与合作的关系

工程项目是一种典型的临时性组织（temporary organization），即职能和专业上具有显著多样性和互补性的若干成员为了一个共同的任务而暂时合作；这些成员之间通常缺乏合作历史，但在该次合作中需要密切配合、相互依赖（Tyssen et al.，2013）。资格预审阶段对应工程项目这种临时性组织的组建初期。由于时间紧迫，承发包双方之间无法掌握传统信任所需的足够信息，不得不在一定程度上放弃精确度较高的信息搜集、考证与逻辑分析，转而凭借发包人已有的经验以及对潜在投标人的角色期待和少量信息形成一种快速信任（swift trust）（Adler，2005），即初始信任。关于静态的初始信任的维度划分主要有以下观点：Lui 和 Ngo（2004）认为，组织间的初始信任可被划分为能力信任（competence trust）和善意信任（goodwill trust），前者是对受信方是否有能力履行义务的预期，与履行风险感知有关，后者是对受信方是否愿意履行义务的预期，与关系风险感知有关；Adler（2005）指出，快速信任是由外部信号（如声誉、角色）和内在特质（如信任倾向、角色预期）共同决定的；Pinto 等（2009）在其研究中采用了 Zaghloul 和 Hartman（2003）关于工程项目中信任的维度划分，即基于能力的信任、基于诚实的信任、基于直觉的信任。工程实践中的资格预审评审指标通常包括能力（如技术能力、管理能力、财务状况、力量投入）和诚信（如社会声誉、企业资信、业主评价意见、近年发生的诉讼及仲裁情况）两方面（杜亚灵和闫鹏，2014），而评审委员会成员对上述各指标的打分会融入主观的成分（如直觉、信任倾向），因此，本章采用能力信任、善意信任两维度的初始信任概念框架。

合作是一种有意识的或刻意的协作行为，包括刻意行为和联合行动两大要素（肖静华等，2015）。信任博弈、礼物交换博弈等大量实验证明了当事人行为偏好的多样性，进而将合作划分为互惠、有限合作、纯利他合作、消极合作等（Wei et al.，2012）。承发包双方之间的合作是信任所引发的行为（Lau and Rowlinson，2009），而信任是促使它们合作与承担风险的潜在的心理条件（Adler，2005），可以有效缓解双方的对抗关系和防御性思维（Zaghloul and Hartman，2003）。现有研究关于组织之间信任对合作的积极作用大致有如下两种解释。①信任可以增强交易双方的合作意愿。例如，Ming等（2014）的研究发现，供应链成员之间的不信任（distrust）会对其合作意愿（willing to cooperate）产生消极的影响；Wei 等（2012）指出，组织间信任的建立会使他们倾向于回报对方和考虑对方的需求，信任可视为促使双方合作的潜在的合同。②信任有利于交易双方联合行动的实现。例如，Lu 和Hao（2013）通过对中国承包商的问卷调查与实证分析发现，基于情感的信任对承包商合作行为的影响要大于基于认知的信任，研究结果显示，其采用的承包商合作行为测量量表具有较高的信度（Cronbach's α 系数值=0.82）；Lau 和 Rowlinson（2009）通过分析大量案例证实了信任可提高履约阶段工程变更及争议事件的解决效率。基于上述分析，本章提出如下假设：

假设 H3，业主的初始信任对履约过程中的合作有显著的正向影响；

假设 H3a，资格预审阶段，业主对承包商的能力信任越高，履约过程中双方的合作越好；

假设 H3b，资格预审阶段，业主对承包商的善意信任越高，履约过程中双方的合作越好。

15.1.2 承包商的公平感知

组织之间公平感知的研究多见于战略联盟、供应链等具有重复博弈特征的交易，考察一次交易结束时参与主体对交易结果以及导致这一结果的过程的主观认知，包括分配公平、程序公平和互动公平；这种主观认知会影响当事人的态度与行为，因此研究成果可用于指导后续交易的高效进行（Luo，2007）。然而，工程项目独特性、一次性的本质特征致使以交易结束时为观测节点来研究承包商的公平感知意义不大；事实上，工程项目中更应关注承包商的公平感知对其履约中合作态度及行为的积极影响。因此，本书认为，对承包商公平感知的考察时点应为承发包合同签订时，分析该时点内承包商对承发包合同中规定的过程及其预期结果的主观认知。鉴于法律上将合同中的权利分为实体性权利与程序性权利，前者是指人依法享有的具有直接的实际意义的权利，它可以直接表现为一定的物质利益或精神利益，而后者是指人作为程序主体在实现实体权利或为保障实体权利不受侵犯时所享有的权利（肖晖，2004）。承包商对承发包合同的公平感知也可相应地分为分配公平和程序公平。此外，合同签订时承发包双方还未有交互行为，且合同中也鲜有信息传递、人际交往方面的规定，因此承包商公平感知的维度不宜包含互动公平。

在工程项目中，承包商面对承发包合同的公平感知可被划分为分配公平与程序公平 2 个维度[①]。分配公平是指当事人在交易关系中所获得的回报（即收益）与其贡献（即承担的风险）对等。回报可以是货币形式的，如利润、红利，也可以是非货币形式的，如声誉的提高、知识的获取（Luo，2009b）。不同于战略联盟、供应链的追求“双赢”，工程项目具有显著的零和博弈特征，致使承包商在合同签订时可以预期的货币形式回报只能是合同价款、奖励金额，非货币形式的回报主要包括合同中规定享有的控制权（其直接关系着利益获取）以及其他有助于提高其声誉的承诺（如支持承包商申报相关奖项）（Ariño and Ring，2010）；而承包商的贡献主要是合同规定承担的风险以及合同中未具体规定的能够为项目增值的其他活动（如提出合理化建议）（Griffith et al.，2006）。因此，工程项目中承包商的分配公平主要体现在：合同价格与承担的风险对等、拥有的控制权与承担的风险对等、为项目提供的合同外增值服务与奖励金额或/和承诺的其他潜在收益对等（Love et al.，2011）。由此可见，承包商认为，公平的合同应符合“权责利对等”原则。程序公平是当事人对交易过程中决策制定和执行的程序与标准不偏不倚（即对交易双方一视同仁）程度的评估（Luo，2009a）。由于我国工程领域目前是典型的买方市场，业主在缔约前处于绝对的强势地位，很容易在承发包合同中置承包商于不公平的境地。因此，承包商的程序公平主要考

① 公平理论中的局部比较论认为，公平感知不仅仅取决于结果以及得出这一结果的过程，还会受到主体所选取的参照点（自己的过去或与自己类似的他人）的影响。本书认为，承包商在进行分配公平、程序公平的评估时通常会进行上述比较，即比较公平已经内含其中了。

察承发包合同的三个方面：①对相同事件预留给双方的反应时间相同，即对于双方都有可能面对的会给己方带来损失的事件，双方为了实现其权利主张或处理对方意见以达成一致而规定的时间期限应保持一致；②承包商执行业主指令与商定或获得利益补偿的先后顺序适当，通常应是在双方商定利益补偿的额度之后，承包商再执行业主下达的指示，或在业主先支付约定的金额之后，承包商再实施合同约定的活动；③明确承包商在重要事件上拥有的质疑权，即在业主做出决策之前，承包商有权主动地表达自己的不同意见并被采纳（Ellis et al.，2009；Mirchandani and Lederer，2013）。由此可见，承包商认为，公平的合同还应符合对己方“没有偏见和歧视”的原则。此外，从法理上讲，我国实体性权利优于程序性权利，且程序性权利不具有独立的价值（肖晖，2004）。因此，程序公平会影响分配公平，由此提出如下假设：

假设 H4，承包商对承发包合同的程序公平感知越强，则其分配公平感知就越强。

15.1.3 业主初始信任对承包商公平感知的影响

临时性组织中初始信任的水平通常比较高，其认知的成分远高于情感或制度，甚至可以是一种直接输入的信任（如权威方的推荐），因此是非常脆弱的，但这种特殊的信任却是交易双方交互行为产生的前提和基础，并会对后续的信任产生强烈的影响（Pinto et al.，2009）。根据威廉姆森的观点，只有在业主根据承包商履约中的预期行为设置了保护业主权利感受的合同条款后，初始信任才真正转化为商业关系中的一般信任[①]，而这些合同条款则会带给承包商一定程度的公平感知。由此可见，业主的初始信任将会影响承发包合同条款的设计并因此影响承包商的公平感知。合同是所有权和经营权分离所导致的委托代理问题的治理方式，其详细规定了支付、权利和责任；项目治理理论认为，最佳的合同形式为“权责利对等”（严玲和尹贻林，2006）。这一原则与上文中对承发包合同分配公平的界定相吻合，而其中合理的风险分担一直是工程项目理论与实务界所公认的实现对承包商有效激励

① 威廉姆森指出，交易过程中主要存在的是算计性信任（calculative trust），即当事人有信息表明交易对象可能充分行事，同时他也有保护措施以保证可信的承诺（Williamson，1996）。

与约束的重要途径之一[①]。通常不合理的风险分担将会导致承包商较低程度的公平感知。例如，Lam 等（2007）指出，业主倾向于把风险转移给总承包商，与此同时，总承包商也会同样地将风险转移给低一级的承包商，这就导致对风险控制力最差、对决策影响最小的低一级的承包商承担着工程项目中的主要风险，这显然是不公平的（Lam et al.，2007）。

通常认为，业主倾向于采用不利于实现公平交易的免责条款的原因除了其风险偏好为风险厌恶外，更重要的原因在于业主对承包商的不信任。事实上，业主通过合同将尽量多的风险转嫁给承包商是一种过度防御的表现，因为在缔约阶段居于优势地位的业主一旦签订合同后就会因承包商的专业优势与信息优势而处于相对不利的位置。持此观点的有：Meng（2016）认为，在传统的对立性合同关系中，大量风险被集中转移给了合同关系中弱势的一方，公平的风险分担方案难以形成，而在互信的情况下，风险会被合理地预期与接受，交易双方会遵循各个风险应由最有控制力的一方承担的原则自发形成相对合理的风险分担方案；Cheung 等（2011）指出，不互信的情况下，业主和承包商都会有较强的机会主义防范意识和行为，他们会通过合同谈判中的博弈来努力维护自身权益、尽量减少己方承担的风险，最终导致合同中权利、责任和利益的不合理配置；Jin 和 Doloi（2008）认为，通过信息交流、能力识别等方式建立起来的信任关系能够促使业主与承包商之间形成合理的风险分担方案，保证风险承担与风险控制力之间的相对平衡；Zaghloul 和 Hartman（2003）通过对加拿大建筑行业发包人、承包人和咨询单位的问卷调查发现，在信任水平较低的交易关系中，业主倾向于在合同中设定较多的免责条款（5 分制情况下感知度得分 4.4），而在信任水平较高的交易关系中则较少设定（5 分制情况下感知度得分 2.3）。基于上述分析，本章提出如下假设：

假设 H5，业主的初始信任对缔约时承包商的公平感知有显著的正向影响；

假设 H5a，资格预审阶段，业主对承包商的能力信任越高，缔约时承包商的程序公平感知越强；

假设 H5b，资格预审阶段，业主对承包商的能力信任越高，缔约时承包

① 工程项目管理绩效改善研究本质上是解决所有权与经营权分离下的委托代理问题，现有研究基本上是沿着监管和激励两条路径展开。工程项目的非重复博弈特征及其组织的临时性致使在生产制造企业中广泛采用的治理结构优化和剩余索取权激励两种方式在工程项目中无法适用，而只能采取合理风险分担来实现对承包商的激励与约束。

商的分配公平感知越强；

假设 H5c，资格预审阶段，业主对承包商的善意信任越高，缔约时承包商的程序公平感知越强；

假设 H5d，资格预审阶段，业主对承包商的善意信任越高，缔约时承包商的分配公平感知越强。

15.1.4 公平感知对合作的影响

不同于战略联盟、供应链中交易双方基本平等的市场地位，我国当前的建筑市场是高度的买方市场。缔约前处于绝对强势地位的业主为了保护其权利感受、保证其利益实现而倾向于签订不利于承包商的合同（章鑫等，2006），如在招标文件、合同中普遍采用无限风险、所有风险或类似语句规定计价中的风险内容及其范围[①]。在此情况下，承包商仅有暂时接受合同或者退出竞争/交易两种选择。然而，只有在交易双方均感觉到公平的时候，合作才能得以顺利进行（Liu et al.，2012）。履约过程中承包商拥有绝大部分决策经营的控制权，其对承发包合同的不公平感知将导致其履约过程中动辄制造纠纷，试图通过二次经营在交易结束时达到己方所认为的公平状态甚至报复业主对己方的不公平；工程项目交易过程因此摩擦不断，呈现明显的内耗效应。社会交换理论认为，组织的态度和行为是由交易双方互动产生的报酬减去其成本所决定的，当一方为另一方做出贡献或承诺后就会预期另一方给予相应的回报，而另一方在接受这种有利于自身价值增值的贡献或承诺后就会产生责任感并以适当的态度和行为响应作为报答（Ariño and Ring，2010）。由此可见，交易双方的合作过程遵循投桃报李或以牙还牙（tit for tat）的基本原则（罗伯特·阿克塞尔罗德，2007）。当承包商对承发包合同的公平感知程度较低时，将选择不合作的倾向或行为；反之，当其公平感知程度较高时，承包商将更愿意与业主合作并最终促使项目成功。

委托代理关系中，双任务实验结果显示，公平感知将会抑制道德风险，从而促进合作（Cui et al.，2007）。已有文献论证了战略联盟、供应链中公平感知对合作的积极影响。例如，Liu 等（2012）基于松散耦合理论提出假设，即当供应链上的交易双方均感觉到公平时，他们的相互耦合行为

① 我国工程实践中，业主利用其缔约前的强势地位签订对承包商不公平的合同的现象较为普遍，13 清单第 3.4.1 款正是针对的这种现象设定的。

（mutual coupling behaviors，包括知识共享、持续承诺、关系投资）会得到有效改善，最终促使双方关系绩效实现，并通过实地调研 216 对中国的供应商和分销商，证实了上述假设；Griffith 等（2006）运用结构方程模型方法对 290 个供应链关系进行分析发现，程序公平和分配公平政策有利于增强长期倾向（long-term orientation）和关系行为（relational behavior），即当供应链成员公平地对待其合作伙伴时，其合作伙伴将回报以包容的态度和有利于加强其合作关系的行为。另有文献分别探讨了分配公平与程序公平影响合作的不同路径。例如，Chen 和 Fan（2006）认为，只有联盟成员认为分配公平，他们才会有动力去维持联盟的合作关系；Ellis 等（2009）认为，程序公平能够给当事人一种其智力价值被尊重的感觉以及对这一交易组织的归属感，从而使其更加愿意接受新的挑战和与其他成员合作，最终贡献于组织整体价值的提升。基于上述分析，本章提出如下假设：

假设 H6，缔约时，承包商的公平感知对履约过程中双方的合作具有显著的正向影响；

假设 H6a，缔约时，承包商的程序公平感知越强，履约过程中双方合作就越好；

假设 H6b，缔约时，承包商的分配公平感知越强，履约过程中双方合作就越好。

基于上述理论推演与分析，得出业主的初始信任、缔约时承包商的公平感知与履约过程中的合作之间关系的理论模型，如图 15-1 所示。

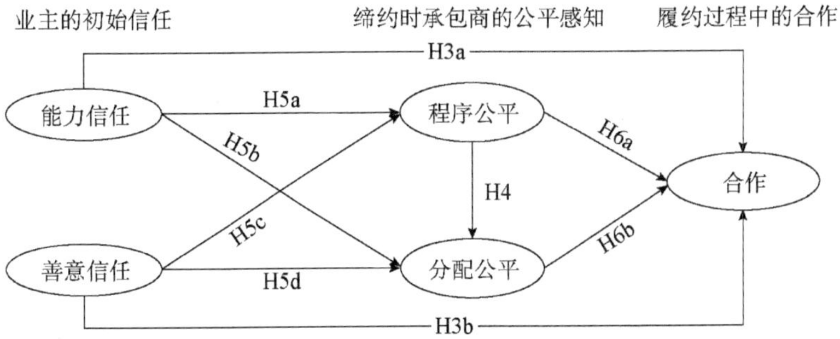

图 15-1　业主的初始信任、缔约时承包商的公平感知与履约过程中的合作之间关系的理论模型

15.2 研究设计与研究方法

15.2.1 样本选择与数据收集

研究者长期参与天津市财政局主持的财政投资项目绩效评价工作，目前已构建包括 68 个项目的案例库，搜集了这些项目承包商的资格预审评价得分、承发包合同等相关信息，并与库内各项目的承发包双方负责人建立了联系。本章以该案例库中的 68 个项目作为研究对象，通过以下途径获取样本数据：①杜亚灵和闫鹏（2014）的前期实证研究成果显示，资格预审评价得分与业主的初始信任之间显著相关，考虑到工程项目的非重复博弈特征以及信任的动态性，以各项目承包商的资格预审评价得分作为业主初始信任的样本数据，确保样本数据确实反映业主在资格预审时的心理状态；②联系各项目的承包商单位，向参与各项目的 3 人发放测评其对承发包合同公平感知的问卷，要求其根据自己的专业知识与工程经验填答；③联系各项目的业主单位，向参与各项目的 3 人发放测评承包商合作的问卷，要求他们根据该项目实施过程中的真实感受填答。本次问卷调查向 68 个项目的承包商和业主分别发放问卷 204 份，其中，公平感知部分收回问卷 185 份，合作部分收回问卷 197 份。通过对回收问卷的筛选，剔除无效问卷，最终得到有效问卷 162 套。通过问卷中样本项目及受试者情况数据统计可知：50.7%的项目投资规模在 1000 万～1 亿元，16.4%在 1 亿～3 亿元，样本项目投资规模相对集中，可排除其对研究结果的干扰；业主方面和承包商方面的受试者具有本科及以上学历的、目前任职中高层管理的、从事建设项目管理实践工作的时间在 3 年以上的占比分别为 87.7%和 63.0%、20.0%和 54.9%、60.5%和 82.7%；双方均有 50%以上的受试者参与了样本项目的招投标、合同管理至竣工验收全过程，保证了本次问卷调查采集数据的可靠性。

15.2.2　测量量表及其信度和效度检验

初始信任、公平感知和合作测量量表的开发依次经历了以下三个过程：①参考或引用已经被证实的具有较高信度和效度的测量量表；②借鉴相关研究成果并结合工程项目的特点对上述量表制定修改设想及方案；③通过相关文件分析、与该领域专家研讨、向实践工作人员求证等途径，经过多轮修改，最终确定适用于本章的测量量表，如表 15-1 所示。在变量的测量方式上，除初始信任测量量表采用资格预审评价得分外，公平感知和合作测量量表均采用利克特 5 级量表打分法收集数据：“完全同意”为 5 分、“大部分同意”为 4 分、“一般”为 3 分、“大部分不同意”为 2 分、“完全不同意”为 1 分。

信度是指测量结果的稳定性与可靠性，即采用同样的方法对同一对象重复测量时所得结果的一致性程度；本书利用 Cronbach's α 系数值对所得样本数据进行信度分析。通常认为，Cronbach's α 系数值≥0.7 属于高信度，达到 0.5 以上即合乎最低可接受水平的信度要求，其越大表明问卷条款间的相关性越好，内部一致性信度越高。效度即有效性，是指所测量到的结果反映所想要的考察内容的准确性和真实性程度，可通过后文的验证性因子分析（即测量模型分析）来检验。通常认为，观测变量在其测量对象上的完全标准化因子负荷可以接受的最低标准为 0.45，该值越大表明观测变量与潜在变量之间存在统计上的显著性越好，数据的效度就越高；但在此之前需要进行 KMO 检验，以确保该数据适合进行后续的因子分析，通常认为 KMO 值的最低标准值为 0.5。利用 SPSS21.0 软件分析表明，本章数据的信度符合要求，各潜在变量的 KMO 值均大于 0.5（表 15-1），并且本测量量表总体的 KMO 值 0.721 亦大于 0.5，表明本章数据适合做因子分析。

表 15-1　测量量表的变量来源及其信度和效度分析

潜在变量	观测变量（问卷中的题项）	参考的成熟量表	Cronbach's α 系数值	KMO 值
能力信任	财务状况（净资产总值、资产负债率等）	资格预审文件	0.565	0.592
	管理能力（项目经理、企业管理认证体系、拟投入项目管理人员、在施和新承接工程）			
	技术能力（技术负责人、拟投入主要施工机械设备、类似项目业绩、在施和新承接工程）			
善意信任	社会声誉（近年施工合同履约率）		0.627	0.681
	诉讼及不良行为记录			
分配公平	我认为，根据合同规定，业主支付给我单位的合同价款与我单位在该工程中承担的风险相比较是公平的	Luo（2009a）	0.721	0.681
	我认为，根据合同规定，我单位在该工程中拥有的控制权与承担的风险相比较是公平的。我预期该工程执行过程中，不会遇到我单位必须做某项工作，但却不掌握完成这项工作所需权利的情况			
	根据合同规定，如果我单位做了一些合同范围之外的工作（如合理化建议），并且这些工作有益于该工程，业主承诺会给我单位额外的回报（如奖金、支持我单位报奖）。在我看来，这些回报与这些工作为该工程带来的好处相比较是公平的			
程序公平	根据合同规定，对于相同事件，预留给业主和我单位的反应时间是相同的： ①对于业主或我单位原因引起的暂停施工、违约事件，留给双方的采取有效措施纠正或弥补的时间一样长； ②对于业主或我单位提出的变更、索赔，留给对方处理意见以求达成一致的时间一样长	Dinesh 和 Albert（2014）；Kimberly 等（2009）；Luo（2005）	0.683	0.627
	根据合同规定，业主会先与我单位商定价格和工期的增减额度或支付合同规定的相应款项，我单位再执行业主提出的要求或监理人下达的指示： ①业主会在开工前的约定时间内支付预付款，在开工后的约定时间内，预付规定比例的安全文明施工费； ②监理人向我单位下达提前竣工指示或变更指示后，业主会先与我单位确认增减的合同价格和时间，我单位再执行提前竣工指示或变更指示； ③业主会在施工过程中按进度分期向我单位支付工程款，包括截至本次付款周期已完成工作对应的金额、应增加和扣减的变更/索赔金额、约定应支付的预付款和扣减的返还预付款、约定应扣减的质量保证金			

续表

潜在变量	观测变量（问卷中的题项）	参考的成熟量表	Cronbach's α 系数值	KMO 值
程序公平	根据合同规定，当我单位对监理人的指示或者对业主方有关人员的行为存在疑问或者不认可时，业主允许我单位提出书面异议或口头要求： ①业主代表不能按照合同约定履行其职责及义务，并导致合同无法继续正常履行的，我单位可以要求发包人撤换业主代表； ②我单位对监理人发出的指示有疑问的，可向监理人提出书面异议；监理人应在规定时间内对该指示予以确认、更改或撤销；监理人逾期未回复的，我单位有权拒绝执行上述指示； ③我单位收到监理人下达的提前竣工指示或变更指示后，认为无法执行，可提出不能执行的理由，业主或监理人会在规定时间内予以答复			
合作	承包商在项目实施过程中总是积极主动地与我方进行充分的沟通	Lu 和 Hao（2013）	0.769	0.825
	当我方有任何疑问的时候，承包商总是能够及时地给我们答复			
	我能感觉到，承包商总是很乐意与我方一起解决项目实施中遇到的问题			
	承包商总是积极地与我方一起讨论推动项目进展的办法			

15.3 研究结果与讨论

15.3.1 拟合度及假设检验结果

本章采用 AMOS21.0 软件对问卷调查所得数据进行验证性因子分析，结果说明，为各构念开发的调查问卷的结构效度符合要求，且各测量模型和结构模型均与样本数据拟合良好。本章各潜在变量之间结构关系的假设检验结果如表 15-2 所示。通常认为，参数统计量的估计值达到显著水平（t 值＞1.96 或 p＜0.05）即可认为这一假设是成立的，标准化路径系数（0.45～0.95 为优）越大表明两个潜在变量之间的作用强度越大。由表 15-2 可知，除假设 H3a、H5b 没有通过检验外，其他各假设均得到验证。

表 15-2 假设检验结果

作用路径		假设	标准化路径系数	t 值	验证情况
业主对承包商的能力信任→合作		H3a	0.368	1.391	不支持
业主对承包商的善意信任→合作		H3b	0.621	7.920***	支持
承包商对合同的程序公平感知→承包商对合同的分配公平感知		H4	0.541	7.184**	支持
业主对承包商的能力信任→承包商对合同的程序公平感知		H5a	0.713	8.512***	支持
业主对承包商的能力信任→承包商对合同的分配公平感知		H5b	0.226	1.261	不支持
业主对承包商的善意信任→承包商对合同的程序公平感知		H5c	0.497	2.645**	支持
业主对承包商的善意信任→承包商对合同的分配公平感知		H5d	0.635	8.181***	支持
承包商对合同的程序公平感知→合作		H6a	0.657	8.375***	支持
承包商对合同的分配公平感知→合作		H6b	0.762	9.324***	支持
结构模型拟合度检验	χ^2/df=1.36＜2；p =0.293＞0.05；RMSEA =0.057＜0.08；NFI/NNFI= 0.907/0.921＞0.90；CFI =0.924＞0.90				

注：*表示显著性水平 p＜0.05，**表示显著性水平 p＜0.01，***表示显著性水平 p＜0.001

15.3.2 分析与讨论

本章约访了问卷调查的 6 名受试者，其中业主方面 3 人、承包商方面 3 人，就表 15-2 所示的假设检验结果与他们进行了探讨。

1. 业主初始信任对承包商公平感知的形成具有显著的正向影响

假设 H5a、H5c、H5d 均得到支持且标准化路径系数分别为 0.713、0.497、0.635，说明业主的能力信任对承包商程序公平感知的正向影响很大，业主的善意信任对承包商程序公平感知、分配公平感知均具有正向影响；而假设 H5b 未通过检验，说明业主的能力信任对承包商的分配公平感知并无显著的直接影响。这显然与 Lui 和 Ngo（2004）的部分实证研究结论一致，即业主对承包商履行义务的意愿越有信心（善意信任），其增强合同的防御性来抵制机会主义的倾向就越小（公平的合同）；但与其另一部分研究结论未达成一致，即业主对承包商履行义务的能力越有信心（能力信任），其越倾向于扩大合作范围进而导致对方更多采取机会主义行为的可能，因此其合同的防御性越强（不公平的合同）。实践工作者强调，当业主相信承包商的善意时，更愿意考虑对方的感受而进行公平交易；即便业主充分相信承包商的履行能力，通常也不会影响他们采取免责条款的决定，他们甚至希望承包商较高的履行能力能够帮助己方分担更多的风险，而当业主不相信承包商的履行能力时，他们清楚不论分配结果公平与否，承包商仍然没有能力很好地完成这项工作，因此业主只能通过提高承发包合同的程序公平程度来引导履行能力较高的承包商尽其才、履行能力较低的承包商守其职。显然，工程实践中的这一现象与实践工作者的这些想法为上述实证分析结果提供了合理解释。

2. 承包商的程序公平正向影响其分配公平，二者均对合作具有显著的正向影响

假设 H4 通过检验且标准化路径系数为 0.541，说明承包商的程序公平感知对其分配公平感知有显著正向影响。假设 H6a、H6b 均得到支持且后者的标准化路径系数 0.762 稍大于前者的 0.657，说明承包商对合同的程序公平感知和分配公平感知均对合作具有显著正向影响，且分配公平的影响更大，这与供应链中分配公平对相互耦合行为（Liu et al.，2012）、关系行为（Griffith et al.，2006）的正向影响稍大于程序公平的研究结论一致。不同于供应链、战略联盟等具有重复博弈特征的交易，工程项目中考察承包商公平感知的更有意义的时点为承发包合同签订之时，而非一次交易结束之后。上述实证分析结果显示，这并未改变分配公平、程序公平对合作影响的重要性

排序。实践工作者强调，承发包双方确实都更重视合同中涉及权利、风险、利益分配的条款，“权责利对等”明显是比“没有偏见和歧视”更获承包商认可的最优合同设计原则，但对于承包商而言，一旦发现承发包合同中存在程序上不公平的条款，那么他们对业主兑现合同中规定的分配承诺也将失去信心。

3. 承包商对承发包合同的公平感知在业主初始信任与合作之间起到部分中介作用

假设 H3b 得到支持且标准化路径系数较大（0.621），说明业主的善意信任对合作具有显著正向影响，这与 Lui 和 Ngo（2004）的研究结论一致，即业主对承包商履行义务的意愿越有信心，他们之间越可能形成紧密的合作；假设 H3a 未通过检验且标准化路径系数只有 0.368，说明业主的能力信任对合作并没有显著影响。表 15-2 显示，信任对公平感知（H5）、公平感知对合作（H6）都有若干作用路径被证实是存在的，说明业主初始信任会通过承包商公平感知的中介作用对合作产生影响，而假设 H3b 得到支持，说明公平感知在初始信任与合作之间仅具有部分中介作用。另外，表 15-3 显示，程序公平在初始信任与合作之间的总中介效应为 1.294，高出分配公平的总中介效应 0.777 很多，说明在传递与催化业主初始信任对合作积极作用方面，承包商的程序公平要比其分配公平发挥更为重要的作用。

表 15-3 公平感知两个成分的中介效应对比分析

公平感知的成分	具体路径	中介效应值	总中介效应值
程序公平	能力信任→程序公平→合作	0.713×0.657=0.468	1.294
	能力信任→程序公平→分配公平→合作	0.713×0.541×0.762=0.294	
	善意信任→程序公平→合作	0.497×0.657=0.327	
	善意信任→程序公平→分配公平→合作	0.497×0.541×0.762=0.205	
分配公平	能力信任→程序公平→分配公平→合作	0.713×0.541×0.762=0.294	0.778
	善意信任→分配公平→合作	0.635×0.762=0.484	

实践工作者强调，承发包双方之间成功的合作必然是以相互信任为基础的，但业主对承包商的信任并不一定会带来成功的合作，其成功还取决于合同条款、信息沟通、相互承诺等多种因素。通常认为，双方之间较高程度的信任更有利于优化合同条款、加强信息沟通、相互做出承诺，从而减少不确

定性，促使双方更好地合作。由此可见，承包商对承发包合同的公平感知仅是中介业主初始信任对合作积极作用的因素之一。另外，我国建筑市场的现有施工企业中，绝大部分的技术能力和管理能力相差不大，相比能力而言，诚信或善意在合作中的积极作用更被业主重视。这一工程实践中的现象与假设 H3a 未通过检验而假设 H3b 得到支持相吻合。

15.4　管理启示与研究不足

15.4.1　管理启示

本章借鉴供应链、战略联盟中公平感知的研究成果，提出了适用于工程领域的承包商对承发包合同的公平感知这一构念，其包含分配公平与程序公平 2 个维度，并运用结构方程模型的方法证明了承包商的公平感知在业主的初始信任与双方的合作之间起到部分中介作用。基于实证分析结果，本章对我国工程项目的业主提供以下 3 点管理启示。

首先，业主对承包商的初始信任是存在风险的，双方应该签订能够有效降低这种风险的承发包合同。业主的初始信任只是一种快速信任，水平很高但容易破裂。由于承包商追求自身利益最大化的“经济人”本性及其所拥有的相机抉择空间，其给予业主初始信任的回馈既有可能是投桃报李，也有可能是安分守己，还有可能是背信弃义。正如 Lui 和 Ngo（2004）指出的那样，工程项目中充斥着不确定性以及合作伙伴采取机会主义行为的可能，承发包双方若要实现良好的合作，信任与合同保障（contractual safeguard）是缺一不可的。因此，业主在选择一个值得信赖的承包商的基础上，还需要拟定合同并为其注入承包商理性决策假设下的高惩罚、高激励的条款，从而合理设置保护业主权利感受的措施，最终实现初始信任向一般商业信任的转化。

其次，公平具有激励功能，业主应签订“权责利对等”“没有偏见和歧视”的合同以确保承包商较高程度的公平感知。目前，我国建筑市场属于典型的买方市场，承发包双方相对悬殊的地位使得承发包合同的公平性不尽如人意，从而引发承包商的激烈对抗或消极合作，不利于项目成功。事实上，承发包双方总是在尽其所能地将交易向自己认为公平的状态或结果推进，只有交易双方均感知到公平存在时，合作才得以顺利进行（Liu et al.，2012）。如果承包商对承发包合同感知不到公平，其要么减少对项目的贡献（如承担的风险、提供的增值服务），要么通过二次经营（不平衡报价配以变更、调价和索赔）增加其在本次合作中的回报，而两种可能最终都会给业主带来损失。因此，为了促使双方可以更有效地合作，业主应致力于签订增强承包商公平感知的合同。该合同既要在结果上符合“权责利对等”的原则，还要在过程上保证对承包商“没有偏见和歧视”。公平的合同将阻断承包商以牙还牙的路径选择，使得承发包双方之间形成投桃报李的互惠关系，有利于实现承包商安分守己、项目实施风平浪静的理想状态。

最后，签订公平的承发包合同依赖于业主对承包商较高水平的初始信任，特别是善意信任。项目是组织中进行资源配置的一种手段，而并非简单的一次性任务。因此，项目管理应突破节约成本的局限，而着眼于价值增值。本章建议的业主选择更加公平的承发包合同事实上就是要缓解其过度防卫的状态，让业主适当放弃或让渡部分权利以激励承包商在合作中创造更多的价值，从而使业主从合作中获得的价值增值能够完全抵消其签订合同时放弃或让渡的权利，最终实现承发包双方的共赢和项目价值的提升；而信任能够稳定预期，是业主愿意在缔约时放弃或让渡部分权利的前提与基础。业主对承包商较高水平的初始信任形成于资格预审过程中对外部信号（承包商资格预审资料）的判断，然而工程项目非重复博弈的特征使得这些外部信号不可避免地打上机会主义的烙印。鉴于宋媚和张朋柱（2013）采用多重中介效应检验证实了在电子政务环境下，特别是共享信息的双方缺乏充分接触的过程中，信任传递作用依然发生（宋媚和张朋柱，2013）。本书认为，工程项目资格预审的优化可借鉴电子商务与市场营销中基于公钥基础设施（public key infrastructure，PKI）的推荐信任传递路径（Lekkas，2003）。特别是在目前我国承包商能力相差不多的情况下，主管部门或行业协会构建起基于 PKI 的推荐信任传递路径后[①]，能够有效降低业主的信息搜寻和辨识成本，形成

---

① 理想的 PKI 平台应搜集并发布两类信息，即硬性指标和软性指标。前者包括资质认证、奖项评选、行业排名等情况，后者包括失信行为记录和守信行为记录。然而，目前我国建筑市场欠缺守信行为记录部分。主管部门或行业协会构建基于 PKI 的推荐信任传递路径的目的在于，搜集已完工工程项目中业主对承包商守信行为的客观评价，并将此信息传递给后续工程项目的业主，以支持其资格预审工作的高效进行。

更适当的初始信任水平。

15.4.2 研究局限与未来研究方向

本章仍存在以下不足之处。首先，工程项目中所关注的承包商公平感知是承发包合同签订时的，而非本次交易结束时的，致使其测量量表与供应链、战略联盟中的有一定差异，特别是程序公平部分；为此，本章根据程序公平的概念，分析了 13 合同、《中华人民共和国标准施工招标文件（2007 年版）》、《FIDIC 施工合同条件（1999 年第 1 版）》进行工程领域程序公平测量条款的设计，虽然在一定程度上降低了被试者回答问卷中各个题项的难度，但由于上述 3 个文件包含的内容太多且主要适用于 DBB 模式下的工程建设项目，致使该测量量表不够全面且适用范围有限；本章仅是对承包商公平感知的初步研究，秉持了以点带面、抓大放小的原则，后续研究应致力于开发更加全面、准确的承包商公平感知测量量表，并应考虑开发其他模式下的工程项目代理方（如 PPP 项目的投资人、EPC 项目的总承包商等）公平感知的测量量表。其次，本章的自变量应为资格预审阶段的实时数据，中介变量应为缔约时的实时数据，因变量应为施工阶段或竣工验收阶段的实时数据，但因成本、时间等条件限制，本章用资格预审评价得分作为初始信任部分数据，后两者均采用截面研究的方法，致使研究结论的说服力相对较弱；在后续研究中希望有机会通过追踪研究不断积累样本数据，对理论模型进行更有说服力的实证检验。

本篇参考文献

蔡昊雯，史会斌，李垣. 2012. 程序公平和分配公平对联盟承诺的影响：基于中国医院联盟的实证研究. 管理评论，(3)：157-163，170.

曹启龙，盛昭瀚，周晶，等. 2016. 公平偏好下 PPP 项目多任务激励问题研究. 预测，35(1)：75-80.

曹元坤，占小军. 2003. 激励理论研究现状及发展. 当代财经，(12)：57-61.

陈兆波，孙嘉轶，滕春贤，等. 2013. 考虑公平关切的供应链协调策略研究. 统计与决策，(13)：48-51.

丁川，王开弘，冉戎. 2013. 基于公平偏好的营销渠道合作机制研究. 管理科学学报，16(8)：80-94.

董志强. 2011. 我们为何偏好公平：一个演化视角的解释. 经济研究，(8)：65-77.

杜楠，张闯，高洁. 2013. 渠道权力应用与满意：感知公平的作用. 营销科学学报，(1)：90-104.

杜少甫，杜婵，梁樑，等. 2010. 考虑公平关切的供应链契约与协调. 管理科学学报，(11)：41-48.

杜亚灵，李会玲，柯洪. 2014. 工程项目中业主初始信任对合作的影响研究：承包商公平感知的中介作用. 管理学报，11(10)：1542-1551.

杜亚灵，李会玲，柯洪. 2016. 中国情境下工程项目中承包商公平感知量表的开发与验证. 系统管理学报，25(1)：165-174.

杜亚灵，唐海荣. 2012. 合同治理对 BT 项目投资控制的案例研究. 北京理工大学学报(社会科学版)，(5)：71-77.

杜亚灵，闫鹏. 2014. PPP 项目中初始信任形成机理的实证研究. 土木工程学报，47(4)：115-124.

杜亚灵，尹贻林. 2012. 公共项目管理绩效改善研究的范式变革. 工程管理学报，(1)：39-44.

杜玉申，马方园，张金玉. 2012. 公平感知和效率感知对供应链合作关系稳定性的影响——以环境不确定性为调节变量. 企业经济，(10)：43-47.

高展军. 2013. 依赖不对称渠道中影响战略对公平感知的影响. 华东经济管理，(4)：168-172.

高展军，江旭. 2016. 联盟公平的工具效应及其对合作绩效的影响——被中介的调节效应研究. 南开管理评论，(2)：145-156.

高展军，王龙伟. 2013. 联盟契约对知识整合的影响研究——基于公平感知的分析. 科学学与科学技术管理，（7）：95-103.
何湘波. 2010. 基于模糊综合评价法的建设工程项目质量风险管理. 经济师，（2）：281-282.
胡箭. 2013. 组织公平、人际冲突与反生产行为的关系：心理韧性的调节作用. 杭州：浙江大学硕士学位论文.
黄健柏，徐珊，刘笃池. 2013. 公平偏好下纳入股权激励的双重委托代理模型研究. 软科学，（5）：124-129.
李红玲，钟书华. 2001a. 企业技术联盟成本及其分配. 科研管理，（4）：92-98.
李红玲，钟书华. 2001b. 企业技术联盟效益及其分配. 科学学与科学技术管理，22（6）：7-11.
李红玲，钟书华. 2002. 企业技术联盟的公平分配. 华中科技大学学报（人文社会科学版），16（1）：48-51.
李真，孟庆峰，盛昭瀚，等. 2012. 工程质量优化的承包商群体激励效率演化分析. 中国管理科学，（3）：112-121.
刘鹏程. 2010. 工程合同的分析与管理. 石油化工设计，（4）：56-58.
刘思强，杨伟文，叶泽. 2013. 基于公平视角的买方垄断市场信任机制实证研究——以发电市场为例. 财经理论与实践，（5）：112-115.
刘晓峰，陈通，张连营. 2006. 基于微粒群算法的工程项目质量、费用和工期综合优化. 土木工程学报，（10）：122-126.
罗伯特·阿克塞尔罗德. 2007. 合作的进化（修订版）. 吴坚忠译，上海：上海人民出版社.
吕姝仪. 2009. 我国投资银行业集中度测算及分析. 北方经贸，（5）：105-106.
吕文学，李智. 2016. 公平感与关系治理对工程争端谈判中合作行为的影响. 项目管理技术，14（1）：7-13.
马庆国. 2004. 管理科学研究方法与研究生学位论文的评判参考标准. 管理世界，（12）：99-108，145.
孟庆峰，盛昭瀚，李真. 2012. 基于公平偏好的供应链质量激励机制效率演化. 系统工程理论与实践，（11）：2394-2403.
庞荣辉，李建标. 2011. 团队的决策程序公正与决策质量分析. 科学学与科学技术管理，（5）：157-163.
钱丽萍，杨翩翩. 2010. 渠道关系中公平和知识转移间的关系研究. 科学管理研究，（4）：89-93.
施丽芳，廖飞，丁德明. 2012. 个人声誉关注作为心理不确定的缓解器：程序公平—合作关系下的实证研究. 管理世界，（12）：97-114.
史会斌. 2010. 战略联盟中公平的概念、形成和作用研究评述. 科学与管理，（1）：16-19.
史会斌，李垣. 2008. 基于公平理论的联盟管理研究评述. 科学学与科学技术管理，（4）：161-168.

史会斌，吴金希. 2013a. 联盟中组织公平反应行为变化的实证研究——基于市场地位与制度环境共同作用下. 工业技术经济，（8）：58-67.

史会斌，吴金希. 2013b. 个人关系对联盟中企业公平感形成的影响研究. 工业技术经济，（2）：3-12.

舒斯亮. 2015. 基于公平关切的服务供应链运营策略研究. 南昌：江西财经大学博士学位论文.

宋媚，张朋柱. 2013. 基于征信系统的信任转移研究. 系统管理学报，（5）：593-601.

孙成双，王要武. 2003. 建设项目动态风险分析方法研究. 土木工程学报，36（3）：41-45.

孙艳. 2010. 建设项目工程变更中的风险控制与管理. 北京：北京邮电大学硕士学位论文.

谭佳音，李波. 2013. 公平关切对批发价格契约协调效果的影响. 预测，（3）：65-69.

万玲，余晓钟. 2010. 基于 EPC 的石油工程项目伙伴关系管理模式研究. 石油工业技术监督，（5）：9-13.

王华，尹贻林. 2004. 基于委托-代理的工程项目治理结构及其优化. 中国软科学，（11）：93-96.

王磊，成克河，王世伟. 2012. 考虑公平关切的双渠道供应链定价策略研究. 中国管理科学，20：563-568.

王璐，高鹏. 2010. 扎根理论及其在管理学研究中的应用问题探讨. 外国经济与管理，（12）：10-18.

王锡锌. 2001. 行政过程中相对人程序性权利研究. 中国法学，（4）：75-90.

王毅杰，冯显杰. 2013. 农民工分配公平感的影响因素分析. 社会科学研究，（2）：98-104.

文宏. 2014. 中国政府推进基本公共服务的注意力测量——基于中央政府工作报告（1954—2013）的文本分析. 吉林大学社会科学学报，54（2）：20-26.

吴建南，马亮，杨宇谦. 2007. 中国地方政府创新的动因、特征与绩效——基于“中国地方政府创新奖”的多案例文本分析. 管理世界，（8）：43-51.

武志伟，陈莹. 2010. 关系公平性、企业间信任与合作绩效——基于中国企业的实证研究. 科学学与科学技术管理，（11）：143-149.

肖晖. 2004. 论程序权利和实体权利的同一性——兼论程序价值的非独立性. 云南大学学报（法学版），（1）：56-61.

肖静华，谢康，吴瑶，等. 2015. 从面向合作伙伴到面向消费者的供应链转型——电商企业供应链双案例研究. 管理世界，（4）：137-154.

肖玉明. 2009. 考虑利润分配公平性的供应链激励模型. 预测，（1）：42-47.

严玲，邓娇娇，严敏，等. 2016. 工程项目管理研究中的实验研究方法：以承包人履约行为实验为例. 工程管理学报，30（1）：87-92.

严玲，尹贻林. 2006. 公共项目治理. 天津：天津大学出版社.

严敏，高海超，严玲. 2012. 基于风险分担的代建服务报酬激励机制研究. 华东经济管理，（3）：128-132.

晏艳阳，金鹏. 2014. 公平偏好下的多任务目标与国企高管薪酬激励. 中国管理科学，（7）：82-93.

杨俊芳. 2013. DBB 与 EPC 模式下施工合同经济性的影响因素研究. 西安：西安建筑科技大学硕士学位论文.

杨屹，林宣雄，陈伟. 2003. 动态联盟合作伙伴间收益分配模型及其求解方法的研究. 数量经济技术经济研究，（11）：5-8.

张涵，康飞，赵黎明. 2015. 联盟网络联系、公平感知与联盟绩效的关系——基于中国科技创业联盟的实证研究. 管理评论，（3）：153-162.

章鑫，黄贻平，方东平. 2006. 业主对工程项目安全绩效影响的定量研究. 土木工程学报，39（3）：123-128.

赵红丹，彭正龙. 2012. 基于扎根理论的强制性公民行为影响因素研究. 管理评论，（3）：132-139.

周浩，龙立荣. 2015. 参照对象信息对分配公平感的影响：攀比效应与虚荣效应. 华东师范大学学报（教育科学版），（2）：75-81.

邹声和. 2013. 施工合同显失公平条款的防范. 建筑经济，（8）：59-61.

Adams J S. 1965. Inequity in social exchange. Advances in Experimental Social Psychology，2：267-299.

Adler T R. 2005. The swift trust partnership：A project management exercise investigating the effects of trust and distrust in outsourcing relationships. Journal of Management Education，29（5）：714-737.

Aibinu A A，Ofori G，Ling F Y Y. 2008. Explaining cooperative behavior in building and civil engineering projects' claims process：Interactive effects of outcome favorability and procedural fairness. Journal of Construction Engineering and Management，134（9）：681-691.

Ariño A，Ring P S. 2010. The role of fairness in alliance formation. Strategic Management Journal，31（10）：1054-1087.

Boyd D E，Spekman R E，Kamauff J W，et al. 2007. Corporate social responsibility in global supply chains：A procedural justice perspective. Long Range Planning，40：341-356.

Burnes B，Coram R. 1999. Barriers to partnerships in the public sector：The case of the UK construction industry. Supply Chain Management，4（3）：43-50.

Chen F Q，Fan L C. 2006. Analysis on stability of strategic alliance：A game theory perspective. Journal of Zhejiang University Science，7（12）：1995-2001.

Cheung S O，Ng T S T，Wong S P，et al. 2003. Behavioral aspects in construction partnering. International Journal of Project Management，21（5）：333-343.

Cheung S O，Wong W K，Yiu T W，et al. 2011. Developing a trust inventory for construction contracting. International Journal of Project Management，29（2）：184-196.

Cui T H，Raju J S，Zhang Z J. 2007. Fairness and channel coordination. Management

Science，53（8）：1303-1314.

Dinesh A M，Albert L L. 2014. Autonomy and procedural justice in strategic systems planning. Information Systems Journal，24（1）：29-59.

Doz Y L. 1996. The evolution of cooperation in strategic alliances：Initial conditions or learning processes？ Strategic Management Journal，17（S1）：55-83.

Ellis K M，Reus T H，Lamont B T. 2009. The effects of procedural and informational justice in the integration of related acquisitions. Strategic Management Journal，30（2）：137-161.

Eriksson P E，Westerberg M. 2011. Effects of cooperative procurement procedures on construction project performance：A conceptual framework. International Journal of Project Management，29（2）：197-208.

Gandomani T J，Zulzalil H，Ghani A A A，et al. 2015. The impact of inadequate and dysfunctional training on Agile transformation process：A grounded theory study. Information & Software Technology，57：295-309.

Gassenheimer J B，Houston F S，Davis J C. 1998. The role of economic value，social value，and perceptions of fairness in interorganizational relationship retention decisions. Journal of the Academy of Marketing Science，26（4）：322-337.

Griffith D A，Harvey M G，Lusch R F. 2006. Social exchange in supply chain relationships：The resulting benefits of procedural and distributive justice. Journal of Operations Management，24（2）：85-98.

Hart O，Moore J. 1988. Incomplete contracts and renegotiation. Econometrica，56（4）：755-785.

Jin X H，Doloi H. 2008. Interpreting risk allocation mechanism in public-private partnership projects：An empirical study in a transaction cost economics perspective. Construction Management & Economics，26（7）：707-721.

Kimberly M E，Taco H R，Bruce T L. 2009. The effects of procedural and informational justice in the integration of related acquisitions. Strategic Management Journal，30（2）：137-161.

Kulik C T，Ambrose M L. 1992. Personal and situational determinants of referent choice. Academy of Management Review，17（2）：212-237.

Lam K C，Wang D，Lee P T K，et al. 2007. Modelling risk allocation decision in construction contracts. International Journal of Project Management，25（5）：485-493.

Lau E，Rowlinson S. 2009. Interpersonal trust and inter-firm trust in construction projects. Construction Management & Economics，27（6）：539-554.

Lau E，Rowlinson S. 2011. The implications of trust in relationships in managing construction projects. International Journal of Managing Projects in Business，4（4）：633-659.

Lekkas D. 2003. Establishing and managing trust within the public key infrastructure. Computer

Communications，26（16）：1815-1825.

Leung K，Kwong J Y Y. 2003. Human resource management practices in international joint ventures in mainland China：A justice analysis. Human Resource Management Review，13（1）：85-105.

Levine J M，Moreland R L. 1987. Social comparison and outcome evaluation in group contexts//Masters J C，Smith W P. Social Comparison，Social Justice，and Relative Deprivation：Theoretical，Empirical，and Policy Perspectives，Hillsdale：Lawrence Erlbaum Associates：105-127.

Lind E A. 2001. Fairness heuristic theory：Justice judgments as pivotal cognitions in organizational relations//Greenbery J，Cropanzano R. Advances in Organizational Justice，Palo Alto：Stanford University Press：56-88.

Liu Y，Huang Y，Luo Y D，et al. 2012. How does justice matter in achieving buyer-supplier relationship performance? Journal of Operations Management，30（5）：355-367.

Loch C H，Wu Y Z. 2008. Social preferences and supply chain performance：An experimental study. Management Science，54（11）：1835-1849.

Love P E D，Davis P R，Chevis R，et al. 2011. Risk/reward compensation model for civil engineering infrastructure alliance projects. Journal of Construction Engineering and Management，137（2）：127-136.

Love P E D，Liu J X，Matthews J，et al. 2015. Future proofing PPPs：Life-cycle performance measurement and Building Information Modelling. Automation in Construction，56：26-35.

Lu S K，Hao G. 2013. The influence of owner power in fostering contractor cooperation：Evidence from China. International Journal of Project Management，31（4）：522-531.

Lui S S，Ngo H Y. 2004. The role of trust and contractual safeguards on cooperation in non-equity alliances. Journal of Management，30（4）：471-485.

Luo Y D. 2005. How important are shared perceptions of procedural justice in cooperative alliances? Academy of Management Journal，48（4）：695-709.

Luo Y D. 2007a. The independent and interactive roles of procedural，distributive，and interactional justice in strategic alliances. Academy of Management Journal，50（3）：644-664.

Luo Y D. 2007b. An integrated anti-opportunism system in international exchange. Journal of International Business Studies，38（6）：855-877.

Luo Y D. 2008. Procedural fairness and interfirm cooperation in strategic alliances. Strategic Management Journal，29（1）：27-46.

Luo Y D. 2009a. From gain-sharing to gain-generation：The quest for distributive justice in international joint ventures. Journal of International Management，15（4）：343-356.

Luo Y D. 2009b. Are we on the same page? : Justice agreement in international joint ventures. Journal of World Business，44（4）：383-396.

Meng X H. 2016. The effect of relationship management on project performance in construction. International Journal of Project Management，30（2）：188-198.

Ming Y，Grabot B，Houé R. 2014. A typology of the situations of cooperation in supply chains. Computers & Industrial Engineering，67：56-71.

Mirchandani D A，Lederer A L. 2013. Autonomy and procedural justice in strategic systems planning. Information Systems Journal，24（1）：29-59.

Oldham G R，Kulik C T，Stepina L P，et al. 1986. Relations between situational factors and the comparative referents used by employees. Academy of Management Journal，29（3）：599-608.

Oliver C. 1991. Strategic responses to institutional processes. Academy of Management Review，16（1）：145-179.

Pinto J K，Slevin D P，English B. 2009. Trust in projects：An empirical assessment of owner/contractor relationships. International Journal of Project Management，27（6）：638-648.

Schoorman F D，Mayer R C，Davis J H. 2007. An integrative model of organizational trust：Past，present，and future. Academy of Management Review，32（2）：344-354.

Smith R H. 2000. Assimilative and contrastive emotional reactions to upward and downward social comparisons//Suls J，Wheeler L. Handbook of Social Comparison. Boston：Springer.

Turner J R，Simister S J. 2003. Project contract management and a theory of organization. International Journal of Project Management，19：457-464.

Tyssen A K，Wald A，Spieth P. 2013. Leadership in temporary organizations：A review of leadership theories and a research agenda. Project Management Journal，44（6）：52-67.

Walter J，Kellermanns F W，Lechner C. 2012. Decision making within and between organizations：Rationality，politics，and alliance performance. Journal of Management，38（5）：1582-1610.

Wei H L，Wong C W Y，Lai K. 2012. Linking inter-organizational trust with logistics information integration and partner cooperation under environmental uncertainty. International Journal of Production Economics，139（2）：642-653.

Williamson O E. 1996. Transaction cost economics and the Carnegie connection. Journal of Economic Behavior & Organization，31（2）：149-155.

Yilmaz C，Sezen B，Kabadayi E T. 2004. Supplier fairness as a mediating factor in the supplier performance-reseller satisfaction relationship. Journal of Business Research，57（8）：854-863.

Zaghloul R，Hartman F T. 2003. Construction contracts：The cost of mistrust. International Journal of Project Management，21（6）：419-424.

第四篇

PPP项目中公平的实现

PPP 项目履约绩效的改善乃至项目的成功需要良好的合作关系，而良好的合作关系是以提高私人部门的公平感知为前提的。如前所述，公平感知是一个多维度的构念，其中分配公平最早被识别且被认为是最重要的维度。分配公平是指当事人在交易关系中所获得的回报（即收益）与其贡献（即承担的风险）对等。因此，PPP 项目中的公平最终是通过获得与其所承担的风险相匹配的利益，或者承受与其所承担的风险相匹配的损失来实现的。本篇选取了 3 个比较有代表性的问题，秉持公平原则探讨这些问题的解决方法：①综合管廊 PPP 项目中地质条件风险的损失责任分担问题，探讨如何将地质条件风险在公私双方之间进行合理分担，并据此确定政府部门应承担的损失，这部分损失是政府部门应对作为投资人的社会资本来进行补偿的；②因政府方原因导致 PPP 项目无法按期开始运营的赔偿问题，探讨如何具体确定该种情况下政府部门对社会资本应尽的补偿；③PPP 项目中的超额利润分享：基于公平的分成确定问题，探讨如何基于风险分担、投资占比来确定固定式超额利润分成，以及如何基于同期、同行业、同类型的其他 PPP 项目来确定某 PPP 项目的阶梯式超额利润分成，其中前者是一种纵向比较，后者则是一种横向比较，而公平这一社会比较过程通常混合了上述的两种比较。

第16章　综合管廊PPP项目中地质条件风险的损失责任分担

综合管廊多位于城市地下，其建设过程极易受地质条件风险的影响，且地质条件风险一旦发生，不仅会直接增加综合管廊工程的施工难度和施工成本，严重时还会导致项目被迫中断甚至提前终止。因此，合理分担地质条件风险的损失责任是保护公私双方利益、保障综合管廊PPP项目顺利实施的有效途径。然而，现有文献对PPP项目中地质条件风险的分担方式还存在较大争议，且对这类风险引起的具体损失内容提及较少。鉴于此，本章将依据常用的风险分担原则，确定综合管廊PPP项目中地质条件风险的分担方案。在此基础上，对地质条件风险的损失进行识别，并明确政府部门应承担的损失部分。

16.1　研究背景

16.1.1　现状分析

1. 我国政策驱动PPP模式在城市综合管廊建设中的应用

随着我国城市化进程的加快，以直埋管线为主的传统建设方式弊端日益突出，许多城市内涝、管道泄漏爆炸、路面塌陷等事故频频发生，严重影响了城市形象以及城市的运行秩序，威胁着城市居民的生命财产安全（王恒栋，2017）。而综合管廊是将给水、排水、电力、热力、燃气、通信、广播电视等多种市政公用管线，集中敷设在一个地下公用隧道空间内的市政基础设施，其能够解决传统方式处理市政管线所带来的道路反复开挖、架空线网密集、管网建设和管理混乱、管线事故频发等问题，实现对市政管线的集中管理和维护，保障城市与居民安全。国外的综合管廊建设已有 180 多年的历史，其技术水平已经相对成熟，而我国综合管廊建设起步晚，直到 1958 年才建成第一条综合管廊。自《国务院关于加强城市基础设施建设的意见》（国发〔2013〕36 号）中明确提出“开展城市地下综合管廊试点”以来，各部委相继颁布的一系列政策法规，使得我国综合管廊建设开始呈现出蓬勃发展的趋势；2015 年 8 月，国务院下发了《国务院办公厅关于推进城市地下综合管廊建设的指导意见》（国办发〔2015〕61 号），鼓励以 PPP 模式全面推进综合管廊建设。在强大的国家政策驱动下，综合管廊项目数量不断增加、规模不断扩大。据不完全统计，截至 2016 年，占总数 75%的综合管廊项目都采用了 PPP 模式（油新华，2018）；到 2016 年末，我国已成为世界上综合管廊建设规模最大的国家（油新华，2017）。

2. 地质条件风险是城市综合管廊建设过程中面临的重要风险

综合管廊多位于城市地下，是城市地下空间建设的一种。综合管廊和我国地下空间的具体特点决定了地质条件是综合管廊建设过程中面临的重要风险（表 16-1）。综合管廊项目设计建造难度大、项目质量要求高，一旦发生地质条件风险，会增加项目预期的不确定性，对其投资者造成重大的利益损失。例如：贵州省六盘水市地下综合管廊建设总长 39.8 公里，于 2015 年 7 月开工建设，计划于 2017 年 7 月建成，估算项目总投资 29.94 亿元，其中中央财政专项补助资金 9 亿元、地方政府配套资金 2 亿元、引入的中国建筑股份有限公司社会资金 18.94 亿元（苗战中，2016）；六盘水市是山地城市，喀斯特地形广布，其地形复杂、地质状况多变。由于综合管廊施工段内出现熔岩地质发育、地下水位高、溶洞溶槽等各种不利地质条件，其平均每公里建设成本超过了 1.2 亿元，最终该工程于 2018 年 5 月完工，工期延长了近 10 个月。

表 16-1　综合管廊与我国地下空间的特点

	综合管廊	我国地下空间
特点	①位于城市地下，有一定的隐蔽性； ②覆盖面积广，具有广延性； ③空间跨度大，主要位于地下空间的浅层和中层，埋深位于地下 3～15 米（李林峰，2015）； ④对水的敏感性高，综合管廊内纳入多种市政管线，防水要求较高	①地下信息数据不全、不准； ②工程地质条件难以掌握，地质环境复杂，具有一定的不确定性（潘朝等，2013）； ③地面及地下建（构）筑物分布密集，工程活动频繁
结论	综合管廊工程易受地质条件影响	地下工程建设中遇到地质条件风险的概率较大

3. 综合管廊 PPP 项目中地质条件风险的分担仍存在较大争议

在 CNKI 中分别以“PPP”和“综合管廊”为主题检索，发表时间锁定在 2010～2019 年，再在结果中以“地质条件风险”为主题进一步检索，并未查到任何文献；适当扩大检索范围，搜集了产业新城、轨道交通等其他行业 PPP 项目地质条件风险相关的文献。在选取文献时，由于地质条件风险的资料有限，还参考了与地质条件风险的内容性质相近的其他风险，如地下情况不明、不良地质、水文地质风险、不利物质条件、地质条件不佳、气候地质条件、自然风险等，最终整理分析得到表 16-2。

表 16-2　PPP 项目中有关地质条件风险的文献分析

序号	文献	工程类型	涉及风险	风险的界定	风险分担		
					社会资本	双方共担	政府部门
1	李欣（2018）		地质条件风险	合理勘测外的地质问题（如工程建设用地上发现古墓及遗址、化石、考古文物、艺术历史遗物以及具有考古学、地质学和历史意义的任何其他物品）影响到项目的执行的风险		√	
2	涂苋苋（2018）	综合管廊	气候地质条件	项目建设中实际场地的气候环境、现场环境及地质勘探结果的风险	√		
3	赵争（2018）	综合管廊	不良地质条件	项目建设过程中，发生地质条件异常情况使项目工期延长甚至项目中止的风险	√		
4	马世骁等（2018）	综合管廊	地质条件不佳				√
5	段泳仲（2019）	综合管廊	不利地质、地下情况不明	地下情况不明风险是指在地下空间施工时碰到暗河、古墓、文物等的风险			
6	赵丹等（2018）	综合管廊	地质风险	由于地质条件、渗水或者其他原因导致的施工安全、施工不合格的风险			
7	薛璐（2017）	产业新城	自然风险			√	
8	晋雅芳（2017）	综合管廊	自然环境风险	自然发生意外或变化，对项目造成直接的、巨大的影响，其中包括不可抗力等风险因素		√	
9	薛琳靖（2017）	综合管廊	不利物质条件	项目建设中遇到地下溶洞、地下障碍物等的风险			√
10	吴迪（2017）	轨道交通	不利地质风险			√	
11	张谛（2017）	恐龙公园	地质条件风险			√	
12	邵丹丹（2017）	综合管廊	地质条件风险			√	

续表

序号	文献	工程类型	涉及风险	风险的界定	风险分担		
					社会资本	双方共担	政府部门
13	韩懿（2016）	综合管廊	地下情况不明风险	地下情况（包括文物分布情况等）难以详细掌握，不确定的地下情况使项目建设不能按既定方案实施			
14	付思宇（2016）	水下隧道	水文地质风险	通常包括不良地质发育、水文地质勘察不准确两个方面的风险			
15	柯永建（2010）		水文/地质条件风险	项目所在地客观存在的恶劣自然条件，如特殊的地理环境、气候条件和恶劣的现场条件等		√	
合计/篇				11	2	7	2

由表 16-2 的统计结果可知，PPP 项目中的地质条件风险及与其相似的其他风险的分担还存在争议。柯永建等（2008a）通过分析政府部门提供的风险分担建议、PPP 项目的案例以及问卷调查和专家访谈结果，也得出了地质条件风险的分担仍存在较大争议的结论。明确风险分担是划分风险造成的损失责任的基础，因此在对综合管廊 PPP 项目中地质条件风险引起的损失进行分担之前，有必要对地质条件风险的分担方案进行确定。

4. 合理的损失责任分担是保护社会资本利益、维护公私双方良好合作关系的关键

PPP 项目的本质在于借助社会资本的资金、竞争与创新潜能来改善公共产品的供给效率，其基本特征即公私双方利益共享、风险共担。因此，营造公平环境、兼顾合作各方利益是 PPP 项目顺利开展的关键。PPP 实践中，公私双方对公平表现出极大的关注，利益均衡过程就是各方感知公平和追求公平的过程（孙春玲和徐叠元，2015）。社会资本参与综合管廊 PPP 项目是为了得到高于机会成本的经济效益，实现自身利润的最大化（代仁强等，2018）。但由于地质问题复杂且与综合管廊工程关系密切，地质条件风险一旦发生，会严重损害社会资本的利益（张之梁，2013）。若由社会资本方单独承担这种无法估量损失额度的地质条件风险，则会造成公私双方的利益冲突，导致 PPP 项目中合作关系破裂，甚至严重打击社会资本方参与 PPP 项目的积极性（侯陈心，2017）。因此，合理分担地质条件风险引起的损失是保护公私双方自身利益、追求公平的有效方式。

综上所述，对综合管廊 PPP 项目中地质条件风险的损失责任分担进行专项研究具有一定的理论价值和重要的现实意义。其研究成果在实践中的应用：①有利于社会资本获取合理收益，保障其合法权利，提高其投资热情；②能有效减少公私双方的经济纠纷，使政府部门更加平等地与社会资本合作，提升政府的职能效率，维持政府部门良好的公众形象；③有利于维护公私双方的良好合作伙伴关系，达到双赢效果；④有利于推进 PPP 模式在我国综合管廊建设中的广泛应用，切实保障综合管廊的高质量发展。

16.1.2　研究逻辑

综合管廊 PPP 项目中地质条件风险的损失责任分担问题可分解为两个关键问题：地质条件风险分担问题，以及在此基础上的损失分担问题。

1. 关键问题一：综合管廊 PPP 项目中地质条件风险的分担

风险分担有风险分别承担和风险共同承担两种含义：前者是指某一风险由公私双方中的一方全部承担，重在界定该风险明确的、独立的归属；后者是指某一风险在公私双方之间以某一比例共同承担，涉及确定此风险在公私双方之间责任损失的分摊问题（杜亚灵和尹贻林，2011）。进行风险分担需要遵循一定的原则。目前，学术界认可度比较高的 3 项风险分担原则为：由对风险最有控制力的一方控制相应的风险、承担的风险程度与所得回报相匹配、承担的风险要有上限（刘新平和王守清，2006）。事实上，156 号文指出，在设置 PPP 项目合同条款时要遵循的 5 项风险分担基本原则[①]，以及 113 号文提出的风险分担要遵循风险分配优化、风险收益对等和风险可控等原则。156 号文的 5 项风险分担基本原则本质上是 113 号文提出的 3 项风险分担原则的具体化。该问题的解决思路即：依据最有控制力原则，首先分析在综合管廊 PPP 项目中与地质条件风险高度相关工作的承担主体；在此基础上，将地质条件风险进行分解，并依据最有控制力方承担、风险承担要有上限、风险与收益对等 3 项风险分担原则分别讨论各细分风险的分担问题。

① 具体包括：承担风险的一方应该对该风险具有控制力；承担风险的一方能够将该风险合理转移（例如通过购买相应保险）；承担风险的一方对控制该风险有更大的经济利益或动机；由该方承担该风险最有效率；如果风险最终发生，承担风险的一方不应将由此产生的费用和损失转移给合同相对方。

2. 关键问题二：综合管廊 PPP 项目中地质条件风险的损失分担

依据风险收益对等原则，综合管廊 PPP 项目中地质条件风险的损失分担应与其风险分担结果相匹配，而损失的范围取决于当事人采取的地质条件风险应对措施。因此，本章将针对各个地质条件风险的细分，分析其风险结果和应对措施；将上述应对措施分类，分析每一类应对措施所产生损失的范围，据此给出各项损失的确定方法；最终，汇总得出公私双方各自应承担的损失。

本章的研究逻辑思路如图 16-1 所示。

16.2 综合管廊 PPP 项目中勘察工作的承担主体分析

对于 PPP 这种伙伴性质的交易关系来说，风险分担的最重要原则即最有控制力方承担，然而现阶段我国综合管廊 PPP 项目中地质条件风险的最有控制力方不甚明确；因此，在对地质条件风险进行风险分担之前，有必要先对综合管廊项目建设实施过程中与该风险高度相关的工作进行识别，并确认该工作的承担主体。

16.2.1 与地质条件风险高度相关工作的识别

综合管廊工程涉及管线众多，铺设范围极广，建设一条综合管廊通常需要消耗大量的人力、物力、财力，《国务院办公厅关于推进城市地下综合管廊建设的指导意见》（国办发〔2015〕61 号）中明确提出，各城市人民政府在进行综合管廊建设前必须要先进行综合管廊工程规划。虽然综合管廊工程是市政工程中的一种，但是综合管廊项目多建于城市地下，其在施工流程上与一般市政工程存在较大的差异。张红（2016）根据地方和国家的最新标准总结了综合管廊的建设施工流程：①测量定位，是指在工程前期准备阶段获取的数据基础上对综合管廊进行定位；②方案制定；③开挖土方；④验槽，即检验已开挖好的基坑标高；⑤整层及主体结构施工，即根据设计图纸，建

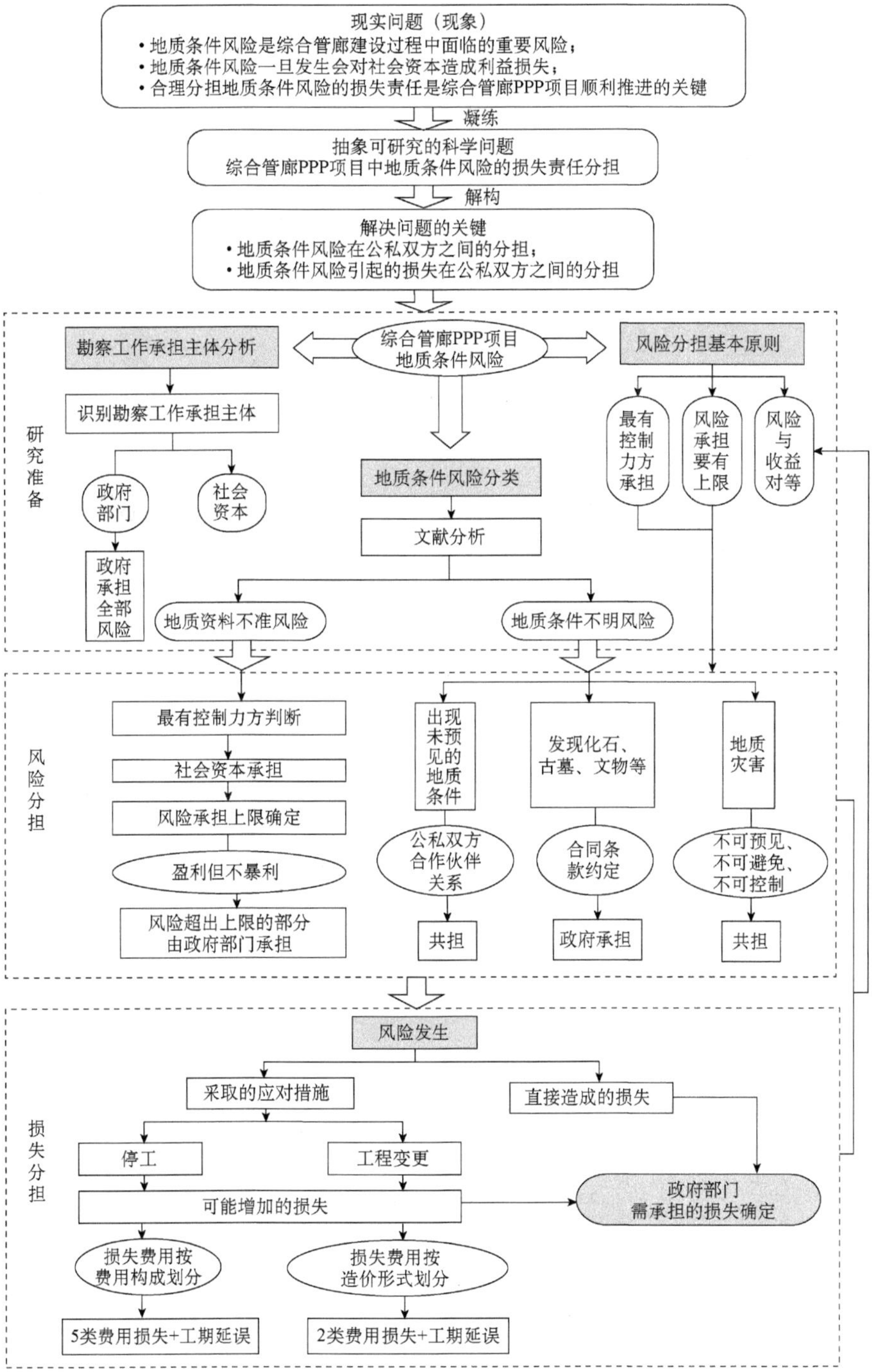

图 16-1　本章研究逻辑图

设综合管廊的垫层和主体结构；⑥防水保温施工；⑦土方回填；⑧二次结构及水电安装。鉴于以上综合管廊项目和一般市政工程存在的不同之处，为了便于识别综合管廊项目实施过程中与地质条件风险密切相关的工作内容，本章参考2016年中国城市规划学会工程规划学术委员会年会报告，对综合管廊项目前期准备进行了工作分解，详见图16-2。

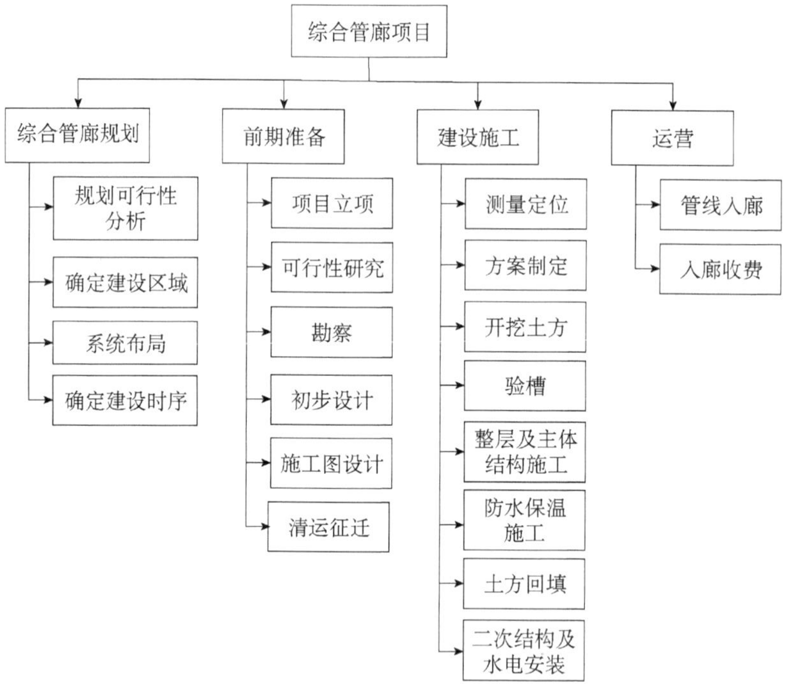

图16-2 综合管廊项目工作分解

由图16-2可知，综合管廊项目实施过程中涉及地质条件情况调查分析的工作主要有以下2个。

1. 综合管廊规划

由《城市地下综合管廊工程规划编制指引》（建城〔2015〕70号）明确提的“根据城市经济、人口、用地、地下空间、管线、地质、气象、水文等情况，分析管廊建设的必要性和可行性”可知，综合管廊规划只是用于指导城市人民政府实施管廊工程建设，其中虽涉及对城市地下空间、管线、地质、水文等情况，但其目的旨在分析该地区建设综合管廊建设的必要性和可行性，并不会引起地质条件风险。

2. 勘察

根据《市政工程勘察规范》（CJJ 56—2012）、《岩土工程勘察规范》（GB 50021—2001）和《关于印发〈吉林省城市综合管廊工程施工图勘察设计文件编制技术规定纲要（试行）〉的通知》（吉建设〔2015〕20 号）[①]，总结综合管廊项目中勘察工作的主要内容，如图 16-3 所示。由图 16-3 可知，勘察工作中需进行的主要工作内容都有可能会对地质条件风险产生影响，因此在综合管廊项目中与地质条件风险高度相关的工作就是勘察工作。

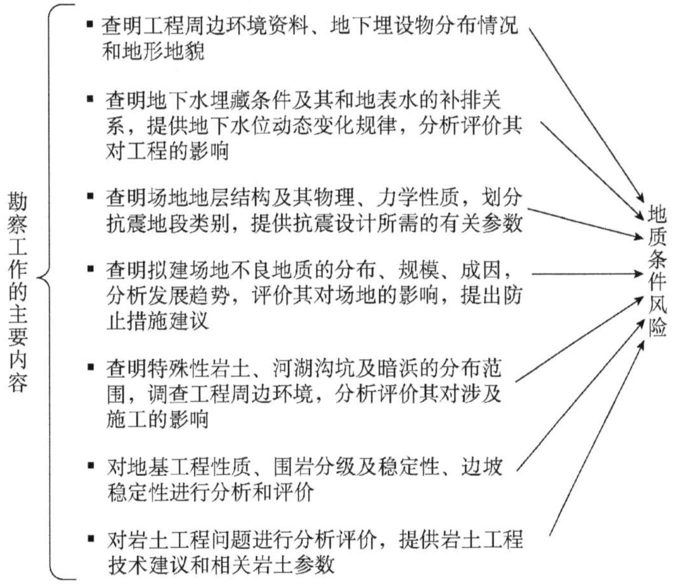

图 16-3　综合管廊项目中勘察工作的主要内容

16.2.2　勘察工作承担主体的识别

为准确地识别出综合管廊 PPP 项目的勘察工作承担主体，本章将 PPP 项目库中所有正处于执行阶段并已公示明确信息的综合管廊国家示范项目进行了归纳整理，发表时间锁定在 2010～2019 年详见表 16-3。由数据统计可知，在国家示范级别的综合管廊 PPP 项目中，勘察工作的承担主体既有社会

① 因为目前还没有专门的综合管廊工程勘察规范文件，所以本章参考了《关于印发〈吉林省城市综合管廊工程施工图勘察设计文件编制技术规定纲要（试行）〉的通知》（吉建设〔2015〕20 号）。

表 16-3　国家示范综合管廊 PPP 项目中勘察工作的承担主体

序号	项目名称	发起时间	总投资/万元	回报机制	涉及勘察工作的合同条款	内容	承担主体	
							政府部门	社会资本
1	石河子地下综合管廊PPP工程	2016	278 672	使用者付费	5.1.4	乙方负责依法选择有资质的设计单位完成项目的勘测、施工图设计工作		√
2	湖北省宜昌市点军区地下综合管廊与市政道路PPP项目	2016	158 751	可行性缺口补助	18.2	项目前期部分工作已由甲方完成，包括项目用地（包括征地拆迁）、规划、环评、可研、勘察、设计、预算造价编制、监理招标及相关的审批手续等	√	
3	山西省寿阳县市政道路、地下综合管廊及配套设施PPP项目	2016	73 875	政府付费	10.1.1	（2）勘察设计根据实施方案以及实际情况，本项目的勘察与设计工作由甲方负责依法选择具备相应资质的勘察设计单位完成	√	
4	云南省文山州文山市城南片区地下综合管廊	2016	686 536	可行性缺口补助	6.1.4	本项目前期工作，除本协议6.1款6.1.1、6.1.2、6.1.3项列明的项目外的其他工作均由乙方负责，并自行承担费用		√
5	云南省昆明市金马路延长线道路及地下综合管廊工程PPP项目	2016	237 403	可行性缺口补助	16.1	（3）在开工日或开工日前，甲方负责完成其他前期工作，包括规划选址、环境影响评价及报批、立项及可研报批、勘察、施工图设计及审查、全过程造价控制单位的选择确定、工程监理单位的选择确定、工程量清单控制价编制备案等		√
6	河北省衡水市深州市恒信路地下综合管廊PPP项目	2016	36 975	可行性缺口补助	5.1.3	除第4.1.6、5.1.1、5.1.2条款规定之外的项目工作由乙方自行负责，相应费用计入总投资，甲方可提供必要的协助		√
7	平潭综合实验区地下综合管廊干线工程（一期）PPP项目	2015	381 800	可行性缺口补助	16.3.1	鉴于本项目的勘察、设计已展开部分工作。勘察、设计由甲方进行委托并签署合同，由甲方负责完成全部勘察和设计工作，相关成果文件提交乙方使用	√	
8	湖北省十堰市地下综合管廊PPP项目	2015	355 000	可行性缺口补助	4.1.1	甲方应在本项目第一阶段工程（机场路东段综合管廊、安阳路综合管廊及风神大道（三期）综合管廊三个分段工程）开工建设前完成可行性研究、勘察设计和施工图设计等前期工作	√	
9	海东市核心区地下综合管廊PPP项目	2015	341 321	可行性缺口补助	4.1.1	甲方应在本项目开工建设前完成可行性研究、勘察设计和施工图设计等前期工作	√	

续表

序号	项目名称	发起时间	总投资/万元	回报机制	涉及勘察工作的合同条款	内容	承担主体	
							政府部门	社会资本
10	白银市地下综合管廊试点项目	2015	223 800	使用者付费	5.1	（d）乙方负责完成项目公司成立后的其他前期工作，包括但不限于投融资缴付或到位、可研报批、勘察、初步设计及审查、施工图设计及审查、选择施工单位，取得项目的各种批准		√
11	云南省保山市地下综合管廊工程 PPP 项目	2015	675 871	可行性缺口补助	3.1.1	甲方负责的工作内容：……（b）组织项目招标工作，确定勘察、设计、监理单位，并对勘察、设计及监理单位工作进行管理	√	
12	中山翠亨新区翠城道北段地下综合管廊及同步建设工程 PPP 项目	2015	274 040	可行性缺口补助	第五章第 32 条	甲方依法委托具有相应资质的勘察、设计单位按照法律法规规定完成本项目的勘察、设计工作，并承担费用	√	
13	湖南省永州市永州大道地下综合管廊建设 PPP 项目	2015	94 800	可行性缺口补助	4.1.1	甲方负责项目前期工作，包括但不限于项目土地规划、立项、测量、可行性研究报告、环境影响评价、地质勘察、初步设计、施工图设计及审查、建设用地规划许可、建设工程规划许可	√	
14	福建省厦门市翔安新机场片区地下综合管廊 PPP 项目	2015	104 137	可行性缺口补助	6.1	（c）甲方负责项目立项、可行性研究、初步设计、海洋环境影响评价、海域使用论证、勘察、环境影响评价、水土保持评价和聘请项目咨询顾问等工作	√	
15	四平市地下综合管廊 PPP 项目	2015	689 577	可行性缺口补助	4.2.10	甲方负责组织项目招标工作，确定勘察、设计、监理单位，并对勘察、设计及监理单位工作进行管理	√	
16	公主岭市 2015～2018 年地下综合管廊建设工程	2015	253 294	可行性缺口补助	5.1.3	除第 4.1.6、5.1.1、5.1.2 条款规定之外的项目工作由乙方自行负责，相应费用计入总投资，甲方可提供必要的协助		√
17	通化市地下综合管廊及道路改造 PPP 项目	2015	437 000	可行性缺口补助	7.4.1	乙方应根据法律的规定，选择具有资质的工程勘察机构和设计单位开展本项目工程的工程勘察、工程设计等工作		√
18	松原市地下综合管廊政府和社会资本合作（PPP）项目	2015	398 168	可行性缺口补助	5.3	在本项目开工建设前，乙方组织勘察单位对本项目进行勘察，充分了解后建管廊部分所涉及土地及其周围的状况，熟悉该等土地的现状（包括地下土层条件），并确认场地的状况适于为完成本合同的目的使用		√

续表

序号	项目名称	发起时间	总投资/万元	回报机制	涉及勘察工作的合同条款	内容	承担主体	
							政府部门	社会资本
19	盘锦辽东湾新区海岛生态住区地下综合管廊一期（一标段）PPP项目	2015	73 292	可行性缺口补助	8.2.2	在开工日或先于开工日，甲方需要负责勘察、监理、招标、场地准备和相关咨询工作	√	
20	河北省沧州市天津路和太原路道路（含地下综合管廊）及绿地工程项目	2015	180 708	可行性缺口补助	4.2.1	甲方已委托沧州市建设投资集团有限公司针对本项目范围内的子项目签订可研编制、勘察、设计、造价咨询、财务审计等相关合同	√	
21	黑龙江省哈尔滨市地下综合管廊PPP项目	2014	251 237	可行性缺口补助	3.1.1	甲方负责的工作内容：……（2）组织项目招标工作，确定勘察、设计、监理单位，并对勘察、设计及监理单位工作进行管理	√	
合计/个		21					13	8

资本又有政府部门；由此得出，在实践中勘察工作的承担主体既有可能是社会资本也有可能是政府部门。

16.3　综合管廊 PPP 项目中地质条件风险的分担

政府部门吸引社会资本参与综合管廊 PPP 项目的主要动力是尽可能地保证社会资本通过参与项目收回投资成本并获得合理回报。因此，政府部门有必要做出承诺，为自己承担的工作和提供的资料负责。叶欣晨等（2018）通过文献分析和 PPP 合同调研发现，在实践中，政府行为风险保证是 PPP 项目中最常用的，并通过专家访谈法得出，在综合管廊这类重大市政工程中，政府部门承担由于自己的疏忽或者错误行为而导致项目发生风险的责任并由此对社会资本作出补偿是极有必要的结论。鉴于此，当勘察工作由政府部门承担时，由勘察工作的疏忽等原因造成的地质条件风险应由政府部门承担。所以，本节研究的主要是社会资本承担勘察工作时地质条件风险分担的问题。

16.3.1　地质条件风险的界定与分类

在综合管廊建设中，地质构造和岩土不仅是综合管廊实体的地基和介质，有时还构成工程实体本身（程向民和张劲，2000），但由于人们对客观世界从浅到深的认识规律以及地下地质条件的复杂性和不确定性，再加上各种勘探技术仪器有限的分辨率和精度，使得无论多么细致的地质勘察工作都只能建立一个粗略的地质模型，不能完全地、准确地反映实际地质条件情况，因此地质条件风险在工程建设中难以避免。

1. 地质条件风险的界定

目前，建筑工程类文件对地质条件风险的概念缺乏明确的界定。为弥补这一缺口，本章对 CNKI 数据库中相关文献已提出的地质条件风险的界定进行整理，详见表 16-4。综合分析表 16-4 中地质条件风险的界定，本章将其界定为：由于对地质条件因素不能完全地、准确地预测，从而可能引起的经济或财务损失的风险。

表 16-4 文献中地质条件风险的界定归纳

序号	文献	地质条件风险的界定
1	李欣（2018）	合理勘测外的地质问题（如工程建设用地上发现古墓及遗址、化石、考古文物、艺术历史遗物以及具有考古学、地质学和历史意义的任何其他物品）影响到项目执行的风险
2	辛欣等（2012）	由地质条件、渗水或者其他原因导致的施工安全、施工不合格的风险
3	李林峰（2015）	在地下空间施工时碰到暗河、古墓、文物等的风险
4	赵争（2018）	项目建设过程中，发生地质条件异常情况使项目工期延长甚至项目中止的风险
5	涂苋苋（2018）	项目建设中实际场地的现场环境及地质勘探结果的风险
6	薛琳婧（2017）	项目建设中遇到地下溶洞、地下障碍物等的风险
7	韩懿（2016）	地下情况（包括文物分布情况等）难以详细掌握，不确定的地下情况使项目建设不能按既定方案实施的风险
8	付思宇（2016）	不良地质发育、水文地质勘察不准确两个方面的风险
9	张之梁（2013）	施工中遇到地下涌水、溶洞、断层等的风险
10	何通胜（2013）	出现不良的地质性状和构造的风险

2. 地质条件风险的分类

根据不同文献对地质条件风险的界定可知，地质条件风险的表现形式多种多样，故本书通过罗列相关文献中所涉及的地质条件风险的主要内容，结合地质条件风险的界定，将地质条件风险大致划分为了两大类，即地质资料不准风险和地质条件不明风险两大类（表 16-5、图 16-4）。

表 16-5 地质条件风险的主要内容及分类

序号	文献	地质条件风险的主要内容	分类	
			地质资料不准风险	地质条件不明风险
1	郝子璇（2019）	地质勘测资料缺乏准确性	√	
2	李林峰（2015）	施工时碰到暗河、古墓、文物		√
3	赵争（2018）	地质条件异常		√
4	王伏叶（2018）	地质条件变化，实际地质情况与招标文件中不符	√	
5	王世海（2017）	遇到不良地质条件，如塌方、涌水、涌沙、不明有毒气体		√
		发现地质变更，如地勘资料与实际围岩种类不相符	√	

续表

序号	文献	地质条件风险的主要内容	分类	
			地质资料不准风险	地质条件不明风险
6	薛琳婧（2017）	施工中遇到未预见的地下溶洞、地下障碍物		√
7	张术杰（2016）	遇到不可预见的地质条件，出现未预见的岩石、淤泥或者地下水		√
		地质条件与预计的不同	√	
8	尹贻林和于翔鹏（2016）	特殊性土类地勘资料错误	√	
9	付思宇（2016）	不良地质发育		√
		水文地质勘察不准确	√	
10	李东升（2015）	发生地震、地质灾害		√
		工程地质勘测不准确	√	
		遇到不良环境地质条件，如地下水污染等		√
		发现文物、矿藏		√
11	何通胜（2013）	异常地质条件，如不良的地质性状和构造影响、难以预料的流沙、局部地下溶洞或地下岩石断层		√
12	张之梁（2013）	不可预见地质条件，地质条件变化，遇到断层、溶洞、地下涌水等不利地质条件		√
13	饶文华等（2011）	地质条件变化，提供的地质资料与实际地质情况出入较大	√	
14	毕颖（2011）	不良的地质性状和构造，如工程中难以预料的流沙，局部地下溶洞或地下岩石断层		√
15	康宗孝（2006）	实际地质条件与资料不符，如岩石中出现断层、裂隙、夹砂、夹石、夹泥等不良地质情况	√	
合计/篇		21	9	12

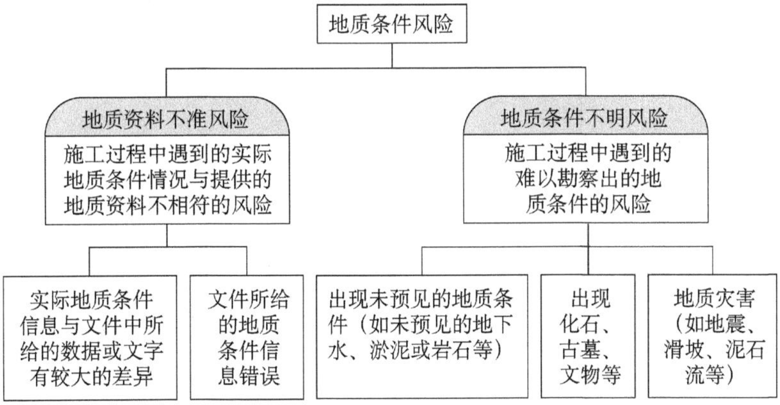

图 16-4　地质条件风险的分解

16.3.2 地质资料不准风险的分担

本节将针对地质资料不准风险，依据上文确定的PPP项目风险分担原则进行风险分担的研究。

1. 地质资料不准风险最具控制力方的确定

当风险在某一方的控制范围内时，该方才会有信心来管理和控制该风险。最有控制力方承担原则就是指把风险划分给最有能力控制该风险的一方。让最有控制力的一方承担风险不仅能降低整个项目用于控制和管理这一风险的总成本，还能最大限度地降低该风险发生的概率；因此，本节将最有控制力方承担这一原则作为地质资料不准风险分担时的第一参考原则。地质资料不准风险是指施工过程中遇到的实际地质条件情况与提供的地质资料不相符的风险，通常表现为实际地质条件信息与文件中所给的数据或文字有较大的差异或文件所给的地质条件信息错误。该风险可通过更加细致的勘察工作来有效避免。

在综合管廊PPP项目中，符合勘察资质的社会资本可以自行组织勘察工作。例如，新疆乌鲁木齐城北新区地下综合管廊工程PPP项目（A包）政府部门在招标文件中投标人须知第13条明确指出，联合体成员提供该项目设计、勘察服务的，应具备市政公用工程设计甲级资质（或工程设计综合甲级资质），提供勘察服务的，应具备工程勘察专业甲级资质（或工程勘察综合甲级资质）。其也可以依法选择有资质的勘察单位进行勘察。又如，石河子地下综合管廊PPP工程合同第5.1.4款明确规定，乙方负责依法选择有资质的设计单位完成项目的勘测、施工图设计工作。

当勘察工作由社会资本依法选择有资质的勘察单位负责时，社会资本可以通过对勘察单位进行严格的资格审查，或者咨询相关专业的专家（如设计、施工或监理专业）（邱城，2017）对勘察单位进行比选，并及时跟进勘察进度，对每个勘察节点进行审核。而与此同时，政府部门却不能对勘察单位直接进行监督检查。当勘察工作由社会资本自行提供时，社会资本可以采取许多措施来防止或降低地质资料不准风险的发生，详见图16-5，此时，政府部门只能对勘察工作进行监督检查；相较之下，社会资本是对地质资料不准风险最具控制力的一方。综上所述，对地质资料不准风险最有控制力的一方应该是社会资本。根据最具控制力方承担原则，可判断出地质资料不准风险应由社会资本承担。

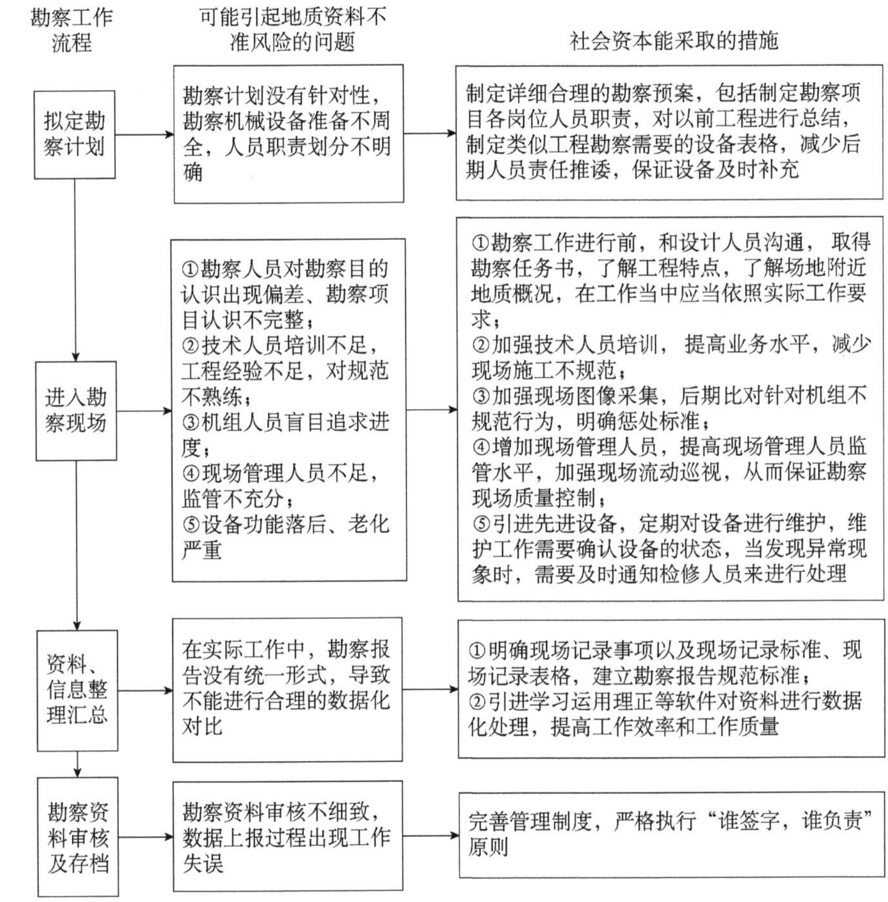

图 16-5　社会资本最具控制力分析

资料来源：修改自杨瑞江（2014）、李建斌等（2014）、汤江山（2017）

2. 社会资本承担地质资料不准风险的上限分析

（1）社会资本承担地质资料不准风险应该有上限。在综合管廊建设中，地质构造和岩土不仅是综合管廊实体的地基和介质，有时还构成工程实体本身，所以一旦发生地质条件风险，极易引起原始设计方案的改变，导致工期延误或成本超支。同时，综合管廊的地下埋深大、设计建造难度高，在建设过程中一旦发生地质条件风险，会增加项目预期的不确定性。而且，由于地下施工的特殊性，地质条件风险还会直接影响综合管廊工程施工安全、施工环境的复杂程度以及工程施工难度（黄之若，2018），严重时还会导致项目被迫中断或提前终止。晋雅芳（2017）认为，地质条件风险可能会使社会资本极大地提高机会成本，增加使用资金的利息支出，在时间表上也会延误运营管理，甚至直接影响项目的成功实施；刘新平和王守清（2006）认为，社会资本承担风险时应该制定上限，否则会降低社会资本管理项目的积极性。

（2）社会资本承担地质资料不准风险上限的实现。目前，PPP 相关文件中还没有对风险承担上限的具体规定。在 CNKI 中以“PPP”和“风险承担上限”为主题检索，发表时间锁定在 2010～2019 年，检索结果显示，有且仅有一篇文献用合作博弈模型的算法研究了风险承担上限的具体确定，其可操作性较差，故对本章的参考价值不大。鉴于此，本章追根溯源，以采用 PPP 模式时应该坚持的最基本的原则作为参考依据，制定社会资本承担地质资料不准风险的合理上限。在我国，政府部门能采取 PPP 模式和社会资本合作，其坚持的最基本的原则就是“盈利但不暴利”（王守清，2018），即确保社会资本参与该项目能在一定程度上收回投资成本并且获得合理收益。社会资本能获得的合理收益体现在投资回报率上，其中合理利润率是财政部文件《财政部关于印发〈政府和社会资本合作项目财政承受能力论证指引〉的通知》（财金〔2015〕21 号）中提出的关于项目公司投资回报的指标。该文件第三章第十八条明确指出，合理利润率应以商业银行中长期贷款利率水平为基准，充分考虑可用性付费、使用量付费、绩效付费的不同情境，结合风险等因素确定；而项目财务内部收益率反映了项目实际的收益水平，能体现项目承受风险的能力。因此，本章结合投资回报率与项目财务内部收益率来判断社会资本承担风险的上限，详见表 16-6。

表 16-6　投资回报率和项目财务内部收益率比较及上限分析

指标	投资回报率	项目财务内部收益率
含义	在合同中约定，以商业银行中长期贷款利率水平为基准，充分考虑可用性付费、使用量付费、绩效付费的不同情境，结合风险等因素确定	财务内部收益率是指项目在整个计算期内，各年净现金流量现值累计等于零时的折现率
特点	反映社会资本能从项目中得到的合理经济回报	反映了项目实际的收益水平，能体现项目承受风险的能力。不易受外部参数影响，完全取决于项目实施过程的现金流量，比较客观
结论	当项目财务内部收益率≥投资回报率时，社会资本承担地质资料不准风险并且还能获得合理收益；当项目财务内部收益率＜投资回报率时，社会资本承担的地质资料不准风险已超出上限	

沈菊琴等（2018）认为，当财务内部收益率不低于投资回报率时，PPP 项目才会对社会资本方具有一定吸引力。陈占涛和雒钊（2018）认为项目财务内部收益率必须大于投资回报率，社会投资才“有利可图”。综上所述，当社会资本承担地质资料不准风险时，将风险造成的损失计入项目投资现金流出量，计算项目财务内部收益率；当项目财务内部收益率＜投资回报率时，即风险超出自身承受能力时，超出上限部分的风险损失应由政府部门承担。

16. 3. 3　地质条件不明风险的分担

地质条件不明风险包括出现未预见的地质条件，发现化石、古墓、文物等，地质灾害；由于这 3 种细分风险存在较大的特征差异，本节将分别对这 3 类地质条件不明风险的分担问题进行研究。

1. 出现未预见的地质条件的风险分担

未预见的地质条件是指在勘察工作中无法勘测出的具体地质条件，该风险是由勘探技术仪器的分辨率和精度有限等客观因素造成的，所以公私双方对该风险都不具备控制力。为了得出该风险较为合理的分担方式，本章参考了 PPP 模式下相关文献中对该风险的分担研究。在 CNKI 中分别以“PPP”和“地质条件”为主题检索，发表时间锁定在 2010～2019 年，检索结果表明，现有文献对 PPP 模式下该风险的分担研究较少，仅有 3 篇文献对类似风险进行了分担研究，详见表 16-7。

表 16-7　PPP 项目中对出现未预见的地质条件风险的分担文献分析

序号	文献	涉及风险	风险的内容	分担方式		
				社会资本	双方共担	政府部门
1	李欣（2018）	地质条件风险	合理勘测外的地质问题影响到项目的执行的风险		√	
2	赵争（2018）	不良地质条件风险	项目建设过程中，发生地质条件异常情况使项目工期延长甚至项目提前终止的风险	√		
3	薛琳婧（2017）	不利物质条件风险	项目建设中遇到未预见的地下溶洞、地下障碍物等的风险			√
合计/篇		3		1	1	1

由表 16-7 可知，PPP 中对出现未预见的地质条件风险分担的观点相差较大。因此，本章还参考了现有文献对一般项目中该风险的分担研究。在 CNKI 中分别以“风险分担”和“地质条件”为主题检索，发表时间锁定在 2010～2019 年，检索结果显示，仅有 5 篇文献对类似风险进行了分担研究，详见表 16-8。

表 16-8　一般项目中对出现未预见的地质条件风险的分担文献分析

序号	文献	风险	风险的内容	风险承担主体	
				发包人	承包人
1	张术杰（2016）	不可预见的外部障碍或者条件风险	出现未预见的地下水、淤泥或者岩石等	√	
2	张之梁（2013）	不可预见地质条件风险	施工中遇到地下涌水、溶洞、断层等	√	
3	何通胜（2013）	异常现场条件风险	如不良的地质性状和构造，以及偶然发生的超出常规的气象变化	√	
4	贾伟东（2003）	不可预见的地质条件风险		√	
5	程向民和张劲（2000）	地质条件风险	不能完全和正确预见的地质条件因素所导致的可能出现的经济或财务损失	√	
合计/篇		5		5	0

由表 16-8 可知，在一般项目中出现未预见的地质条件风险均按《中华人民共和国标准施工招标文件（2007 年版）》的“不利物质条件”条款进行风险分担，由发包人承担所有损失。然而，考虑到以下两方面，本书认为综合管廊 PPP 项目中的地质条件风险应由公私双方共担。①PPP 与一般工程项目的承发包关系有着本质区别：一般工程项目的承发包双方签订的合同为短期契约，是一种委托代理关系；而 PPP 项目的公私双方签订的合同是一种长期契约，公私双方强调的是一种合作伙伴关系，PPP 项目相比一般工程项目而言，更注重公私双方以合作精神来执行合同。显然，地质条件风险由公私双方共担更符合合作伙伴关系的定位。②由社会资本共担地质条件风险更符合 156 号文附件《PPP 项目合同指南（试行）》中“承担风险的一方对于控制该风险有更大的经济利益或动机”“由该方承担该风险最有效率”的风险分担基本原则，更有利于项目整体利益的最大化。政府部门为了保证工程质量，通常选择的都是业务能力高、业绩较好、经验丰富的社会资本。为了证明这一点，本章从 PPP 项目库中提取排序前 10 位的综合管廊 PPP 项目，对其社会资本的资格要求进行整理得表 16-9。

表 16-9　PPP 项目库中部分综合管廊 PPP 项目的申请人资格要求

序号	项目	申请人资格要求
1	河北省石家庄市地下综合管廊（塔北路段）工程项目	市政公用工程施工总承包一级资质（含）或以上
2	石家庄市汇明路地下综合管廊 PPP 项目	市政公用工程施工总承包一级资质（含）及以上
3	河北省唐山市市区地下综合管廊一期工程 PPP 项目	①市政公用工程施工总承包一级资质及以上； ②近 5 年内具有单项合同金额不低于人民币 8 亿元的基础设施 PPP 项目业绩； ③近 5 年内具有单项合同金额不低于人民币 5 亿元的基础设施工程施工总承包业绩
4	河北省秦皇岛开发区地下综合管廊建设、河北省秦皇岛开发区地下综合管廊建设二期工程	具有市政公用工程施工总承包一级资质
5	河北省邯郸市东区中央商务区综合路网和磁山路及地下综合管廊工程 PPP 项目	具备市政公用工程施工总承包一级或以上的企业资质
6	河北省保定市北三环、东风路西延地下综合管廊 PPP 项目	①具有市政公用工程施工总承包一级及以上施工资质； ②在人员、设备、资金等方面具有承担本项目施工的能力
7	河北省沧州市天津路和太原路道路（含地下综合管廊）及绿地工程项目	①具备市政公用工程施工总承包一级及以上资质； ②最近连续 3 年在中国境内至少具有 1 项合同金额为 5 亿元（含）以上市政基础设施投资融资或建设施工或运营维护的业绩，且承担过市政基础设施投资融资或建设施工或运营维护业绩累计合同金额不低于 10 亿元
8	河北省沧州渤海新区黄骅港综合港区地下综合管廊 PPP 项目	具备市政公用工程施工总承包一级及以上资质，或满足住房城乡建设部印发的《关于印发〈施工总承包企业特级资质标准实施办法〉的通知》（建市〔2010〕210 号）中第三条款规定的条件
9	山西省太原市晋源东区地下综合管廊二期工程	市政公用工程施工总承包一级及以上资质
10	盘锦辽东湾新区海岛生态住区地下综合管廊一期（一标段）PPP 项目	市政公用工程施工总承包一级资质

由表 16-9 可知，社会资本参与综合管廊建设的普遍资质要求，也是最低资质要求是具备市政公用工程施工总承包一级资质；而作为一个有经验的承建方，社会资本在风险发生后是最有能力和机会及时采取有效措施来降低风险带来损失的；所以，由社会资本来承担部分该风险有利于整个项目的顺利实施。综上所述，出现未预见的地质条件风险应由公私双方共担，具体分担比例可由公私双方根据自身能力以及风险偏好，通过协商谈判确定。

2. 发现化石、古墓、文物等的风险分担

通过分析实践中的 PPP 合同得知，合同对发现化石、古墓、文物等的风险通常都会有单独的条款约定。鉴于综合管廊 PPP 项目还没有统一的示范合同文本，本章查阅了 PPP 项目库中公示的 21 个国家示范综合管廊 PPP 项目的合同，其中设有发现化石、古墓、文物等具体条款的有 16 个项目，整理其合同中的该类条款得出表 16-10。由统计结果可知，我国实践中现有的 PPP 项目通常对发现化石、古墓、文物等的风险采取的风险分配方案为政府部门承担，社会资本按政府部门提出的处理意见实施后所发生的直接费用由政府部门补偿，所延误的工期相应顺延。

3. 地质灾害的风险分担

根据《地质灾害防治条例》（国务院令第 394 号），地质灾害是指由包括自然因素或者人为活动引发的危害人民生命和财产安全的山体崩塌、滑坡、泥石流、地面塌陷、地裂缝、地面沉降等与地质作用有关的灾害，是项目合同双方无法合理预见的，一旦发生将无法克服、不能控制，故而可以参考 PPP 项目中不可抗力的风险分担方案。事实上，在实践中也有一些项目直接将地质灾害划入不可抗力事件进行处理，如湖北省宜昌市点军区地下综合管廊与市政道路 PPP 项目。在该项目实施方案中，其将不可抗力界定为合同双方无法控制，在签订合同前无法合理防范，情况发生时又无法回避或克服的风险，具体包括施工或运营期间由地震、洪水等引起的崩塌、山体滑坡、泥石流、地面沉降等地质灾害，恶劣的气候环境、战争、疾病、社会暴乱等不可控制的因素导致施工与运营无法正常进行。

156 号文附件《PPP 项目合同指南（试行）》中提出了不可抗力的法律后果。①免于履行：如果在 PPP 项目合同履行过程中，发生不可抗力并导致一方完全或部分无法履行其合同义务时，根据不可抗力的影响可全部或部分免

表 16-10　国家示范综合管廊 PPP 项目中对发现化石、古墓、文物等的风险分担

序号	项目	合同条款	内容	政府承担	双方共担
1	湖北省宜昌市点军区地下综合管廊与市政道路 PPP 项目	19.4.3	本项目建设期间所发现的文物、古墓、古建筑基础和结构、化石、钱币等具有考古、地质研究等价值的物品或其他影响施工的地下障碍物，项目公司应在发现后 4 个小时内通知甲方，并采取有效的保护措施，防止具有考古、地质研究价值的物品损毁。甲方将在收到通知后 12 个小时内对项目公司采取的措施提出处理意见，项目公司按甲方提出的处理意见实施后所发生的直接费用由甲方补偿，所延误的工期相应顺延	√	
2	山西省寿阳县市政道路、地下综合管廊及配套设施 PPP 项目	11.3.4	乙方、监理人应按有关政府行政管理部门的要求采取妥善的保护措施，由此增加的费用和（或）延误的工期由甲方承担（即费用计入建设投资，相应工期顺延）。乙方发现文物后不及时报告或隐瞒不报，致使文物丢失或损坏的，应赔偿损失，并承担相应的法律责任	√	
3	云南省昆明市金马路延长线道路及地下综合管廊工程 PPP 项目	23.7.1	（4）为保护在建设用地范围内发现的历史文物而产生的延期予以批准		√
		7.3	乙方义务……（11）采取措施保护在本项目建设施工、运营及维护过程中可能发掘出的文物、古迹等，费用按国家相关规定执行		
4	湖北省十堰市地下综合管廊 PPP 项目	7.6.3	本项目建设期间所发现的文物、古墓、古建筑基础和结构、化石、钱币等具有考古、地质研究等价值的物品或其他影响施工的地下障碍物，乙方应在发现后 4 个小时内通知甲方，并采取有效的保护措施，防止具有考古、地质研究价值的物品损毁。甲方将在收到通知后 12 个小时内对乙方采取的措施提出处理意见，乙方按甲方提出的处理意见实施后所发生的直接费用由甲方补偿，所延误的工期相应顺延	√	
5	海东市核心区地下综合管廊 PPP 项目	7.6.3	本项目建设期间所发现的文物、古墓、古建筑基础和结构、化石、钱币等具有考古、地质研究等价值的物品或其他影响施工的地下障碍物，乙方应在发现后 4 个小时内通知甲方，并采取有效的保护措施，防止具有考古、地质研究价值的物品损毁。甲方将在收到通知后 12 个小时内对乙方采取的措施提出处理意见，乙方按甲方提出的处理意见实施后所发生的直接费用由甲方补偿，所延误的工期相应顺延	√	
6	云南省文山州文山市城南片区地下综合管廊	14.7.3	本项目建设期间所发现的文物、古墓、古建筑基础和结构、化石、钱币等具有考古、地质研究等价值的物品或其他影响施工的地下障碍物，乙方应在发现后 4 个小时内通知甲方，并采取有效的保护措施，防止具有考古、地质研究价值的物品损毁。甲方将在收到通知后 12 个小时内对乙方采取的措施提出处理意见，乙方按甲方提出的处理意见实施后所发生的直接费用由甲方补偿，所延误的工期相应顺延	√	
7	四平市地下综合管廊 PPP 项目	8.3	本项目建设过程中，在建设用地范围内发现有古墓、古建筑或化石等具有考古、地质研究价值的物品，建设期的期限将延长或修改，造成费用增加的应作出相应调整	√	

续表

序号	项目	合同条款	内容	政府承担	双方共担
8	公主岭市2015～2018年地下综合管廊建设工程	8.2.4	项目建设过程中，在综合管廊场地范围内发现有古墓、古建筑或化石等具有考古、地质研究价值的物品，建设期的期限将延长或修改		√
9	通化市地下综合管廊及道路改造PPP项目	7.2.5	项目建设过程中，在项目建设用地范围内发现有古墓、古建筑或化石等具有考古、地质研究价值的物品，工期予以延长，不因此减少运营期期限	√	
		7.6.8	在建设期内，在工程现场发现所有化石、硬币、有价值的物品或文物、建筑结构以及具有地质或考古价值的其他遗迹或物品，乙方应采取合理的预防措施，防止其职员、劳工或其他人员移动或损坏任何此类物品，并及时通知甲方及其他相关单位，由此发生的费用计入项目总建设成本		
10	松原市地下综合管廊政府和社会资本合作（PPP）项目	6.2.2	项目建设过程中，在综合管廊场地范围内发现有古墓、古建筑或化石等具有考古、地质研究价值的物品有关建设期的期限予以延长，不因此减少运营期期限	√	
		6.2.5	在建设期内，在工程现场发现所有化石、硬币、有价值的物品或文物、建筑结构以及具有地质或考古价值的其他遗迹或物品，乙方应组织施工单位采取合理的保护措施并及时通知有关部门，由此发生的费用计入项目总建设成本		
11	盘锦辽东湾新区海岛生态住区地下综合管廊一期（一标段）PPP项目	8.4.7	本项目建设期间所发现的文物、古墓、古建筑基础和结构、化石、钱币等具有考古、地质研究价值的物品或其他影响施工的地下障碍物，乙方应在发现1小时内通知甲方，并采取有效的保护措施，防止具有考古、地质研究价值的物品损毁。甲方将在收到通知后3日内对乙方采取的措施提出处理意见，乙方按甲方提出的处理意见实施后所发生的直接费用由甲方补偿，所延误的工期相应顺延	√	
12	湖南省永州市永州大道地下综合管廊建设PPP项目	7.5.3	本项目建设期间所发现的文物、古墓、古建筑基础和结构、化石、钱币等具有考古、地质研究等价值的物品或其他影响施工的地下障碍物，乙方应在发现后4个小时内通知甲方，并采取有效的保护措施，防止具有考古、地质研究价值的物品损毁。甲方将在收到通知后12个小时内对乙方采取的措施提出处理意见，乙方按甲方提出的处理意见实施后所发生的直接费用由甲方补偿，所延误的工期相应顺延	√	
13	河北省沧州市天津路和太原路道路（含地下综合管廊）及绿地工程项目	7.7.3	本项目建设期间所发现的文物、古墓、古建筑基础和结构、化石、钱币等具有考古、地质研究等价值的物品或其他影响施工的地下障碍物，乙方应在发现后4个小时内通知甲方，并采取有效的保护措施，防止具有考古、地质研究价值的物品损毁。甲方将在收到通知后12个小时内对乙方采取的措施提出处理意见，乙方按甲方提出的处理意见实施后所发生的直接费用由甲方补偿，所延误的工期相应顺延	√	

续表

序号	项目	合同条款	内容	政府承担	双方共担
14	黑龙江省哈尔滨市地下综合管廊 PPP 项目	7.3	本项目建设过程中，在建设用地范围内发现有古墓、古建筑或化石等具有考古、地质研究价值的物品，有关进度日期的最后期限将延长或修改，但不涉及费用调整		√
15	河北省衡水市深州市恒信路地下综合管廊 PPP 项目	8.2.4	如果出现下述情况，有关建设期的期限将延长或修改：项目建设过程中，在综合管廊场地范围内发现有古墓、古建筑或化石等具有考古、地质研究价值的物品	√	
16	石河子地下综合管廊 PPP 工程	8.4.5	如果出现下述情况，有关建设进度将被顺延或修改：建设用地范围内发现有古墓、古建筑或化石等具有考古、地质研究价值的物品	√	
		8.5.9	建设期内，在工程现场发现所有古墓、古建筑基础和结构、化石、钱币、有价值的物品或文物、建筑结构以及具有地质或考古价值的其他遗迹或物品，乙方应在发现后 4 个小时内通知甲方及其他相关单位，并采取合理的保护措施，防止上述物品损毁，且需防止其职员、劳工或其他人员移动或损坏任何此类物品，由此发生的费用由甲方按照第 11 条规定进行一般补偿		
合计/个		16		13	3

除该方在合同项下的相应义务；但在一些 PPP 项目，特别是采用政府付费机制的项目中，也可能在 PPP 项目合同中约定由政府方承担全部或部分不可抗力风险，在不可抗力影响持续期间，政府方仍然有义务履行全部或部分付款义务。②延长期限：如果不可抗力发生在建设期或运营期，则项目公司有权根据该不可抗力的影响期间申请延长建设期或运营期。③免除违约责任：不可抗力条款启动后，在不可抗力事件持续期间（或双方另外约定的期间），受影响方无须为其中止履约或履约延误承担违约责任。④费用补偿：对于不可抗力发生所产生的额外费用，原则上由各方自行承担，政府不会给予项目公司额外的费用补偿。⑤解除合同：如果不可抗力发生持续超过一定期间，例如 12 个月，任何一方均有权提出解除合同。鉴于综合管廊 PPP 项目还没有统一的示范合同文本，为了得出综合管廊 PPP 项目中对不可抗力的损失责任分担情况，本章选取了 PPP 项目库中最新的 10 个正处于执行阶段并公示了合同文本的国家示范综合管廊 PPP 项目进行分析，详见表 16-11。

由表 16-11 可知，实践中的综合管廊 PPP 项目对不可抗力风险的分担基本已达成共识，对不可抗力的损失责任划分也与 156 号文附件《PPP 项目合同指南》中基本一致。鉴于此，参照不可抗力条款，本章认为，双方均不能控制又无过错的地质灾害风险应由公私双方共担，对地质灾害导致的完工延误应予以顺延（延长建设期不延长经营期），地质灾害造成的损失应各自承担。

16.4 综合管廊 PPP 项目中地质条件风险的损失分担

16.4.1 地质条件风险应对措施的分析

由于工程项目除了风险直接造成的损失外，面临风险时其采取的不同应对措施也可能会引起损失的增加。所以，在对地质条件风险的损失费用进行分担前，有必要先识别出发生地质条件风险时应采取的应对措施。

1. 发现化石、古墓、文物等应对措施的识别

根据相关文件规定，对发现化石、古墓、文物等时应采取应对措施进行识别，详见表 16-12。由表 16-12 可知，在综合管廊 PPP 项目施工过程中，

表 16-11 国家示范综合管廊 PPP 项目中对不可抗力风险的分担

序号	项目	发起时间	合同条款	合同规定
1	湖北省宜昌市点军区地下综合管廊与市政道路 PPP 项目	2016	41.2	如果不可抗力发生在建设期或运营期，则项目公司有权根据不可抗力的影响期间申请延长建设期或运营期
			41.3	不可抗力条款启动后，在不可抗力事件持续期间，受影响方无须为其终止履约或履约延误承担违约责任
			41.4	对于不可抗力发生所产生的额外费用，由各方自行承担（按照国家或地方相关法律法规规定），甲方不给予项目公司额外的费用补偿
2	山西省寿阳县市政道路、地下综合管廊及配套设施 PPP 项目	2016	16.1.5	（1）发生不可抗力事件或情形时，任何一方各自承担由于不可抗力事件造成的支出和费用。 （2）乙方因不可抗力造成的损失，应由保险获得补偿，甲方可依不可抗力造成的时间损失给予相应延期。 （3）发生本条第 1 项第（2）种其他适用不可抗力情形的，由此导致的支出和损失，由政府按照当时相关标准予以补偿
3	云南省文山州文山市城南片区地下综合管廊	2016	30.2.1	本协议任何一方由于不可抗力不能履行全部或部分本协议义务的，根据不可抗力的影响，免除全部或部分违约责任，但应在条件允许下采取一切必要措施以减少因不可抗力造成的损失。任何一方在违约行为之后发生不可抗力情形的，不免除盖房违约责任
			30.3.1	发生不可抗力事件，乙方有权要求延长建设工期、运营期不变
4	云南省昆明市金马路延长线道路及地下综合管廊工程 PPP 项目	2016	第十章第 54 条	（2）受不可抗力事件影响的一方应采取合理的努力以缓解不可抗力的影响，并承担采取这种措施时可能发生的费用。双方应协商决定采取合理的措施以减少不可抗力对双方造成的损失。双方应对不可抗力产生的后果承担各自的费用，除非本合同另有约定。 （3）如果声明受到不可抗力影响的一方已经按照本款的约定进行了通知，并且符合本合同第 23.7.1 项的约定，则履行本合同项下的义务所需的期限就可进行适当的延长，延长的期限应等同于不可抗力对该义务所造成的影响的期限
5	河北省衡水市深州市恒信路地下综合管廊 PPP 项目	2016	14.5.1	除本协议或双方另有约定外，发生不可抗力时，双方应各自承担由于不可抗力对其造成的损失
			14.5.2	如果声称遭受不可抗力影响的一方已履行了通知程序，并且在不可抗力事件影响项目进展的情况下，已履行了请求延长进度日期的程序，则本协议中规定的履行某项义务的任何期限，经受到影响的一方请求，应根据不可抗力对履行该项义务产生影响的相同时间相应顺延

续表

序号	项目	发起时间	合同条款	合同规定
6	平潭综合实验区地下综合管廊干线工程（一期）PPP 项目	2015	34.5	除本合同或双方另有约定外，发生不可抗力时，双方各自承担由于不可抗力对其造成的损失
7	湖北省十堰市地下综合管廊 PPP 项目	2015	13.2.1	本合同任何一方由于不可抗力不能履行全部或部分本合同义务的，根据不可抗力的影响，免除全部或部分违约责任，但应在条件允许下采取一切必要措施以减少因不可抗力造成的损失。任何一方在违约行为之后发生不可抗力情形的，不免除该方违约责任
			13.3.1	发生不可抗力事件，乙方有权要求延长建设工期、获得额外补偿或延长经营期限
			13.3.2	如不可抗力发生在建设期或经营期，则乙方有权根据不可抗力的影响期间申请延长建设期或项目经营期限
8	海东市核心区地下综合管廊 PPP 项目	2015	13.2.1	本协议任何一方由于不可抗力不能履行全部或部分本协议义务的，根据不可抗力的影响，免除全部或部分违约责任，但应在条件允许下采取一切必要措施以减少因不可抗力造成的损失。任何一方在违约行为之后发生不可抗力情形的，不免除该方违约责任
			13.3.1	发生不可抗力事件，乙方有权要求延长建设工期、获得额外补偿或延长经营期限
			13.3.2	如不可抗力发生在建设期或经营期，则乙方有权根据不可抗力的影响期间申请延长建设期或项目经营期限
9	白银市地下综合管廊试点项目	2015	21.1	发生不可抗力时，双方应各自承担由于不可抗力对其造成的损失
10	福建省厦门市翔安新机场片区地下综合管廊 PPP 项目	2015	29.1	发生不可抗力时，双方应各自承担由于不可抗力对其造成的损失

发现化石、古墓、文物等时，应立即停止施工，保护现场，通知政府部门，配合考古发掘工作，并在继续施工前还应注意：①在文物保护单位的保护范围内施工并且需要进行爆破、钻探、挖掘等作业的，应改变施工方案；②建设工程能避开不可移动文物的，应更改设计方案；③建设工程必须拆除、迁移文物的，需上报批准并负责相应费用。

表 16-12　文件中对施工过程发现化石、古墓、文物等的规定

序号	文件	编号	条款	内容
1	《中华人民共和国文物保护法（2017 修正）》	中华人民共和国主席令第 81 号	第三十二条	在进行建设工程或者在农业生产中，任何单位或者个人发现文物，应当保护现场，立即报告当地文物行政部门
			第十七条	文物保护单位的保护范围内不得进行其他建设工程或者爆破、钻探、挖掘等作业
			第二十条	建设工程选址，应当尽可能避开不可移动文物；因特殊情况不能避开的，对文物保护单位应当尽可能实施原址保护。实施原址保护的，建设单位应当事先确定保护措施，根据文物保护单位的级别报相应的文物行政部门批准；未经批准的，不得开工建设。无法实施原址保护，必须迁移异地保护或者拆除的，应当报省、自治区、直辖市人民政府批准……本条规定的原址保护、迁移、拆除所需费用，由建设单位列入建设工程预算
2	《中华人民共和国标准施工招标文件（2007 年版）》	中华人民共和国国家发展和改革委员会等九部委第 56 号令	1.10.1	在施工场地发掘的所有文物、古迹以及具有地质研究或考古价值的其他遗迹、化石、钱币或物品属于国家所有。一旦发现上述文物，承包人应采取有效合理的保护措施，防止任何人员移动或损坏上述物品，并立即报告当地文物行政部门，同时通知监理人。发包人、监理人和承包人应按文物行政部门要求采取妥善保护措施，由此导致费用增加和（或）工期延误由发包人承担
3	《建设工程施工合同（示范文本）》	GF—2017—0201	1.9	一旦发现上述文物，承包人应采取合理有效的保护措施，防止任何人员移动或损坏上述物品，并立即报告有关政府行政管理部门，同时通知监理人。发包人、监理人和承包人应按有关政府行政管理部门要求采取妥善的保护措施，由此增加的费用和（或）延误的工期由发包人承担
4	《城市污水处理特许经营协议示范文本》	GF—2006—2504	6.9	如果乙方在污水处理项目设施建设运营和维护过程中，发现考古文物、化石、古墓遗址，及具有考古学、地质学和历史意义的任何物品，乙方应及时通知甲方，并采取适当的保护措施

2. 其他地质条件风险应对措施的识别

在建设阶段，PPP 项目类似于工程总承包项目，因此在综合管廊 PPP 项目中面临其他地质条件风险时需采取的应对措施可以参考一般项目中应对该风险时所采取的应对措施。本章为了更全面地识别出现未预见的地质条件、地质灾害和地质资料不准风险时社会资本应会采取的应对措施，对文献中出现的该风险的应对措施进行分析整理，详见表16-13。

表16-13　未预见的地质条件、地质灾害和地质资料不准风险应对措施文献分析

序号	文献	造成损失的原因	采取的措施	造成的损失
1	刁目广（2019）	地质勘察资料不充分		基坑排水费用增加
2	王伏叶（2018）	基坑开挖过程中发现溶洞、断层、裂隙等地质缺陷	扩大支护面积	①边坡支护费用增加； ②弃料运费用增加； ③人工、电费、钻头、钻杆、火工材料涨价，生产成本增加； ④工期增加； ⑤开采费用增加
3	周万发和张红岩（2017）	不可预见的异常的地质条件	①处理塌方； ②修复加固已完工程	停/窝工费用
4	尹贻林和于翔鹏（2016）	特殊性土类地勘资料错误	①设计方案的改变； ②施工方案的改变	①分部分项工程费增加； ②措施项目费增加
5	毕颖（2011）	地质条件变化	施工方案进行一定程度的修改或者变更	费用工期增加
6	饶文华等（2011）	地质条件变化		①投资费用增加； ②施工期抽排水费用增加
7	张红（2016）	不可抗力	采取合理措施	①实际财产的损失； ②可得利益的损失
8	余慎军和李瑞华（2008）	地质条件变化		①机械损坏； ②窝工； ③物价上涨引起的原材料涨价； ④人员工资的增加； ⑤工期延误
9	辛欣等（2012）	地质条件变化	局部支护	①安全措施费用增加； ②工期延误； ③石方运输费用增加
10	袁军库和邓婷（2008）	出现意想不到的水文地质问题		①措施费、抽排水费增加； ②钻爆成本增加； ③停/窝工费用
11	李东升（2015）	不利自然条件		①工程及材料的直接损失； ②工程机械设备的附件损失； ③工程恢复费用； ④机械设备及人员窝工费用

综合分析表16-13可知，在综合管廊PPP项目施工过程中出现未预见的地质条件、地质灾害和地质资料不准风险时，应考虑以下两方面内容。

（1）风险发生后通常造成的直接损失：①现场施工机械设备的损坏；②永久工程、已运至施工现场用于施工的材料和待安装的工程设备的损坏。

（2）应对该风险时通常采取的措施有以下几种：①修复、加固已完工程；②清理场地；③改变施工方案；④改变设计方案。

3. 地质条件风险应对措施的分类

通过以上识别出的地质条件风险的应对措施可知，不同表现类型的地质条件风险其应对措施大致相同。因此，本章为了避免损失费用的重复分析，将对已识别出的上述地质条件风险应对措施进行分类，划分依据参考了《建设工程工程量清单计价规范》（GB 50500—2013）和《建设工程施工合同（示范文本）》（GF—2017—0201）中工程变更的定义，详见表 16-14。

表 16-14　文件中对工程变更的规定

序号	文件	编号	条款	内容
1	《建设工程工程量清单计价规范》	GB 50500—2013	2.0.16	合同工程实施过程中由发包人提出或由承包人提出经发包人批准的合同工程任何一项工作的增、减、取消或施工工艺、顺序、时间的改变；设计图纸的修改；施工条件的改变；招标工程量清单的错、漏从而引起合同条件的改变或工程量的增减变化
2	《建设工程施工合同（示范文本）》	GF—2017—0201	10.1	除专用合同条款另有约定外，合同履行过程中发生以下情形的，应按照本条约定进行变更：①增加或减少合同中任何工作，或追加额外的工作；②取消合同中任何工作，但转由他人实施的工作除外；③改变合同中任何工作的质量标准或其他特性；④改变工程的基线、标高、位置和尺寸；⑤改变工程的时间安排或实施顺序

根据表 16-14 中各文件对工程变更的范围定义，本章将已识别出的地质条件风险发生后可能需要采取的应对措施分成两类：一是停工，二是工程变更。其中，工程变更包括：①修复、加固已完工程；②清理场地；③拆除已建工程；④改变设计方案；⑤改变施工方案，详见图 16-6。

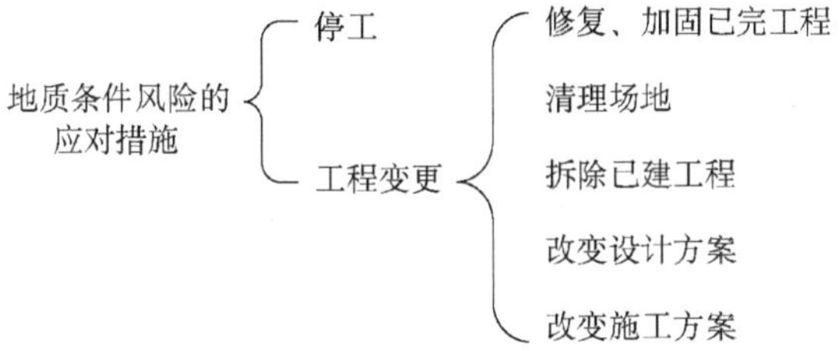

图 16-6　地质条件风险的应对措施分类

16.4.2　地质条件风险的损失范围分析

本节将基于已经识别出的两类地质条件风险的应对措施，对综合管廊 PPP 项目面临地质条件风险采取相应措施后可能增加的损失范围进行分析。

1. 停工时的损失范围分析

因为采取停工措施时不涉及工程量的增加和工作内容的改变，本章在分析停工时的损失范围时，从工期延误和损失费用两方面进行分析，其中，损失费用参考《关于印发〈建筑安装工程费用项目组成〉的通知》（建标〔2013〕44 号），按照费用构成要素将损失费用划分为人工费、材料费、施工机具使用费、企业管理费和利润 5 个部分进行分析；此外，将工期延误时间结合实际停工时间及对关键线路的延误时间进行核算，详见图 16-7。

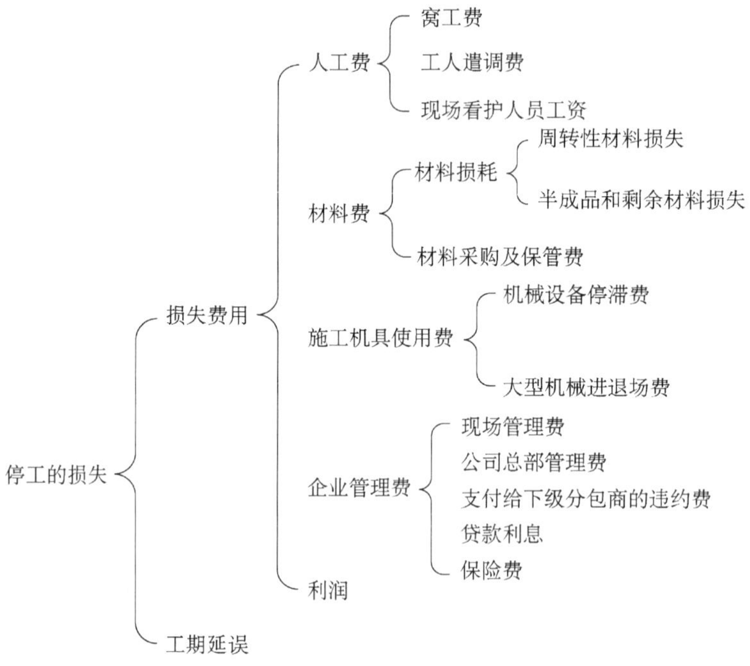

图 16-7　停工可能引起的损失范围

资料来源：修改自刘喜娟（2016）、邱从容（2011）、廖振翔（2007）、陈寿星（2017）

如图 16-7 所示，停工时可能会造成的损失费用具体为以下几种。

（1）人工费：①窝工费；②工人遣调费，即为减少损失，将工人调离施工现场到其他工地继续施工而产生的调离和调回的费用；③现场看护人员工资，即因项目停工，承建人照常支出的现场看护人工工资。

（2）材料费：①材料损耗，具体分为两类，周转性材料损失，如停工前已支设但尚未浇混凝土的模板的损坏或损失、现场未拆除的脚手架的租赁费等；半成品和剩余材料损失，如尚未浇筑混凝土部分的梁、板钢筋锈蚀严重（王伏叶，2018）。②由于工期延误增加的材料采购及保管费。

（3）施工机具使用费：①机械设备停滞费；②大型机械进退场费。

（4）企业管理费：①现场管理费；②公司总部管理费（何淑茹，2001）；③由于停工而支付给下级分包商的违约费；④因工期延误而增加的银行贷款利息；⑤由于工期延长社会资本延长保险期限增加的保险费。

（5）利润：合同延期导致自有资金的投资回报减少，机会利润损失。

2. 工程变更时的损失范围分析

工程变更通常会引起工程量的变化、工作内容的改变、额外工作的增加。因此，为了更加明确地体现发生工程变更时的损失费用的范围，本章参考建筑安装工程费的费用构成，将工程变更时产生的损失费用按分部分项工程费、措施项目费进行分析，详见表 16-15。工程量增加或（和）综合单价增加，导致分部分项工程费增加；措施项目发生变化可能会导致措施项目费增加；同时，工期延误也有可能会引起关键路线的工期延误。

表 16-15　工程变更可能造成的损失

序号	工程变更后果	可能造成的损失
1	分部分项工程项目发生变化	工程量增加或（和）综合单价增加，导致分部分项工程费增加
2	措施项目发生变化	措施项目费增加
3	工期延误	关键路线的工期延误

16.4.3　地质条件风险的损失确定

损失费用通常包括实际损失和利益损失，而实际损失又包括直接损失和间接损失两个方面（史建波，2009）。本节将依据已经分析出的停工和工程变更时的损失费用范围，分别对它们可能产生的损失费用进行确定。

1. 停工时损失的确定

本章根据停工时可能产生的损失范围对停工时的损失进行确定，如表 16-16 所示。

表 16-16　停工时的损失确定

序号	损失的内容	损失的确定
1	窝工费	合同中约定的人工单价×约定的比率系数
2	工人遣调费	结合工人调离和调回的费用以及人工单价进行核算
3	现场看护人员工资	人工单价
4	材料损耗费	摊销量×相应单价
5	材料采购及保管费	（材料供应价+包装费+运输费）×采购及保管费率
6	机械设备停滞费	①机械设备社会资本自有，机械设备停滞费=台班折旧费
		②租赁的机械设备，机械设备停滞费=台班租金+每台班分摊的进退场费
7	大型机械进退场费	按实际发生费用计取
8	现场管理费	增加的现场管理费=增加的直接成本费×现场管理费率
9	公司总部管理费	①按总部管理费比率计算：增加的公司总部管理费=（增加的直接费+增加的现场管理）×总部管理费比率
		②按停工天数计算：增加的总部管理费=停工天数×日平均总部管理费
10	保险费	按实际发生金额计取
11	贷款利息	按实际发生金额计取
12	支付给下级分包商的违约费	以实际支付给分包人的违约费用计取
13	利润	与原报价中的利润百分率保持一致
14	工期延误	（受干扰事件影响的那部分工程价值÷整个工程的合同总价）×该部分工程受干扰后的工期拖延

资料来源：修改自王伏叶（2018）、王世海（2017）、张术杰（2016）、李东升（2015）

根据《中华人民共和国合同法》第二百八十四条，因发包人的原因致使工程中途停建、缓建的，发包人应当采取措施弥补或者减少损失，赔偿承建人因此造成的停工、窝工、倒运、机械设备调迁、材料和构件积压等损失和实际费用。所以，当政府部门原因导致停工时，表 16-16 中的损失均可由政府部门承担。

2. 工程变更时损失的确定

根据工程变更时可能产生的损失范围对采取变更措施后增加的损失进行确定，详见表 16-17。

表 16-17　工程变更时的损失确定

序号	损失的内容	损失的确定
1	分部分项工程费	已标价工程量清单中有适用于变更工程项目的，采用该项目的单价。但当工程变更导致的该清单项目的工程数量变化，且工程量偏差超过 15%时：若工程量增加 15%以上时，增加部分的工程量的综合单价应予以调低；若工程量减少 15%以上时，减少剩余部分的工程量的综合单价予以调高
		已标价工程量清单中没有适用，但有类似于变更工程项目的，可在合理范围内参照类似项目的单价或总价调整
		已标价工程量清单中没有适用，也没有类似于变更工程项目的，由社会资本根据变更工程资料、计量规则和计价办法、工程造价管理机构发布的信息（参考）价格以及报价浮动率，提出变更工程项目的单价或总价，报政府部门确认后调整
		已标价工程量清单中没有适用，也没有类似于变更工程项目的，且工程造价管理机构发布的信息（参考）价格缺价的，由社会资本根据变更工程资料、计量规则、计价办法和通过市场调查等的有合法依据的市场价格提出变更工程项目的单价或总价，报政府部门确认后调整
2	措施项目费	安全文明施工费，按实际发生变化的措施项目调整，不得浮动
		采用单价计算的措施项目费，按照实际发生变化的措施项目按前述分部分项工程费的调整方法确定单价
		按总价（或系数）计算的措施项目费，除安全文明施工费外，按照实际发生变化的措施项目调整，调整金额按照实际调整金额乘以报价浮动率计算
3	工期	（受干扰事件影响的那部分工程价值÷整个工程的合同总价）×该部分工程受干扰后的工期拖延

16.4.4　地质条件风险下政府部门承担损失的确定

社会资本作为 PPP 项目的投资承建方，也是发生地质条件风险后的直接利益受损方，因此在地质条件风险共担时需要对政府部门应承担的损失进行确定。本节基于上文得出的地质条件风险的分担方式，对各细分的地质条件风险下政府部门需承担的损失进行确定。

（1）地质资料不准风险发生时，该风险一般应由社会资本全部承担，但当项目投资现金流量表中计入风险的损失费用后，计算出的项目财务内部收益率小于投资回报率时，社会资本已无法收回投资成本并获得合理回报。因此，政府部门应该承担的损失费用为，该风险实际造成的损失减去项目财务内部收益率与投资回报率相等情况下的风险损失费用。

（2）出现未预见的地质条件时，该风险应由公私双方共担。因此，政府部门应按照公私双方协商并达成一致的风险共担比例对风险产生的损失进行分担。

（3）发现化石、古墓、文物等时，该风险应由政府部门全部承担。因此，社会资本按政府部门提出的处理意见实施后所发生的直接费用由政府部门补偿，所延误的工期相应顺延，即政府部门应该承担的损失包括：①本节已确定的停工时的损失费用；②如果政府部门还提出了工程变更，则政府部门还需承担本节已确定的工程变更引起的损失费用。

（4）发生地质灾害时，该风险参照不可抗力条款进行风险共担，即地质灾害导致的完工延误予以顺延（延长建设期不延长经营期），地质灾害造成的损失遵循“各自损失各自承担”的损失分担原则。这里需要特别说明的是，虽然PPP项目中的直接投资者为社会资本，但建设期已完成的永久工程的所有权仍属于政府部门，即便是进入运营期，PPP项目所形成公共资产的所有权依然属于政府部门，而社会资本仅拥有一定时期内的经营权。因此，政府部门应承担的损失包括：①永久工程的损坏；②损坏的现场施工机械设备，以及已运至施工现场待安装的工程设备中政府部门提供的部分（如果有的话）；③政府部门人员伤亡和自身财产的损失；④地质灾害发生而引起的工期延误；⑤政府部门要求赶工而产生的赶工费用；⑥社会资本在停工期间按照政府部门要求照管、清理和修复工程的费用。

16.5 研究总结

为了解决综合管廊PPP项目中地质条件风险的损失责任分担问题，本章主要做了以下三方面工作。

（1）对地质条件风险进行分解，并为后续相关研究提供理论准备。首先，基于大量文献将地质条件风险界定为，由于对地质条件因素不能完全地、准确地预测，从而引起的经济或财务损失的风险，并将其分成地质资料不准风险和地质条件不明风险两大类。其次，通过对文献和文件的对比分析，识别出PPP项目中最常用的三条风险分担基本原则，即最有控制力方承担、风险与收益对等、风险承担要有上限。最后，根据大量实例分析得出，与地质条件风险高度相关的勘察工作承担主体既有政府部门又有社会资本，当政府部门负责勘察时地质条件风险全由政府部门承担，所以本章主要针对社会资本负责勘察时的地质条件风险损失责任分担问题进行分析。

（2）依据 PPP 项目风险分担的基本原则分别将两类地质条件风险在公私双方之间进行分担。对于地质资料不准风险：依据最有控制力方承担原则，其由勘察工作承担主体来承担风险，又考虑到社会资本参与 PPP 项目“盈利但不暴利”的原则，提出用项目财务内部收益率和投资回报率来设定社会资本承担风险的上限。对于地质条件不明风险：考虑到 PPP 注重的是公私双方合作伙伴关系，提出出现未预见的地质条件风险应由公私双方共担；根据部分国家示范综合管廊 PPP 项目的合同条款，指出发现化石、古墓、文物等的风险应由政府部门承担；考虑到其与不可抗力的相似性，地质灾害风险参考不可抗力的风险分担方式，应由公私双方共担。

（3）对地质条件风险造成的损失进行确定和分担。首先，通过对文件、文献的整理，分析识别出地质条件风险发生后可能直接造成的损失以及可能采取的应对措施。其次，根据相应措施的性质内容将其划分为两大类，在此基础上对损失范围进行确定和划分：①对于停工，参考建筑安装工程费的费用构成将其可能增加的损失费用划分为 5 种进行分析；②对于工程变更，参考建筑安装工程费的造价形成将其可能增加的损失费用按分部分项工程费、措施项目费 2 部分进行分析。最后，结合不同地质条件风险细分的风险分担方式，确定政府部门需承担的具体损失内容。

第17章　因政府方原因导致PPP项目无法按期开始运营的赔偿

PPP项目具有合同周期长、投资金额大、不确定因素多等特点。在这种情况下，存在因政府方原因导致项目无法按期开始运营的可能性。一旦PPP项目无法按期开始运营，项目公司的利益就会受损，但实践中大多数的PPP合同对其无法按期开始运营赔偿的规定不甚明确，致使公私双方极易引起纠纷，不利于PPP项目的顺利开展。鉴于此，本章针对因政府方原因导致PPP项目无法按期开始运营的赔偿问题进行研究。通过对PPP项目全过程的阶段划分，总结导致PPP项目无法按期开始运营的两种情况，在此基础上将该问题分解为：因政府方原因导致PPP项目无法按期竣工的赔偿问题，以及已按期竣工因政府方原因导致PPP项目无法按期开始运营的赔偿问题。

17.1　研究背景

17.1.1　现状分析

1. 实践中存在因政府方原因导致PPP项目无法按期开始运营现象

【案例 17-1】英法海峡隧道项目最初规定的货运和客运服务正式开通的时间是1993年5月，但是由于两国政府在项目前期没有对建设方案进行足够的调查分析，在项目建设期间，英法政府不断要求增加安全与环境保护措施，导致建设阶段工期延误，并且当项目建成时，不能及时发放项目的营运许可证书，最终导致项目的正式开通时间不得不延迟到 1994 年 5 月 6 日（柯永建等，2008b）。

【案例 17-2】武汉市汉口北垃圾焚烧发电厂项目是按照武汉市城市规划管理局的要求在三环以外建设的，以避免对人口众多地区的经济发展和环境造成不利影响。2005 年 7 月，武汉市发展和改革委员会批准在相对偏远的盘龙城刘店村进行项目选址，但该项目用了两年时间才先后通过了规划、环保、水利等部门的审批工作，于 2008 年底终于开始施工。在此期间，围绕项目选址地建设了一批住宅区，结果该项目遭到周围居民的强烈反对，被迫推迟施工。该项目原计划于 2010 年 6 月投入运营，但实际运营时间为 2011 年 11 月[①]。

由上述两个案例可以看出，无论政府部门是复合的还是独立的，无论是国外 PPP 项目还是国内 PPP 项目，都有可能发生项目无法按期开始运营的情况。究其原因，PPP 项目涉及利益相关者众多，建设及运营周期长，政府既是公共产品或服务的购买者，也是公共利益的监管者、维护者，在多重属性下会不可避免地发生因自身或第三方的不可控因素导致的项目无法按期开始运营情况。

2. 对项目公司损失赔偿不当会不利于 PPP 项目的顺利开展

社会资本参与 PPP 项目的主要目的即通过项目公司获得合理的投资回报，而项目公司的主要收益来源于项目提供的产品或服务的销售收入，一旦 PPP 项目无法按期开始运营，势必导致社会资本的利益受损。通过分析相关文件可知，无法按期开始运营的赔偿方式有 4 种，即延长工期、赔偿费用、延长运营期、视为已开始运营（对于政府付费类 PPP 项目）（表 17-1）。然而，通过查阅中国政府采购网和地方政府官网公示的 PPP 合同发现，实践中的 PPP 合同对因政府方原因导致项目无法按期开始运营的规定不甚明确，对赔偿方式的选择较为局限，且多数 PPP 合同仅表示可以顺延工期，却没有提及费用赔偿（表 17-2），合同条款不够细致使得 PPP 项目的执行充满了不确定性，容易引起公私双方的纠纷。然而，对于 PPP 项目而言，政府部门和社会资本之间关系的质量是其成功的决定性因素，双方如果因此产生纠纷，将不利于 PPP 项目的顺利开展。

① 垃圾焚烧厂围城之痛：汉口北环境污染触目惊心. http://hb.sina.com.cn/zt/ljfsc/［2020-07-01］.

表 17-1 相关文件对政府方原因导致 PPP 项目无法按期开始运营的赔偿方式规定

序号	文件名	编号	条款	赔偿内容
1	《湖南省财政厅关于印发〈湖南省垃圾焚烧发电 PPP 项目合同示范文本〉的通知》的附件《湖南省垃圾焚烧发电 PPP 项目合同示范文本》	湘财金〔2017〕54 号	2.2.2	本合同履行过程中，由于甲方的原因，如征地拆迁造成开工和投产延误的，乙方不承担责任，但需乙方提供施工图纸、征地面积、征地范围并提前与甲方沟通后项目建设期相应予以顺延
2	《财政部关于规范政府和社会资本合作合同管理工作的通知》的附件《PPP 项目合同指南（试行）》	财金〔2014〕156 号	第二章第八节第四条	①延长工期和赔偿费用； ②视为已开始运营
3	《城市污水处理特许经营协议示范文本》	GF—2006—2504	6.4.3	①提出附件 6 规定的进度计划日期作适当延长； ②有权获得延误的经济补偿，使乙方基本上恢复到该延误没有发生时相同的经济状况； ③有权获得延长特许经营期
4	《城市生活垃圾处理特许经营协议示范文本》	GF—2004—2505	第十五条	明确在特许经营权授予方导致的完工延误情况下，及项目进度日期顺延

表 17-2 实践中 PPP 合同对因政府方原因导致项目无法按期开始运营的赔偿方式

序号	文件名	项目所在地	所属行业	关于因政府方原因导致项目无法按期开始运营的规定			
				延长工期	赔偿费用	延长运营期	视为已开始运营
1	黄石市铁山区西区污水处理厂及管网 PPP 项目合同	黄石市	生态保护	√			
2	贵州贵安新区综合管廊 PPP 项目合同	贵安市	政府基础设施	√	√		
3	沈阳市铁西区市政工程 PPP 项目合同	沈阳市	交通运输	√	√		
4	山东省潍坊市昌乐县九龙湖生态区 PPP 项目	潍坊市	城镇开发		√		
5	黄石市园博园二期工程 PPP 项目合同	黄石市	旅游	√			
6	滨州市人民医院西院区 PPP 项目合同	滨州市	医疗卫生	√			
7	丹阳市污水处理厂二期 PPP 项目合同	张掖市	生态保护	√	√		
8	山东省日照科技文化中心 PPP 项目合同	日照市	城镇开发	√			
9	贵州省剑河至黎平高速公路 PPP 项目合同	贵州省	交通运输	√			
10	山西省绿色闻喜水环境综合治理 PPP 项目合同	运城市	生态保护	√			
合计/个				9	4	0	0

综上所述，本章拟对因政府方原因导致 PPP 项目无法按期开始运营的赔偿问题进行探讨。该问题的解决具有以下实践意义：①对于政府部门来说，能够使其从耗时、费力的谈判扯皮中解脱出来，对维护政府良好的形象、提高政府的信用度有积极意义；②对于社会资本来说，能够保障社会资本的合法权益，提高其参与 PPP 项目的积极性；③对于中国 PPP 市场来说，为今后实践中该问题的高效解决提供可靠参考，保证 PPP 项目的公平公正，促使 PPP 项目能健康、长期、高效地运行。

17.1.2　研究逻辑

《全国 PPP 综合信息平台项目管理库 2019 年一季度报》①统计数据显示：管理库累计 PPP 项目数排名前三位是的市政工程、交通运输、生态建设和环境保护，合计占项目总数的 63.3%；累计投资额排名前三位的是交通运输、市政工程、城镇综合开发，合计占总投资额的 73.5%。而这些行业的 PPP 项目最常用的运作方式即 BOT。BOT 模式下公私双方的交易全过程可被划分为：建设、试运行（或有）、特许经营、移交，故导致项目无法按期开始运营的政府方原因可能发生在建设期，也可能发生在按期竣工之后、开始运营之前的时点或者时段（即试运行阶段）。据此，PPP 项目无法按期开始运营的赔偿问题可分解为两部分：因政府方原因导致 PPP 项目无法按期竣工的赔偿问题，以及竣工验收后因政府方原因导致 PPP 项目无法按期开始运营的赔偿问题。本章的研究逻辑如图 17-1 所示。

17.2　无法按期开始运营的政府方原因分析

项目开始运营是政府和项目公司关注的重点。对于政府来说，项目开始运营可以开始提供公共产品或服务；对于项目公司而言，项目开始运营通常意味着项目公司开始有收益并盈利。然而，阻碍 PPP 项目按计划开始运行的

① 财政部政府和社会资本合作中心.《全国 PPP 综合信息平台项目管理库 2019 年一季度报》. https://www.cpppc.org/jb/1310.jhtml［2020-07-01］.

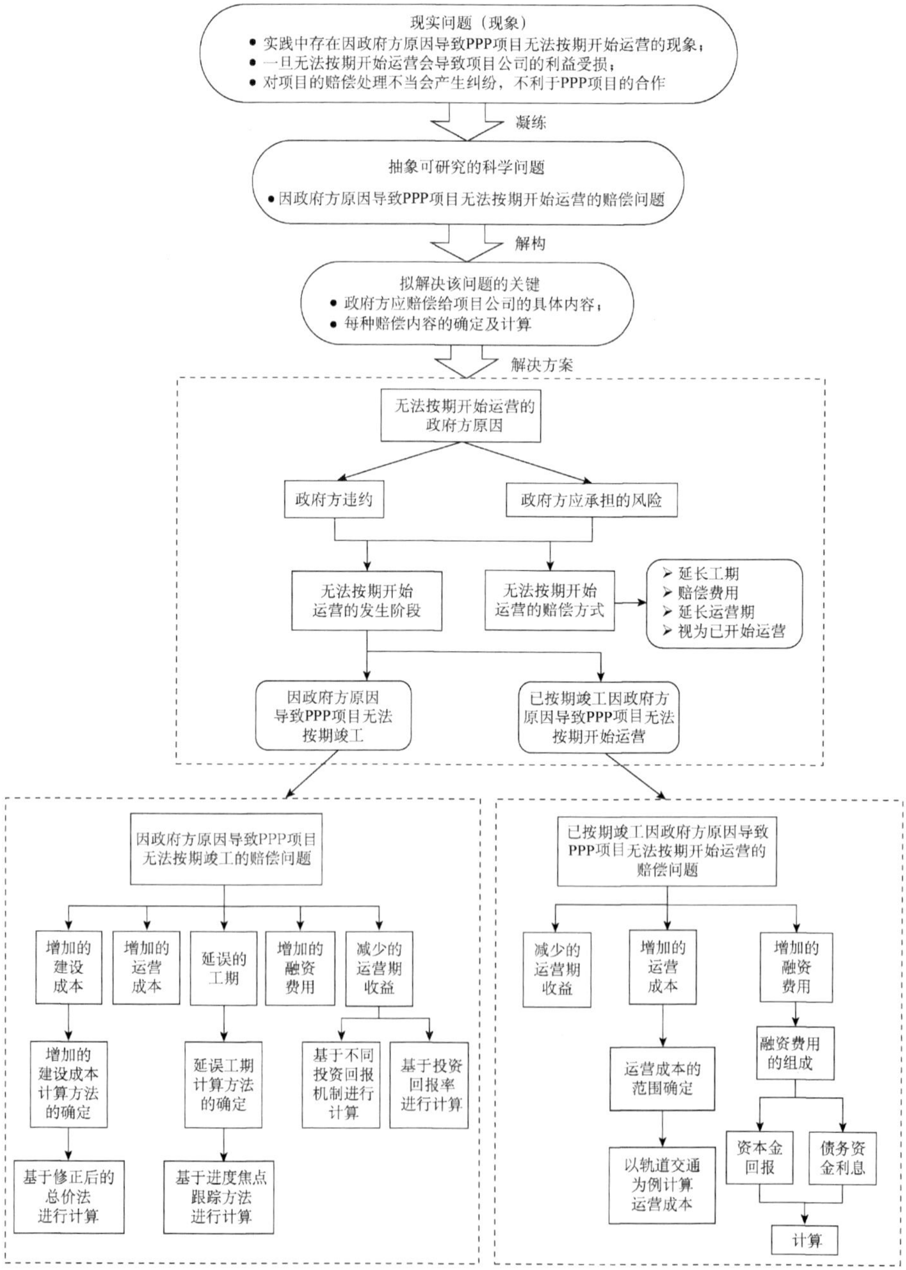

图 17-1　本章研究逻辑图

因素很多。根据 156 号文，导致 PPP 项目无法按计划开始运营的原因包括中性原因、项目公司原因和政府方原因。其中，中性原因是指不可抗力及其他双方约定由双方共同承担风险的原因；项目公司原因主要源于其所承担的相应风险，包括技术风险、完工风险、供应风险、设计风险、工程变更风险、组织协调风险、融资风险、特许经营人能力风险等；而导致 PPP 项目无法按期开始运营的政府方原因包括政府方违约以及在 PPP 项目合同中约定的由政府方承担的风险，例如政治不可抗力等。故本节将探讨由于政府方违约或由政府方承担的风险导致的 PPP 项目无法按期开始运营问题。

17.2.1　政府方违约

PPP 模式中的政府违约主要指的是，政府部门未遵照事先的约定或者协议来履行相关的责任和义务，使得合作方的利益受损，进而对 PPP 项目产生直接或者间接的损失（沈光，2016）。我国现有的 PPP 相关文件中，仅 156 号文对政府违约事件有所提及，即如果因发生政府方可控的法律变更导致合同无法继续履行，则构成“政府违约事件”。故本节选取了一些因政府方违约导致 PPP 项目无法按期开始运营的案例，据此总结导致 PPP 项目无法按期开始运营的政府方违约行为和产生这些违约行为的原因（表 17-3）。

表 17-3　因政府违约而无法按期开始运营的 PPP 项目案例

序号	案例名称	案例基本情况	违约行为	违约原因
1	北京第十水厂项目	北京第十水厂项目于 1998 年筹建，因水源和供水管道等问题不能解决一直不能开工，2012 年解决水源问题后又因为征地问题一直被搁置	不能按合同中的约定解决水源、征地问题	政策变更等综合原因
2	廉江中法供水厂项目	廉江中法供水厂项目中约定自来水公司每天须从塘山水厂购买 6 万吨自来水，水价为 1.15 元/吨，且不能再建其他水厂。1999 年项目建成后发现廉江市用水量远达不到 6 万吨，故政府方没有按照合同约定数量购买自来水	不按照合同约定购买水量	政府决策失误，签署了不公正的合同条款
3	汤逊湖污水处理厂项目	合同约定规划和污水收费问题由政府部门解决，但项目一期完成后，相关部门却不能按合同中的约定解决配套管网建设和污水排放收费问题，导致项目无法开始二期建设	不按照合同约定提供配套设施服务	政府不信守承诺
4	广汉三星堆汽车客运站项目	黄德武与广汉市人民政府签订了客运站建设运营合同，合同约定建成后给黄德武 40 年经营权，且同时承诺撤销广汉市现有的 3 个汽车站。但客运站建成后，广汉市人民政府却一直不给黄德武经营权且也没有按照合同约定“三站合一”	不按照合同约定给经营权和“三站合一”	政府不信守承诺

由表 17-3 可知，造成项目无法按期开始运营的政府方违约行为主要有：①不按照合同约定给项目公司提供基础设施及配套服务；②不能按照合同约定给项目公司付款；③许诺优惠条件却不履行。同时发现，出现几种违约行为的主要原因有两种：一种是恶意违约，即政府方故意不按合同约定履约；另一种是不得不违约，即因政府方对 PPP 项目的不了解而导致前期决策失误，签署了不公正的合同条款，如果履行合同，政府方将承担巨额损失。

17.2.2 政府方应承担的风险

PPP 项目合同的重要功能，即将项目风险在政府部门与项目公司之间进行合理分担，明确合同双方之间的权利和义务，确保 PPP 项目的顺利实施，实现物有所值。不同项目的风险分担结果可能不同，为了明确我国 PPP 项目中政府部门应承担的风险，本节对我国政府部门应承担风险的相关文件进行整理得表 17-4。

表 17-4 相关文件对 PPP 项目政府方因承担的风险的规定

序号	文件名	编号	条款	对风险分配的规定
1	《关于推广运用政府和社会资本合作模式有关问题的通知》	财金〔2014〕76 号		项目设计、建设、财务、运营维护等商业风险原则上由社会资本承担，政策、法律和最低需求风险等由政府承担
2	《关于印发政府和社会资本合作模式操作指南（试行）的通知》	财金〔2014〕113 号	第三章第十一条	原则上，项目设计、建造、财务和运营维护等商业风险由社会资本承担，法律、政策和最低需求等风险由政府承担，不可抗力等风险由政府和社会资本合理共担
3	《财政部关于规范政府和社会资本合作合同管理工作的通知》附件《PPP 项目合同指南（试行）》	财金〔2014〕156 号	第二章第一节第三条	通常由政府方承担的风险，包括：①土地获取风险（在特定情形下也可能由项目公司承担，详见本章第六节）；②项目审批风险（根据项目具体情形不同，可能由政府方承担，也可能由项目公司承担，详见本章第四节）；③政治不可抗力（包括非因政府方原因且不在政府方控制下的征收征用和法律变更等，详见本章第十五节）

关于 PPP 项目风险分担的文件不多，并且由表 17-4 可知，相关文件规定的应由政府方承担的风险较为笼统，仅表示有关法律、政策、最低需求的风险由政府方承担，在实际应用中可参考性差。而且，156 号文附件《PPP 项目合同指南（试行）》虽明确规定了几种政府方应承担的风险，但也仅列举了土地获取风险、项目审批风险、政治不可抗力这 3 种风险。因此，本章通过文献分析，进一步明确政府方应承担的风险：以“PPP 风险分担”为主

题在 CNKI 数据库中检索，整理部分文献得表 17-5。

表 17-5　相关文献规定 PPP 项目中政府方应承担的风险

序号	文献	政府信用	征用/公有化	配套基础设施缺乏	唯一性	征地拆迁	土地获取	政局不稳	政策变化	法律变更	项目审批延误	政府决策效率低	税收	财政支付
1	张峥愈等（2019）	√				√	√		√	√				
2	郭艳（2013）	√			√				√	√	√		√	
3	郝亚琳和成于思（2017）				√				√	√		√		
4	王志刚和郭雪萌（2018）		√	√					√		√			
5	代雨秀（2016）	√		√			√					√		
6	李欣（2018）	√	√	√			√	√						
7	赖一飞等（2018）	√			√		√		√	√	√	√		√
8	代仁强等（2018）	√			√				√	√		√		√
9	有维宝等（2018）				√				√	√	√	√		
10	张曾莲和郝佳赫（2017）		√				√	√	√		√			
11	王雪青等（2007）	√			√		√	√	√	√	√	√	√	
12	桑美英（2014）	√	√	√			√	√		√	√	√	√	
13	林丽红（2014）	√			√		√		√	√	√	√	√	
14	吴瑾（2013）	√	√				√	√	√	√	√	√	√	
15	何涛（2011）	√	√				√	√	√			√		
16	王建波等（2011）	√	√	√	√				√				√	
17	柯永建（2010）	√	√	√	√		√	√	√	√	√	√	√	

续表

序号	文献	政府信用	征用/公有化	配套基础设施缺乏	唯一性	征地拆迁	土地获取	政局不稳	政策变化	法律变更	项目审批延误	政府决策效率低	税收	财政支付
18	霍丽伟（2010）	√						√	√	√	√	√	√	
19	邓小鹏等（2008）							√	√	√	√	√		
20	冯燕（2007）		√					√		√		√	√	
合计/篇		14	9	6	9	1	11	10	16	14	12	14	9	2

不同行业的项目有其特有的风险，即使同一行业的项目采用不同的风险分担方法和风险分担原则也可能会有不同的分配结果。但是，PPP 项目风险也存在共性。由表 17-5 可知，应由政府方承担的风险主要有政府信用、征用/公有化、配套基础设施缺乏、唯一性、土地获取、政局不稳、政策变化、法律变更、项目审批延误、政府决策效率低、税收。在开始运营之前能直接影响项目的政府方风险均有可能导致项目无法按期开始运营，故在此类风险中除唯一性和税收风险，其他政府方风险均可能导致项目无法按期开始运营。

17.3　因政府方原因导致 PPP 项目无法按期竣工的赔偿

17.3.1　无法按期竣工的相关问题分析

首先，本节分析无法按期竣工的性质，确定无法按期竣工即发生了工期延误，并按照延误责任将工期延误划分为可原谅工期和不可原谅工期；其次，根据相关文件对特许经营期的规定，得出不同的特许经营期下，工期延误对 PPP 项目造成的影响不同；最后，明确因政府方原因导致 PPP 项目无法按期竣工对 PPP 项目造成的损失后，确定 PPP 项目的赔偿方式。

1. 无法按期竣工的性质分析

无法按期竣工即不能在约定的时间内完工。因为无法按期竣工和一般工程项目中工期延误比较类似，所以本节对无法按期竣工的界定参考工期延误。以“工期延误”为主题词在 CNKI 上搜索相关文献，整理得出相关文献对工期延误的界定（表 17-6）。

表 17-6　相关文献对工期延误的界定

序号	文献	对工期延误的界定
1	胡兴华（2016）	工期延误是指在建设工程项目实际运行过程中，由于各种主观因素及不可预见干扰因素影响，经常会出现实际工程施工进度迟于计划进度的情况，从而造成在无合理原因情况下的工程进度延迟
2	勾利娜（2011）	工期延误是指在工程实施过程中，因受到各种干扰因素的影响，使得一个或多个工序晚于计划规定的完工日期完工，从而可能引起总工期的延长
3	罗茜（2009）	工期延误是指工程实施过程中任何一项或多项工作实际完工日期迟于合同规定的完工日期，从而可能导致整个合同工期的延长
4	杨飞雪和洪传君（2008）	工期延误是指由于多种原因而造成的工程延迟，工程延迟的结果是使实际总工期超过计划总工期的延误
5	乔百合（2006）	工期延误是指工程实施过程中任何一项或多项工作实际完工日期迟于计划规定的完工日期，从而可能导致整个合同工期的延长

从表 17-6 可知，工期延误主要有三个方面的特征：①影响工期的因素多样，不可预料；②工期延误是由单个或多个工序的延误导致的；③工期延误的最终表现是实际工期大于计划工期。综上，本节主要研究因政府方原因导致 PPP 项目不能按照约定的日期竣工，即发生了因政府方原因产生的工期延误。

一般建筑工程承发包模式中工期延误主要包括两种形式：可原谅工期延误和不可原谅工期延误，按照工期延误的责任又进一步划分为承包商引起的工期延误和业主引起的工期延误。其中，由于承包商自己原因所引起的工期延误，称为不可原谅的工期延误，此种延误下，承包商既不能得到工期补偿，也不能得到经济补偿；由于业主原因所引起的工期延误，称为可原谅且应予补偿的工期延误，此种延误下，承包商不仅可以得到工期延长，还可以得到经济补偿；而由于客观原因所引起的工期延误，称为可原谅但不予补偿的工期延误，仅能得到工期补偿。上文提到，导致 PPP 项目发生工期延误的原因有政府方原因、项目公司原因和中性原因。按照延误责任划分，本章中因政府方原因导致 PPP 项目无法按期竣工为可原谅且可补偿的延误，项目公司有权获得工期和经济补偿，具体划分如图 17-2 所示。

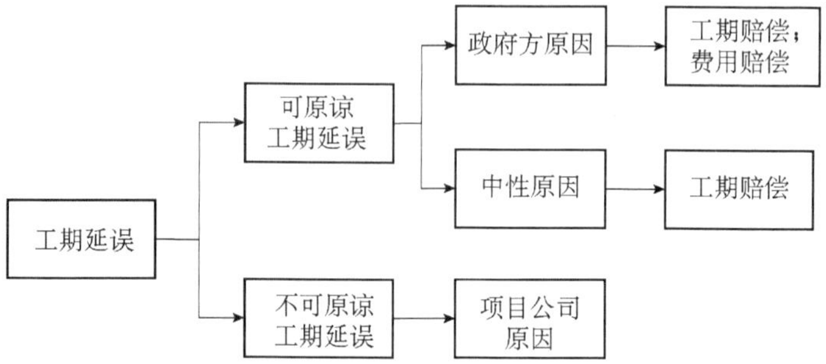

图 17-2　工期延误按延误责任的划分

2. 无法按期竣工对特许经营期的影响

PPP 项目的执行阶段包括建设期和运营期，其中建设期的无法按期竣工可能会导致项目运营期的期限受到影响。《基础设施和公用事业特许经营管理办法》（国家发展改革委等六部委第 25 号令）将特许经营定义为：政府采用竞争方式依法授权中华人民共和国境内外的法人或者其他组织，通过协议明确权利义务和风险分担，约定其在一定期限和范围内投资建设运营基础设施和公用事业并获得收益，提供公共产品或者公共服务。根据对特许经营的定义可知，特许经营期是政府允许社会资本进行特许经营的期限；且特许经营期包括建设期和运营期两部分。此外，PPP 有关政策文件对特许经营期的期限等也做了相关的规定。

从表 17-7 可知，目前我国对特许经营期的规定为固定特许经营期，项目特许经营期的范围在 10～30 年，但对于投资规模大、回报周期长的项目，特许经营期可以超出 30 年。156 号文附件《PPP 项目合同指南（试行）》将 PPP 项目的合作期限分为两种（图 17-3、图 17-4）：①设置独立的建设期限和运营期限，实际运营期限与竣工时间无关，无论项目提前完工还是延迟完工，项目的实际运营期限都不受影响；②将建设期限和运营期限打包成一个固定的期限，项目的实际运营期限完全取决于竣工时间，建设期限结束后，项目即进入运营期限：如提前完工，实际运营期限将比计划运营期限长；迟延完工时，实际运营期限则比计划运营期限短。

表 17-7　相关文件对特许经营期的规定

序号	文件名	编号	条款	对特许经营期的规定
1	《关于组织开展第三批政府和社会资本合作示范项目申报筛选工作的通知》	财金函〔2016〕47 号		申报示范项目合作期限原则上不低于 10 年
2	《基础设施和公共事业特许经营管理办法》	国家发展改革委等六部委第 25 号令	第一章第六条	基础设施和公用事业特许经营期限……最长不超过 30 年。对于投资规模大、回报周期长的基础设施和公用事业特许经营项目可以由政府或者其授权部门与特许经营者根据项目实际情况，约定超过前款规定的特许经营期限
3	《市政公用事业特许经营管理办法》	中华人民共和国建设部令第 126 号	第十二条	特许经营期限应当根据行业特点、规模、经营方式等因素确定，最长不得超过 30 年
4	《财政部关于规范政府和社会资本合作合同管理工作的通知》附件《PPP 项目合同指南（试行）》	财金〔2014〕156 号	第二章第三节第二条	自合同生效之日起一个固定的期限； 分别设置独立的设计建设期间和运营期间，并规定运营期间为自项目开始运营之日起的一个固定期限
5	《城镇供热特许经营协议示范文本》	GF—2006—2503	302 条	本协议之特许经营权有效期限为自本协议生效之日起计______年。自______年______月______日起至______年______月______日止
6	《城市污水处理特许经营协议示范文本》	GF—2006—2504	2.2 条	除非依据本协议进行延长或第 16 条而终止，特许经营期应为______年，自本协议生效之日起计算
7	《城市生活垃圾处理特许经营协议（示范文本）》	GF—2004—2505	第三章第八条	特许经营期限应根据垃圾处理规模、技术路线、经营方式等因素确定，最长不得超过 30 年。并说明在不可抗力事件、一方违约、重大法律变更时特许期限的调整程序

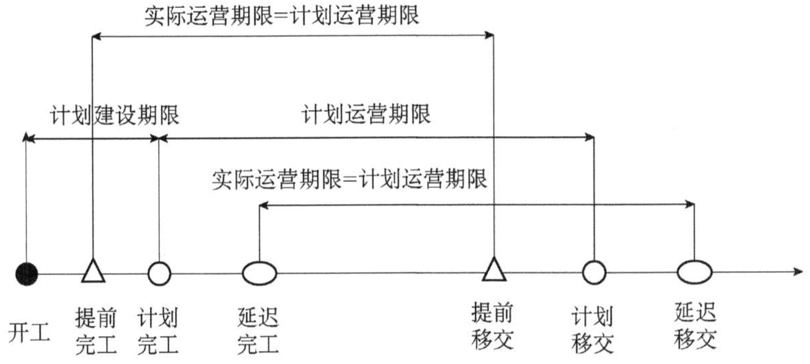

图 17-3　建设期限和运营期限独立设置

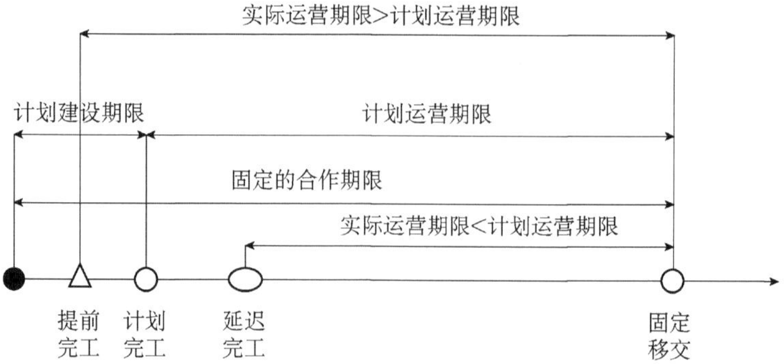

图 17-4 固定合作期限

3. 无法按期竣工赔偿的可选方式

由上文分析可知，因政府方原因导致 PPP 项目无法按期竣工即发生了可原谅工期延误，这种工期延误会使 PPP 项目的实际工期大于计划工期，并且会使项目的建设成本增加。在可原谅工期延误的情况下，项目公司可以向政府方索赔建设工期和相关的建设费用。由 PPP 项目的特许经营期的类型可知，当采用固定合作期限时，建设期的延误会导致 PPP 项目运营期减少；然而对于 PPP 项目来说，承包商只有在运营期才能获得投资回报；故 PPP 项目的运营期减少会导致 PPP 项目的利益减少。PPP 模式不同于传统的承发包模式，其特殊性在于项目公司需要在建设前期进行的投融资活动。故当 PPP 项目因工期延误而不能按时竣工获得收益时，就不能及时的偿还融资费用，会导致 PPP 项目融资费用的增加；当项目在快要竣工时发生延误导致其无法按期竣工，可能还会产生额外的运营维护费用。综上所述，因政府方原因导致项目无法按期竣工，会使项目公司的建设工期增加、建设成本增加、融资费用增加，特许经营期是固定期限的模式下还会使项目公司的运营期收益减少，故得出政府方应赔偿项目公司的内容。

前文中已知，当政府方原因导致 PPP 项目无法按期开始运营是存在 4 种赔偿方式：延长工期、赔偿费用、延长运营期、视为已开始运营。从图 17-5 可知，因政府方原因导致 PPP 项目无法按期竣工的赔偿内容有增加的建设工期、费用（包括增加的建设成本、增加的融资费用、减少的运营期收益）；并且因 PPP 项目可以在运营期间获得相应的利润，可以将费用赔偿折合成运营天数赔偿给项目公司。故在这种情况下，PPP 项目的赔偿方式存在 3 种赔偿方式：①延长工期并且赔偿费用；②延长工期并且延长运营期；③延长工期并且赔偿费用和延长运营期。

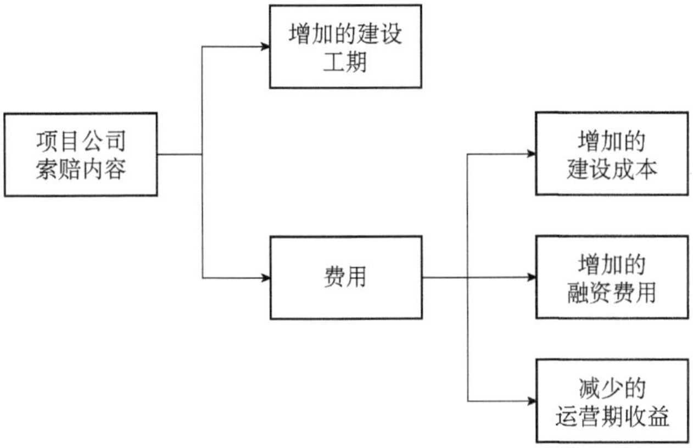

图 17-5　因政府方原因导致 PPP 项目无法按期竣工的赔偿内容

17.3.2　延误工期和建设成本增加的确定

本节主要通过查看相关文献得出延误工期的计算方法，经过分析后选定适合的延误工期计算方法。然后，同样使用文献分析，选出建设成本增加的计算方法并进行计算。

1. 工期延误的赔偿

工期延误一旦发生，项目公司若不能通过索赔获得政府方的竣工时间延长许可，就要承担误期损害责任（李振忠，2011）。工期索赔的主要目的是能够合理地延长工期，根据索赔的工期确定新的竣工日期，并且获得加速施工索赔或避免政府方的延期而损害赔偿的情况。故想要政府方赔偿工期，首先要确定政府方原因造成的工期延误中可以赔偿的工期是多少。

1）确定延误工期方法的选择

本章以“工期延误”为主题词在 CNKI 上搜索相关文献，根据文献整理得表 17-8。从表 17-8 可知，工期延误的计算方法有很多，可以根据项目的实际情况来选择不同的延误工期计算方法。因进度焦点跟踪分析方法是基于工程进度的实际安排，能较为准确地反映工程实际活动的变化，比较常用且可信度较高，但存在的缺点是责任划分不明确。考虑到本节是基于由政府方原因导致的工期延误，不需要再进行责任划分，故比较适合采用进度焦点跟踪分析方法来计算索赔的工期。

表 17-8 确定延误工期的方法统计

序号	计算方法名称	方法理论	使用范围	优点	缺陷
1	网络分析法	先绘制干扰事件发生前后的网络计划图，进行详细的分析与计算，然后对比干扰事件发生前后的工期计算结果来计算索赔值	各种干扰事件的工期索赔	①可以对关键路线及非关键路线上的工期延误的具体时间进行评估；②可以用来分析和计算各种延误事件对工程总工期和其后续工序的影响	没有对浮动时间进行划分，可操作性差
2	动态分析法	在网络进度的基础上进行的，在计算每一个延误前，将发生该延误以前的实际进度代入进度计划，而以后的进度代入正常进度计划，由此检验进度的延误	小规模网络计划	对延误事件的责任分析明确，详细分析出施工期间延误事件之间的逻辑关系，以及对当时施工状态的影响	没有对浮动时间进行划分，没有考虑共同延误影响对工序的叠加效应，没有进行各责任方延误影响的划分
3	动态网络分析法	根据工程的时间跨度将工期分为若干阶段，通常根据不同的情况分为周、旬或月，然后逐个分析单个时间段内的各种影响工程进展的延误事件及对整个工期的影响	工序逻辑关系复杂，工序活动量大的共同延误工期索赔分析	分析结果比较客观，分析逻辑关系、关键线路变化及共同延误变得相对简单	没有对浮动时间划分，没有区别共同延误各责任方的交易影响，容易造成共同延误各责任方对工期索赔认识不一，无法就共同延误工期索赔形成合理的索赔方案
4	对比分析法	较简单的工期索赔计算方法	仅受干扰事件影响单项工程、单位工程，或分部分项工程的工期计算	方法简单、方便、直观，易于被人们理解和接受	不太合理和科学，有时不符合工程实际情况
5	整体影响法	把各个活动的延误时间相加得到索赔的工期	简单索赔	简单快捷的工期索赔计算方法	将施工单位自身原因引起的延误也计算在内，没有考虑工期延误的类型，导致责任划分不明确，忽视关键线路上的延误
6	关键路线法（CPM）	采用关键路线法来决定某一项工作的耽搁是否引起整个工期拖延	各种干扰事件的索赔	目前最科学的工期计算方法	依赖计算机
7	计划与实际进度对比法	实际进度的完工日期减去计划进度的完工日期，所获结果作为承包商应索赔的工期		简单，在一定程度上考虑共同延误的部分影响	很难解决延误责任的归属问题

续表

序号	计算方法名称	方法理论	使用范围	优点	缺陷
8	“要是没有”（But-for）检验法	计算实际工期与去掉施工单位一方导致的工期延误的工期之差而去确定索赔工期的方法	常用于国际工程	容易被项目各参与方所理解，比较常用	方法依赖于所获信息的完整性和准确性，评价过程中容易掺杂主观
9	影响计划法	把实际活动加到进度计划中，并按延误发生的时间顺序将它们依次加到进度计划中，再对加载的延误一一进行分析	不常用	避免分析实际进度，依靠计划进度作为基准进行分析	结果不确定性大，不能反映实际延误的最终原因
10	进度焦点跟踪分析方法	将整个项目工期划分为多个时间区间以找出延误原因	常用	基于工程进度的实际安排，较为准确地反映工程实际活动的变化	计算完后才分配责任，容易混乱，不容易分配各方的责任
11	时间影响分析法	把单个延误事件增加到之前的工程进度的计划当中，同时进行工程进度计划的更新		可信度最高	较为烦琐，没有考虑共同延误的影响
12	比例分析法	以合同价所占比例来计算或按照单项工程工期延误的平均值进行计算	干扰事件影响某些单项工程、单位工程或分部分项工程的工期时使用	简单、方便	不符合实际情况
13	直接法	把记载的延误时间直接作为延误工期	当索赔事项一次性地集中在整个项目上，或发生在项目的关键线路上	简单、方便	实际工程中的案例复杂，运用此方法时还要考虑其他要素
14	实测法	参考实际记录	比较简单的延误分析	简单、快捷	没有考虑关键路线上的延误，没有考虑共同延误的类型

资料来源：根据刘路政（2012）、吴丰先（2016）、乔百合（2006）、杨飞雪和洪传君（2008）、李正最（2007）、成虎（2005）、邓小鹏等（2007）编制

2）基于进度焦点跟踪分析方法确定延误工期

基于进度焦点跟踪分析方法确定延误工期的具体步骤如下。

（1）首先根据项目里程碑把实际计划分成若干区段。

（2）在保证该区段之后的工序能够保持计划进度中的关系和持续时间的前提下，把该区段内工序的实际完成时间和工序间的实际关系整合至进度计划中，由此得到新的进度计划完工时间。

（3）对产生工期延误的原因进行分析并做出评价，从而确定各方应承担的因工期延误造成的损失。

该区段内造成的工期延误=更新的进度计划完工时间-计划完工时间

（4）把第三步更新的进度计划当作分析第二区段的基础，依次重复第二步并对每个区段一一进行分析。

（5）把每个区段计算的工期延误累计相加，进而得到最终的延误工期。

2. 增加的建设成本的赔偿

对于政府方责任造成的工期拖延，项目公司在提出工期索赔的同时，还可以提出与工期有关的费用索赔（成虎，2005）。就项目公司而言，费用索赔的核心目的是使其额外支出的费用得到政府方的赔付。

1）增加的建设成本计算方法的选择

因工程延误而增加的建设成本的计算方法有很多，本章通过对相关文献的整理、分析，得到因延误而增加的建设成本的计算方法，如表 17-9 所示。从表 17-9 可知，几种费用索赔计算方法都有着各自的优缺点。基于前文提到的实际损失与合同综合考虑的赔偿原则，本节应首选实际费用法，但因其需要全部索赔事件的资料，当索赔资料不全时易出现遗漏赔偿费用的情况，故最终采用修正的总费用法进行费用索赔计算，如式（17-1）所示：

索赔费用=某项工作调整后的实际总费用-该项工作的报价费用　（17-1）

表 17-9　费用索赔计算方法统计

序号	计算方法名称	方法理论	优点	缺陷
1	总费用法	计算该项延误索赔事件的实际总成本，再从这个实际总成本中减去投标报价时的估算费用，得出要求补偿的延误索赔款额	方法简便	共同延误索赔费用计算不精确，不能合理的界定各责任方的实际索赔费用大小，存在局限性，运用不多
2	修正的总费用法	在用总费用法计算的框架下，计算索赔费用的时段仅限于受索赔事件影响或干扰的时间，只计算受影响时段内与索赔事件相关的某些工作所受影响的损失，与受索赔事件影响的工作无关的费用不包括在总费用中	方法简便，且计算出来的结果与实际费用很接近	
3	分项费用索赔计算法	按延误索赔事件所引起的每项索赔费用项目分别计算索赔值	反映实际情况，比较合理、科学，应用面广，人们在逻辑上容易接受	处理较为复杂，操作过于烦琐，操作周期过长
4	实际费用法	以索赔事件中所实际支付的费用为依据，提出费用索赔，针对每一项索赔费用	反映实际情况，容易被人们理解接受	需要全部索赔事件的资料，当索赔资料不全时易出现遗漏赔偿费用的情况

资料来源：根据刘路政（2012）、吴丰先（2016）、乔百合（2006）、杨飞雪和洪传君（2008）、李正最（2007）编制

2）增加的建设成本的计算

因延误而增加的建设成本主要包括：人工费、材料费、机械费、管理费。在工程合同中一般会规定承包商在可以进行利润索赔时的计价范围和取费费率，在此主要讨论前四项的索赔费用计算方法。以“工期延误索赔”为主题词在 CNKI 上搜索相关文献，进一步提取延误费用的计算，得到表 17-10。

表 17-10　费用索赔计算表

序号	名称	情况	计算公式
1	人工费	项目现场人工停工和管理人员待工所额外产生的经济损失	（工人劳动力单价+管理人员用工单价）×工程停工的天数
		低生产率的损失	（实际使用工日-已完工程中人工工日含量-其他用工数-承包商责任或风险引起的劳动力损失）×劳动力单价
		工期延误后当地平均工资水平上涨而导致后期人工费用增加部分的损失	（增长后的人工工资单价-合同工期内人工工资的增长-合同文件中的人工工资单价）×可补偿费用的合理顺延工期日数
2	材料费	物质材料储存费用的额外增加	按计划进行储存的物质储存费率结合平均库存
		工程延误期间材料价格上涨导致后期材料费用成本的增加	（现行价格-基本价格）×材料量
		因工期延误导致已购买的材料在储存期间产生的损耗和质变	按照双方在合同中约定的损耗、平均库存量和实际延误天数计算
3	机械费	机械设备停滞台班费	因机械设备停滞而额外增加的费用，主要包括利息、折旧费用、固定税费和维修保养费等，停滞台班费为正常设备台班费的 60%～70%
		机械设备停滞损失费	租赁机械设备的停滞损失，损失的费用一般与租金相对等，按天计算，具体为每天租金×延误天数
		补偿机械台班因低效率而发生的损失	与劳动力一样，机械设备停滞一段时间后复工也会存在低效率损失，该部分费用通过对正常设备运营效率和实际效率进行比较计算得出
4	管理费	现场管理费	现场管理费用=延误时间×（合同内的现场管理费/合同工期）
		总部管理费	在招投标过程中对公司管理费的计算一般有一个参考区间值，为 4%～6%。在实际索赔费用计算中，按照参考范围内的比例值，将索赔成立后需要支付的直接费、工地管理费等与该值进行相乘，从而计算出公司管理费结果

资料来源：根据胡兴华（2016）、刘路政（2012）、吴丰先（2016）编制

17.3.3　运营期收益减少的确定

当建设期限和运营期限是一个固定期限时，建设期间发生的延误会导致 PPP 项目运营期限的减少，从而导致 PPP 项目的运营期收益减少。本节基于实践中的常规做法，着重介绍两种计算运营期收益减少的方法。

1. 基于不同付费机制的运营期收益减少的赔偿

PPP 项目的付费机制关系到 PPP 项目的风险分配和收益回报，是 PPP 项目中的核心条款。实践中需根据各方的合作期限和承受能力，结合项目所涉及的行业、运作方式等实际情况，因地制宜地设置合理的付费机制。根据 113 号文，项目回报机制主要说明社会资本取得投资回报的资金来源，包括使用者付费、可行性缺口补助和政府付费等支付方式；而 156 号文则明确规定，PPP 项目中的回报机制包括政府付费、使用者付费、可行性缺口补助等支付方式。下面将分别探讨此三种付费机制下运营期收益减少的确定。

1）政府付费

采用政府付费机制的项目，通常分为可用性付费、使用量付费两种类型。在可用性付费模式下，政府付费通常由可用性付费和运维服务付费组成。因本节讨论的是无法按期竣工导致 PPP 项目运营期收益的减少问题，故仅对运维服务费进行分析。运维服务付费是指政府依据社会资本方所提供的运营维护服务而使项目设施保持在合同约定的可用性标准和要求水平所进行的付费，其付费方式通常有固定值、成本加成、定额计算 3 种，如表 17-11 所示；使用量付费是指政府依据社会资本方所提供的项目设施或服务的实际使用量来付费，付费多少与实际使用量大小直接挂钩。实践中，会根据项目的实际运作情况来选择适宜的付费标准。

表 17-11　政府付费模式下延误导致运营期收益减少的计算表

序号	类型	付费方式	方法理论	计算公式
1	可用性付费	固定值	通常政府方会在招标文件中明确运维服务的内容和要求，并设定一个运维服务付费的区间。社会资本方根据运维服务内容自行测算运维服务所需要的成本，并考虑合理利润后，在政府给定的区间范围内进行报价，中标价即为该项目的运维服务付费。在运营维护服务内容和要求不变的情况下，除非运维成本发生较大变化而根据约定进行调价，否则运维服务付费不予调整	减少的收益=中标价×延误时间/运营时间-每天的运营成本×延误时间
		成本加成	根据运营期内经审计的运营维护成本和社会资本方投报的运维服务年回报率计算运维服务付费	减少的收益=运营维护成本×运维服务年回报率×延误时间/365
		定额计算	某些 PPP 项目涉及的运营维护内容会有行业收费标准和指标，这类项目的运维服务付费通常根据服务单项按照定额（或定额下浮）的方式确定，下浮率通过投标报价或双方协商，无定额的服务单项则按照市场询价或招标方式确定	减少的收益=Σ（单项价-单项成本）×工程量

续表

序号	类型	付费方式	方法理论	计算公式
2	使用量付费		通常由社会资本方根据项目的建设成本、运营成本及合理利润投报服务单价，根据服务单价和使用量计算付费额	减少的收益=（变动单价×预期使用量-运营成本）/365×延误时间

资料来源：根据刘飞（2017）编制

2）使用者付费

使用者付费与政府付费中的使用量付费模式类似，即根据使用量以及约定的服务单价计算付费额（刘飞，2017），与其不同的是由政府付费变成由最终消费用户直接付费购买公共产品和服务，且项目公司承担项目需求风险。该类付费模式主要有两个特点：①项目使用需求可预测。项目需求量具备可预测性和可操作性是决定社会资本是否投入并承担项目风险的关键因素。②向使用者收费具有实际可操作性。一般来说，使用者付费项目类似市场运营项目，投资者自负盈亏，自担风险（万荔，2018）。该情境下运营期收益减少的赔偿计算公式如下：

$$\text{项目年收入}=\text{项目单价}\times\text{预计年使用量} \quad (17\text{-}2)$$

$$\text{因运营期变短而减少的收益}=（\text{项目年收入}-\text{经营成本}）\times\text{延误期限}/365 \quad (17\text{-}3)$$

3）可行性缺口补助

可行性缺口补助即使用者付费结合政府付费。《财政部关于印发〈政府和社会资本合作项目财政承受能力论证指引〉的通知》（财金〔2015〕21号）第十六条规定："对可行性缺口补助模式的项目，在项目运营补贴期间，政府承担部分直接付费责任。政府每年直接付费数额包括：社会资本方承担的年均建设成本（折算成各年度现值）、年度运营成本和合理利润，再减去每年使用者付费的数额。"计算公式为

$$\text{当年运营补贴支出数额}=[\text{项目全部建设成本}\times（1+\text{合理的利润率}）\times（1+\text{年度折现率}）^{n}]/\text{财政运营补贴周期（年）}+\text{年度运营成本}\times（1+\text{合理的利润率}）\times\text{当年使用者付费数额} \quad (17\text{-}4)$$

$$\text{因运营期变短而减少的收益}=\text{年度运营成本}\times\text{合理的利润率}\times\text{延误时间}/365 \quad (17\text{-}5)$$

2. 基于投资回报率的运营期收益减少的赔偿

基于付费机制的差异而计算运营期收益减少的赔偿额度可适用于不同付费情境下的项目，然这种计算方法较为复杂，且公式中所用的使用量是预测变动的，可能会产生些许误差。鉴于此，实践中又提出采用投资回报率去计算运营期变短而减少的收益的方法。以“PPP 投资回报率”为主题在 CNKI 中搜索相关文献，整理得表 17-12。

表 17-12　相关文献对投资回报率的界定

序号	文献	对投资回报率的界定
1	琚娟（2018）	投资回报率是指通过投资而应返回的价值，或者从一项投资性商业活动的投资中得到的经济回报
2	陈占涛和雒钊（2018）	投资回报率是指通过投资而应返回的价值，是投资人从项目投资活动中得到的经济回报
3	李博和姜章维（2016）	PPP 项目投资回报率是指政府给予私人部门的回报率，并不是指 PPP 项目本身的投资回报率
4	相亚成（2015）	投资回报率是指投资方在投资回收过程中相比投资额的利润率，即收入和成本的差值与总成本的比值，是企业从一项投资活动中得到的经济回报，它涵盖了企业的获利目标
5	夏秀梅和李海英（2009）	投资回报率是指项目评估期的社会资本投资的回报程度，是项目净收益与投资成本的比值，即投入与产出的科学比较

由表 17-12 中可知，投资回报即通过投资某种活动而获得的相应的经济回报，在 PPP 项目中投资回报即社会资本通过投资 PPP 项目而应该获得的收益，投资回报率的计算公式如式（17-6）所示。合理的投资回报率不仅可以吸引社会资本参与 PPP 项目，而且可以有效控制财政风险（刘薇，2015），过高的投资回报率会给政府带来财政压力，过低的投资回报率则影响社会资本收益。约定投资回报率的最初目的就是为了保证社会资本收回成本并获得合理回报，故不论在何种付费机制下，当运营期限因政府方原因使得项目无法按期竣工而减少时，均可以用式（17-7）计算项目公司因运营期变短而减少的收益。

$$\text{投资回报率}=\text{年利润或年均利润}/\text{投资总额}\times 100\% \quad (17\text{-}6)$$

$$\text{因运营期变短而减少的收益}=\text{投资回报率}\times\text{投资总额}\times\text{延误时间}/365 \quad (17\text{-}7)$$

17.4　已按期竣工因政府方原因导致 PPP 项目无法按期开始运营的赔偿

17.4.1　已按期竣工却无法按期开始运营的相关问题分析

本节将在分析已按期竣工却无法按期开始运营对融资和项目公司影响的基础上，明确已按期竣工却无法按期开始运营对 PPP 项目造成的损失，进一步确定 PPP 项目的赔偿方式。

1. 已按期竣工却无法按期开始运营对融资的影响

资金是企业经济活动的第一推动力。企业能否获得稳定的资金来源以及能否及时足额筹集到生产要素组合所需要的资金，对企业的经营和发展有着至关重要的影响。融资，从狭义上讲是一个企业的资金筹集的行为与过程，也就是公司根据自身的生产经营状况、资金拥有状况，以及公司未来经营发展的需要，通过科学的预测和决策，采用一定的方式，从一定的渠道向公司的投资者和债权人筹集资金，组织资金的供应以保证公司正常生产需要的经营管理活动中需要的理财行为。

PPP 项目建设周期短，运营时间长，资金需求大，融资能否成功对 PPP 项目来说非常重要；PPP 项目的融资活动在很大程度上会影响 PPP 项目的成败（袁永博 等，2011）。因此在 PPP 采购阶段，社会资本需要按招标文件的要求在采购呼应文件中有详细的融资承诺、可信且操作性强的融资计划，为 PPP 项目的建设运营做准备。根据 2724 号文规定，融资计划的内容一般包括：①项目资本金比例及出资方式；②债务资金的规模、来源及融资条件；③各类资金的到位计划。当社会资本被选中，签订 PPP 项目合同后，需在一定的期限内按合同中的融资计划完成融资。而且根据 156 号文规定，完成融资交割是 PPP 项目合同中最重要的前提条件，在大多数 PPP 项目合同中只有完成融资交割，PPP 项目合同才会全部生效。PPP 项目的融资是在项目建设前期完成的，融到的资金会在建设期不断地投入，并在 PPP 项目开始运营获得收益后还款，具体融资的过程如图 17-6 所示。所以，一旦发生延误事件，将导致项目无法按期开始运营，融到资金的占用时间就会增加，融资费用就会随之增加。

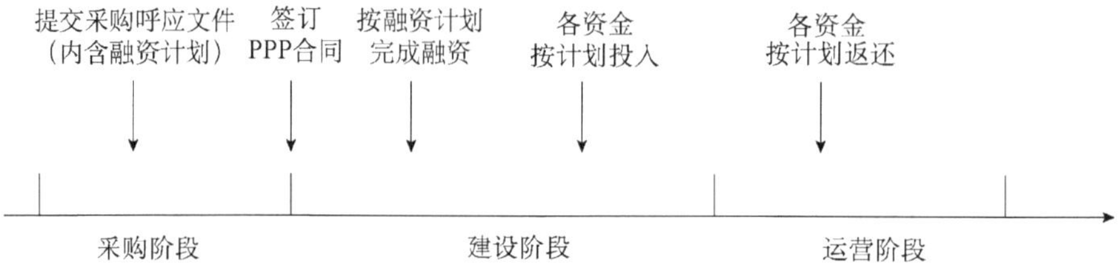

图 17-6 PPP 项目融资过程

2. 已按期竣工却无法按期开始运营对项目公司运营成本的影响

项目公司是为了项目的建设和生产经营而由项目发起人注册成立的独立经营并自负盈亏的经营实体。项目公司直接参与项目投资和项目管理，直接承担项目债务责任和项目风险。基于我国的应用情境，本节首先对我国 PPP 项目公司组建的相关规定进行统计，为后续的分析奠定基础。通过查看相关文件，对项目公司组建的规定进行整理，得表 17-13。

表 17-13 相关文件对项目公司组建的规定

序号	文件名	编号	条款	对项目公司组建的规定
1	《关于印发政府和社会资本合作模式操作指南（试行）的通知》	财金〔2014〕113 号	第五章第二十三条	社会资本可依法设立项目公司。政府可指定相关机构依法参股项目公司。项目实施机构和财政部门（政府和社会资本合作中心）应监督社会资本按照采购文件和项目合同约定，按时足额出资设立项目公司
2	《国家发展改革委关于开展政府和社会资本合作的指导意见》附件《政府和社会资本合作项目通用合同指南（2014 年版）》	发改投资〔2014〕2724 号	第二章第 7.4 条	如以设立项目公司的方式实施合作项目，应根据项目实际情况，明确项目公司的设立及其存续期间法人治理结构及经营管理机制等事项，如：①项目公司注册资金、住所、组织形式等的限制性要求。②项目公司股东结构、董事会、监事会及决策机制安排。③项目公司股权、实际控制权、重要人事发生变化的处理方式
3	《财政部关于规范政府和社会资本合作合同管理工作的通知》附件《PPP 项目合同指南（试行）》	财金〔2014〕156 号	第一章第一节	项目公司是依法设立的自主运营、自负盈亏的具有独立法人资格的经营实体。项目公司可以由社会资本（可以是一家企业，也可以是多家企业组成的联合体）出资设立，也可以由政府和社会资本共同出资设立。但政府在项目公司中的持股比例应当低于 50%，且不具有实际控制力及管理权

从表 17-13 可知，我国 PPP 项目公司的成立具有以下 3 个特点：①PPP 项目是否建立项目公司取决于社会资本的决定，并不是强制意向要设置项目

公司的，但实践中，出于以有限追索实现风险隔离和项目融资的目的，设立项目公司是大多数社会资本的选择；②项目公司可由社会资本出资设立，也可以由社会资本和政府共同出资设立，但政府在项目公司中不具有实际的控制管理权；③设立项目公司要明确项目公司注册资金、股东结构等决策机制的安排和一些重要人事发生变化的处理。

项目公司的设立一般是在项目采购完成确定中选社会资本后，签署 PPP 项目合同、股东协议、公司章程，随即按照该文件约定时间设立项目公司。项目公司的成立是为了成功地完成 PPP 项目的建设和运营，一般在 PPP 项目即将竣工的时候项目公司就会为 PPP 项目的运营做准备，如提前招纳相关人员、培训员工、采购一些运营设备等。因此，一旦项目无法按期开始运营，项目公司就要在延误期间内支付这些为 PPP 项目运营而准备的费用。

3. 已按期竣工却无法按期开始运营赔偿的可选方式

首先，由上文分析可知，在采购阶段，项目公司就需要提交融资计划方案，并需要在签订项目合同后的一定时间内完成融资计划上的内容，即 PPP 项目公司需在建设前和各个金融机构确定项目资金的投入数量和投入时间，以及资金计取的利息和资金返还的时间；因此，一旦发生延误导致 PPP 项目无法按期开始运营，项目占用资金的时间就会增加，项目的融资费用就会随之增加。其次，项目公司会提前为项目运营投入资金做准备，如招纳员工、投入设备、采购材料等；因此，当项目无法按期开始运营时，项目公司就需要为这些前期准备支付费用，即会增加项目公司的运营维护成本。最后，PPP 项目的特许经营期有两种，固定期限、独立的建设期和运营期，当特许经营期为固定期限时，即使项目已按期竣工，在其后任一阶段发生延误也会使 PPP 项目的运营期减少，从而使项目的运营期收益减少。综上所述，已按期竣工却因政府方原因导致 PPP 项目无法按期开始运营会使项目公司的融资费用、运营维护成本增加，特许经营期是固定期限模式下还会使项目公司的运营期收益减少。故得出政府方应赔偿项目公司的内容如图 17-7 所示。

由前文分析已知，由政府方原因导致 PPP 项目无法按期开始运营存在 4 种赔偿方式：延长工期、赔偿费用、延长运营期、视为已开始运营。从图 17-7 可知，已按期竣工却因政府方原因导致 PPP 项目无法按期开始运营的赔偿内容有：增加的融资费用、增加的运营维护成本、减少的运营期收益。并且，因 PPP 项目可以在运营期间获得相应的利润，故可将费用赔偿折合成运营天数赔偿给项目公司。这种情况下，PPP 项目存在 4 种赔偿方式：①赔偿费用；②延长运营期；③赔偿费用和延长运营期；④视为已开始运营。具体选择哪种方式主要视政府和社会资本的协商而定。

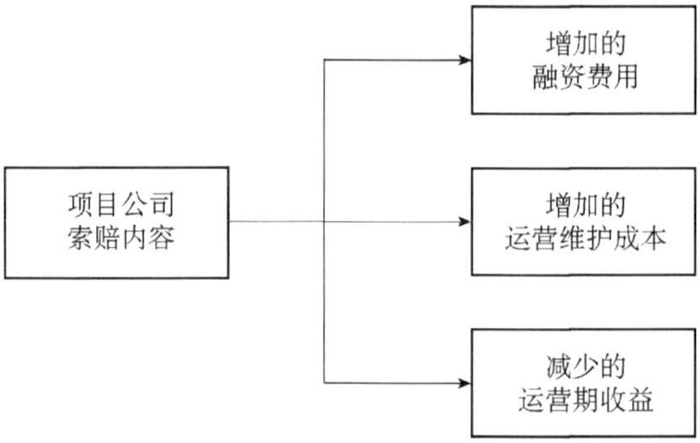

图 17-7 已按期竣工却因政府方原因导致 PPP 项目无法按期开始运营的赔偿内容

17.4.2 融资费用增加的确定

因政府方原因使得项目无法按期竣工和项目已按期竣工但因政府方原因无法按期开始运营都会产生额外的融资费用。本节融资费用的确定主要从以下方面来讲述：首先，通过了解 PPP 项目融资资金的来源，确定 PPP 项目中的融资费用组成；其次，根据某个无法按期开始运营的案例，进行融资费用增加的计算以及案例分析。

1. PPP 项目中的融资费用组成

在 PPP 模式中，私营部门包括私人或私人团体，从项目论证阶段就开始参与项目。公共部门通过政府招商形式，与资金雄厚、技术先进、运营管理能力较强的优秀单位谈判并签订特许权协议，共同组建特殊目的的项目公司（袁永博等，2011）。公共部门赋予项目公司基础设施项目的特许开发权，由项目公司代表公共部门组织项目的开发。私营部门的直接投资以及公共部门的资助资金形成项目公司的资本金，构成项目的直接融资部分；贷款、租赁和其他方式筹集的资金构成项目的间接融资部分，共同组成项目的总投资，用于项目建设和项目运营所必需的固定资产、流动资产和无形资产，具体资金来源如图 17-8 所示。

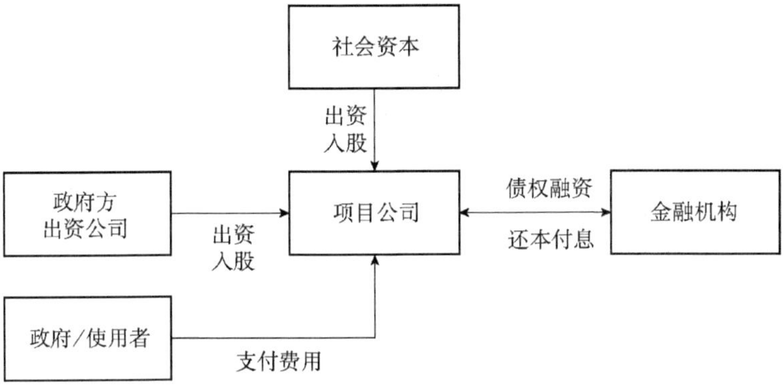

图 17-8　PPP 项目资金来源

如图 17-8 所示，建设 PPP 项目所需的资金来源于四部分：社会资本投入的资本金、政府方出资代表投入的资本金、从金融机构获取的债务性资金以及政府/使用者的付费。根据《国务院关于固定资产投资项目试行资本金制度的通知》（国发〔1996〕35 号）通知第 2 条规定，在投资项目的总投资中，除项目法人（依托现有企业的扩建及技术改造项目，现有企业法人即为项目法人）从银行或资本市场筹措的债务性资金外，还必须拥有一定比例的资本金。投资项目资本金，是指在投资项目总投资中，由投资者认缴的出资额，对投资项目来说是非债务性资金，项目法人不承担这部分资金的任何利息和债务；投资者可按其出资的比例依法享有所有者权益，也可转让其出资，但不得以任何方式抽回。由此可知，社会资本投入的资本金不属于债务也不计取利息，而是由享有所有者权益，通过获得建设和运营项目可得到的回报率来收回；而债务性资金一般是需要计取利息，在项目开始运营后，按期偿还本金和利息。融资费用就是取得或使用资金时所付出的代价（赵建伟和姜鹏飞，2015）。

综上所述，PPP 项目的融资费用包括两部分：①由社会资本提供的资本金，需要支付的项目回报；②从金融机构获得的债务性资金，需要计取的利息。

2. 融资费用增加的计算

从上文融资费用组成可以得到，PPP 项目的融资费用包括两部分，分别是社会资本投入资本金应该获得的投资回报和债务性资金需要计取的利息。目前，PPP 项目的融资方式主要有信托计划、券商计划。私募基金、银行贷款、发行债券等方式，但使用最普遍的还是银行贷款（严玲等，2011）。

（1）对于社会资本投入的资本金来说，其应该获得的投资回报一般以项目合同中约定的年投资回报率进行计算。前文中已提到，投资回报率即通过投资某种活动而获得的相应的经济回报。在 PPP 项目中，投资回报率即社会资本通过投资 PPP 项目而应该获得的收益。故社会资本可以获得投资回报的计算如式（17-8）所示：

$$F_1 = P_1(1+i_1)^n \tag{17-8}$$

其中 F_1 为终值，P_1 为投入资本金，i_1 为年投资回报率，n 为期数。

（2）对于债务性资金的利息来说，其以 PPP 项目公司和金融机构在合同中签订的利息为准，如式（17-9）所示：

$$F_2 = P_2(1+i_2)^n \tag{17-9}$$

其中 F_2 为终值，P_2 为借款金额，i_2 为利率，n 为期数。

3. 融资费用增加的案例分析

某 PPP 项目合同建设工期 36 个月，工程投入总资金 30 亿元（其中项目公司自有资金 10 亿元），为了减少贷款利息的支出，决定优先使用自有资金。自有资金年投资回报与银行贷款年利率相同，均为 4.35%，计算期以半年为一期。资金使用计划为：预付款 6 亿元，进度款每半年支付一次，每次支付 4 亿元。分析该项目不同时点延误 6 个月对融资费用增加额的影响，资金流量图以及对融资费用的影响如图 17-9 所示。

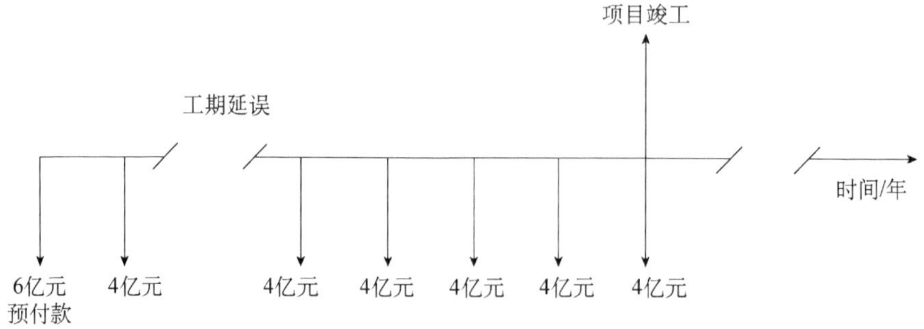

图 17-9 延误的资金变化示意图

计算自有资金投资回报的情况下，不同时点发生延误赔偿事件的资金变化分析。

（1）预付款支付前发生工期延误事件，工期索赔只是延长项目的工期，不会增加项目的融资费用。

（2）工期延误事件发生在项目进度计划的 0～6 个月，工期索赔事件引起融资费用的增加为

$$6\times\left[(1+2.175\%)^{7}-(1+2.175\%)^{6}\right]=0.148\text{ 亿元}$$

（3）工期延误事件发生在项目进度计划的 6～12 个月，工期索赔事件引起融资费用的增加为

$$(6+4)\times\left[(1+2.175\%)^{6}-(1+2.175\%)^{5}\right]=0.242\text{ 亿元}$$

（4）工期延误事件发生在项目进度计划的 12～18 个月，工期索赔事件引起融资费用的增加为

$$(6+4+4)\times\left[(1+2.175\%)^{5}-(1+2.175\%)^{4}\right]=0.332\text{ 亿元}$$

（5）工期延误事件发生在项目进度计划的 18～24 个月，工期索赔事件引起融资费用的增加为

$$(6+4+4+4)\times\left[(1+2.175\%)^{4}-(1+2.175\%)^{3}\right]=0.418\text{ 亿元}$$

（6）工期延误事件发生在项目进度计划的 24～30 个月，工期索赔事件引起融资费用的增加为

$$(6+4+4+4+4)\times\left[(1+2.175\%)^{3}-(1+2.175\%)^{2}\right]=0.500\text{ 亿元}$$

（7）工期延误事件发生在项目进度计划的 30～36 个月，工期索赔事件引起融资费用的增加为

$$(6+4+4+4+4+4)\times\left[(1+2.175\%)^{2}-(1+2.175\%)\right]=0.578\text{ 亿元}$$

（8）在项目已按期竣工因政府方原因导致 PPP 项目延误 6 个月，不能按期开始运营，该延误引起融资费用的增加为

$$(6+4+4+4+4+4+4)\times(1+2.175\%)=0.652\text{ 亿元}$$

由上述计算结果可以证实，工期延误造成 PPP 项目无法按期开始运营，从而导致融资费用的增加。融资费用的增加额主要来源于银行贷款利息以及自有资金的投资回报。通过计算比较不同时点的工期延误可以看出，工程建设后期发生工期延误相较于前期会造成更多的融资费用的增加。而当工程竣工后，PPP 项目延误造成项目无法按期开始运营也会发生相应的融资费用的增加。

17.4.3　项目公司运营维护成本的确定

项目公司需要为项目开始运营进行准备，一旦发生无法按期开始运营的现象，项目公司就需要在无法运营的这段时间内支付这部分的运营准备费

用。本节的内容即项目公司运营维护成本范围的确定，以及项目公司运营维护成本计算。

1. 项目公司运营维护成本范围的确定

在PPP项目中，社会资本会为项目的运营投入成本，但是当项目因延误而无法按期开始运营时，项目公司就需要在延误的这段期限内支付运营维护成本。为了确定PPP项目中的运营维护成本，本节以“PPP项目运营维护成本”为主题词，在CNKI上搜索相关文献，将相关文献整理得表17-14。因为不同行业PPP项目的运营维护费用相差较大，故本节仅对PPP项目中的主要运营维护费用进行分析。

表17-14 PPP项目运营维护成本相关文献分析

序号	文献	行业	人员工资福利	水电费用	维护费用	材料费用	管理费用	固定资产折旧费
1	胡俊（2007）	轨道交通	√	√	√		√	√
2	王守明等（2018）	供水	√	√	√	√		√
3	任力（2013）	养老	√		√		√	√
4	任晓莉（2018）	电力	√	√	√	√	√	√
5	谭雪等（2015）	污水处理	√	√	√	√	√	√
6	张敬华（2017）	特色小镇	√		√		√	
		水利	√		√			
		垃圾处理	√		√	√	√	√
7	罗京（2008）	医院	√	√	√	√	√	
8	杨显昌等（2001）	高速公路	√	√	√		√	
合计/篇			10	6	10	5	8	6

如表17-14所示，PPP项目中主要的运营维护成本包括人员工资福利、水电费用、维护费用、材料费用、管理费用、固定资产折旧费。PPP项目运营维护成本可分为固定成本和可变成本（杨洋，2014）。固定成本指不随运营工作量变化而变化的成本，无论是否运营都会产生这些成本，而可变成本是随着运营工作量变化的成本，往往是根据运营工作量的变化成比例变化。其中，固定资产折旧费和管理费用为固定成本，人员工资福利、水电费用、维护费用、材料费用为可变成本。但不论是固定成本还是可变成本，在项目运营之前，项目公司都要配备好相关人员、材料、设备为开始运营做准备。因此，当项目因政府方原因导致无法按期开始运营时，这些损失都会存在，

且都需要政府方赔偿。

2. 项目公司运营维护成本计算

从前文中已知，项目公司运营维护成本主要包括人员工资福利、水电费用、维护费用、材料费用、管理费用、固定资产折旧费。因 PPP 项目已按期竣工，相比之下，现场所需材料费用较少，故在已按期竣工情境下，项目公司的运营维护成本主要包括人员工资福利、水电费用、维护费用、管理费用、固定资产折旧费。因为不同行业的 PPP 项目中运营维护费用相差较大，受篇幅限制不能针对不同行业来分析运营维护成本的计算；考虑到轨道交通项目在 PPP 项目中占比较高，所以本节以轨道交通项目为例，对其运营维护产生的各种费用进行详细的解释和计算。

1）人员工资福利

人员工资福利包括轨道交通运营企业所有职员的工资及工资性支出，工资是指职工的工资、奖金、津贴、补贴（含引进人才补贴）等全部货币性支出；工资性支出是指企业为职工支付的职工福利费、工会经费、职工教育经费、按照国家规定缴纳的“五险一金”、企业年金等。

$$\text{延误期间人员工资福利}=\Sigma\ \text{不同类员工年工资}\times\text{员工个数}/365\times\text{延误时间} \tag{17-10}$$

2）水电费用

水电费用是指轨道交通运营企业运营列车牵引能耗、地铁车站及正线发生的动力照明能耗，以及轨道交通用水能耗。但因为列车牵引能耗是在实际运营中产生的用电费用，而本项目还未开始运营，故不考虑这部分费用。

$$\text{延误期间电费}=\text{延误期间用电总量}\times\text{电费单价} \tag{17-11}$$

$$\text{延误期间水费}=\text{延误期间用水总量}\times\text{水费单价} \tag{17-12}$$

3）维护费用

维修费用是指轨道交通运输设备维保费用，主要包括材料及维修备品备件消耗、工器具检测及更新费、委外维修费、技术改造费等。

$$\text{延误期间维护费用}=\text{固定资产总值}\times\text{维护费率}/365\times\text{延误时间} \tag{17-13}$$

4）管理费用

城市轨道交通的管理费用是指企业中的行政管理部门为组织运营和管理企业而产生的各种费用。

$$\text{延误期间的管理费}=\Sigma\ \text{延误期间内管理费支出} \tag{17-14}$$

5）固定资产折旧费

基本上，折旧费会随着设备年份的增加而增加，设备都有折旧年限，当达到折旧年限后，设备需要更新（刘世雄和陈福贵，2013）。固定资产折旧费的计算主要是由固定资产原值、折旧年限、计提折旧的方法、预计净残值（率）决定的。城市轨道交通的固定资产折旧主要包括地面固定设施、车辆、牵引电力系统、通信信号系统、车站站舍的折旧（胡俊，2007）。一般是按照年限平均法计提折旧费，预计净残值率按其原值的40%计算。折旧年限根据《城市轨道交通工程项目建设标准》（建标 104—2008）的要求，土建工程中，隧道为 100 年，高架桥为 50 年，房屋为 35 年，声屏障为 15 年，轨道为 25 年，轨道特殊减振设施为 30 年；运营装备中，车辆为 30 年，车辆基地的维修设备为 18 年，供电与给排水设备为 25 年，通风设备与自动扶梯为 20 年，站台屏蔽门为 15 年，通信、信号、环境监控、电力监控、防灾与报警等控制系统设备均为 15 年；自动售检票系统设备为 10 年。采用年限平均法计提的每期折旧费是相同的，计算如式（17-15）、式（17-16）、式（17-17）所示：

$$\text{月折旧率}=1-\text{预计净残值率}/\text{折旧年限}\times 12 \tag{17-15}$$

$$\text{日折旧额}=\text{月折旧率}\times\text{固定资产原价}/30 \tag{17-16}$$

$$\text{延误期间的折旧费}=\text{日折旧额}\times\text{延误期限} \tag{17-17}$$

17.5 研究总结

本章在文献分析的基础上，对无法按期开始运营的赔偿问题进行了以下三方面的研究并得出了相应的结论。

（1）分析导致 PPP 项目无法按期开始运营的政府方原因。基于政策文件的分析，总结导致 PPP 项目无法按期开始运营的政府方原因包括政府方违约和政府方应承担的风险两大类。采用多案例分析的方法识别出前者具体包括不按照合同约定给项目公司提供基础设施及配套服务、不能按照合同约定给项目公司付款、许诺优惠条件却不履行；采用文献分析的方法识别出后者具体包括政府信用、征用/公有化、配套基础设施缺乏、唯一性、土地获取、政局不稳、政策变化、法律变更、项目审批延误、政府决策效率低、税收等风险。

（2）分析得出因政府方原因导致 PPP 项目无法按期竣工的赔偿内容及赔偿方式。首先，通过分析无法按期竣工的性质将其定性为工期延误，并分析工期延误对特许经营期的影响。在此基础上，得出政府方应赔偿项目公司的内容包括增加的建设工期、费用（包括增加的建设成本、增加的融资费用、减少的运营期收益）。其次，通过相关文献分析，选择进度焦点跟踪分析方法计算延误工期，选择修改后的总费用法计算增加的建设成本。最后，基于不同投资回报机制对其减少的运营期收益进行计算，同时考虑到这个方法存在的弊端，又提出以投资回报率的方式计算减少的收益作为补充。

（3）分析得出已按期竣工却因政府方原因导致 PPP 项目无法按期开始运营的赔偿内容及赔偿方式。首先，分析已按期竣工却无法按期开始运营对 PPP 项目融资和项目公司的影响，得出政府方应赔偿项目公司的内容包括增加的融资费用、增加的运营维护成本、减少的运营期收益；其次，通过对融资过程的确定，得出融资费用即社会资本投入资本金应该获得的投资回报和债务性资金需要计取的利息，并通过一个案例进行计算；最后，通过文献分析的方法，得出 PPP 项目的运营成本的组成，并以轨道交通项目为例进行计算。

本章研究成果可以为今后的因政府方原因导致 PPP 项目无法按期开始运营的赔偿提供思路。公平公正的赔偿方式能够保障社会资本的合法权益，维护政府和社会资本的合作关系，促使 PPP 项目健康、长期、高效运行。

第18章　PPP项目中的超额利润分享：基于公平的分成确定

由于需求量激增、收费价格上涨等原因，PPP项目存在产生超额利润的可能。一旦产生超额利润，本着保护公众利益、确保社会资本“盈利但不暴利”的原则，需要公私双方对其进行分享。分成是156号文规定的超额利润分享方式之一，其在收费公路、轨道交通等行业应用广泛。分成比例的确定是公私双方超额利润分享时关注的焦点，由于156号文以及其他相关文件并未对其进行具体规定，且相关文献对该问题也未进行深入研究，该问题在实践中较难解决，极易引起公私双方的利益纠纷。为了能使超额利润在公私双方间的分成更为公平合理，本章将通过分析相关行业分成的文献，识别出固定式和阶梯式两种分成方式，并秉持公平的原则分别确定其分成比例。

18.1　研究背景

18.1.1　实践需求

1. PPP项目存在超额利润的可能

【案例18-1】北京市首都机场高速公路总投资11.65亿元，银行贷款7.65亿元，北京市和交通运输部出资4亿元，并于1993年建成。2008年2月，审计署发布公告称首都机场高速1993～2005年已收费32亿元，在首都机场高速公路从政府还贷公路转为经营性收费公路以后，其收费期限还将延长到2026年，按2005年的收入水平测算，剩余收费期内还将收费90亿元（莫宝楠，2017）。

本案例中，首都机场高速公路投资 11.65 亿元，预计收益 90 亿元，结合折现率，盈余仍达数十亿元之多。其主要原因在于，从北京市区至首都机场的进场道路主要包括机场高速和机场快轨，其中机场高速占比 90%，居于主导地位。2002 年后，为解决社会公众反映的“高速公路乱收费”现象，国家发展计划委员会下发《国家计委办公厅关于降低首都机场高速公路车辆通行费标准的通知》，将小车通行费由现行每车次 15 元降为 10 元，其他车型收费标准相应降低，首都机场高速因此车流量激增，从而产生了超高额利润（莫宝楠，2017）。由此可见，随着价格的变化和需求量的激增，PPP 项目存在超额利润的可能。

2. 我国 PPP 项目中超额利润分享的重要方式是分成

156 号文规定：对 PPP 项目超出合理预期的利润，政府可采取约定投资回报率上限，超出上限的部分归政府所有，或者就超额利润部分与项目公司进行分成等方式限制超额利润。在财政部政府和社会资本合作中心 PPP 项目库中，对入库时间在 2016 年 6 月 1 日至 2016 年 7 月 1 日[①]的项目进行查阅，此时间段发起项目共计 117 个，其中有 11 个在实施方案中对超额利润分享方式作出了规定，对这 11 个实施方案中确定的超额利润分享方式进行统计与分析，结果如表 18-1 所示。在这 11 个案例中，采用按比例分成方式分享超额利润的 PPP 项目多达 8 个。由此可见，分成是超额利润分享的重要方式，在实践中应用较多。

表 18-1　PPP 项目案例超额利润分享方式的统计

序号	项目名称	项目类型	实施方案编制时间	超额利润分享方式	
				设置投资回报率上限	分成
1	贵州省新建地方铁路瓮安至马场坪线工程	交通运输	2015 年 5 月	√	
2	河北省太行山等高速公路项目［项目包（一）+项目包（二）］	交通运输	2016 年 4 月		√
3	贵州省黔东南州镇远县旅游文化基础设施建设及综合开发项目	旅游	2016 年 4 月		√
4	内蒙古赤峰市国道 303 线天山至新开河（凤凰岭）段公路	交通运输	2016 年 4 月	√	
5	通化市地下综合管廊及道路改造 PPP 项目	市政工程	2016 年 4 月		√

① 此时间段为已公示实施方案项目在全部项目中占比最高的最近时间段。

续表

序号	项目名称	项目类型	实施方案编制时间	超额利润分享方式	
				设置投资回报率上限	分成
6	首都地区环线高速公路（通州-大兴段）引入社会资本项目	交通运输	2016年4月		√
7	内蒙古自治区锡林郭勒盟多伦县多伦文博旅游广场项目	旅游	2016年6月		√
8	宁波市溪口雪窦山弥勒文化园PPP项目	旅游	2016年6月		√
9	新疆维吾尔自治区伊犁哈萨克自治州伊宁市伊犁河南岸新区排水工程PPP项目	市政工程	2016年11月		√
10	山东省菏泽市牡丹区沙土镇20MW太阳能集中式发电暨高校农业综合种植项目	能源	2016年11月	√	
11	贵州省毕节市黔西县城乡生活垃圾收运系统工程PPP项目	市政工程	2017年5月		√
合计/个				3	8

3. 分成比例的确定是公私双方关注的焦点问题

合理的分成比例能激励社会资本，从而提高整个项目的效率，也能保证政府有合理的财政收入，从而维护政府利益和社会公平。而超额利润分成比例不合理则将带来严重后果：①PPP 项目的利益相关者为追求自己利益的最大化而形成囚徒困境，从而导致项目的总效益达不到最大；②当利益相关者处于竞争状态，为追求自身利益而打破政府、社会资本、公众的三方平衡，会使过多的公共设施效益不能有效发挥，造成资源浪费（叶晓甦等，2017）；③最后受损失的除了社会资本的经济利益，还有政府的政治利益和公众的利益。但目前相关文件对 PPP 项目超额利润分成比例尚未明确规定：156 号文仅提出政府可采取“就超额利润部分与项目公司进行分成”的方法来限制项目公司获得超额利润，但没有对分成比例作出具体的规定，因此将其投入应用和推广仍较为困难。

本章针对 PPP 项目实践中“超额利润如何合理分成”这个亟待解决的问题展开研究，具有以下实践意义：①对政府而言，合理的超额利润分成比例不仅能增加政府的财政收入，还能保证社会公平，保护公众利益不受暴利损害，从而减少政治风险，提高政府可信度；②对社会资本而言，如果利润超出合理区间则有违市场经济原则，极易引发公众不满情绪（高颖等，2015），而合理的盈利使其不仅能实现获得经济利益的最终目标，也能增加企业知名度，提高企业形象。因此，合理的超额利润分成比例能实现政府和社会资本的双赢，并为 PPP 行业注入动力，推动 PPP 行业的持续发展。

18.1.2　研究现状

财政部 156 号文规定：在一些情形下，使用者需求激增或收费价格上涨，将可能导致项目公司因此获得超出合理预期的超额利润；针对这种情形，政府在设计付费机制时可以考虑设定一些限制超额利润的机制，包括约定投资回报率上限，超出上限的部分归政府所有，或者就超额利润部分与项目公司进行分成等。但基本的原则是无论如何限制，付费机制必须能保证项目公司获得合理的收益，并且能够鼓励其提高整个项目的效率。据此，本章将超额利润分成界定为：当政府和社会资本合作取得的利润大于预期合理利润时，双方可对超出的部分按事先约定的比例进行分配。相较于设置投资回报率上限而言，超额利润分成更能对社会资本起到激励作用，从而提高社会资本的工作效率和贡献度，最终助力于社会公众对项目的满意度。

通过在 CNKI 数据库中以“PPP”和“超额利润分成”或“超额收益分成”为主题，发表时间锁定在 2005～2019 年，对相关研究进行检索，仅检索到 11 篇文献，对它们进行整理分析得表 18-2。统计结果显示，现有研究大多基于公平、实物期权等管理学或经济学理论，以超额利润分成比例的影响因素分析为基础，采用固定式和阶梯式两种分成方式。

表 18-2　关于 PPP 项目超额利润比例分成问题研究的文献分析

序号	文献	理论依据	影响因素	分成方式	
				固定式	阶梯式
1	彭祖祥等（2018）		股权结构、风险分担情况、合同执行度、创新能力		√
2	王卓甫等（2018）	公平关切理论		√	
3	马光红（2018）	实物期权理论		√	
4	杜亚灵和尹贻林（2015）		项目经营性程度、社会资本运营能力、政府对社会资本的激励程度	√	
5	李祎和王保乾（2017）			√	
6	王永祥等（2017）	风险偏好理论、互惠偏好理论			√
7	丰景春和杨圣涛（2017）	公平偏好理论		√	

续表

序号	文献	理论依据	影响因素	分成方式	
				固定式	阶梯式
8	周曲艺（2016）	实物期权理论、不完全契约理论		√	
9	靳璐璐（2015）	期权定价模型	消费者剩余	√	
10	陈日光和侯祥朝（2014）		风险分担	√	
11	陈晓（2006）			√	
合计/篇		11		9	2

从现有研究来看，PPP 项目超额利润分享的分成方式中固定式占据了绝对优势。为了印证阶梯式的发展潜力和研究的必要性，本节在 CNKI 数据库中以“超额利润”“超额收益”为主题检索，并在结果中以“分成”“分配”为主题再次检索，从得到的 34 篇文献中筛选相关度最高的 10 篇进行分析得到表 18-3。

表 18-3 其他领域关于项目超额利润按比例分成问题研究的文献分析

序号	文献	行业	影响分成比例的因素分析	分成方式	
				固定式	阶梯式
1	张文杰和袁红平（2019）	合同能源管理	能源服务公司（energy service company，ESCO）的努力水平和积极性、ESCO 沉没成本、能源用户（energy user，EU）对 ESCO 的信任程度		√
2	管百海（2019）	房地产	开发商的工作贡献度		√
3	刘华等（2018）	建筑业	企业实际贡献、企业自身水平、企业承担风险	√	
4	邵雨等（2018）	企业管理	自身贡献（产量指标、效益指标、综合指标）	√	
5	方兴林（2017）	旅游	从业者参与度、政府的贡献（用经济发展水平衡量）		√
6	孙晓平（2017）	企业管理	个体贡献度及稳定性	√	
7	胡晓青等（2016）	物流	固定成本与可变成本、贡献率与单位成本、服务能力与服务质量	√	
8	周端继和秦进（2016）	企业管理	风险分担情况		√
9	孙凤娥等（2015）	网络组织合作模式	资源位与贡献率	√	
10	程晓娜（2015）	能源	政府的执法执政能力	√	
合计/篇		10		6	4

统计结果显示，PPP 项目超额利润分成的研究特征与其他行业超额利润分成的相关研究类似，而阶梯式分成方式在其他行业的研究频次比 PPP 项目的明显更高一些，说明 PPP 项目超额利润的阶梯式分成方式仍有较大研究价值。

18.1.3　研究逻辑

本章将对 PPP 项目超额利润分成的固定式和阶梯式两部分进行研究，而在此之前，则需明确分成比例，确定在整个超额利润分享过程中的定位和作用。本章研究逻辑如图 18-1 所示。

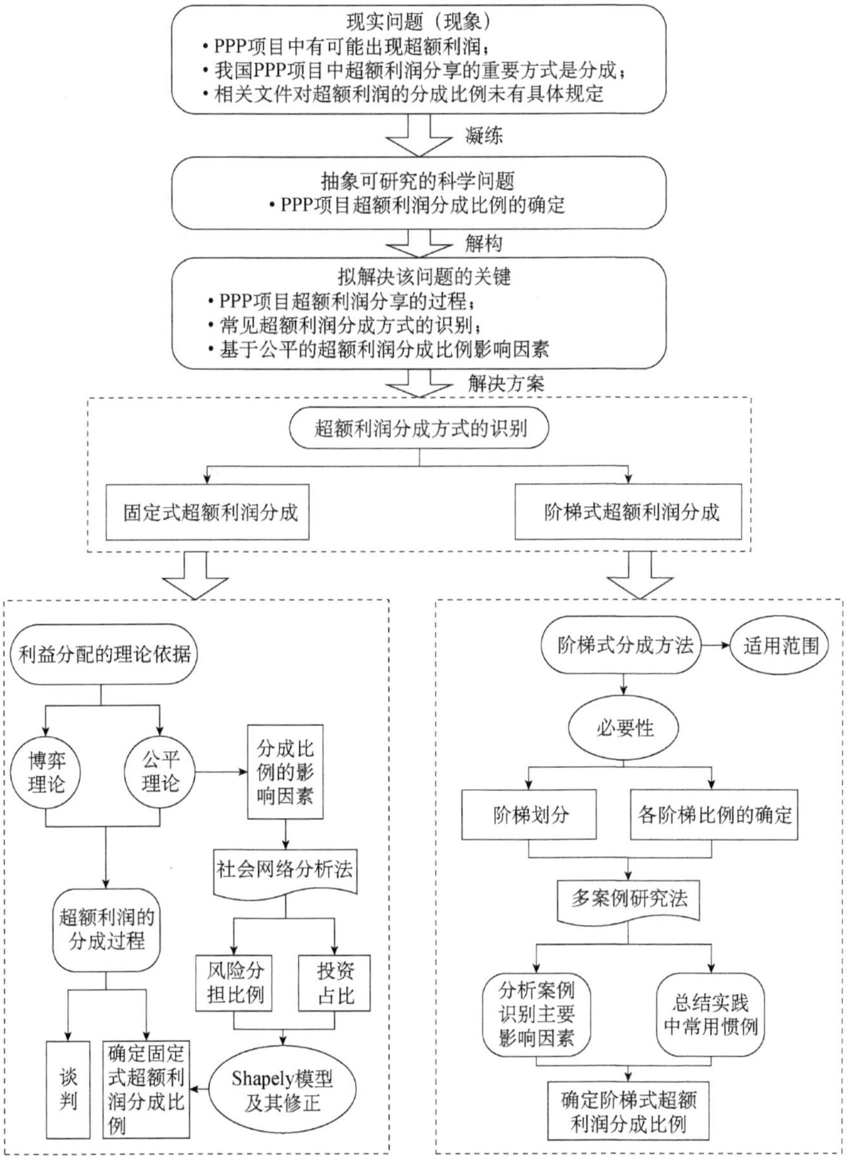

图 18-1　本章研究逻辑图

18.2 PPP 项目超额利润分享的过程分析

PPP 项目超额利润分享本质上是公私双方的利益分配。关于利益分配的相关研究成果较为丰富，可通过文献分析的方法还原 PPP 项目超额利润分享的过程，进而明确分成比例。

18.2.1 超额利润分享的概述

1. 超额利润的界定

PPP 的融资功能要求社会资本收回投资成本并获得合理回报，即 PPP 项目应形成预期的合理利润，且我国 PPP 的相关文件也明确规定，公私双方应提前约定合理利润率，如表 18-4 所示。值得注意的是，预期的合理利润是基于市场平均回报率浮动的，是对未来收入的估计，并非政府承诺的固定回报。我国有关 PPP 的文件明确规定，禁止政府向社会资本承诺回报，如《关于推进政府和社会资本合作规范发展的实施意见》（财金〔2019〕10 号）明确提出的“不得出现”的行为就包括“存在政府方或政府方出资代表向社会资本回购投资本金、承诺固定回报或保障最低收益的”。

表 18-4 我国部分 PPP 相关文件对公私双方提前约定合理利润率的规定

序号	文件名	编号	条款号	相关要求
1	《财政部关于印发〈政府和社会资本合作项目财政承受能力论证指引〉的通知》	财金〔2015〕21 号	第三章第十六条	运营补贴支出应当根据项目建设成本、运营成本及利润水平合理确定，并按照不同付费模式分别测算。 对政府付费模式的项目，在项目运营补贴期间，政府承担全部直接付费责任。政府每年直接付费数额包括：社会资本方承担的年均建设成本（折算成各年度现值）、年度运营成本和合理利润。 对可行性缺口补助模式的项目，在项目运营补贴期间，政府承担部分直接付费责任。政府每年直接付费数额包括：社会资本方承担的年均建设成本（折算成各年度现值）、年度运营成本和合理利润，再减去每年使用者付费的数额
2	《基础设施和公用事业特许经营管理办法》	国家发展改革委等六部委 25 号令	第一章第三条	本办法所称基础设施和公用事业特许经营，是指……约定其在一定期限和范围内投资建设运营基础设施和公用事业并获得收益，提供公共产品或者公共服务

续表

序号	文件名	编号	条款号	相关要求
3	《关于进一步鼓励和扩大社会资本投资建设铁路的实施意见》	发改基础〔2015〕1610 号	二	（四）推广政府和社会资本合作模式，运用特许经营、股权合作等方式，通过运输收益、相关开发收益等方式获取合理收益。 （六）……各类社会资金和基金投资铁路发展基金，按照约定获得合理稳定回报

PPP 相关文件中均未对超额利润进行明确界定，仅 156 号文中提及“在一些情形下……将可能导致项目公司因此获得超出合理预期的超额利润”。由此可见，PPP 项目超额利润的界定是相对于上述的预期合理利润而言的。同时，相关文献对 PPP 项目超额利润的分配研究（表 18-5）也证实了这一点。由表 18-5 可知：①超额利润的“额”即为预期合理利润，需要公私双方提前以投资回报率或利润率的形式约定，是界定超额利润的前提条件；②超额利润就是超出上述“额”的部分。综上所述，本书认为，超额利润是指 PPP 项目执行过程中获取的实际利润超过公私双方在合同中以投资回报率或利润率的形式约定的预期合理利润的部分。

表 18-5　相关文献对 PPP 项目超额利润的分配

序号	文献	分配
1	高颖等（2015）	界定超额利润就要确定一个投资回报率，在这个投资回报率以上的利润就是超额利润
2	王卓甫等（2018）	当运营良好时（包括票价收益与商业收益），社会资本方的投资利润就会大大超出预期。为限制社会资本方的投资利润不超过基本投资回报率，政府会对社会资本方的利润定下最高收益利润。当运营利润超过最高收益利润时，就视为出现超额利润
3	李袆和王保乾（2017）	如果 PPP 项目建设运行状况良好，社会资本的收益将有可能高于公共部门设定收益水平，即社会资本存在获得超额收益的可能
4	王永祥等（2017）	由于需求和收益的不确定性，导致许多项目收益偏离预期，出现社会资本获得超额收益，政府与社会资本争利的情况
5	吴丰先（2016）	如果项目建设运行良好，公共部门必须设置项目的收益上限，当社会资本收益高于收益上限时，社会资本即获得了超额收益
6	陈日光和侯祥朝（2014）	当项目真正运营起来，社会资本获得高额的回报甚至出现暴利现象时，项目的超常收益如何处置就成了亟待解决的问题

2. 超额利润产生的原因

对于超额利润产生的原因来说，156 号文“第三章　不同付费机制下的核心要素”的“第二节　使用者付费”中略有涉及：在一些情形下，使用者需求激增或收费价格上涨，将可能导致项目公司因此获得超出合理预期的超额利润。在 CNKI 数据库中，以“PPP 项目超额利润”为主题进行搜索，并从结果中筛选出涉及 PPP 项目超额利润产生原因的 8 篇文献，分析得表 18-6。由统计结果可以看出，文献中提及的 PPP 项目超额利润产生原因包括成本减少和收益增加两大类，前者包括建设成本减少和运营成本减少，而后者包括需求量激增、特许价格过高、特许期过长、其他业务收入过高。这显然与企业管理理论中“利润=收益−成本”是一致的。

表 18-6 PPP 超额利润产生原因的文献分析

序号	文献	项目类型	产生原因					
			成本减少		收益增加			
			建设成本减少	运营成本减少	需求量激增	特许价格过高	特许期过长	其他业务收入过高
1	王秀芹等（2018）				√			
2	耿朝辉（2016）	交通运输			√	√		
3	董婉黎（2017）	市政工程	√	√				√
4	廖佳洋（2017）	市政工程	√	√	√	√	√	
5	蔡晓琰（2017）	交通运输	√	√			√	
6	高华等（2016）	市政工程	√	√	√			
7	靳璐璐（2015）	交通运输	√	√	√	√	√	
8	Jun（2010）	交通运输			√			
合计/篇			5	5	6	3	3	1

3. 超额利润分享的必要性

超额利润分享是确保社会资本“盈利但不暴利”的重要途径。一旦 PPP 项目获得了超额利润，公私双方既有“享”的权利，又有“分”的义务，且我国部分 PPP 相关文件赋予了超额利润分享的强制性。

1）超额利润分享对 PPP 项目各利益相关者大有裨益

PPP 的本质特征即“风险共担、收益共享”。政府和社会资本均对 PPP 项目作出了贡献：①对社会资本而言，为项目建设和运营引入大额自有资金，完成融资工作，且全程负责项目的设计、建设和运营，作为市场化的理性投资者应当获得合理回报；②对政府而言，政府具有国家立法者、信用融资、提供财政资金等多重功能，是 PPP 项目的发起人，在 PPP 项目的建设和运营过程中也扮演了重要的角色。公私双方既然都为 PPP 项目作出了重要贡献，自然有权分享 PPP 项目的超额利润。并且，超额利润分享对政府、社会资本、社会公众等 PPP 项目的核心利益相关者均具有不可忽视的积极作用：①对政府而言，获得超额利润可以增加政府的财政收入，而分享超额利润则意味着政府的适当让利，可以树立政府的良好形象、提高政府可信度，从而减少政治风险；②对社会资本而言，超额利润分享可帮助社会资本在实现最大投资增值率的前提下，维护企业形象不受暴利损害，从而提高企业知名度，有利于社会资本的长足发展；③对社会公众而言，社会公众追求的利益是社会公平，超额利润分享可以保护公众利益不受暴利损害，维护社会的稳定。

2）我国部分 PPP 相关文件中明确规定须对超额利润进行分享

梳理财政部政府和社会资本合作中心公布的 PPP 相关文件，从中筛选出 8 个强调分享超额利润的规定，整理如表 18-7 所示。由此可见，PPP 项目分享超额利润具有强制性，是公私双方的义务。

表 18-7　有关 PPP 项目超额利润分享的文件汇总

序号	文件名	编号	条款号	适用行业	超额利润分享的有关规定
1	《关于印发政府和社会资本合作模式操作指南（试行）的通知》	财金〔2014〕113 号	第五章第二十六条	所有行业	设置超额收益分享机制的，社会资本或项目公司应根据项目合同约定向政府及时足额支付应享有的超额收益
2	《财政部关于规范政府和社会资本合作合同管理工作的通知》附件《PPP 项目合同指南（试行）》	财金〔2014〕156 号	第二章第十一节	所有行业	在付费机制项下，通常还要根据相关法律法规规定、结合项目自身特点，设置合理的定价和调价机制，以明确项目定价的依据、标准，调价的条件、方法和程序，以及是否需要设置唯一性条款和超额利润限制机制等内容
3	《关于在公共服务领域深入推进政府和社会资本合作工作的通知》	财金〔2016〕90 号	第八条	所有行业	对于使用者付费完全覆盖成本和收益的项目，要依据合同将超额收益的政府方分成部分及时足额监缴入国库，并按照事先约定的价格调整机制，确保实现价格动态调整，切实减轻公众负担
4	《国家发展改革委关于切实做好传统基础设施领域政府和社会资本合作有关工作的通知》	发改投资〔2016〕1744 号	第五条	所有行业	建立使用者付费和可行性缺口补贴类项目的合理投资回报机制，既要使社会资本获得合理投资回报，也要有效防止社会资本获取超额利润导致政府和使用者负担过重
5	《关于印发〈政府和社会资本合作项目财政管理暂行办法〉的通知》	财金〔2016〕92 号	第四章第二十二条	所有行业	PPP 项目中的政府收入，包括政府在 PPP 项目全生命周期过程中依据法律和合同约定取得的资产权益转让、特许经营权转让、股息、超额收益分成、社会资本违约赔偿和保险索赔等收入，以及上级财政拨付的 PPP 专项奖补资金收入等

续表

序号	文件名	编号	条款号	适用行业	超额利润分享的有关规定
6	《财政部关于进一步共同做好政府和社会资本合作（PPP）有关工作的通知》	财金〔2016〕32 号	第四条	所有行业	要建立动态可调整的投资回报机制，根据条件、环境等变化及时调整完善，防范政府过度让利
7	《关于深入推进农业领域政府和社会资本合作的实施意见》	财金〔2017〕50 号	第三章第三条	农业	鼓励农民专业合作社等新型农业经营主体参与 PPP 项目，并通过订单带动、利润返还、股份合作等模式进一步完善与农户的利益联结机制，建立长期稳定的合作关系，避免超额利润被社会资本独享，让更多农民分享农业 PPP 发展红利

3）超额利润分享有利于我国 PPP 市场的进一步繁荣发展

《国务院办公厅关于进一步激发民间有效投资活力促进经济持续健康发展的指导意见》（国办发〔2017〕79 号）指出：政府可以通过适当延长合作期限、积极创新运营模式、充分挖掘项目商业价值、降低企业经营成本等方式吸引民间资本参与 PPP 项目，促进基础设施和公用事业建设。2018 年 12 月 1 日，国家发展和改革委员会投资司副司长韩志峰在第三届中国 PPP 论坛开幕式上致辞，明确提出规范有序发展 PPP 模式的九点建议，其中之一即强调在把握 PPP 项目公共性的同时，也要充分发掘 PPP 项目的商业价值。由此可见，我国政府无论是通过正式的文件发布，还是相对非正式的论坛致辞，在不断发掘 PPP 项目商业价值上口径一致。这就意味着，未来我国 PPP 项目潜在超额利润的可能性很大。超额利润分享的强制性是政府适当让利的承诺，在一定程度上能刺激社会资本的合作动力，从而推动经济发展。

18.2.2 利益分配研究的理论依据分析

PPP 项目中的利益分配的研究通常都明确指出其所依据的理论。为了对这些理论依据进行分析，在 CNKI 数据库中以“利益分配”为主题搜索，对其中相关度最高的 10 篇文献进行整理分析，得表 18-8。统计结果显示，现有利益分配的相关研究大多基于公平理论或博弈理论展开。

表 18-8　利益分配理论依据的文献综述

序号	文献	行业	理论依据					
			公平理论		博弈理论		互惠理论	协同理论
			公平偏好/关切	Shapely 模型	纳什（Nash）谈判模型	议价能力		
1	程思宇和李习平（2019）	医疗				√		
2	饶丹（2018）	土地资源	√					
3	张金良等（2018）	能源				√		
4	龙开胜和石晓平（2018）	土地资源	√					
5	吴秋霖（2018）	工程			√			
6	有维宝等（2018）	工程		√				
7	孙裔煜（2018）	土地资源			√			
8	徐一元（2018）	工程						√
9	郭平等（2018）	工程		√				
10	王颖林（2017）	工程	√				√	
小计/篇			3	2	2	2	1	1
合计/篇			5		4		1	1

1. 公平理论

如本书第 3 章所述，公平理论是由美国心理学家亚当斯在 1965 年首次提出，该理论认为：职工对收入的满意程度能够影响职工工作的积极性，而职工对收入的满意程度取决于一个社会比较过程，即个人不仅关心自己的绝对收入的多少，而且关心自己相对收入的多少。每个人会把自己付出的劳动和所得的报酬进行比较，从而获得主观上的公平感；人的工作积极性不仅受其所得绝对报酬的影响，更重要的是受其相对报酬的即自己收入与付出的比值的影响。该理论侧重于研究报酬分配的合理性、公平性及其对利益相关者产生的积极影响。

2. 博弈理论

利益分配中使用的博弈理论都属于合作博弈。合作博弈主要研究某个联盟达成合作时如何分配合作所得到的收益，而如何分配取决于博弈各方的力量对比和技巧运用。因此，博弈产生的妥协必须经过博弈各方的讨价还价，最终达成共识。

18.2.3 公平理论与博弈理论在 PPP 超额利润分享中的应用

通过对比分析可知，基于公平理论和博弈理论的两类研究的侧重点有所不同。前者更关注双方的合作，旨在指导参与方在合作之初基于各方投入来确定初始的利益分配方案，合作后按照各方的实际贡献等影响利益分配的因素，对初始分配方案进行调整。例如，Tang（2014）运用 Shapely 值法，基于付出与回报对等的原则构建了产业技术创新战略联盟的利益分配模型，研究发现，合同约定的收益应与资源投入正相关，合同约定的补偿应与承担的风险正相关，以达到激励联盟成员提升合作创新绩效的目的。后者更关注合作中的对抗，通常围绕合作完成后双方对利益分配的谈判。例如，代建生和范波（2015）运用 Nash 谈判模型，考察了双边道德风险下合作研发的两步线性分成问题，研究发现，谈判能力确定双方最终从合作中能分享多少利益，而研发效率和协同创造能力确定最优线性分配比例。事实上，实践中利益分配的过程一定是囊括以上两种理论的，公平理论体现了利益分配的前半程，即各当事人根据合同约定以及己方在履约过程中实际的贡献制定预期的利益分配方案，通常不同当事人的预期利益分配方案是不同的；而博弈理论体现了利益分配的后半程，即交易双方针对利益分配方案进行谈判，经过不断的博弈和妥协，最终形成一个双方认可的利益分配方案。

鉴于此，本书认为，PPP 项目超额利润分享的过程可用图 18-2 表示，而本章所研究解决的问题属于前半程，即依据公平理论，基于合同约定以及合同执行情况来确定超额利润的分成比例。值得注意的是，实践中的公平通常都是相对的，它其实是一个社会比较的过程：从纵向来看，是自己的付出与回报相比较的对等程度；从横向来看，是将自己的利益分配结果与同时期、同行业、同类型的其他项目利益分配结果相比较的一致程度。基于不同的比较对象，本章拟通过纵向比较来确定固定式超额利润分成，通过横向比较来确定阶梯式超额利润分成。

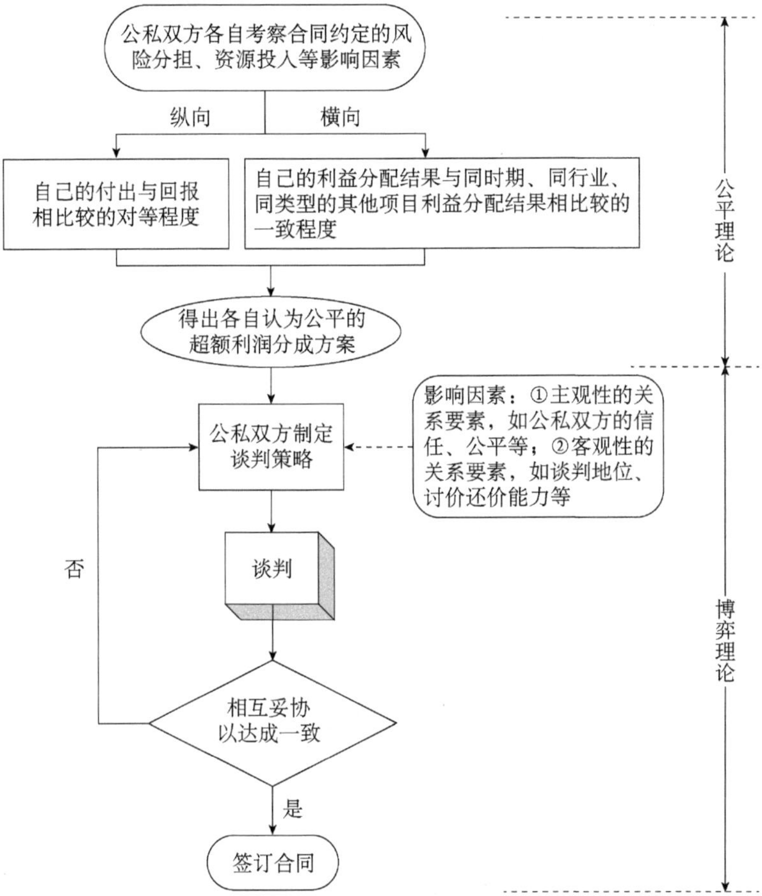

图 18-2　PPP 项目超额利润分享过程

18.3　基于修正 Shapley 值法的固定式超额利润分成的确定

固定式分成是指政府和社会资本提前约定一个固定不变的超额利润分成比例，一旦产生超额利润即按约定的比例分享，是一种静态的分成方式。以 PPP 项目库中登记的河北省唐山市滦县赤曹线滦州至青坨营段工程 PPP 项目为例，其实施方案中对收益回报及收益分配方式作出如下规定：债务清偿期（项目公司各类贷款本息偿还期间）内，当项目公司连续六年的平均当年资本金收益率超过某一比例（暂定为 10%）时，超过部分双方按一定比例分享，如当年启动政府优先分配机制时，超额部分收益为当年政府方优先分配的剩余金额。该分成方式简单易操作，且对社会资本具有较强的激励性。然而，一旦 PPP 项目产生的超额利润超过一定额度，社会资本分得的超额利润就可能过多，进而违背了 PPP 项目让社会资本“盈利但不暴利”的初衷。

18.3.1 固定式分成的适用范围分析

在 PPP 项目库中，随机抽取 9 个已公布的实施方案中明确其采用了固定式超额利润分成方式的 PPP 项目，如表 18-9 所示。采用固定式分成的 PPP 项目主要有以下特点：①付费机制均为可行性缺口补助；②项目类型主要为市政工程（以道路为主）；③在实施方案中多会提及其他收入（如道路中的沿线广告牌收益），但并不算入预期利润，故其他收入可归为超额利润并进行分成。究其本质，适用固定式分成的项目主要是存在超额利润的可能，但其潜在额度又不是特别高的项目。

表 18-9 固定式超额利润分成的案例分析

序号	项目名称	实施方案编制时间	是否包含其他收入		项目类型			付费方式		
			是	否	市政工程	旅游	交通运输	政府付费	使用者付费	可行性缺口补助
1	山西省长治市武乡县新区道路及综合管廊项目（新区城镇化首期）	2015 年 12 月	√		√					√
2	贵州省黔东南州镇远县旅游文化基础设施建设及综合开发项目	2016 年 4 月	√			√				√
3	商洛市环城南路商州实施段	2016 年 4 月	√		√					√
4	通化市地下综合管廊及道路改造 PPP 项目	2016 年 4 月	√		√					√
5	宁波市溪口雪窦山弥勒文化园 PPP 项目	2016 年 6 月		√		√				√
6	湖南省永州市永州大道地下综合管廊建设 PPP 项目	2016 年 6 月	√		√					√
7	贵州省德江至习水高速公路（正安至习水段）工程 PPP 项目	2016 年 7 月		√			√			√

续表

序号	项目名称	实施方案编制时间	是否包含其他收入		项目类型			付费方式		
			是	否	市政工程	旅游	交通运输	政府付费	使用者付费	可行性缺口补助
8	新疆维吾尔自治区伊犁哈萨克自治州伊宁市伊犁河南岸新区排水工程 PPP 项目	2016 年 11 月		√	√					√
9	贵州省毕节市黔西县城乡生活垃圾收运系统工程 PPP 项目	2016 年 11 月		√	√					√
合计/个			5	4	6	2	1	0	0	9

18.3.2　Shapley 模型及其修正

1. 研究方法的选择

PPP 是公共部门与私人部门为了提供高效的公共产品和服务、满足公众需要所建立的长期合作关系，它主要是通过 PPP 项目合同建立和维系的。在我国实践中，PPP 项目合同通常是由政府或政府授权机构与项目公司就 PPP 项目合作所订立的①。不同于传统的工程建设项目，PPP 项目中公私双方形成的是一种随着交易时间的延续和交易的展开而不断修正的契约关系。因此，它们是一种真正意义上的合作伙伴关系，而不是委托代理关系。另一方面，PPP 项目以利益共享和风险共担为基本特征，其最终目的是通过公私双方的合作创造新价值，即公众对公共产品和服务产生更高的满意度，这一点也与以节约投资为基本特征的传统工程建设项目不同。显然，PPP 符合博弈论中的合作博弈、非零和博弈，适用于 Shapley 值法。

Shapley 值法是解决动态合作联盟中参与者利益分配问题的一种方法，通过利益相关者贡献度对等的分配原则，可以得到利益相关者的利益分配比例。其一般定义为：设集合 $I=\{1, 2, \cdots, n\}$，如果对于 I 的任一子集都对

① 156 号文的附件《PPP 项目合同指南（试行）》中指出：PPP 项目合同是由政府方（政府或政府授权机构）与社会资本方（社会资本或项目公司）依法就 PPP 项目合作所订立的合同；在 PPP 实践中，社会资本通常不会直接作为 PPP 项目的实施主体，而会专门针对该项目成立项目公司，作为 PPP 项目合同及项目其他相关合同的签约主体，负责项目具体实施。

应着一个实数函数 $v(s)$，用 $\varphi_i(v)$ 表示在合作 I 下第 i 个成员所得的利益分配额，则合作 I 下各个合作成员所得利益分配的 Shapley 值为

$$\varphi_i(v)=\sum_{S\in S(i)} w(|s|)[v(s)-v(s|i)] \tag{18-1}$$

其中：

$$w(|s|)=\frac{(n-|s|)!(|s|-1)!}{n!} \tag{18-2}$$

其中，$s(i)$ 是集合 I 中包含成员 i 的所有子集，$|s|$是子集 s 中元素个数，$w(|s|)$ 是加权因子，$v(s)$ 是子集 s 的利益，$v(s|i)$ 为子集 s 中除去合作伙伴 i 后可取得的利益。

2. Shapley 模型的修正

Shapley 值法虽然考虑了各合作成员的边际贡献，但实际上隐含了风险均担等假设，而在实际项目中，存在着多种影响项目利益分配的因素，因而有必要对 Shapley 值进行修正。鉴于 PPP 项目利益分配影响因素的相关文献较多，本章将筛选认可度最高的几个影响因素，并将其纳入利益分配模型中，以实现对经典 Shapley 模型的修正。

在 CNKI 数据库中检索到 2010～2019 年 PPP 项目利益分配的相关文献共计 38 篇，摘录每篇文献中所提及的利益分配影响因素。由于不同文献对影响因素的细分程度不一，且对同一影响因素的表述有所不同，需根据各文献对其影响因素的释义来对各影响因素进行处理，最终得出 14 个 PPP 项目中有关利益分配的影响因素（表 18-10）。

表 18-10　超额利润分成影响因素的合并与分解

序号	影响因素	归并项	备注
1	投资占比	投资额、资本投入、投资比重、股权结构	
2	风险分担	风险分摊、风险系数、承担风险	
3	监督力度		
4	社会资本运营能力		
5	激励程度		
6	贡献度	社会资本努力水平、努力程度	努力程度包含贡献度：①努力程度与项目的社会效益和社会评价呈正相关的关系；②贡献度是公私双方为了优化项目或解决合同外的状况而做出的贡献或牺牲（胡丽等，2011）

续表

序号	影响因素	归并项	备注
7	创新能力	创新性程度	
8	努力成本	社会资本自身水平	
9	超额额度	超额收益的大小	
10	合同执行度	努力程度	努力程度包含合同执行度：①努力程度与项目的社会效益和社会评价呈正相关的关系；②合同执行度是指公私双方为实现项目的最大收益，遵照合同约定而采取积极行动的程度
11	消费者剩余率		
12	信息对称强度	信息不对称性	
13	期望收益		
14	合作迫切程度	合作意愿	

为了从上述 14 个因素中筛选出对 PPP 项目利益分配影响最大或者认可度最高的因素，本章采用社会网络分析法，以利益分配的影响因素为节点、不同因素在同一篇文献中出现视为存在关系，运用 Ucinet 软件绘制出社会网络关系图，如图 18-3 所示。利益分配影响因素按重要性或认可度排序，前三位依次为风险分担（采用建模方法来进行利益分配，必须实现对各影响因素的量化）、投资占比和贡献度。其中，贡献度是指公私双方为了实现项目的最大收益而采取积极行动的程度，既包含合同约定部分，也包含合同外实际执行情况：前者是指合同赋予各方的义务；后者则指 PPP 项目在实际实施时，公私双方为了应对外部环境的复杂多样而做出的牺牲或进行的优化。鉴于本章考察的是公私双方在 PPP 合同中约定超额利润的分成，而不涉及 PPP 合同执行过程，仅将风险分担、投资占比作为修正 Shapley 值法的影响因素，而不考虑贡献度及其以后的影响因素。

（1）风险分担。依据公平偏好理论，付出应当与收益正相关；因此，承担风险越大，期望得到的超额利润比例应该越大。PPP 项目超额利润的产生涉及的主要风险有市场环境风险和项目公司内部风险：前者主要包括客户需求风险、合作者风险和竞争者风险；后者主要有财务风险、技术风险、管理风险和人力资源风险。

（2）投资占比。根据相关文件规定，项目公司可由政府方代表和社会资本方共同出资成立[①]。通过对实际项目的分析发现，在我国实践中，绝大部分 PPP 项目的项目公司都有政府方参股。因此，本章中的投资占比即项目公

① 113 号文中指出：社会资本可依法设立项目公司；政府可指定相关机构依法参股项目公司。书中的政府方代表即政府指定的相关机构如国企等。

司中政府方代表与社会资本的资本金比例。依据公平偏好理论，投资者投入的资金越大，其期望的收益就越大，因此超额利润分享应与资本投入成正比。

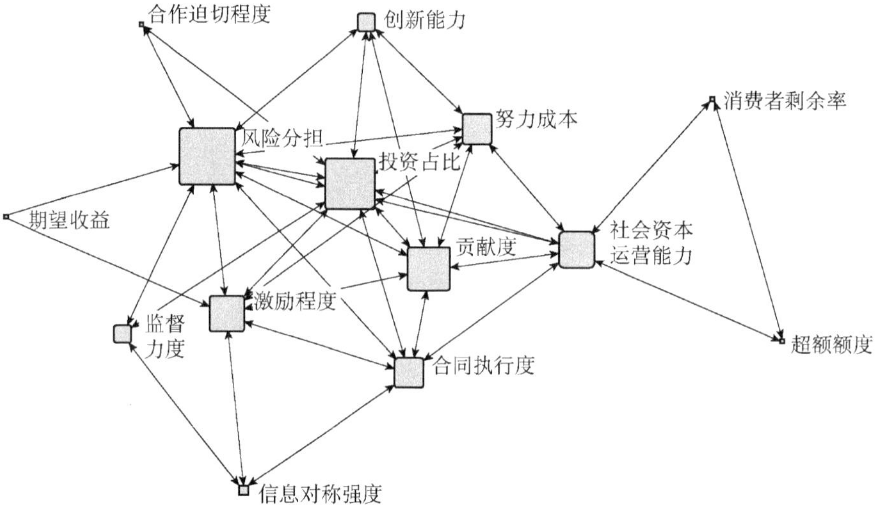

图 18-3　分成比例影响因素社会网络关系图

注：节点大小表示该影响因素在文献中出现的频率

18.3.3　模型构建与求解

1. 模型的建立

假设在 PPP 项目执行过程中无大的决策变动，政治和法律环境相对稳定，且超额利润分享经过磋商谈判可达到均衡、双方认可的理想效果。设在 Shapley 值的基础上，考虑影响超额利润分享的因素，建立超额利润分享修正因素的集合 $J=\{j\}$，$j=1$，2，分别代表了风险分担和投资占比。建立合作伙伴 i 关于第 j 个修正因素的测度值 a_{ij}，得表 18-11。

表 18-11　修正因素测度值分析表

i	1（风险分担）	2（投资占比）
Gov（政府部门）	a_{Gov1}	a_{Gov2}
Pri（私人部门）	a_{Pri1}	a_{Pri2}

根据表 18-11，得到影响超额利润分享的修正矩阵 A：

$$A=\begin{pmatrix} a_{\text{Gov1}} & a_{\text{Gov2}} \\ a_{\text{Pri1}} & a_{\text{Pri2}} \end{pmatrix}$$

对矩阵 A 进行归一化处理，得到矩阵 $B=(b_{ij})_{n\times m}$。然后确定各影响因素对超额利润分享的影响系数 $\lambda=(\lambda_1 \quad \lambda_2)^{\text{T}}$，根据公式：

$$(R_{\text{Gov}} \quad R_{\text{Pri}})^{\text{T}}=B\times\lambda$$

其中，R_{Gov} 和 R_{Pri} 分别表示调整后各影响因素对政府部门和项目公司超额利润分享的综合影响程度，经过调整的各方实际应得的超额利润为

$$V_{\text{Gov}}=\varphi_{\text{Gov}}+\left(R_{\text{Gov}}-\frac{1}{n}\right)\times V(s) \tag{18-3}$$

$$V_{\text{Pri}}=\varphi_{\text{Pri}}+\left(R_{\text{Pri}}-\frac{1}{n}\right)\times V(s) \tag{18-4}$$

其中，在 PPP 项目中，n 的数值为 2。根据上述公式，可以得到基于 Shapley 值修正的 PPP 项目超额利润分成方案。

2. 参数确定方法

1）风险分担的确定

本章中的风险分担主要通过层次分析法确定。假设 a_{Gov1} 和 a_{Pri1} 分别表示公私双方的综合风险分担，在 PPP 项目超额利润产生过程中，双方面临市场环境风险（A_1）和项目公司内部风险（A_2）两种，每一种风险在政府部门和项目公司之间的风险分担为 m_i 和 n_i，其中 $m_{i+}n_{i=1}$，则有

$$a_{\text{Gov1}}=w_1m_1+w_2m_2$$

$$a_{\text{Pri1}}=w_1n_1+w_2n_2$$

其中，w_i 表示两种风险的权重系数。

下面我们对风险分担进行确定。假设评价因素的评价集为 v=｛低，较低，中等，较高，高｝，评价值为 v=｛0.1，0.3，0.5，0.7，0.9｝。若 A_1=｛客户需求风险，合作者风险，竞争者风险｝，按其对 PPP 项目超额利润产生的影响程度赋予权重值 $\alpha=(\alpha_1 \quad \alpha_2 \quad \alpha_3)$，我们邀请 5 位高校的风险管理专家对获取超额利润的风险进行评估，并对结果进行统计，从而得到模糊关系矩阵：

$$U=\begin{pmatrix} U_1 \\ U_2 \\ U_3 \end{pmatrix}=\begin{pmatrix} r_{11} & r_{12} & r_{13} & r_{14} & r_{15} \\ r_{21} & r_{22} & r_{23} & r_{24} & r_{25} \\ r_{31} & r_{32} & r_{33} & r_{34} & r_{35} \end{pmatrix}$$

对市场环境风险中的单风险因素进行模糊综合评价，得到风险系数矩阵：

$$B_1 = \alpha \times U = (\alpha_1 \quad \alpha_2 \quad \alpha_3) \times \begin{pmatrix} r_{11} & r_{12} & r_{13} & r_{14} & r_{15} \\ r_{21} & r_{22} & r_{23} & r_{24} & r_{25} \\ r_{31} & r_{32} & r_{33} & r_{34} & r_{35} \end{pmatrix}$$

则公私双方对于市场环境风险的风险分担为

$$m_1 = B_1 \times V^{\mathrm{T}}$$

$$n_1 = 1 - m_1$$

同理，若 A_2=｛财务风险，技术风险，管理风险，人力资源风险｝，按其对获取超额利润的影响程度赋予权重值$\alpha' = (\alpha_1' \quad \alpha_2' \quad \alpha_3' \quad \alpha_4')$，得到模糊关系矩阵：

$$U' = \begin{pmatrix} U_1' \\ U_2' \\ U_3' \\ U_4' \end{pmatrix} = \begin{pmatrix} r_{11}' & r_{12}' & r_{13}' & r_{14}' & r_{15}' \\ r_{21}' & r_{22}' & r_{23}' & r_{24}' & r_{25}' \\ r_{31}' & r_{32}' & r_{33}' & r_{34}' & r_{35}' \\ r_{41}' & r_{42}' & r_{43}' & r_{44}' & r_{45}' \end{pmatrix}$$

对项目公司内部风险中的单风险因素进行模糊综合评价，得到风险系数矩阵：

$$B_2 = \alpha' \times U' = (\alpha_1' \quad \alpha_2' \quad \alpha_3' \quad \alpha_4') \times \begin{pmatrix} r_{11}' & r_{12}' & r_{13}' & r_{14}' & r_{15}' \\ r_{21}' & r_{22}' & r_{23}' & r_{24}' & r_{25}' \\ r_{31}' & r_{32}' & r_{33}' & r_{34}' & r_{35}' \\ r_{41}' & r_{42}' & r_{43}' & r_{44}' & r_{45}' \end{pmatrix}$$

则公私双方对于项目公司内部风险的风险分担为

$$m_2 = B_2 \times V^{\mathrm{T}}$$

$$n_2 = 1 - m_2$$

2）投资占比的确定

投资占比即项目公司中政府方代表与社会资本的资本金比例（包括后期资本金的追加），通过计算可得公私双方的投资占比的测度值 a_{Gov2} 和 a_{Pri2}。

3）参数 λ 的确定

对超额利润分享影响系数 λ 的确定，本章通过专家打分的方式征求专家的意见，所得的结果采用层次分析法构造风险分担和投资占比对超额利润分享影响因素的重要性评判矩阵，确定各指标的权重向量λ。

3. 结果分析

在特定的 PPP 项目中，产生的超额利润 V（s）可以通过项目公司财务账面核算来确定，φ_{Gov} 和 φ_{pri} 可以由专家根据式（18-1）和式（18-2）进行估算。因此，假设进行 Shapley 值修正后政府部门应得的利益为V_{Gov}，占 V(s) 的比重为 y，通过以下运算过程可得

$$V_{\text{Gov}}=V(s)\times y=\varphi_{\text{Gov}}+\left(R_{\text{Gov}}-\frac{1}{2}\right)\times V(\text{s})$$

$$\begin{pmatrix}R_{\text{Gov}}\\R_{\text{Pri}}\end{pmatrix}=B\times\lambda^{T}=\begin{pmatrix}b_{\text{Gov}1}&b_{\text{Gov}2}\\b_{\text{Pri}1}&b_{\text{Pri}2}\end{pmatrix}\times\begin{pmatrix}\lambda_1\\\lambda_2\end{pmatrix}=\begin{pmatrix}b_{\text{Gov}1}\lambda_1&b_{\text{Gov}2}\lambda_2\\b_{\text{Pri}1}\lambda_1&b_{\text{Pri}2}\lambda_2\end{pmatrix}$$

$$y=\frac{\varphi_{\text{Gov}}}{V(s)}+R_{\text{Gov}}-\frac{1}{2}=\frac{\varphi_{\text{Gov}}}{V(s)}-\frac{1}{2}+b_{\text{Gov}1}\lambda_1+b_{\text{Gov}2}\lambda_2 \tag{18-5}$$

式（18-5）中，y 表示政府部门的超额利润分成比例，是因变量；b_{Gov1} 和 b_{Gov2} 表示政府部门的风险分担与投资占比，是自变量；其余均在具体项目中为已知数，而 PPP 项目中公私双方之间的超额利润分成比例即为 y：（1−y）。对尚未签订合同的 PPP 项目，公私双方均可根据其所估计的运营期潜在超额利润状况以及期望的超额利润分成方案来确定己方承担的风险和投资占比。然而，本书认为，我国实践中 PPP 项目公私双方投资占比的确定通常出于以下因素考虑。①政策文件规定。例如，财政部 156 号文附件《PPP 项目合同指南（试行）》中明确指出，政府在项目公司中的持股比例应当低于 50%。②政府对项目控制的需求程度，一般而言，政府方投资比重越大，其对项目的控制程度越大，但实践中不乏通过投资比重的机巧设置来实现政府的控制需求的。例如，在北京地铁 4 号线项目中，政府的作用是对社会资本进行平衡，起到杠杆的效果，因此该项目中北京市基础设施投资有限公司（政府方代表）、香港铁路有限公司和北京首都创业集团有限公司的出资比例为 2∶49∶49。③双方自身条件限制。例如，不同于其他 PPP 项目，湖南长沙磁浮工程 PPP 项目更像是引“智”项目而非引资项目，该项目的社会资本投入项目的资金较少，但却掌握该项目的核心技术，而政府部门的出资比例达到了 70.31%。在这些情况下，投资占比 b_{Gov2} 就成了已知数，自变量只有一个风险分担 b_{Gov1}，是个一元一次函数。显然，PPP 项目超额利润的分成应与双方承担的风险成正比。

18.3.4 算例分析

某大型轨道交通PPP项目的核心利益相关者为政府部门和项目公司。经测算，该PPP项目潜在的超额利润为2000万元。如果该项目不采用PPP模式，由政府部门按照传统的建运一体化模式运作，则潜在超额利润为500万元；如果由该社会资本单独运作该项目，则潜在超额利润为800万元。经协商约定，公私双方出资比例分别为30%和70%，请确定该PPP项目中超额利润的分成比例。

第一步，计算原始Shapley值：

$$\varphi_{\text{Gov}} = \frac{0!\times 1!}{2!}\times 500 + \frac{1!\times 0!}{2!}\times(2000-800) = 850$$

$$\varphi_{\text{Pri}} = \frac{0!\times 1!}{2!}\times 800 + \frac{1!\times 0!}{2!}\times(2000-500) = 1150$$

第二步，确定各参数测度值：

邀请专家针对公私双方在合同中约定的风险分担方案打分，采用层次分析法测得公私双方的风险分担分别为a_{Gov1}=0.6和a_{Pri1}=0.4；根据题意可知，公私双方的投资占比分别为a_{Gov2}=0.3和a_{Pri2}=0.7；根据专家打分得到风险分担、投资占比对超额利润分享的影响系数为λ=（0.8 0.2）。根据上述参数测度值可得修正矩阵$A=\begin{pmatrix} a_{\text{Gov1}} & a_{\text{Gov2}} \\ a_{\text{Pri1}} & a_{\text{Pri2}} \end{pmatrix}=\begin{pmatrix} 0.6 & 0.3 \\ 0.4 & 0.7 \end{pmatrix}$，对其进行归一化处理，得到矩阵$B=\begin{pmatrix} b_{\text{Gov1}} & b_{\text{Gov2}} \\ b_{\text{Pri1}} & b_{\text{Pri2}} \end{pmatrix}=\begin{pmatrix} 0.6 & 0.3 \\ 0.4 & 0.7 \end{pmatrix}$。

第三步，代入式（18-5）计算政府部门应分得的超额利润占超额利润总额的比例：

$$y = \frac{850}{2000} - \frac{1}{2} + 0.6\times 0.8 + 0.3\times 0.2 = 0.465$$

第四步，计算社会资本应分得的超额利润占超额利润总额的比例：

$$y = 1 - y = 0.535$$

最终求得公私双方超额利润分成为0.465∶0.535。

值得注意的是，公私双方还可根据其所期望的超额利润分成方案来制定风险分担方案，即若想要分得更多的超额利润，就要承担更多的风险。假设根据专家打分得到风险分担、投资占比对超额利润分享的影响系数仍为λ=（0.8 0.2），则根据式（18-5）计算政府部门应分得的超额利润占超额利润总额的比例（图 18-4）：

$$y=\frac{850}{2000}-\frac{1}{2}+0.8b_{\text{Gov1}}+0.3\times 0.2=0.8b_{\text{Gov1}}-0.015$$

显然，若政府部门想要得到 40%以上的超额利润，就必须承担 52%以上的风险。

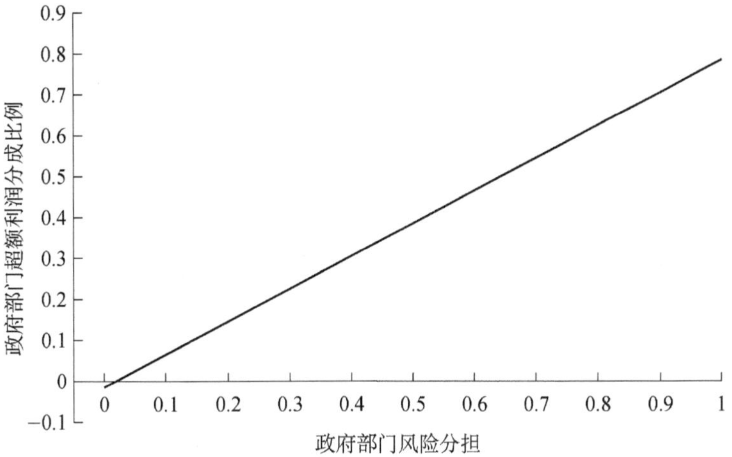

图 18-4　风险分担与政府部门超额利润分成比例的关系

18.4　基于多案例分析的阶梯式超额利润分成的确定

阶梯式分成是指政府和社会资本将潜在超额利润划分为若干个阶梯，不同的阶梯赋予不同的分成比例（通常是潜在超额利润越大的阶梯，社会资本的分成比例越小），双方根据实际产生的超额利润所属阶梯，分别按照约定的分成比例分享，是一种动态的分成方式。以 PPP 项目库中登记的河北省太行山高速公路项目为例，其实施方案在“第四章经济技术指标”的“第七节分成计费交通量”中作出如下规定：①当 100%＜分成计费交通量≤120%时，政府方与社会资本的超额收入分配比例为 5∶5；②当 120%＜分成计费交通量≤140%时，政府方与社会资本的超额收入分配比例为 7∶3；③当分成计费交通量时＞140%，政府方与社会资本的超额收入分配比例为 10∶0。阶梯式分成能有效抑制超额利润足够大之后分成导致的社会资本暴利。在实际应用中，社会资本所得的超额利润比例会随着阶梯段数的增高而降低，当超额利润过高时，社会资本能够分到的超额利润很少甚至不能分到超额利润，避免了社会资本暴利的情况出现；但是，阶梯式分成相比固定式分成要复杂得多，需要确定阶梯数量、不同阶梯的跨度、每一阶梯的分成比例，而确定这些数据需要考虑的因素又很多，致使公私双方针对这一问题的谈判比较艰巨，增加了交易费用，操作起来也相对烦琐。

18.4.1 阶梯式分成的适用性分析

1. 阶梯式分成的必要性

我国实践中分享 PPP 项目的超额利润的方式有设置投资回报率上限和分成，其中分成包含固定式分成和阶梯式分成。对这 3 种分享方式的功能与特点进行总结，得表 18-12。其中，设置投资回报率上限和固定式分成分别有明显的缺陷，而阶梯式分成恰好可以弥补这两种方式的不足。

表 18-12　三种超额利润分享方式特点比较

分享方式		防止暴利			激励社会资本			缓解政府财政压力			付出成本			操作难度		
		强	中	弱	强	中	弱	强	中	弱	高	中	低	难	中	易
设置投资回报率上限		√					√	√				√			√	
分成	固定式		√		√					√		√			√	
	阶梯式	√				√			√		√			√		

（1）与设置投资回报率上限相比，阶梯式分成对社会资本的激励程度更高，从而提高整个项目的社会效益和社会评价：①设置投资回报率上限是指经营收入超过某一值后超过的部分全部归政府所有，因此对社会资本而言，付出更多的努力得不到更多的回报从而容易产生惰性，甚至影响合同执行度；②而阶梯式分成意味着项目整体收益越高，社会资本分得的利润越多，因此能激励社会资本做出努力从而使整个项目得到优化。

（2）与固定式分成相比，阶梯式分成能更有效地抑制暴利，并缓解政府部门的财政压力：①固定式分成意味着无论项目获得多少利润，政府和社会资本的分成比例保持不变，虽然能强烈地激励社会资本做出最大努力，但如果项目运营十分成功并因此出现了超高额利润，社会资本仍能依靠不变的分成比例获得暴利，违背了 PPP 项目“盈利但不暴利”的原则；②与企业管理中常见的“阶梯越高，分成越多”这一阶梯式分成相反，PPP 项目的超额利润分成通常是随着阶梯的升高，社会资本的分成比例变小，目的就是为了当出现超高额利润时，在最大限度地激励社会资本的情况下，保证社会资本不因分成而获得暴利；③随着阶梯的升高，政府分得的比例越多，政府的财政压力也因此能得到一定的缓解。

2. 阶梯式分成的原理

在超额利润分成时，最理想的分成方式是点对点式分成，即一个超额利润对应一个分成比例，但此种方法需要花费的时间成本和资金成本过高，不适合推广使用。最简单易操作的分成方式是固定式分成，即分成比例不随超额利润的大小而改变，但此种方式在超额利润超高时不能起到抑制社会资本暴利的作用。而阶梯式分成的操作难度介于二者之间。3 种方式的对比如图 18-5 所示。阶梯式分成比例的确定需要从两个方面进行：划分阶梯段和确定每个阶梯上的分成比例。

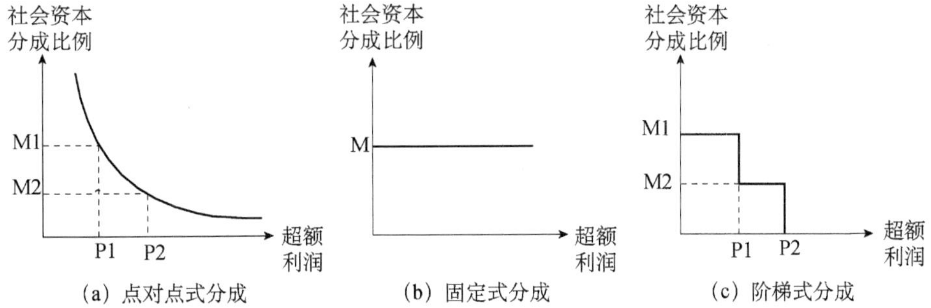

图 18-5　PPP 项目超额利润 3 种分成方式的对比

3. 阶梯式分成的适用范围

通过对 PPP 项目的付费机制分析发现，采用使用者付费和可行性缺口补助的项目，由于项目公司可以从最终用户处收费，有获得超额利润的可能，而且采用可行性缺口补助的项目，只有在使用者付费足够多、不需要政府补贴时才可能产生超额利润。由于阶梯式分成比例的确定需经历 2 个步骤，为了在抑制暴利的基础上最大限度地激励社会资本，需要进行更加详细的估算，所以阶梯式分成方法操作较复杂、需要花费较多的资金和时间成本。因此，只有当 PPP 项目的超额利润足够高时，才能弥补采用阶梯式分成方法的额外成本。在采用上述两种付费机制的前提下，对于盈利能力较强的项目来说，因收入来源广泛等原因其有出现较高超额利润的可能。因此，阶梯式分成方法适用于采用使用者付费或可行性缺口补助机制中盈利能力较强的项目，如交通运输类项目、城镇综合开发项目等。

在财政部政府和社会资本合作中心 PPP 项目库中，随机抽取 6 个已公布的实施方案中明确其采用了阶梯式分成的项目，汇总分析如表 18-13 所示，恰好印证了上述的分析结果。

表 18-13 阶梯式超额利润分成的案例分析

序号	项目名称	实施方案编制时间	项目类型		付费方式		
			交通运输	旅游	政府付费	使用者付费	可行性缺口补助
1	黑龙江省绥化至大庆高速公路（S18）项目	2015 年 2 月	√				√
2	河南省周口市周口至南阳高速公路（周口市境）政府和社会资本合作（PPP）项目	2016 年 3 月	√				√
3	河北省太行山等高速公路项目［项目包（一）+项目包（二）］	2016 年 4 月	√				√
4	江苏省南京市浦口区永宁街道休闲旅游特色镇 PPP 项目	2016 年 4 月		√			√
5	首都地区环线高速公路（通州—大兴段）引入社会投资项目	2016 年 4 月	√				√
6	赤峰至曹妃甸公路（G508）滦州至青坨营段工程项目	2018 年 5 月	√			√	
合计/个			5	1	0	1	5

18.4.2 超额利润分成比例的阶梯划分

根据本章的目的，所选案例须满足以下几个条件：①具有代表性及可借鉴性，案例来源于国家发展和改革委员会发布的典型案例和财政部公布的国家级示范项目；②在已发布的实施方案中对超额利润采用阶梯式分成方法，并划分好阶梯及每个阶梯的分成比例；③为了总结出现阶段具有参考性的结论，剔除与多数项目差别较大的案例。根据上述条件，最终筛选出的案例如

表 18-14 所示。

表 18-14　PPP 项目案例的超额利润分成阶梯划分

序号	项目类型	项目名称	投资比重（政府：社会资本）	盈利能力评价	潜在超额额度			各阶梯分成比例（政府：社会资本）
					较低	较高	超高	
1	交通运输	河北省沧州市渤海新区黄骅港综合港区物流园区	1∶9	强			√	①100%～120%（含），4∶6； ②120%～150%（含），6∶4； ③>150%，8∶2
2	交通运输	盱眙港口、产业园及道路建设项目	1∶9	强			√	①100%～110%（含），3∶7； ②110%～130%（含），6∶4； ③130%～150%（含），9∶1； ④>150%，10∶0
3	交通运输	山东省济宁市环湖大道东线工程（微山段）PPP 项目	1∶9	较强			√	①120%～140%（含），4∶6； ②140%～160%（含），5∶5； ③>160%，6∶4
4	交通运输	河北省太行山等高速公路［项目包（一）+项目包（二）］	49∶51	较强			√	①100%～120%（含），5∶5； ②120%～140%（含），7∶3； ③>140，10∶0
5	交通运输	云南省红河州滇南中心城市群现代有轨电车示范线项目	49∶51	弱	√			①100%～110%（含），5∶5； ②>110%，8∶2
6	交通运输	河北省衡水市邯港高速公路衡水段	4∶6	一般		√		①112.6%～120%（含），5∶5； ②120%～130%（含），7∶3； ③>130%，10∶0
7	市政工程	北京地铁四号线 PPP 项目	2∶98	一般		√		①100%～115%（含），5∶5； ②>115%，6∶4
8	市政工程	西安市地铁临潼线（9 号线）一期工程 PPP 项目	4∶6	弱	√			①100%～115%（含），5∶5； ②>115%，8∶2
9	体育	江苏省扬州市仪征市铜山体育小镇片区开发建设项目	2∶8	强			√	①100%～110%（含），5∶5； ②110%～115%（含），6∶4； ③>115%，8∶2
10	城镇综合开发	山东省德州市禹城市德州高新技术产业开发区中央创新区核心区 PPP 项目	5∶95	一般		√		①100%～110%（含），6∶4； ②>110%，7∶3

注：为保证潜在超额额度判断的客观性，本章选择的实施方案中对项目盈利能力的评价（对实施方案中未提及的参考可行性研究报告）来衡量其潜在超额额度；对盈利能力评价“弱”的项目潜在超额额度较低，评价“一般”的潜在超额额度较高，评价“较强”和“强”的潜在超额额度超高

通过对表 18-14 的分析，本章总结出了现阶段超额利润分成的阶梯划分惯例，如下所示。

1. 通常而言，划分的阶梯数与项目潜在超额额度正相关

由于采用阶梯式分成方法需要付出额外的时间和费用成本，若产生超额利润的可能性较小，则直接采用固定式分成方法即可防止社会资本暴利和节约成本。因此本章建议仅在项目的潜在超额额度较高或超高时进行阶梯划分。依据 PPP 项目“盈利但不暴利”的原则，随着项目的超额利润越高，社会资本分成比例越低，故潜在超额额度越大时，划分的阶梯数越多才能设置更多逐渐降低的分成比例。由表 18-14 可知，多数项目的潜在超额额度越高，划分的阶梯段数就越多。实际操作中，通过参考项目潜在超额额度的大小，确定是否采用阶梯式分成方法以及划分的阶梯段数。

2. 实践中通常划分 2 或 3 个阶梯，阶梯跨度通常与潜在超额额度正相关

对案例中的阶梯数和阶梯跨度[①]进行分析，发现如下特点。①采用 2 或 3 个阶梯的案例数占案例总数的 90%，由此可见，实践中多采用 2 或 3 个阶梯；由表 18-14 可知，市政工程项目通常划分 2 个阶梯，交通运输项目通常划分 3 个阶梯。②潜在超额额度较高、超高的项目通常分别以 10%或 15%、20%为阶梯跨度，前者如案例 10 和案例 7，后者如案例 4；由此可知，潜在超额额度越高，阶梯跨度越大。③实践中超额利润多以 100%、110%、115%、120%和 140%为分段点，具有一定的借鉴价值。通过对案例的深入分析以及与实践工作者的讨论，本书得出以下结论。

（1）采用 2 个阶梯的项目通常潜在超额额度较低或较高。由于出现超高额利润的可能性较小，主要考虑对社会资本的激励，通常阶梯跨度较小：对于潜在超额额度较低的项目，划分 2 个阶梯作为以防万一性质的条款，由于前期测算存在一定偏差，实际运营中一旦出现超额利润，可以采用合同规定的分成比例进行分配，建议超额利润采用 100%～110%和大于 110%进行分段；对于潜在超额额度较高的项目，划分 2 个阶梯可以同时起到防止暴利和节约成本的目的，建议采用 100%～115%和大于 115%进行分段。

（2）采用 3 个阶梯的项目通常潜在超额额度超高，此时设置 3 个阶梯能在防止暴利的前提下，最大限度地发挥社会资本在运营管理技术、效率等方

① 假设第一阶梯 100%＜超额利润≤120%，第二阶梯超额利润大于 120%，则阶梯跨度为 20%，分段点为 100%和 120%。

面的优势，通常阶梯跨度较大，建议采用 100%～120%、120%～140%和大于 140%进行分段。

（3）对于未从超额利润＞100%开始分成的项目，通过查阅相关合同文件并与实践工作者讨论认为，政府可能出于对项目公司的激励，按照可研报告中的预测值，另外设置一个超过 100%的比例作为超额利润分成的前提条件，如案例 6 从超额利润＞112.6%时才开始分成。

18.4.3　超额利润分成各阶梯上比例的确定

通过对案例分析以及与实践工作者讨论发现，各阶梯的分成比例并非取决于某一个因素，而是多种因素相互作用的结果。为抓住问题的主要矛盾，本章选取每个阶梯上分成比例的主要影响因素进行分析。

1. 第一阶梯的分成比例主要的考虑项目所在行业的成熟度

行业的成熟度，可用管理库中该行业的项目数量来衡量；数量越多说明 PPP 模式在该行业的应用中积累了更多的经验，则该行业的成熟度越高。统计发现，市政工程和交通运输等行业成熟度较高，而体育和城镇综合开发等市场成熟度较低。

通过对文献分析发现，PPP 项目市场成熟度越高，政府承担的风险就会越低。收益是对承担风险、提高效率的奖励，若一方承担更多的风险，它必然期望获得更多的收益作为补偿。依据风险收益对等的原则，风险分担比例对分成比例起关键作用。由上述分析可知，社会资本的分成比例与该项目所属行业的成熟度呈正相关关系。实践中，通常情况下，第一阶梯的分成比例不论是政府＞社会资本，还是政府＜社会资本，在成熟度相似的行业是相同的，在成熟度不同的行业则相反。因此，在确定第一阶梯分成比例时，项目所属行业的成熟度是关键因素：①成熟度较高的行业，因绩效评价指标健全、政府的监管能力提高等原因，社会资本承担较多风险，政府与社会资本常采用小于等于 5∶5 的比例；②成熟度较低的行业，政府承担更多的风险，如旅游 PPP 项目面临缺乏“物有所值”评价的定量分析指标、细致设计和专业性等问题，对推进高质量的 PPP 项目落地非常不利，如果项目失败，极易影响政府的公信力；鉴于此，应把政府的分成比例略微上调，实践中常采用大于等于 5∶5 的比例。

2. 最终阶梯的分成比例通常趋近于社会资本不分成

实践中，由于最终阶梯的超额额度不设上限，故超额利润超过某个超高值时公私双方的分成比例不再调整。因此，能否真正地防止暴利，最终阶梯的分成比例十分重要。由表 18-14 可知，10 个案例中有 4 个案例最终阶梯的分成比例设置为 8∶2、3 个案例设置为 10∶0、2 个案例设置为 6∶4、1 个案例设置为 7∶3。由此可知，最终阶梯的分成比例大致趋近于社会资本不分成或少分成。通过案例分析发现，项目潜在超额额度的大小是影响最终阶梯分成比例的关键因素：①当潜在超额额度较高时，为了调动社会资本的积极性，可以适当放松最终阶梯上对社会资本获得超额利润的限制，如案例中常采用 8∶2 的比例；②当潜在超额额度超高时，虽然出现的概率较小，但作为防备性质的条款，为了防止暴利、维护公众利益，政府几乎不再考虑对社会资本的激励，因此设置逼近于 10∶0 的比例；③少数项目最终阶梯采用如案例 3 一样的 6∶4 比例，而当项目出现超高额利润时，这一比例将无法抑制社会资本暴利，此种情况下，政府通常与社会资本再谈判重新确定分成比例。

3. 同行业中第二阶梯的分成比例更多地考虑公私双方的投资比重

通过文献分析可知，利益分配的影响因素还涉及资源投入，如公私双方的资金投入、政府政策上的支持、优惠等。由于合同文件中对公私双方的资金投入规定比较明确而找不到其他投入的准确信息，本章主要研究资金投入与第二阶梯分成比例的关系。由表 18-14 可知，采用三阶梯分成方式的项目中，第二阶梯常采用 6∶4、7∶3 的比例。从中间阶梯采用的分成比例来看，社会资本仍然可以分得较多利润。由此可知，与最终阶梯抑制暴利的目的相比，第二阶梯激励社会资本的目的较强。统计发现，同行业第二阶梯的分成比例更多地取决于公私双方的投资比重。以交通运输类项目为例，政府与社会资本投资比重为 1∶9 时，第二阶梯常采用 6∶4 的分成比例，如案例 1 和案例 2；政府与社会资本投资比重接近 5∶5（政府的投资比重略小于社会资本）时，第二阶梯常采用 7∶3 的分成比例，如案例 4 和案例 6。

18.4.4 管理启示

本节通过多案例分析，得出我国现阶段 PPP 项目中超额利润阶梯式分成的阶梯划分和各阶梯分成比例的惯例。基于此，对政府部门提出以下 3 点策略建议。

1. 推荐盈利能力强的行业采用阶梯式分成方法

研究结论显示，阶梯式分成方法适用于使用者付费或可行性缺口补助机制中盈利能力较强的行业。然而，由于阶梯式分成面临较多的谈判和交易费用，导致实践中的操作较复杂，有些项目更倾向于采用固定式分成。第三届中国 PPP 论坛开幕式上，国家发展和改革委员会投资司副司长韩志峰在致辞中表示，要充分发掘 PPP 项目的商业价值。随着 PPP 项目商业价值的提升，越来越多的项目面临较高的潜在超额利润。这种情况下若广泛采用固定式分成，有可能违背 PPP 项目“盈利但不暴利”的基本原则。政府作为 PPP 的市场规制者，应当完善相关法律法规或规范性文件，在市场发展过程中起引导作用。具体而言，可体现在以下两方面：①在 PPP 相关文件中，推荐交通运输、体育、城镇综合开发等盈利能力较强的行业采用阶梯式超额利润分成；②甚至可以规定，潜在超额利润超过一定比例的项目强制性采用阶梯式分成方法。

2. 设置阶梯式分成比例应综合考虑多种因素

通过上述分析可知，采用阶梯式分成来分享超额利润时，即便是借鉴同行业其他项目的做法，仍需适当考虑各项目自身的具体情况，致使阶梯式分成比例的确定过程较为复杂、烦琐。实践中的政府部门在编制项目实施方案或签订 PPP 合同时，切忌盲目模仿或全盘照搬同行业其他项目的做法，而是应当根据实际情况综合考虑多种因素制定分成比例，如：①项目自身的因素，如潜在超额额度等，研究结论显示，阶梯式分成的梯段划分和最终阶梯的分成比例都与潜在超额额度有关，因此在编制项目实施方案时，对潜在超额额度的测算应尽量准确，以保证阶梯式分成的准确性；②行业和市场的发展，如行业成熟度等，随着行业的不断成熟与发展，社会资本承担更多风险，依据风险收益对等的原则，在政府应以动态的眼光调整分成比例。虽然项目前期制定合理的超额利润分配机制需花费较多的谈判成本，但是能保障 PPP 项目后期的正常运营，减少争议和纠纷。例如，泉州刺桐大桥 BOT 项目，由于前期未制定超额利润分配机制，在项目实际运营中出现超额利润时，没有一个明确的利益分配方案，导致社会资本暴利，威胁到政府和公众的利益。

3. 采用阶梯式分成方法应当注重公平的实现

通过文献分析可知，分成比例的确定应秉持公平的原则，除了与风险分担和投资比重对应外，对公平的实现还体现在一些细节上，如：①实践中有的项目超额利润从大于 120%开始分成（如表 18-14 中案例 3 所示），这就意味着，超额利润在（100%，120%］时并未在公私双方之间进行分享，而全部归项目公司所有，这显然是政府过度让利的一种表现，最终导致公众利益受损，有悖于公平原则。鉴于此，建议 PPP 项目超额利润从 100%开始分成，在保护公众利益的同时，也可以有效地抑制社会资本不劳而获或“天上掉馅饼”的投机心理；②实践中有些项目的最终阶梯采用 8∶2、7∶3 的分成比例，由于未来经营收入具有不确定性，若实际运营中产生超高额利润，这种分成比例的设置将会导致社会资本暴利，对政府和公众来说不公平，基于此，作为防备性质的条款，建议最终阶梯采用 10∶0 的分成比例，有利于维护公众的根本利益。

本节的不足之处：①实践中采用阶梯式分成的项目很多，由于篇幅和时间有限，本节仅选择了部分典型案例和国家级示范项目进行分析，致使结论存在一定偏差；②本节结论仅通过案例数据分析、与部分实践工作者讨论得出，未对项目当事人进行访谈，导致影响因素的分析可能存在偏颇。随着实践的丰富，研究者将通过分析更多案例、进行更多项目调研等方式提高结果的准确性。

18.5 研究总结

本章对 PPP 项目的超额利润分成问题进行探讨，得出了如下四方面结论。

（1）明确了 PPP 项目超额利润分享的过程框架。在对 PPP 项目的超额利润进行界定的基础上，探讨了其产生的原因以及在公私双方之间分享的必要性。通过文献分析识别出 PPP 项目利益分配的两种理论依据，即公平理论和博弈理论。据此指出，PPP 项目超额利润分享的过程就是一个各当事人先根据合同约定以及己方在履约过程中实际的贡献制定的预期的利益分配方案（依据公平理论），然后交易双方再针对利益分配方案进行谈判，经过不断的博弈和妥协，最终形成一个双方认可的利益分配方案（依据博弈理论）。

（2）得出固定式和阶梯式超额利润分成的适用范围。通过对其他行业的借鉴和案例分析，识别出 PPP 项目超额利润分成包括设置投资回报率上限、固定式分成和阶梯式分成三种，从防止暴利、激励社会资本、缓解政府财政压力、付出成本、操作难度五个方面对三者进行评价。其中，设置投资回报率上限分成方式由于不能有效地激发社会资本的积极性而被实践所诟病；固定式和阶梯式两种分成方式的适用范围取决于超额利润的多少，若潜在超额利润较少则适用固定式分成，若潜在超额利润超高则适用阶梯式分成。在实际项目中，分成方式选择的简单方法为：①依照项目类型选择，市政工程类（如市政道路、垃圾焚烧、污水处理）项目大多用固定式分成，而交通运输类（如高速公路、地铁）项目大多用阶梯式分成；②依照付费机制选择，采用可行性缺口补助方式的项目大多采用固定式分成，采用使用者付费方式或可行性缺口补助机制中盈利能力较强的项目大多采用阶梯式分成。

（3）分析了固定式超额利润分成比例的确定方法——修正的 Shapley 值法。对基于公平理论进行利益分配的文献进行分析，采用社会网络分析法识别出 PPP 项目利益分配的 2 个关键影响因素，即风险分担和投资占比；考虑这 2 个利益分配影响因素以对经典 Shapley 值法进行修正，最终得出 PPP 项目超额利润分成比例的公式；通过算例分析验证了将该公式用于确定实际 PPP 项目固定式超额利润分成比例的有效性。

（4）通过多案例分析得出我国现阶段阶梯式超额利润分成的惯例。鉴于阶梯式分成方式可操作性相对较差，同时考虑到我国实践中已存在较多采用阶梯式超额利润分成的 PPP 项目，因此本章侧重于市场内横向公平的多案例比较。在明确阶梯式分成方法的必要性及适用范围的基础上，从典型案例和国家级示范项目中选取 10 个案例，通过对比分析得出我国现阶段阶梯式分成中阶梯划分和各阶梯分成比例的惯例。其具体内容包括：①阶梯式分成方法通常划分 2 或 3 个阶梯，潜在超额度较高、超高的项目通常分别以 10%或 15%、20%为阶梯跨度，超额利润多以 100%、110%、115%、120%和 140%为分段点；②成熟度较高的行业第一阶梯常采用小于等于 5∶5 的比例，成熟度较低的行业第一阶梯常采用大于等于 5∶5 的比例；③最终阶梯常采用 8∶2、10∶0 的比例；④中间阶梯常采用 6∶4、7∶3 的比例。

本篇参考文献

毕颖. 2011. 工程项目中非可控因素导致的索赔问题研究. 郑州：郑州大学硕士学位论文.

蔡晓琰. 2017. 收费公路 PPP 项目投资回报机制研究. 西安：长安大学博士学位论文.

陈日光，侯祥朝. 2014. BOT 项目超高额收益的矛盾分析与解决探讨——以泉州刺桐大桥项目为研究对象. 福建建设科技，(1)：85-86.

陈寿星. 2017. 核电工程停工的索赔处理探讨. 工程经济，27 (9)：24-27.

陈晓. 2006. Partnering 模式中伙伴收益分配比例的确定. 价值工程，(10)：114-116.

陈占涛，雒钊. 2018. PPP 项目盈利能力评价相关概念的辨析与探讨——基于合理利润率、投资回报率和财务内部收益率的视角. 建筑经济，39 (11)：35-37.

成虎. 2005. 工程合同管理. 北京：中国建筑工业出版社.

程思宇，李习平. 2019. 基于动态博弈理论的民营医院与公立医院共生协同利益分配机制研究. 当代经济，(1)：136-139.

程向民，张劲. 2000. 水利水电工程建设中地质风险引起的索赔分析. 水利建设与管理，(6)：14-15.

程晓娜. 2015. 我国煤炭资源收益分配问题研究. 徐州：中国矿业大学硕士学位论文.

代建生，范波. 2015. 基于纳什谈判的合作研发利益分配模型. 研究与发展管理，(1)：35-43.

代仁强，王洋，胡芝福，等. 2018. 综合管廊等准经营项目 PPP 模式下的风险分担研究. 项目管理技术，16 (4)：91-94.

代雨秀. 2016. PPP 模式下的棚户区改造政治风险评估研究. 商，(22)：52-53.

邓小鹏，李启明，汪文雄，等. 2008. PPP 模式风险分担原则综述及运用. 建筑经济，(9)：32-35.

邓小鹏，申立银，李启明，等. 2007. 基于行政法学角度的 PPP 合同属性研究. 建筑经济，(1)：38-41.

刁目广. 2019. 地质原因导致施工期排水费用索赔分析. 水电与新能源，33 (1)：14-16，21.

董婉黎. 2017. 城市轨道交通 PPP 项目政府补贴机制研究. 大连：大连理工大学硕士学位论文.

杜亚灵，尹贻林. 2011. PPP 项目风险分担研究评述. 建筑经济，(4)：29-34.

杜亚灵，尹贻林. 2015. 基于典型案例归类的 PPP 项目盈利模式创新与发展研究. 工程管理学报，29（5）：50-55.
段泳仲. 2019. 城市地下综合管廊 PPP 项目风险管理研究. 中国集体经济，（9）：47-48.
方兴林. 2017. 博弈论视角下特色小镇建设主体行为采纳及发展策略研究. 湖北工程学院学报，37（5）：123-126.
丰景春，杨圣涛. 2017. 基于公平偏好理论的 PPP 交通项目超额收益分配研究. 软科学，31（10）：120-124，144.
冯燕. 2007. PPP 项目融资风险识别及量化研究. 重庆：重庆大学硕士学位论文.
付思宇. 2016. 基于 Shapely 理论的 PPP 模式下水下隧道风险利益均衡研究. 重庆：重庆交通大学硕士学位论文.
高华，孙赵航天，程风华. 2016. 污水处理 PPP 项目价格形成与动态调整机制研究. 价格理论与实践，（11）：130-133.
高颖，张水波，冯卓. 2015. PPP 项目运营期间需求量下降情形下的补偿机制研究. 管理工程学报，（2）：93-102.
耿朝辉. 2016. 高速公路 PPP 投融资模式与财务管理对策研究. 经贸实践，（2）：137.
勾利娜. 2011. FIDIC 合同条件下承包商索赔机会分析及工期索赔研究. 西安：长安大学硕士学位论文.
管百海. 2019. 信托公司真正股权投资的房地产项目利益分配研究. 金融理论与实践，（3）：86-94.
郭平，贾明磊，徐佳，等. 2018. 基于 Shapley 值修正的 PPP 保障性住房项目利益分配研究. 工程经济，28（8）：76-80.
郭艳. 2013. 高速公路 PPP 项目风险分担及收益分配研究. 西安：长安大学硕士学位论文.
韩懿. 2016. 关于地下综合管廊 PPP 项目招标文件中风险揭示、分配与控制措施条款的建议. 招标与投标，（10）：37-39.
郝亚琳，成于思. 2017. PPP 应用于养老机构建设的必要性和可行性研究. 价值工程，36（36）：78-79.
郝子璇. 2019. 地铁隧道盾构施工中的地质风险管理研究. 中国建材，（2）：109-111.
何淑茹. 2001. 建设项目停工、窝工补偿费用计算方法的探讨. 邯郸职业技术学院学报，14（2）：59-60.
何涛. 2011. 基于 PPP 模式的交通基础设施项目风险分担合理化研究. 天津：天津大学博士学位论文.
何通胜. 2013. FIDIC 合同条件风险负担条款之比较研究. 武汉：武汉大学博士学位论文.
侯陈心. 2017. 我国 PPP 模式中公私利益冲突的协调问题研究. 保定：河北大学硕士学位论文.
胡俊. 2007. 城市轨道交通运营成本研究. 北京：北京交通大学硕士学位论文.
胡丽，张卫国，叶晓甦. 2011. 基于 SHAPELY 修正的 PPP 项目利益分配模型研究. 管理工程学报，（2）：149-154.

胡晓青，王瑞，王雪姣. 2016. 港口物流服务供应链的协调与利润分配研究. 物流技术，35（4）：148-153.
胡兴华. 2016. 建设工程工期索赔问题研究. 武汉：湖北工业大学硕士学位论文.
黄之若. 2018. 城市地下空间工程施工特点、机遇和挑战. 科技风，（36）：127.
霍丽伟. 2010. PPP 项目的风险分析与对策研究. 重庆：重庆大学硕士学位论文.
贾伟东. 2003. 国际工程项目索赔问题的分析与解决办法. 天津：天津大学硕士学位论文.
靳璐璐. 2015. 基于实物期权的公路 BOT 项目超额收益决策研究. 大连：大连理工大学硕士学位论文.
晋雅芳. 2017. 地下综合管廊 PPP 项目风险分担与收益分配研究. 郑州：郑州大学硕士学位论文.
琚娟. 2018. 基于投资回报率的项目 BIM 应用效益评估方法研究——基于业主视角. 建筑经济，39（7）：42-45.
康宗孝. 2006. 浅议水利工程建设的索赔管理. 电网与清洁能源，（1）：162-166.
柯永建. 2010. 中国 PPP 项目风险公平分担. 北京：清华大学博士学位论文.
柯永建，王守清，陈炳泉. 2008a. 基础设施 PPP 项目的风险分担. 建筑经济，（4）：31-36.
柯永建，王守清，陈炳泉. 2008b. 英法海峡隧道的失败对 PPP 项目风险分担的启示. 土木工程学报，（12）：105-110.
赖一飞，雷慧，沈丽平. 2018. 三方共赢的特色小镇 PPP 风险分担机制及稳定性分析. 资源开发与市场，34（10）：1444-1449.
李博，姜章维. 2016. 基于单因素 APT 模型的 PPP 项目投资回报率的确定. 交通财会，（11）：75-79.
李东升. 2015. 电力工程中的地质风险分析及评价. 四川建材，（5）：107-108.
李建斌，康学涛，郑栋材. 2014. 岩溶排泥库详细岩土工程勘察改进设想. 西部探矿工程，（1）：16-17.
李林峰. 2015. 地下综合管廊在城市建设中的运用研究及实践. 中国西部科技，（6）：60-62.
李欣. 2018. PPP 项目风险分担框架研究. 基建管理优化，（2）：11-19.
李祎，王保乾. 2017. 参与方地位不平等条件下 PPP 项目超额收益分配研究. 水利经济，35（3）：19-21，52，75-76.
李振忠. 2011. 多事件交叉干扰下工期延误索赔处理思路探讨. 宁夏大学学报（人文社会科学版），33（6）：74-78.
李正最. 2007. 对 FIDIC 施工合同条件下承包商索赔的探讨. 水电站设计，（2）：99-104.
廖佳洋. 2017. 公路 PPP 项目合理投资收益确定及其调整的研究. 长沙：湖南大学硕士学位论文.
廖振翔. 2007. 浅谈工程中途停工施工单位损失的补偿. 黑龙江科技信息，（20）：261，260.
林丽红. 2014. 公私合作模式（PPP）下城市基础设施项目风险研究. 青岛：中国海洋大学

硕士学位论文.
刘飞. 2017. PPP 项目合同系列谈. 北京：经济日报出版社.
刘华，李冠杰，辛晓卫. 2018. IPD 模式下建设工程项目激励池分配研究. 西安建筑科技大学学报（自然科学版），50（6）：913-918，924.
刘路政. 2012. 工期延误引起的承包商索赔研究. 长春：吉林大学硕士学位论文.
刘世雄，陈福贵. 2013. 深圳地铁 6 号线运营成本测算研究. 现代城市轨道交通，（1）：65-68.
刘薇. 2015. PPP 模式理论阐释及其现实例证. 改革，（1）：78-89.
刘喜娟. 2016. 厦门某工程中途停工索赔的处理与反思. 福建建筑，（6）：105-107.
刘新平，王守清. 2006. 试论 PPP 项目的风险分配原则和框架. 建筑经济，（2）：59-63.
龙开胜，石晓平. 2018. 土地出让配置效率与收益分配公平的理论逻辑及改革路径. 南京农业大学学报（社会科学版），18（5）：79-87.
罗京. 2008. 医院运营成本和收费分析//湖南省卫生经济学会第四届理事会第七次会议暨第二十二次学术年会专辑. 长沙：湖南省社会科学界联合会学会工作处：202-204.
罗茜. 2009. 工期延误引起的业主反索赔分析初探. 建筑经济，（A2）：149-152.
马光红，刘蕾蕾，刘亮，等. 2018. PPP 高速公路项目政府担保价值研究. 上海大学学报（自然科学版），24（4）：642-654.
马世骁，石小玉，杨明泽. 2018. 全生命周期视角下综合管廊 PPP 项目风险识别与分配. 沈阳建筑大学学报（社会科学版），20（5）：483-488.
苗战中. 2016. 六盘水市综合管廊 PPP 建设经验管见. 施工企业管理，（11）：76-77.
莫宝楠. 2017. 收费公路改革中的权力与利益关系研究——以首都机场高速为例. 广州：华南理工大学硕士学位论文.
潘朝，吴立，左清军，等. 2013. 基于模糊数学的武汉市地下空间开发地质适宜性评价. 安全与环境工程，（2）：19-23.
彭祖祥，姜早龙，李园. 2018. 公路工程 PPP 项目债券融资及征地补偿方式创新研究. 公路工程，43（3）：282-286.
乔百合. 2006. 工程项目索赔管理与工期延误索赔研究. 西安：长安大学硕士学位论文.
邱城. 2017. 浅析岩土工程勘察的现状及对策. 江西建材，（22）：207-208.
邱从容. 2011. 停工期间费用索赔探索. 科技风，（14）：252-253.
饶丹. 2018. 城中村改造中的土地增值收益分配问题研究——以郑州市陈寨为例. 经济研究导刊，（15）：130-134.
饶文华，汪群，陈广森. 2011. 工期及地质条件变化引起的变更索赔处理——以景洪水电站建设项目为例. 项目管理技术，（8）：47-51.
任力. 2013. 民营养老院运营成本调查及其盈亏分析. 财经界（学术版），（8）：56-58.
任晓莉. 2018. 基于供电公司电力经济运营成本管理探讨. 现代经济信息，（16）：253.
桑美英. 2014. 基础设施 PPP 项目的风险管理研究. 西安：长安大学硕士学位论文.

邵丹丹. 2017. PPP 模式风险管控研究——以某市地下综合管廊 PPP 项目为例. 招标采购管理，(11)：32-35.
邵雨，王正才，张智勇，等. 2018. 油气田绩效考核工作的创新与实践. 石油人力资源，(5)：43-48.
沈光. 2016. PPP 项目中的政府违约风险分析与防范. 门窗，(4)：237-238.
沈菊琴，施文君，王朝霞. 2018. PPP 项目回报机制选择研究. 价格理论与实践，(9)：131-134.
史建波. 2009. 国内水利工程索赔分析与应用. 济南：山东大学硕士学位论文.
孙春玲，徐叠元. 2015. 利益均衡视角下的 PPP 项目定价研究. 价格理论与实践，(10)：123-125.
孙凤娥，苏宁，江永宏. 2015. 网络组织超额利润分配研究. 工业技术经济，(6)：120-127.
孙晓平. 2017. 利润分享机制：做得大不如分得好. 人力资源，(12)：60-62.
孙裔煜. 2018. 基于纳什谈判理论和完全信息动态博弈的土地征收利益分配研究. 湖北农业科学，57（19)：39-42.
谭雪，石磊，马中，等. 2015. 基于污水处理厂运营成本的污水处理费制度分析——基于全国 227 个污水处理厂样本估算. 中国环境科学，(12)：3833-3840.
汤江山. 2017. 当前岩土工程勘察中的一些问题及改进建议. 建材与装饰，(49)：194.
涂苋苋. 2018. PPP 模式下城市地下综合管廊项目风险分担研究. 南宁：广西大学硕士学位论文.
万荔. 2018. PPP 项目投资回报及影响因素研究. 工程经济，(7)：8-12.
王伏叶. 2018. 因地质条件变化等原因引起的砂石料生产索赔方法的探讨. 经贸实践，(23)：292，294.
王恒栋. 2017. 我国城市地下综合管廊工程建设中的若干问题. 隧道建设，37（5)：523-528.
王建波，刘宪宁，赵辉，等. 2011. 城市轨道交通 PPP 融资模式风险分担机制研究. 青岛理工大学学报，(2)：95-100.
王世海. 2017. 隧洞工程常见索赔种类及处理浅析. 水利建设与管理，37（3)：49-51.
王守明，纪明辉，武杨凯. 2018. 城镇供水 BOT 项目的运营成本影响因素分析. 项目管理技术，16（8)：63-67.
王守清. 2018. 探索 PPP 模式的中国经验. 建筑，(16)：20-21.
王秀芹，阚梦莹，张艺红. 2018. 基于实物期权的 PPP 项目最低收入担保界限研究. 中国管理科学，26（7)：40-46.
王雪青，喻刚，邴兴国. 2007. PPP 项目融资模式风险分担研究. 软科学，(6)：39-42.
王颖林. 2017. 基于风险与社会偏好理论的 PPP 项目风险分摊及激励机制研究. 成都：西南交通大学博士学位论文.

王永祥，胡致臻，俞锦. 2017. 考虑市场需求的PPP项目超额收益分配研究. 华东交通大学学报，34（5）：127-133.
王志刚，郭雪萌. 2018. PPP项目风险识别与化解：基于不完全契约视角. 改革，（6）：89-96.
王卓甫，刘娜，丁继勇，等. 2018. 考虑主体公平关切的PPP交通项目超额收益分配研究. 资源开发与市场，34：1333-1334.
吴迪. 2017. 基于风险合理分担的轨道交通PPP项目合同设计研究. 南京：东南大学硕士学位论文.
吴丰先. 2016. 施工索赔原因分析及基本处理原则. 青岛：青岛理工大学硕士学位论文.
吴瑾. 2013. 基础设施PPP项目融资模式风险分担研究. 大连：东北财经大学硕士学位论文.
吴秋霖. 2018. 基于纳什谈判模型的PPP项目利益分配研究. 青岛：青岛理工大学硕士学位论文.
夏秀梅，李海英. 2009. 投资回报率：社会资本投资基础设施的先行指标探讨. 现代财经-天津财经大学学报，（6）：55-58.
相亚成. 2015. 基于政府管制视角的PPP项目民间资本投资回报率研究. 杭州：浙江工业大学硕士学位论文.
辛欣，万鹏，沈圆顺. 2012. 土岩组合地质条件下的基坑工程施工风险评估. 岩土工程学报，（S1）：342-346.
徐一元. 2018. 公私合作（PPP）项目利益相关者利益协调机制研究. 青岛：青岛理工大学硕士学位论文.
薛琳婧. 2017. PPP模式下综合管廊项目风险分担模型研究. 西安：西安建筑科技大学硕士学位论文.
薛璐. 2017. 产业新城PPP项目中社会资本的风险管理研究. 北京：北京交通大学硕士学位论文.
严玲，杨艳荣，杜亚灵. 2011. 政府投资项目BT模式中回购基价的控制机制研究. 建筑经济，（2）：32-35.
杨飞雪，洪传君. 2008. 共同延误工期下索赔事件的研究. 科学技术与工程，（1）：119-123.
杨瑞江. 2014. 岩土工程勘察中存在的常见技术问题及解决方法. 中国建材科技，（5）：132-133.
杨显昌，卢毅，钟丽萍. 2001. 高速公路运营成本的影响因素及控制途径. 中外公路，21（6）：47-49.
杨洋. 2014. 城市轨道交通运营成本计算与研究. 石家庄：石家庄铁道大学硕士学位论文.
叶晓甦，李丹丹，马烈，等. 2017. 基于公众感知的PPP项目收益分配模型研究. 建筑经济，38（10）：33-37.
叶欣晨，刘婷，王守清. 2018. 我国PPP项目中的政府保证机制及其应用. 建筑经济，（8）：5-9.

尹贻林，于翔鹏. 2016. 特殊性土类地勘资料错误诱发桩基础工程费用索赔的应用研究. 价值工程，35（27）：235-238.
油新华. 2017. 城市综合管廊建设发展现状. 建筑技术，48（9）：902-906.
油新华. 2018. 我国城市综合管廊建设发展现状与未来发展趋势. 隧道建设（中英文），38（10）：1603-1611.
有维宝，王建波，刘芳梦，等. 2018. 基于 GRA-TOPSIS 的城市轨道交通 PPP 项目风险分担. 土木工程与管理学报，35（3）：15-21，27.
余慎军，李瑞华. 2008. 地质勘探工程索赔探析. 中国煤炭地质，（7）：79-81.
袁军库，邓婷. 2008. 隧洞开挖常见索赔事件及费用算法探讨. 水利水电施工，（2）：81-85.
袁永博，叶公伟，张明媛. 2011. 基础设施 PPP 模式融资结构优化研究. 技术经济与管理研究，（3）：91-95.
张谛. 2017. 基于扎根理论的 BOT 风险分担研究——以山东省诸城市恐龙地质公园 BOT 项目为例. 武汉：中国地质大学硕士学位论文.
张红. 2016. 综合管廊在市政工程建设中的应用探讨. 施工技术，（A1）：536-538.
张金良，张文文，李德智，等. 2018. 基于合作博弈理论的增量配网收益分配策略研究. 电力需求侧管理，20（4）：16-21.
张敬华. 2017. 众里寻他千百度，蓦然回首——打开 PPP 财务测算中运营成本的思路. 中国工程咨询，（5）：61-63.
张术杰. 2016. 工程索赔产生原因及一般程序分析. 黑龙江科技信息，（32）：281.
张文杰，袁红平. 2019. 合同能源管理中超额节能收益分配问题研究. 运筹与管理，28（1）：187-193.
张曾莲，郝佳赫. 2017. PPP 项目风险分担方法研究. 价格理论与实践，（1）：137-140.
张峥愈，马亮，吴松华，等. 2019. PPP 项目的风险识别与分担. 经营与管理，415（1）：104-106.
张之梁. 2013. 不可预见地质条件索赔问题探讨. 山西水利科技，（3）：94-96.
赵丹，赵延超，汪伦焰，等. 2018. 城市地下综合管廊 PPP 项目融资风险评价研究. 人民长江，49（9）：71-75.
赵建伟，姜鹏飞. 2015. BT 模式下建设项目融资费用计取探讨. 建筑经济，（7）：39-42.
赵争. 2018. PPP 模式下地下综合管廊项目投资方风险管理研究. 青岛：青岛理工大学硕士学位论文.
周端继，秦进. 2016. 基于供应链成员风险态度的保险契约研究. 中国科学技术大学学报，（11）：954-962.
周曲艺. 2016. 基于风险收益均衡的污水处理 BOT 项目政府规制决策研究. 青岛：中国石油大学（华东）硕士学位论文.
周万发，张红岩. 2017. 施工中不利物质条件的属性、归责及索赔. 施工企业管理，（5）：

114-116.

Jun J. 2010. Appraisal of combined agreements in BOT project finance：Focused on minimum revenue guarantee and revenue cap agreements. International Journal of Strategic Property Management，14（2）：139-155.

Tang W. 2014. Research on benefits distribution model of industry technology innovation strategic alliance based on investment of resource and risk compensation//Qi E，Shen J，Dou R L. Proceedings of 2013 4th International Asia Conference on Industrial Engineering and Management Innovation（IEMI2013）. Berlin Heidelberg：Springer.

附录一　中国 PPP 模式制度建设的政策文件汇总

附表 1　2001～2016 年国务院、国家发展和改革委员会、财政部参与发布主要 PPP 相关政策

序号	政策名称	文件号	成文日期	发布部门	政策解读
1	《国家计委关于印发促进和引导民间投资的若干意见的通知》	计投资〔2001〕2653 号	2001 年 12 月 11 日	国家发展计划委员会	提出促进民间投资的发展，放宽投资领域和融资渠道，引导民间资本投向高新技术、基础设施和公益事业
2	《关于印发〈关于加快市政公用行业市场化进程的意见〉的通知》	建城〔2002〕272 号	2002 年 12 月 27 日	建设部	提出加快市政公用行业市场化进程，建立特许经营制度是建立社会主义市场经济体制的必然要求
3	《市政公用事业特许经营管理办法》	中华人民共和国建设部令第 126 号	2004 年 3 月 19 日	建设部	提出通过市场竞争机制选择市政公用事业投资或者经营者，明确其在一定期限和范围内提供市政公共服务
4	《国务院关于鼓励支持和引导个体私营等非公有制经济发展的若干意见》	国发〔2005〕3 号	2005 年 3 月 28 日	国务院	提出进一步建设法律框架以支持民间资本投资、建设和运营公共基础设施领域
5	《国务院关于鼓励和引导民间投资健康发展的若干意见》	国发〔2010〕13 号	2010 年 5 月 7 日	国务院	提出鼓励和引导民间资本进入公共基础设施领域，为民间投资创造良好环境
6	《国务院办公厅关于政府向社会力量购买服务的指导意见》	国办发〔2013〕96 号	2013 年 9 月 26 日	国务院办公厅	提出积极开展政府向社会力量购买服务的工作，提高公共服务水平和供给效率
7	《中共中央关于全面深化改革若干重大问题的决定》		2013 年 11 月 15 日	中共中央	允许更多国有经济和其他所有制经济发展成为混合所有制经济，国有资本投资项目允许非国有资本参股

附表 2　2014～2016 年中国国务院、国家发展和改革委员会、财政部参与发布 PPP 相关政策汇总

序号	政策名称	文件号	成文日期	发布部门	政策解读
1	《国家发展改革委关于发布首批基础设施等领域鼓励社会投资项目的通知》	发改基础〔2014〕981 号	2014 年 5 月 18 日	国家发展和改革委员会	在基础设施等领域实施鼓励社会资本投资的示范项目，有利于优化投资结构、激发市场活力、促进经济持续健康发展
2	《财政部 国家税务总局关于公共基础设施项目享受企业所得税优惠政策问题的补充通知》	财税〔2014〕55 号	2014 年 7 月 4 日	财政部、国家税务总局	对企业享受公共基础设施项目企业所得税优惠政策有关条件问题进行补充说明
3	《关于做好政府购买养老服务工作的通知》	财社〔2014〕105 号	2014 年 8 月 26 日	财政部、国家发展和改革委员会等四部委	要求地方因地制宜地制定政府购买养老服务的指导性目录，根据实际情况变化，及时进行调整，充分调动社会参与的积极性
4	《关于加快推荐健康与养老服务工程建设的通知》	发改投资〔2014〕2091 号	2014 年 9 月 12 日	国家发展和改革委员会等十部委	鼓励社会资本投资，发挥规划引领作用，加强政府支持，促进市场化运营，加强人才培养，加快推进健康与养老服务工程建设
5	《国务院关于加强地方政府性债务管理的意见》	国发〔2014〕43 号	2014 年 9 月 21 日	国务院	加快建立规范的地方政府举债融资机制，对地方政府债务实行规模控制和预算管理，控制和化解风险，完善配套制度
6	《关于推广运用政府和社会资本合作模式有关问题的通知》	财金〔2014〕76 号	2014 年 9 月 23 日	财政部	积极稳妥地做好项目示范工作，切实有效地履行财政管理职能，加强组织和能力建设
7	《财政部关于印发〈地方政府存量债务纳入预算管理清理甄别办法〉的通知》	财预〔2014〕351 号	2014 年 10 月 23 日	财政部	为进一步加强地方政府性债务管理，做好地方政府存量债务纳入预算管理的相关工作
8	《国务院关于创新重点领域投融资机制鼓励社会投资的指导意见》	国发〔2014〕60 号	2014 年 11 月 16 日	国务院	推进经济结构战略性调整，加强薄弱环节建设，要求在重点领域进一步创新投融资机制，充分发挥社会资本特别是民间资本的积极作用
9	《关于印发政府和社会资本合作模式操作指南（试行）的通知》	财金〔2014〕113 号	2014 年 11 月 29 日	财政部	规范 PPP 项目识别、准备、采购、执行、移交各环节操作流程，以保证政府和社会资本合作项目实施质量
10	《财政部关于政府和社会资本合作示范项目实施有关问题的通知》	财金〔2014〕112 号	2014 年 11 月 30 日	财政部	规范推广运用 PPP，保证 PPP 示范项目质量，形成可复制、可推广的实施范例，充分发挥示范效应

续表

序号	政策名称	文件号	成文日期	发布部门	政策解读
11	《国家发展改革委关于开展政府和社会资本合作的指导意见》	发改投资〔2014〕2724号	2014年12月2日	国家发展和改革委员会	合理确定PPP项目范围及模式，建立健全政府和社会资本合作的工作机制，加强PPP项目的规范管理，强化PPP政策保障
12	《关于印发〈政府购买服务管理办法（暂行）〉的通知》	财综〔2014〕96号	2014年12月15日	财政部、民政部和工商总局	明确规定政府购买服务主体和承接主体，购买内容及指导目录，购买方式及程序，预算及财务管理，绩效和监督管理
13	《国务院办公厅关于推行环境污染第三方治理的意见》	国办发〔2014〕69号	2014年12月27日	国务院办公厅	加强政策支持，健全统一规范、竞争有序、监管有力的第三方治理市场，吸引和扩大社会资本投入，推动建立排污者付费、第三方治理的治污新机制
14	《财政部关于规范政府和社会资本合作合同管理工作的通知》	财金〔2014〕156号	2014年12月30日	财政部	科学规范推广PPP，规范PPP合同管理，加强对PPP合同的起草、谈判、履行、变更、解除、转让、终止直至失效的全过程管理
15	《财政部 住房城乡建设部 水利部关于开展中央财政支持海绵城市建设试点工作的通知》	财建〔2014〕838号	2014年12月31日	财政部、住房城乡建设部、水利部	中央财政对海绵城市建设试点给予专项资金补助，采取竞争性评审方式选择试点城市，对试点工作开展绩效评价
16	《财政部关于印发〈政府采购竞争性磋商采购方式管理暂行办法〉的通知》	财库〔2014〕214号	2014年12月31日	财政部	明确可以采用竞争性磋商方式开展采购的项目条件，提出磋商程序，以对采购方式进行规范
17	《财政部关于印发〈政府和社会资本合作项目政府采购管理办法〉的通知》	财库〔2014〕215号	2014年12月31日	财政部	规范PPP项目采购程序，要求项目实施机构应当根据PPP项目的采购需求特点，依法选择适当的采购方式
18	《关于组织申报2015年海绵城市建设试点城市的通知》	财办建〔2015〕4号	2015年1月20日	财政部办公厅、住房城乡建设部办公厅和水利部办公厅	对2015年中央财政支持海绵城市建设试点选择流程、评审内容、实施方案编制提出规范要求
19	《民政部 发展改革委 教育部 财政部 人力资源社会保障部 国土资源部 住房城乡建设部 国家卫生计生委 银监会 保监会关于鼓励民间资本参与养老服务业发展的实施意见》	民发〔2015〕33号	2015年2月3日	民政部、国家发展和改革委员会等十部委	鼓励支持民间资本参与养老服务，推进医养融合，完善投融资政策，落实税费优惠政策，促进民间资本规范有序参与，保障用地需求，加强人才保障

续表

序号	政策名称	文件号	成文日期	发布部门	政策解读
20	《财政部 住房城乡建设部关于市政公用领域开展政府和社会资本合作项目推介工作的通知》	财建〔2015〕29 号	2015 年 2 月 13 日	财政部、住房城乡建设部	要求立足现有规划筛选项目，明晰 PPP 项目边界，规范操作流程，完善制度机制，转变供给方式，创新政府投融资模式，进行项目推介
21	《国家发展改革委 国家开发银行关于推进开发性金融支持政府和社会资本合作有关工作的通知》	发改投资〔2015〕445 号	2015 年 3 月 10 日	国家发展和改革委员会、国家开发银行	推进开发性金融支持 PPP 有关工作。对社会资本开出更优厚的条件，其中包括贷款期限最长可达 30 年、贷款利率可适当优惠等
22	《关于鼓励和引导社会资本参与重大水利工程建设运营的实施意见》	发改农经〔2015〕488 号	2015 年 3 月 17 日	国家发展和改革委员会、财政部、水利部	通过政府投资引导、财政补贴、价格机制、金融支持等政策措施，大力推广 PPP，推出一批吸引社会资本参与试点项目，探索 PPP 机制
23	《财政部关于印发〈政府和社会资本合作项目财政承受能力论证指引〉的通知》	财金〔2015〕21 号	2015 年 4 月 3 日	财政部	明确责任识别、支出测算、能力评估、信息披露要求，保障政府切实履行合同义务，有效防范和控制财政风险，有序推进 PPP 项目实施
24	《关于推进水污染防治领域政府和社会资本合作的实施意见》	财建〔2015〕90 号	2015 年 4 月 9 日	财政部、环境保护部	明晰 PPP 项目边界，健全回报机制，规范 PPP 项目操作流程，完善投融资环境，引导社会资本积极参与，加大投入水污染治理项目
25	《关于在收费公路领域推广运用政府和社会资本合作模式的实施意见》	财建〔2015〕111 号	2015 年 4 月 20 日	财政部、交通运输部	明晰 PPP 项目边界，规范项目操作流程，编制完整项目实施方案，加大评价及监管力度，在收费公路领域鼓励推广 PPP 模式
26	《关于运用政府和社会资本合作模式推进公共租赁住房投资建设和运营管理的通知》	财综〔2015〕15 号	2015 年 4 月 21 日	财政部等六部委	明确公共租赁住房项目 PPP 模式和条件、PPP 项目适用范围，规范项目投资建设运营管理，构建政策体系，加强支持力度
27	《基础设施和公用事业特许经营管理办法》	国家发展改革委等六部委第 25 号令	2015 年 4 月 25 日	国家发展和改革委员会等六部委	为基础设施和公用事业特许经营提供基本制度，强调转变政府职能，要求行政变更不得影响特许经营协议履行
28	《国务院办公厅转发文化部等部门关于做好政府向社会力量购买公共文化服务工作意见的通知》	国办发〔2015〕37 号	2015 年 5 月 5 日	国务院办公厅	要求努力营造政府向社会力量购买公共文化服务的良好环境，积极有序推进政府向社会力量购买公共文化服务工作

续表

序号	政策名称	文件号	成文日期	发布部门	政策解读
29	《国务院办公厅转发财政部人民银行银监会关于妥善解决地方政府融资平台公司在建项目后续融资问题意见的通知》	国办发〔2015〕40号	2015年5月11日	国务院办公厅	支持在建项目的存量融资需求，规范实施在建项目的增量融资，做好在建项目后续融资管理工作，完善配套措施
30	《关于开展社会资本参与重大水利工程建设运营第一批试点工作的通知》	发改办农经〔2015〕1274号	2015年5月19日	国家发展和改革委员会办公厅、财政部办公厅、水利部办公厅	要求通过2年左右的时间，探索形成可复制、可推广的经验，推动完善相关政策，国家层面将继续开展试点工作
31	《国务院办公厅转发财政部发展改革委人民银行关于在公共服务领域推广政府和社会资本合作模式指导意见的通知》	国办发〔2015〕42号	2015年5月19日	国务院办公厅	构建保障PPP模式持续健康发展的制度体系，规范推进PPP项目实施，提供政策保障，加强组织实施，大力推广PPP模式
32	《国家发展改革委办公厅关于充分发挥企业债券融资功能支持重点项目建设促进经济平稳较快发展的通知》	发改办财金〔2015〕1327号	2015年5月25日	国家发展和改革委员会办公厅	有效发挥企业债券的直接融资功能，科学设置发债条件，简化审核审批程序，扩大企业债券融资规模，支持企业以各种形式参与基础设施投资建设
33	《财政部关于印发〈中央财政服务业发展专项资金管理办法〉的通知》	财建〔2015〕256号	2015年5月31日	财政部	明确资金支持范围和支持方式、资金分配方式、预算管理、监督管理，加强资金管理，提高资金使用效益
34	《关于印发〈城市管网专项资金管理暂行办法〉的通知》	财建〔2015〕201号	2015年6月1日	财政部、住房城乡建设部	为规范和加强城市管网专项资金管理，提高财政资金使用效益，专项资金采用奖励、补助等方式予以支持。对按规定采用PPP模式的项目予以倾斜支持
35	《国务院关于印发推进财政资金统筹使用方案的通知》	国发〔2015〕35号	2015年6月16日	国务院	推进财政资金统筹使用，避免资金使用“碎片化”，盘活各领域“沉睡”的财政资金，把“零钱”化为“整钱”，增加资金有效供给
36	《关于进一步做好政府和社会资本合作项目示范工作的通知》	财金〔2015〕57号	2015年6月25日	财政部	加快推进PPP项目示范工作，助推更多项目落地实施，组织上报第二批备选示范项目，构建激励相容的政策保障机制
37	《国务院关于进一步做好城镇棚户区和城乡危房改造及配套基础设施建设有关工作的意见》	国发〔2015〕37号	2015年6月25日	国务院	明确工作责任，创新体制机制，强化政策落实，加大城镇棚户区和城乡危房改造力度，加快配套基础设施建设，扩大有效投资

续表

序号	政策名称	文件号	成文日期	发布部门	政策解读
38	《财政部关于政府采购竞争性磋商采购方式管理暂行办法有关问题的补充通知》	财库〔2015〕124 号	2015 年 6 月 30 日	财政部	竞争性磋商采购方式采购过程中符合要求的供应商只有 1 家的，采购人或者采购代理机构应当终止并重新开展采购活动
39	《国家发展改革委关于切实做好〈基础设施和公用事业特许经营管理办法〉贯彻实施工作的通知》	发改法规〔2015〕1508 号	2015 年 7 月 2 日	国家发展和改革委员会	引导规范基础设施和公用事业特许经营，充分认识做好《基础设施和公用事业特许经营管理办法》贯彻实施工作的重要意义，贯彻实施《基础设施和公用事业特许经营管理办法》的重点任务
40	《关于进一步鼓励和扩大社会资本投资建设铁路的实施意见》	发改基础〔2015〕1610 号	2015 年 7 月 10 日	国家发展和改革委员会、财政部等五部委	进一步鼓励和扩大社会资本对铁路建设的投资，拓宽投融资渠道，完善投资环境，合理配置资源，促进市场竞争，推动体制机制创新
41	《财政部关于做好政府采购信息公开工作的通知》	财库〔2015〕135 号	2015 年 7 月 17 日	财政部	按照财政预决算公开要求，公布本单位政府采购预算安排及执行的总体情况，实现采购预算、过程及结果全过程信息公开
42	《财政部 发展改革委 环境保护部关于印发〈排污权出让收入管理暂行办法〉的通知》	财税〔2015〕61 号	2015 年 7 月 23 日	财政部、国家发展和改革委员会、环境保护部	规范排污权出让收入管理，建立健全环境资源有偿使用制度，发挥市场机制作用促进污染物减排
43	《关于加强城市停车设施建设的指导意见》	发改基础〔2015〕1788 号	2015 年 8 月 3 日	国家发展和改革委员会、财政部等七部委	要求政府在城市规划、土地供应、金融服务、收费价格、运营管理等方面加强支持力度，营造良好市场环境，吸引社会资本积极参与建设
44	《国务院办公厅关于推进城市地下综合管廊建设的指导意见》	国办发〔2015〕61 号	2015 年 8 月 3 日	国务院办公厅	加强顶层设计，明确质量标准，完善技术规范，加大政策支持，发挥市场作用，吸引社会资本广泛参与地下综合管廊建设
45	《中国银监会 国家发展和改革委员会关于银行业支持重点领域重大工程建设的指导意见》	银监发〔2015〕43 号	2015 年 8 月 10 日	中国银行业监督管理委员会、国家发展和改革委员会	引导银行业金融机构完善工作机制和信贷政策，加强信贷管理和金融创新，以重点领域重大工程为核心，全面做好国家重大战略部署的金融服务工作
46	《财政部关于公布第二批政府和社会资本合作示范项目的通知》	财金〔2015〕109 号	2015 年 9 月 25 日	财政部	根据《关于进一步做好政府和社会资本合作项目示范工作的通知》（财金〔2015〕57 号），推动 PPP 示范项目建设，充分发挥示范效应

续表

序号	政策名称	文件号	成文日期	发布部门	政策解读
47	《国务院办公厅关于加快电动汽车充电基础设施建设的指导意见》	国办发〔2015〕73号	2015年9月29日	国务院办公厅	加强统筹规划，统一标准规范，完善扶持政策，创新发展模式，培育良好的市场服务和应用环境，推进充电基础设施体系建设
48	《国务院办公厅关于推进海绵城市建设的指导意见》	国办发〔2015〕75号	2015年10月11日	国务院办公厅	发挥市场配置资源的决定性作用和政府的调控引导作用，营造良好发展环境，吸引社会资本广泛参与建设
49	《国务院办公厅转发卫生计生委等部门关于推进医疗卫生与养老服务相结合指导意见的通知》	国办发〔2015〕84号	2015年11月18日	国务院办公厅	发挥市场配置资源的决定性作用和政府的调控引导作用，营造良好发展环境，吸引社会资本广泛参与建设
50	《国家发展改革委 住房和城乡建设部关于城市地下综合管廊实行有偿使用制度的指导意见》	发改价格〔2015〕2754号	2015年11月26日	国家发展和改革委员会、住房城乡建设部	使市场在资源配置中起决定性作用和更好地发挥政府作用，形成合理收费机制，调动社会资本投入积极性，促进城市地下综合管廊建设发展
51	《关于实施政府和社会资本合作项目以奖代补政策的通知》	财金〔2015〕158号	2015年12月8日	财政部	通过以奖代补方式支持PPP项目规范运作，保障PPP项目实施质量，奖励资金由财政部门统筹用于项目全生命周期各项财政支出
52	《关于印发〈农田水利设施建设和水土保持补助资金使用管理办法〉的通知》	财农〔2015〕226号	2015年12月16日	财政部、水利部	提出按照相应规定采用PPP模式开展农田水利设施项目建设，创新项目投入运营机制
53	《关于印发〈PPP物有所值评价指引（试行）〉的通知》	财金〔2015〕167号	2015年12月18日	财政部	由于实践中缺乏充足的数据积累，难以形成成熟的计量模型，要求各地依据客观需要，因地制宜地开展物有所值评价工作
54	《关于规范政府和社会资本合作（PPP）综合信息平台运行的通知》	财金〔2015〕166号	2015年12月18日	财政部	降低行政监管成本和市场交易成本，提高经济社会运行效率，保障公众知情权，加强社会监督，确保实现公共利益最大化
55	《财政部关于对地方政府债务实行限额管理的实施意见》	财预〔2015〕225号	2015年12月21日	财政部	加强地方政府债务限额管理，建立健全地方政府债务风险防控机制，妥善处理存量债务
56	《财政部 住房城乡建设部关于印发城市管网专项资金绩效评价暂行办法的通知》	财建〔2016〕52号	2016年3月24日	财政部、住房城乡建设部	根据绩效目标，运用科学、合理的绩效评价指标、评价标准和评价方法，对专项资金支出的经济性、效率性和效益性进行客观、公正的评价

续表

序号	政策名称	文件号	成文日期	发布部门	政策解读
57	《关于组织申报 2016 年蓝色海湾整治行动资金的通知》	财办建〔2016〕58 号	2016 年 5 月 11 日	财政部办公厅、国家海洋局办公室	按照相关标准等测算项目的预计总投入、地方安排资金、申请中央财政资金预算，方式上可推广 PPP 模式，引导社会资本投入
58	《国务院关于印发 2016 年推进简政放权放管结合优化服务改革工作要点的通知》	国发〔2016〕30 号	2016 年 5 月 23 日	国务院	推进简政放权、放管结合、优化服务改革，破除体制机制障碍，降低制度性交易成本，优化营商环境，激发市场活力和社会创造力，大力推广 PPP 模式
59	《关于进一步共同做好政府和社会资本合作（PPP）有关工作的通知》	财金〔2016〕32 号	2016 年 5 月 28 日	财政部、国家发展和改革委员会	推动政府和社会资本合作顺利实施；同时要求完善合理的投资回报机制，着力提高 PPP 项目融资效率等七个方面的具体措施
60	《国务院关于印发土壤污染防治行动计划的通知》	国发〔2016〕31 号	2016 年 5 月 28 日	国务院	积极采用 PPP 模式，形成政府主导、企业担责、公众参与、社会监督的土壤污染防治体系，促进土壤资源永续利用
61	《关于组织开展第三批政府和社会资本合作示范项目申报筛选工作的通知》	财金函〔2016〕47 号	2016 年 6 月 8 日	财政部等二十部委	鼓励行业破冰、区域集群和模式创新，推动实现行业引领、区域带动和创新示范效应。通过优化申报筛选方式，公开评审标准，进一步提升示范项目申报筛选的全面性、科学性和时效性，实现从财政部示范到全国示范的升级
62	《国务院办公厅关于促进和规范健康医疗大数据应用发展的指导意见》	国办发〔2016〕47 号	2016 年 6 月 21 日	国务院办公厅	推广运用 PPP 模式，鼓励和引导社会资本参与健康医疗大数据的基础工程、应用开发和运营服务，鼓励政府与企事业单位、社会机构开展合作
63	《国务院办公厅关于成立政府购买服务改革工作领导小组的通知》	国办发〔2016〕48 号	2016 年 6 月 21 日	国务院办公厅	为加快推进政府购买服务改革，加强对有关工作的组织领导和政策协调，国务院决定成立政府购买服务改革工作领导小组
64	《关于申报水污染防治领域 PPP 推介项目的通知》	财建〔2016〕453 号	2016 年 6 月 27 日	财政部、环境保护部	加快推进水污染防治领域 PPP，通畅合作方项目对接渠道，助推更多项目实现融资和落地实施，推介组织申报水污染防治领域 PPP 项目有关事项

续表

序号	政策名称	文件号	成文日期	发布部门	政策解读
65	《关于申报市政公用领域PPP推介项目的通知》	财建〔2016〕495号	2016年6月29日	财政部、住房城乡建设部	通畅合作各方项目对接渠道，助推更多项目实现融资和落地实施，推介组织申报市政公用领域PPP项目有关事项
66	《国务院办公厅关于进一步做好民间投资有关工作的通知》	国办发明电〔2016〕12号	2016年7月1日	国务院办公厅	维护企业市场主体地位，不断深化改革，推动政策落地见效，稳定市场预期，进一步调动民间投资积极性，激发民间投资潜力和创新活力
67	《国家发展改革委关于切实做好传统基础设施领域政府和社会资本合作有关工作的通知》	发改投资〔2016〕1744号	2016年8月10日	国家发展和改革委员会	加强项目储备，推行项目联审，建立合理投资回报机制，规范项目实施，构建多元化退出机制，积极发挥金融机构作用，鼓励引导民间投资和外商投资
68	《财政部关于印发〈政府和社会资本合作项目财政管理暂行办法〉的通知》	财金〔2016〕92号	2016年9月24日	财政部	加强PPP项目财政管理，规范财政部门履职行为，保障合作各方合法权益
69	《国家发展改革委 住房城乡建设部关于开展重大市政工程领域政府和社会资本合作（PPP）创新工作的通知》	发改投资〔2016〕2068号	2016年9月28日	国家发展和改革委员会、住房城乡建设部	深化中小城市、市政领域相关行业的PPP创新工作，加大城市基础设施建设力度，促进城镇化
70	《关于在公共服务领域深入推进政府和社会资本合作工作的通知》	财金〔2016〕90号	2016年10月11日	财政部	进一步推动公共服务从政府供给向合作供给、从单一投入向多元投入、从短期平衡向中长期平衡转变
71	《关于联合公布第三批政府和社会资本合作示范项目 加快推动示范项目建设的通知》	财金〔2016〕91号	2016年10月11日	财政部等二十部委	发挥示范项目引领作用，调动社会资本参与积极性，财政部会同相关部门启动第三批PPP示范项目申报筛选工作
72	《关于征求〈政府和社会资本合作物有所值评价指引（修订版征求意见稿）〉意见的函》	财办金〔2016〕118号	2016年10月24日	财政部办公厅	初始物有所值评价按照先定量评价后定性评价的顺序进行，未通过评价项目，可在调整实施方案后重新评价，仍未通过的不宜采用PPP模式
73	《国家发展改革委关于印发〈传统基础设施领域实施政府和社会资本合作项目工作导则〉的通知》	发改投资〔2016〕2231号	2016年10月24日	国家发展和改革委员会	要求地方因地制宜地选用高效运作方式，加强监管，规范传统基础设施领域PPP项目储备、论证、社会资本方选择、执行的流程
74	《国务院办公厅关于对真抓实干成效明显地方加大激励支持力度的通知》	国办发〔2016〕82号	2016年11月12日	国务院办公厅	对推广PPP模式效果显著的市（州）、县（市、区），在安排以奖代补资金、中央预算内投资PPP前期工作专项补助时优先支持，推进其行政区域内PPP工作

续表

序号	政策名称	文件号	成文日期	发布部门	政策解读
75	《国务院办公厅关于全面放开养老服务市场提升养老服务质量的若干意见》	国办发〔2016〕91 号	2016 年 12 月 7 日	国务院办公厅	进一步降低准入门槛，营造公平竞争环境，积极引导社会资本进入养老服务业，推动公办养老机构改革，充分激发各类市场主体活力
76	《国家发展改革委 中国证监会关于推进传统基础设施领域政府和社会资本合作（PPP）项目资产证券化相关工作的通知》	发改投资〔2016〕2698 号	2016 年 12 月 21 日	国家发展和改革委员会、中国证监会	首次正式启动 PPP 项目资产证券化，对盘活 PPP 项目存量资产，提高 PPP 项目资产流动性，吸引社会资本参与 PPP 项目建设
77	《关于印发〈财政部政府和社会资本合作（PPP）专家库管理办法〉的通知》	财金〔2016〕144 号	2016 年 12 月 30 日	财政部	加强 PPP 专家信息共享，规范 PPP 专家库的组建、管理，充分发挥专家智力支持作用，保证 PPP 相关活动公平、公正、科学

注：各部委改革详见《深化党和国家机构改革方案》

附表 3　2017 年至今国务院、国家发展和改革委员会、财政部参与发布 PPP 相关政策汇总

序号	政策名称	文件号	成文日期	发布部门	政策解读
1	《关于印发〈政府和社会资本合作（PPP）综合信息平台信息公开管理暂行办法〉的通知》	财金〔2017〕1 号	2017 年 1 月 23 日	财政部	加强和规范 PPP 项目信息公开工作，促进 PPP 项目各参与方诚实守信、严格履约，保障公众的知情权，推动 PPP 市场公平竞争、规范发展
2	《关于加快推进养老服务业放管服改革的通知》	民发〔2017〕25 号	2017 年 1 月 23 日	民政部等十三部委	进一步调动社会力量参与养老服务业发展的积极性，降低创业准入的制度性成本，营造公平规范的发展环境
3	《国务院办公厅关于创新农村基础设施投融资体制机制的指导意见》	国办发〔2017〕17 号	2017 年 2 月 6 日	国务院办公厅	构建多元化投融资新格局，健全投入长效机制，完善建设管护机制，健全定价机制，激发投资动力和活力
4	《国务院办公厅关于印发国务院 2017 年立法工作计划的通知》	国办发〔2017〕23 号	2017 年 2 月 27 日	国务院办公厅	明确 2017 年立法工作计划，包括政府投资条例、私募投资基金管理暂行条例、基础设施和公共服务项目引入社会资本条例等
5	《国务院办公厅关于进一步激发社会领域投资活力的意见》	国办发〔2017〕21 号	2017 年 3 月 7 日	国务院办公厅	有效放宽行业准入，进一步扩大投融资渠道，落实土地税费政策，大力促进融合创新发展，加强监管优化服务；引导社会资本以 PPP 模式参与医疗机构、养老服务机构、教育机构、文化设施、体育设施建设运营，开展 PPP 项目示范

续表

序号	政策名称	文件号	成文日期	发布部门	政策解读
6	《关于印发〈政府和社会资本合作（PPP）咨询机构库管理暂行办法〉的通知》	财金〔2017〕8 号	2017 年 3 月 22 日	财政部	规范 PPP 咨询机构库的建立、维护与管理，促进 PPP 咨询服务信息公开和供需有效对接，推动 PPP 咨询服务市场规范有序发展
7	《关于印发〈近岸海域污染防治方案〉的通知》	环办水体函〔2017〕430 号	2017 年 3 月 24 日	环境保护部办公厅等十部委	逐步将近岸海域污染防治领域全面向社会资本开放，健全投资回报机制，以合作双方风险共担、利益共享、权益融合为目标，推广运用 PPP 模式
8	《农业部 财政部关于开展国家现代农业产业园创建工作的通知》	农计发〔2017〕40 号	2017 年 3 月 29 日	财政部、农业部	发挥财政资金的引领作用，通过 PPP、政府购买服务、贷款贴息等方式，撬动更多金融和社会资本投入园区建设
9	《国家发展改革委办公厅关于印发〈政府和社会资本合作（PPP）项目专项债券发行指引〉的通知》	发改办财金〔2017〕730 号	2017 年 4 月 25 日	国家发展和改革委员会办公厅	明确 PPP 项目专项债券含义，指由 PPP 项目公司或社会资本发行，募集资金用于以 PPP 形式开展项目建设、运营的企业债券
10	《关于进一步规范地方政府举债融资行为的通知》	财预〔2017〕50 号	2017 年 4 月 26 日	财政部、国家发展和改革委员会等六部委	明确提出地方政府不得以借贷资金出资设立各类投资基金，严禁地方政府利用 PPP、政府出资投资基金等违法违规地变相举债
11	《财政部关于开展田园综合体建设试点工作的通知》	财办〔2017〕29 号	2017 年 5 月 24 日	财政部	按照政府引导、企业参与、市场化运作的要求，全面激活市场、激活要素、激活主体，调动多元化主体共同推动田园综合体建设的积极性
12	《关于坚决制止地方以政府购买服务名义违法违规融资的通知》	财预〔2017〕87 号	2017 年 5 月 28 日	财政部	制止地方政府违法违规举债融资，所需资金应当在既有年度预算中统筹考虑，严禁把政府购买服务作为增加预算单位财政支出依据
13	《国务院办公厅关于加快推进畜禽养殖废弃物资源化利用的意见》	国办发〔2017〕48 号	2017 年 5 月 31 日	国务院办公厅	建立企业投入为主、政府适当支持、社会资本积极参与的运营机制。完善以绿色生态为导向的农业补贴制度，引导和鼓励社会资本投入
14	《关于深入推进农业领域政府和社会资本合作的实施意见》	财金〔2017〕50 号	2017 年 5 月 31 日	财政部、农业部	引导社会资本积极参与农业领域政府和 PPP 项目投资、建设、运营，改善农业农村公共服务供给，规范 PPP 项目实施，加强政策保障

续表

序号	政策名称	文件号	成文日期	发布部门	政策解读
15	《关于规范开展政府和社会资本合作项目资产证券化有关事宜的通知》	财金〔2017〕55 号	2017 年 6 月 7 日	财政部等三部委	分类稳妥推动 PPP 项目资产证券化，严格筛选 PPP 项目，完善工作程序，着力加强监管
16	《关于政府参与的污水、垃圾处理项目全面实施 PPP 模式的通知》	财建〔2017〕455 号	2017 年 7 月 1 日	财政部等四部委	进一步规范污水、垃圾处理行业市场运行，提高政府参与效率，充分吸引社会资本参与，对政府参与的污水、垃圾处理项目全面实施 PPP 模式
17	《国家发展改革委关于加快运用 PPP 模式盘活基础设施存量资产有关工作的通知》	发改投资〔2017〕1266 号	2017 年 7 月 3 日	国家发展和改革委员会	积极推广 PPP 模式，加大存量资产盘活力度、形成良性投资循环，拓宽基础设施建设资金来源，减轻地方政府债务负担
18	《关于组织开展第四批政府和社会资本合作示范项目申报筛选工作的通知》	财金〔2017〕76 号	2017 年 7 月 14 日	财政部等十九部委	深入推进公共服务领域 PPP 工作，加强示范引领和样板推广，带动更多 PPP 项目落地实施，鼓励规范运用 PPP 模式盘活存量公共服务资产
19	《国务院办公厅关于加快推进农业供给侧结构性改革大力发展粮食产业经济的意见》	国办发〔2017〕78 号	2017 年 9 月 1 日	国务院办公厅	强化对重大政策、重大工程和重大项目的支持，发挥财政投入的引导作用，撬动更多社会资本投入粮食产业
20	《关于促进储能技术与产业发展的指导意见》	发改能源〔2017〕1701 号	2017 年 9 月 22 日	财政部、国家发展和改革委员会等五部委	引导社会资本加快先进储能技术的推广应用，鼓励通过金融创新降低储能发展准入门槛和风险，支持采用多种融资方式，引导更多的社会资本投向储能产业
21	《工业和信息化部 国家发展和改革委员会 科学技术部 财政部 环境保护部 商务部 中国人民银行 国家工商行政管理总局 国家质量监督检验检疫总局 国家知识产权局 中国工程院 中国银行业监督管理委员会 中国证券监督管理委员会 中国保险监督管理委员会 国家国防科技工业局 中华全国工商业联合会关于发挥民间投资作用推进实施制造强国战略的指导意见》	工信部联规〔2017〕243 号	2017 年 10 月 27 日	工业和信息化部、国家发展和改革委员会等十六部委	进一步激发民间投资活力，引导民营制造业企业转型升级，加快制造强国建设

续表

序号	政策名称	文件号	成文日期	发布部门	政策解读
22	《关于推进资源循环利用基地建设的指导意见》	发改办环资〔2017〕1778号	2017年10月29日	国家发展和改革委员会办公厅、财政部办公厅、住房城乡建设部办公厅	要求发挥政府和市场的协同作用，鼓励采用PPP等多元投融资模式，引入第三方专业化服务，强化政府环境监管责任
23	《关于规范政府和社会资本合作（PPP）综合信息平台项目库管理的通知》	财办金〔2017〕92号	2017年11月10日	财政部	进一步规范PPP项目运作，防止PPP异化为新的融资平台，坚决遏制隐性债务风险增量
24	《关于进一步增强企业债券服务实体经济能力严格防范地方债务风险的通知》	发改办财金〔2018〕194号	2018年2月8日	国家发展和改革委员会办公厅、财政部办公厅	规范以PPP项目发行债券融资，严格PPP模式适用范围，审慎评估政府付费类PPP项目、可行性缺口补助PPP项目发债风险，严禁违法违规或变相举债融资
25	《国务院办公厅关于印发国务院2018年立法工作计划的通知》	国办发〔2018〕14号	2018年3月2日	国务院办公厅	制定政府投资条例、基础设施和公共服务领域政府和社会资本合作条例，推动PPP立法
26	《关于规范金融企业对地方政府和国有企业投融资行为有关问题的通知》	财金〔2018〕23号	2018年3月28日	财政部	要求国有金融企业以PPP项目规范运作为融资前提条件，对于不符合规范的PPP项目，不得提供融资
27	《国务院关于落实〈政府工作报告〉重点工作部门分工的意见》	国发〔2018〕9号	2018年4月1日	国务院	落实鼓励民间投资政策措施，在铁路、民航、油气、电信等领域推出一批有吸引力的项目，使民间资本进得来、能发展
28	《文化和旅游部 财政部关于在旅游领域推广政府和社会资本合作模式的指导意见》	文旅发〔2018〕3号	2018年4月19日	财政部、文化和旅游部	要求严格执行财政PPP工作制度，加大政策保障，鼓励各地设立PPP项目担保基金，带动更多金融机构加大对旅游PPP项目的投融资支持
29	《财政部关于进一步加强政府和社会资本合作（PPP）示范项目规范管理的通知》	财金〔2018〕54号	2018年4月24日	财政部	对不符合规范的PPP示范项目进行调出清单、清退或整改，加强项目规范管理和信息公开，建立健全长效管理机制
30	《农业农村部 财政部关于做好2018年农业生产发展等项目实施工作的通知》	农财发〔2018〕13号	2018年5月4日	农业农村部、财政部	要求充分发挥财政资金引领作用，因地制宜地推广PPP、政府购买服务、贷款贴息等方式，撬动更多金融和社会资本投向农业农村
31	《关于做好2018年地方政府债券发行工作的意见》	财库〔2018〕61号	2018年5月4日	财政部	提出地方政府债务资金仅限公益性资本支出，禁止用于经常性开支，优先保障在建工程项目建设，鼓励各地通过政府购买服务等方式进行地方政府债券管理

续表

序号	政策名称	文件号	成文日期	发布部门	政策解读
32	《关于做好2018年畜禽粪污资源化利用项目实施工作的通知》	农牧发〔2018〕6号	2018年5月11日	农业农村部、财政部	提出统筹用好财政奖补、税收、金融、用地等优惠政策，引导和鼓励采用PPP模式，建立受益者付费机制，建立可持续运行的粪污资源化利用市场机制
33	《国务院办公厅关于进一步加强城市轨道交通规划建设管理的意见》	国办发〔2018〕52号	2018年6月28日	国务院办公厅	提出规范开展城市轨道交通领域政府和社会资本合作，严禁通过融资平台公司或以PPP等名义违规变相举债
34	《关于组织申报2018年城市黑臭水体治理示范城市的通知》	财办建〔2018〕172号	2018年9月19日	财政部办公厅、住房城乡建设部办公厅、生态环境部办公厅	提出视情况规范采取PPP等模式，发挥好财政资金的撬动作用，带动社会资本参与城市黑臭水体治理
35	《关于印发〈促进乡村旅游发展提质升级行动方案（2018年—2020年）〉的通知》	发改综合〔2018〕1465号	2018年10月10日	国家发展和改革委员会、财政部等十三部委	提出鼓励和引导民间投资通过PPP、公建民营等方式参与有一定收益的乡村基础设施建设和运营
36	《关于加强中国政企合作投资基金管理的通知》	财金函〔2018〕95号	2018年11月8日	财政部	要求积极支持和服务国家重大战略、重点领域、贫困区域，加强PPP项目规范和资金统筹管理工作，不能怠于推进PPP项目投资
37	《关于贯彻落实〈中共中央 国务院关于全面实施预算绩效管理的意见〉的通知》	财预〔2018〕167号	2018年11月8日	财政部	提出价款对PPP项目各项政府投融资活动实施绩效管理，实现全过程跟踪问效
38	《关于提前下达2019年普惠金融发展专项资金预算指标的通知》	财金〔2018〕122号	2018年11月22日	财政部	提出提前下达部分2019年普惠金融发展专项资金，PPP项目以奖代补政策执行到期，该次不再下达相应预算指标
39	《国务院办公厅关于印发“无废城市”建设试点工作方案的通知》	国办发〔2018〕128号	2018年12月29日	国务院办公厅	提出以政府为责任主体，推动固体废物收集、利用与处置工程项目和设施建设运行，依法合规探索采用第三方治理或PPP等模式
40	《财政部、国家发展改革委等18部门鼓励采用PPP等模式推动社会领域公共服务补短板强弱项提质量》	发改社会〔2019〕160号	2019年1月23日	国家发展和改革委员会、财政部等十八部委	提出补齐基本公共服务短板，加快实现基本公共服务均等化，补强非基本公共服务弱项，充分发挥有效市场和有为政府作用，提升公共服务质量水平
41	《关于做好2019年中央财政普惠金融发展专项资金管理工作的通知》	财金函〔2019〕8号	2019年3月6日	财政部	提出自2019年不安排PPP项目以奖代补资金，2016～2018年已安排的，要求打造示范项目，不符合示范项目要求的除名并追回相应资金上缴中央财政

续表

序号	政策名称	文件号	成文日期	发布部门	政策解读
42	《关于推进政府和社会资本合作规范发展的实施意见》	财金〔2019〕10号	2019年3月7日	财政部	提出规范推进PPP项目实施，加强项目规范管理，建立完全与项目产出绩效相挂钩的付费机制，不得通过降低考核标准等方式提前锁定、固化政府支出责任
43	《农业农村部办公厅 财政部办公厅关于开展2019年国家现代农业产业园创建工作的通知》	农办规〔2019〕3号	2019年3月8日	农业农村部办公厅、财政部办公厅	提出鼓励产业园统筹整合相关资金渠道，创新投资、建设、运营方式，通过PPP、政府购买服务、贷款贴息等方式，撬动更多金融和社会资本建设产业园
44	《关于做好2019年畜禽粪污资源化利用项目实施工作的通知》	农牧发〔2019〕14号	2019年4月24日	农业农村部、财政部	各地要发挥奖补资金的引导作用，创新投入机制，通过PPP等方式，撬动金融和社会资本参与畜禽粪污资源化利用
45	《财政部办公厅 住房城乡建设部办公厅 生态环境部办公厅关于组织申报2019年城市黑臭水体治理试点城市的通知》	财办建〔2019〕71号	2019年5月9日	财政部办公厅、住房城乡建设部办公厅、生态环境部办公厅	入围城市要结合实际创新投融资模式，视情况规范采取PPP等模式，发挥好财政资金的撬动作用，带动社会资本参与城市黑臭水体治理

注：各部委改革详见《深化党和国家机构改革方案》

附录二　PPP 项目中启动再谈判的事由分析

序号	事件	案例/文献	条款（或段落）具体内容	条款/段落来源
1	项目无法按期开始运营	大丽高速公路 BOT 项目	①因政府方原因导致项目公司无法按期开始运营的，通常项目公司有权主张延迟开始运营日并向政府方索赔额外费用； ②一些 PPP 项目合同中会规定逾期违约金条款，即如果项目公司未能在合同约定的日期开始运营，则需要向政府方支付违约金； ③如果项目公司没有按照合同约定运营项目，政府方可以依据双方约定的履约担保机制获得一定的赔偿（关于履约担保机制，请见本章第十二节）	第二章第八节
2	未满足前提条件的合同终止		如因合同一方未能在规定的时间内满足其应当满足的前提条件而导致合同终止的，合同另一方有权向其主张一定的经济赔偿	第二章第四节
3	法律变更	上海大厂自来水处理厂 BOT 项目	①在建设期间，如果因发生政府方可控的法律变更导致项目发生额外费用或工期延误，项目公司有权向政府方索赔额外费用或要求延长工期（如果是采用政府付费机制的项目，还可以要求认定“视为已开始运营”）； ②在运营期间，如果因发生政府方可控的法律变更导致项目公司运营成本费用增加，项目公司有权向政府方索赔额外费用或申请延长项目合作期限	第二章第十五节
4	计划外的维护		①如因政府方原因造成的计划外维护，由项政府方承担责任，项目公司有权向政府方索赔因此造成的费用和损失并申请延展项目期限； ②如因项目公司原因造成的计划外维护，由项目公司承担责任并赔偿相关损失	第二章第九节
5	计划外的暂停服务		①如因政府方原因造成，由项政府方承担责任，项目公司有权向政府方索赔因此造成的费用损失并申请延展项目期限； ②如因项目公司原因造成，由项目公司承担责任并赔偿相关损失	第二章第八节
6	回购	深圳梧桐山隧道 BOT 项目	根据项目终止事由的不同，项目终止后的回购补偿范围也不相同，在具体项目中，双方应对补偿的金额进行合理的评估	第二章第十八节
7	不可抗力事件	柬埔寨金边机场项目	①发生政治不可抗力事件，项目公司有权要求延长工期、获得额外补偿或延长项目合作期限； ②如在 PPP 项目合同履行过程中，发生不可抗力并导致一方完全或部分无法履行其合同义务时，根据不可抗力的影响可全部或部分免除该方在合同项下的相应义务。但在一些 PPP 项目，特别是采用政府付费机制的项目中，也可能在 PPP 项目合同中约定由政府方承担全部或部分不可抗力风险，在不可抗力影响持续期间，政府仍然有义务履行全部或部分付款义务	第二章第十六节

续表

序号	事件	案例/文献	条款（或段落）具体内容	条款/段落来源
8	价格调整	北京地铁四号线BOT 项目/黄桥发电BOT 项目	在付费机制项下，通常还要根据相关法律法规规定，结合项目自身特点，设置合理的定价和调价机制，以明确项目定价的依据、标准，调价的条件、方法和程序	第二章第十一节 2724 号文附件《政府和社会资本合作项目通用合同指南（2014 年版）》第 56 条
9	超额利润	巴西的圣保罗地下铁四号线BOT 项目	在一些情形下，使用者需求激增或收费价格上涨，将可能导致项目公司因此获得超出合理预期的超额利润。针对这种情形，政府在设计付费机制时可以考虑设定一些限制超额利润的机制，包括约定投资回报率上限、超出上限的部分归政府所有，或者就超额利润部分与项目公司进行分成等	第三章第二节
10	再融资	英国Darent Valley 医院 PPP项目	PPP 项目合同中也可能会规定，政府方对因再融资所节省的财务费用享有按约定比例（例如 50%）分成的权利	第二章第五节
11	产品或服务质量未达标	晋州市城市污水处理厂 BOT项目	大部分的社会公共服务类项目（例如学校、医院等）以及部分公用设施和公共交通设施项目可以采用可用性付费。一些项目中也可能会与按绩效付费搭配使用，即如果项目公司提供设施或服务的质量没有达到合同约定的标准，则政府付费将按一定比例进行扣减	第三章第一节
12	政府承诺最低采购量	山东中华发电 BOT项目/深圳沙角 B 火力发电BOT 项目	最低使用量：即政府与项目公司约定一个项目的最低使用量，在项目实际使用量低于最低使用量时，不论实际使用量多少，政府均按约定的最低使用量付费。最低使用量的付费安排可以在一定程度上降低项目公司承担实际需求风险的程度，提高项目的可融资性	第三章第一节
13	唯一性条款	泉州刺桐大桥 BOT项目	在采用使用者付费机制的项目中，由于项目公司的成本回收和收益取得与项目的实际需求量直接挂钩，为降低项目的需求风险，确保项目能够顺利获得融资支持和稳定回报，项目公司通常会要求在 PPP 项目合同中增加唯一性条款，要求政府承诺在一定期限内不在项目附近新建竞争性项目	第二章第十三节
14	政府提供相关连接设施	武汉汤逊湖污水处理项目	一些项目中，政府会主张自己建设此部分设施，但在这种情形下，为了确保该连接设施建设与项目建设和运营配合，通常会在 PPP 项目合同中规定：政府有义务在项目设施完工时或之前完成连接设施的建设，如果政府无法按照合同约定的要求完工，项目公司将可能获得一定的救济，如项目期限延长、损害赔偿等；政府建设连接设施的费用承担，通常由双方在合同中约定	第四章第二节

续表

序号	事件	案例/文献	条款（或段落）具体内容	条款/段落来源
15	政府方办理有关政府审批手续		通常 PPP 项目的设计、建设、运营等工作需要获得政府的相关审批后才能实施；为了提高项目实施的效率，一些 PPP 项目合同中，政府方可能会承诺协助项目公司获得有关的政府审批。尤其是对于那些项目公司无法自行获得或者由政府方办理会更为便利的审批，甚至可能会直接规定由政府方负责办理并提供合法有效的审批文件	第二章第十三节
16	政府方负责或协助获取相关土地权利		实践中，负责取得土地使用权与支付相关费用的有可能不是同一主体。通常来讲，即使由政府方负责取得土地权利以及完成相关土地征用和平整工作，也可以要求项目公司支付一定的相关费用	第二章第六节

注：①囿于篇幅，表中“条款（或段落）具体内容”一列仅列出相关条款或段落的关键语句；
　　②表中的政府方即本书的公共部门，社会资本即本书的私人部门

附录三　PPP项目中不同项目获取途径下私人部门公平感知对履约绩效影响研究的调查问卷

问卷编号______________

尊敬的受访者：

您好！非常感谢您于百忙之中拨冗填写此问卷！本问卷旨在了解在不同项目获取途径下，当社会资本具有同一水平的公平感受时，其行为选择存在的差异，衷心地希望您能根据丰富的PPP实践经验提供宝贵信息！

本问卷中的所有问题将不涉及您的工作机密和个人隐私，只需依照真实情况及您的工作经验认真作答即可。我们在此承诺，对您填写的一切内容将严格保密并仅供学术研究使用。收回的问卷将按严格的程序进行统计处理，不会涉及具体的单位或个人。

再次对您的支持表示真诚的感谢！

天津理工大学管理学院课题组

指导教师：杜亚灵　教授

联系人：孙　娜

2017年1月

答卷人背景信息

1. 您目前所属工作单位的性质：

☐ 政府部门　☐ 政府方投资代表　☐ 咨询机构　☐ 工程建设公司

☐ 金融机构　☐ 运营管理公司　☐ 建设运营公司

☐ 科研机构或高等院校　☐ 其他_____

2. 您目前的工作性质：

☐ 高层管理者（如项目负责人、项目总监）　☐ 中层项目管理工作者

☐ 专业技术人员　☐ 科研人员　☐ 其他__________

3. 您的受教育情况：

☐ 博士（及在读）　☐ 硕士（及在读）　☐ 本科学历　☐ 本科以下学历

4. 您从事 PPP 项目实务操作或（和）科学研究工作的时间（即研究时间与实践工作时间连续相加之和）：

☐ ≤3 年　☐ 4～10 年　☐ 11～15 年　☐ 16～20 年　☐ >20 年

5. 您曾经参与过的PPP 项目或（和）您研究过PPP 合同的总数量为：

☐ 0个　☐ <5个　☐ 6～10个　☐ >10个

（情境一）假如您是某 PPP 项目的社会资本方代表，当初此项目是通过公开招标方式获取的。在此之前贵单位与该政府部门没有过多接触；在采购的评审结果出来之前，该政府部门没有向您表示过会优先与贵单位合作，您也并未察觉到它对贵单位有特别明显的合作倾向。在上述情况下，如遇到以下描述的情境，请选择您可能的感受并据此选择您认为合情合理的行为或决定。

该 PPP 合同中明确约定：自运营之日起，遇到运营成本上升或下降超过 M%时，项目公司可向政府部门提出书面调价申请，政府部门须在 N 个工作日内组织相关职能部门和专家根据既定调价公式进行审核，审核通过的则批准执行。

该 PPP 项目实施过程中的状况：自上月开始，因运营成本大幅度提高（如电价上涨）致使项目公司收益率急剧下降，甚至面临亏损的危险，您组织员工进行了周密的资料采集和论证，最终形成书面调价申请并提交给政府部门。政府部门严格按照合同约定的程序组织相关职能部门和专家对您提交

的调价申请进行了审核，在合同规定的 N 个工作日内完成审核并将审核结果及时反馈给了您，即政府部门同意调价，但调整幅度比您申请中的要低很多。您对公共部门的审核结果表示不服。鉴于此，政府部门专门召开了由公私双方代表，以及参与本次调价申请审核的专家参加的会议，政府部门代表在会上对您提出的疑问进行了耐心细致的解释，对您的立场与困难表示了充分理解。

针对上述所描述的情境，请您对政府部门处理这一问题过程中的表现给予评价：

- 处理程序合乎规定，且透明、公允：

☐ 非常同意 ☐ 比较同意 ☐ 不太同意 ☐ 完全不同意

- 双方沟通充分，政府部门态度良好：

☐ 非常同意 ☐ 比较同意 ☐ 不太同意 ☐ 完全不同意

- 对政府部门同意的调价幅度：

☐ 欣然接受 ☐ 勉强可以接受 ☐ 比较难以接受 ☐ 完全不能接受

上述调价事件过后，您作为社会资本方负责人会在以后如何继续开展工作？请根据自己的丰富经验作答，并在选项所对应的方框中打√。

1. 对项目设备的维护、检修与更新，您更倾向于：

☐ 对项目设备进行日常维护和检修只要满足合同约定的内容、程序及频率即可，无须过分投入公司的资金和精力在这项工作上；设备磨损至无法继续使用时再进行更新，以便最大限度地降低运营成本。

☐ 为了保证项目设备高效运行，最大限度地避免发生意外事故或其他紧急情况，在必要的时候扩大日常维护和检修的内容、增加其频率；当项目设备磨损至其运行效率明显下降时或者行业内出现更先进的替代设备后，及时对其进行更新改造。

2. 对公众对公共产品或服务投诉的处理，您更倾向于：

☐ 俗话说“你不可能做到让所有人都满意”，对公众的投诉意见，会安排相关人员进行整理与分析，并形成包含解决方案的报告提交给政府部门即可，至于是否进行相应的整改工作，可视情况而定。

☐ 有公众投诉说明我们的运营管理确实存在弊端，这是我们不断提高、自我完善的机会，会安排专人进行调查取证、深入分析并形成切实可行的解决方案，在向政府部门提交报告的同时，即尽最大努力在企业内部展开整改工作，力争提高公众满意度。

（情境二）假如您是某 PPP 项目的社会资本方代表，当初此项目是通过公开招标方式获取的。在此之前贵单位与该政府部门没有过多接触；在采购的评审结果出来之前，该政府部门没有向您表示过会优先与贵单位合作，您也并未察觉到它对贵单位有特别明显的合作倾向。在上述情况下，如遇到以下描述的情境，请选择您可能的感受并据此选择您认为合情合理的行为或决定。

该 PPP 合同中明确约定：由法律变更引起的标准调整使得本项目运营维护成本或资本性支出增加超过 N%时，项目公司应书面通知政府部门关于补偿事件的发生及其带来的影响。政府部门在收到通知后 M 个工作日内，双方应就补偿的形式、数额以及时间进行谈判。若在通知发出后的 N 个工作日内双方未就补偿达成一致，则按照争议程序处理。

该 PPP 项目实施过程中的状况：两个月前，国家颁布了一项新法规，使得该类项目的服务标准得到提高。自上月初，项目公司开始执行新标准，这使得项目运营成本增加超过 N%。您向政府部门提交了关于补偿事件发生及其影响的书面通知，政府部门在 M 个工作日内（合同规定的即是 M 个工作日）组织了公私双方代表进行谈判，并在谈判过程中就补偿的形式、数额以及时间进行了逐一讨论，然而双方对补偿金额存在分歧。您通过提供财务报表等资料来证明己方提出金额的合理性，而政府部门收到您提供的资料后并未认真分析，仍然坚持己方意见，于是您又多次提交了相关补充材料并向政府部门坦诚己方的困境。经过反复谈判后，政府部门终于在发出通知后的第 N 个工作日（其为合同规定的最后期限）同意了您提出的补偿金额。

针对上述所描述的情境，请您对政府部门处理这一问题过程中的表现给予评价：

- 处理程序合乎规定，且透明、公允：

☐ 非常同意 ☐ 比较同意 ☐ 不太同意 ☐ 完全不同意

- 双方沟通充分，政府部门态度良好：

☐ 非常同意 ☐ 比较同意 ☐ 不太同意 ☐ 完全不同意

- 对政府部门同意的补偿金额：

□ 欣然接受　□ 勉强可以接受　□ 比较难以接受　□ 完全不能接受

上述补偿事件过后，您作为社会资本方负责人会在以后如何继续开展工作？请根据自己的丰富经验作答，并在选项所对应的方框中打√。

1. 对项目设备的维护、检修与更新，您更倾向于：

□ 对项目设备进行日常维护和检修只要满足合同约定的内容、程序及频率即可，无须过分投入公司的资金和精力在这项工作上；设备磨损至无法继续使用时再进行更新，以便最大限度地降低运营成本。

□ 为了保证项目设备高效运行，最大限度地避免发生意外事故或其他紧急情况，在必要的时候扩大日常维护和检修的内容、增加其频率；当项目设备磨损至其运行效率明显下降时或者行业内出现更先进的替代设备后，及时对其进行更新改造。

2. 对职工培训的投入，您更倾向于：

□ 按照合同约定的内容、程序和频率对职工进行培训，考虑到培训投入的增加未必使收益得到明显提高，认为只要职工能够提供符合标准的服务即可，不必要在此项工作上过分增加投入。

□ 不仅按照合同约定的内容、程序和频率开展培训，还针对不同岗位的员工适时增加具有针对性的培训课程，在提高员工业务素养的同时，提升运营管理水平，以此最大限度地提高公共产品或服务的质量，从而使得社会公众感到满意。

（情境三）假如您是某PPP项目的社会资本方代表，当初此项目是通过公开招标方式获取的。在此之前贵单位与该政府部门曾有过频繁接触；在采购的评审结果出来之前，该政府部门曾向您表示过会优先与贵单位合作，或者您能够明显察觉到其对贵单位有强烈的合作倾向。在上述情况下，如遇到以下描述的情境，请选择您可能的感受并据此选择您认为合情合理的行为或决定。

该PPP合同中明确约定：政府部门根据合同约定的考核方法与标准确定项目公司未能按照合同约定的范围与标准运营或维护项目，且项目公司在收到政府部门通知后的N个工作日未能就上述情况进行补救的，政府部门有权介入项目运营和维护工作，费用和风险均由项目公司承担。政府部门有权在向项目公司提供详细的费用和支出记录后，从运营维护保证金项下提取该款项。

该 PPP 项目实施过程中的状况：政府部门于本月中旬对该项目进行了考核，发现其公共产品或服务未达到合同约定的标准，而后通知您采取补救措施，您接到通知后立即组织员工开展补救工作。然而，在收到通知后的第 X 个工作日（未到合同规定的第 N 个工作日），补救工作尚在进行，政府部门就派第三方介入项目的运营维护工作；在此期间，政府部门通知您，他们已就此事件提取了相应金额的运营维护保证金，但您并未收到任何费用与支出记录证明。您就上述事件向政府部门提出异议，政府部门收到您反映的意见后，专门召开了由公私双方代表参加的会议。政府部门代表在会上耐心解释了他们做出此项决定的原因，并表示非常理解您的处境，同时给出了所扣运营维护保证金的明细，并且其与政府部门的实际损失基本相符。

针对上述所描述的情境，请您对政府部门处理这一问题过程中的表现给予评价：

- 处理程序合乎规定，且透明、公允：

□ 非常同意　□ 比较同意　□ 不太同意　□ 完全不同意

- 双方沟通充分，政府部门态度良好：

□ 非常同意　□ 比较同意　□ 不太同意　□ 完全不同意

- 对政府部门扣除的保证金金额：

□ 欣然接受　□ 勉强可以接受　□ 比较难以接受　□ 完全不能接受

上述事件过后，您作为社会资本方负责人会在以后如何继续开展工作？请根据自己的丰富经验作答，并在选项所对应的方框中打√。

1. 对计划外维护或计划外暂停服务的补救工作，您更倾向于：

□ 按照合同约定的程序通知政府部门，组织部分员工有序开展补救工作并在合同约定的期限内完成，只要此事件未对社会公众利益产生过多不利影响即可，无须过分投入精力与资金。

□ 及时通知政府部门并立即组织员工开展补救工作，必要时将投入额外资金与人员，以便最大限度地降低此类事件给社会公众带来的不利影响。

2. 如果因项目运营良好产生超额收益，并由此引发了再谈判，在第一轮谈判中您更倾向于：

☐ 认为该项目之所以产生超额收益是项目公司全体员工的功劳，因此，您虽然按照合同约定的比例将超额收益分享给政府部门，但会通过降低超额收益的计算结果来适当减少此部分金额，而多得的超额收益将用于提高项目运营效率与员工福利待遇等。

☐ 认为该项目之所以产生超额收益是公私双方共同努力的结果，因此，您会严格按照合同约定的比例将实际超额收益分享给政府部门，并且能够提供真实、充分的依据；同时，将己方所得超额收益用于提高项目运营效率与员工福利待遇等。

（情境四）假如您是某 PPP 项目的社会资本方代表，当初此项目是通过公开招标方式获取的。在此之前贵单位与该政府部门曾有过频繁接触；在采购的评审结果出来之前，该政府部门曾向您表示过会优先与贵单位合作，或者您能够明显察觉到其对贵单位有强烈的合作倾向。在上述情况下，如遇到以下描述的情境，请选择您可能的感受并据此选择您认为合情合理的行为或决定。

该 PPP 合同中明确约定：①每月 X 日（月末）向政府部门提交有关服务费支付的报表，政府部门应在 N 个工作日内完成相关确认工作并上报当地财政局，当地财政局在项目公司提交相关报表后的 M 个工作日内完成拨付工作；②如果运营月内实际需求量低于最低采购量 L 时，政府部门按照最低采购量 L 向项目公司付费。

该 PPP 项目实施过程中的状况：自上月初至本月末，该项目的实际需求量低于最低采购量 L，您在该月末向政府部门提交了有关服务费支付的报表，政府部门在 X 个工作日（超过合同规定的 N 个工作日）审查完成并上报当地财政局，当地财政局收到审查意见后拨付了服务费，您在提交报表后 Y 个工作日（超过合同约定的 M 个工作日）才收到了服务费；并且上月与本月政府部门均是按照实际处理量支付服务费的，这使得项目公司收益有所下降，于是您向政府部门反映了实际情况，政府部门收到您的意见后并未给出反馈意见或者采取相应措施。

针对上述所描述的情境，请您对政府部门处理这一问题过程中的表现给予评价：

- 支付程序合乎规定，且透明、公允：

□ 非常同意 □ 比较同意 □ 不太同意 □ 完全不同意

● 双方沟通充分，政府部门态度良好：

□ 非常同意 □ 比较同意 □ 不太同意 □ 完全不同意

● 对政府部门支付的服务费额度：

□ 欣然接受 □ 勉强可以接受 □ 比较难以接受 □ 完全不能接受

上述事件过后，您作为社会资本方负责人会在以后如何继续开展工作？请根据自己的丰富经验作答，并在选项所对应的方框中打√。

1. 基于上述情境您发起了再谈判，在第一轮谈判中您更倾向于：

□ 考虑到将来此类事件发生时，政府部门很可能仍按照实际需求量支付服务费，您提出的经济补偿额度高于实际的损失，以此填补此次政府少支付的服务费，以及将来可能蒙受的损失。

□ 提出的经济补偿额度与实际损失基本一致，并且能够提供充分、真实的依据，甚至在政府部门财政困难的情况下做出妥协，即同意政府延迟支付经济补偿或在项目公司承受的范围内适当降低经济补偿额度。

2. 对该项目在技术创新方面的工作，您更倾向于：

□ 按照合同的约定采用先进技术或工艺以满足项目运营的基本要求。在技术研发方面的投入与收获很可能不成正比，即便投入了大量资金与人员，也未必达到降低运营成本的效果，因此不打算在此方面投入过多的资金与人员。

□ 按照合同的约定采用先进技术或工艺，与此同时，依托母公司设立技术研发中心并开展一系列科学研究，待研究成果成熟后，立即应用于该项目，以此提高运营与服务效率。

（情境五）假如您是某PPP项目的社会资本方代表，当初此项目是通过竞争性磋商方式获取的。在此之前贵单位与该政府部门没有过多接触；在采购的评审结果出来之前，该政府部门没有向您表示过会优先与贵单位合作，您也并未察觉到它对贵单位有特别明显的合作倾向。在上述情况下，如遇到以下描述的情境，请选择您可能的感受并据此选择您认为合情合理的行为或决定。

该PPP合同中明确约定：政府部门根据合同约定的考核方法与标准确

定项目公司未能按照合同约定的范围与标准运营或维护项目，且项目公司在收到政府部门通知后的N个工作日未能就上述情况进行补救的，政府部门有权介入项目运营和维护工作，费用和风险均由项目公司承担。政府部门有权在向项目公司提供详细的费用和支出记录后，从运营维护保证金项下提取该款项。

该PPP项目实施过程中的状况：政府部门于本月中旬对该项目进行了考核，发现其公共产品或服务未达到合同约定的标准，而后通知您采取补救措施，您接到通知后立即组织员工开展补救工作。然而，在收到通知后的第X个工作日（未到合同规定的第N个工作日），补救工作尚在进行，政府部门就派第三方介入项目的运营维护工作；在此期间，政府部门通知您，他们已就此事件提取了相应金额的运营维护保证金，但您并未收到任何费用与支出记录证明。您就上述事件向政府部门提出异议，政府部门收到您反映的意见后，专门召开了由公私双方代表参加的会议。政府部门代表在会上耐心解释了他们做出此项决定的原因，并表示非常理解您的处境，同时给出了所扣运营维护保证金的明细，并且其与政府部门的实际损失基本相符。

针对上述所描述的情境，请您对政府部门处理这一问题过程中的表现给予评价：

- 处理程序合乎规定，且透明、公允：

☐ 非常同意 ☐ 比较同意 ☐ 不太同意 ☐ 完全不同意

- 双方沟通充分，政府部门态度良好：

☐ 非常同意 ☐ 比较同意 ☐ 不太同意 ☐ 完全不同意

- 对政府部门扣除的保证金金额：

☐ 欣然接受 ☐ 勉强可以接受 ☐ 比较难以接受 ☐ 完全不能接受

上述事件过后，您作为社会资本方负责人会在以后如何继续开展工作？请根据自己的丰富经验作答，并在选项所对应的方框中打√。

1. 对计划外维护或计划外暂停服务的补救工作，您更倾向于：

☐ 按照合同约定的程序通知政府部门，组织部分员工有序开展补救工作并在合同约定的期限内完成，只要此事件未对社会公众利益产生过多不利影响即可，无须过分投入精力与资金。

☐ 及时通知政府部门并立即组织员工开展补救工作，必要时将投入额外资金与人员，以便最大限度地降低此类事件给社会公众带来的不利影响。

2. 如果因项目运营良好产生超额收益，并由此引发了再谈判，在第一轮谈判中您更倾向于：

□ 认为该项目之所以产生超额收益是项目公司全体员工的功劳，因此，您虽然按照合同约定的比例将超额收益分享给政府部门，但会通过降低超额收益的计算结果来适当减少此部分金额，而多得的超额收益将用于提高项目运营效率与员工福利待遇等。

□ 认为该项目之所以产生超额收益是公私双方共同努力的结果，因此，您会严格按照合同约定的比例将实际超额收益分享给政府部门，并且能够提供真实、充分的依据；同时，将己方所得超额收益用于提高项目运营效率与员工福利待遇等。

（情境六）假如您是某PPP项目的社会资本方代表，当初此项目是通过竞争性磋商方式获取的。在此之前贵单位与该政府部门没有过多接触；在采购的评审结果出来之前，该政府部门没有向您表示过会优先与贵单位合作，您也并未察觉到它对贵单位有特别明显的合作倾向。在上述情况下，如遇到以下描述的情境，请选择您可能的感受并据此选择您认为合情合理的行为或决定。

该PPP合同中明确约定：①每月X日（月末）向政府部门提交有关服务费支付的报表，政府部门应在N个工作日内完成相关确认工作并上报当地财政局，当地财政局在项目公司提交相关报表后的M个工作日内完成拨付工作；②如果运营月内实际需求量低于最低采购量L时，政府部门按照最低采购量L向项目公司付费。

该PPP项目实施过程中的状况：自上月初至本月末，该项目的实际需求量低于最低采购量L，您在该月末向政府部门提交了有关服务费支付的报表，政府部门在X个工作日（超过合同规定的个工作日）审查完成并上报当地财政局，当地财政局收到审查意见后拨付了服务费，您在提交报表后Y个工作日（超过合同约定的M个工作日）才收到了服务费；并且上月与本月政府部门均是按照实际处理量支付服务费的，这使得项目公司收益有所下降，于是您向政府部门反映了实际情况，政府部门收到您的意见后并未给出反馈意见或者采取相应措施。

针对上述所描述的情境，请您对政府部门处理这一问题过程中的表现给予评价：

- 支付程序合乎规定，且透明、公允：

□ 非常同意　□ 比较同意　□ 不太同意　□ 完全不同意

- 双方沟通充分，政府部门态度良好：

□ 非常同意　□ 比较同意　□ 不太同意　□ 完全不同意

- 对政府部门支付的服务费额度：

□ 欣然接受　□ 勉强可以接受　□ 比较难以接受　□ 完全不能接受

上述事件过后，您作为社会资本方负责人会在以后如何继续开展工作？请根据自己的丰富经验作答，并在选项所对应的方框中打√。

1. 基于上述情境您发起了再谈判，在第一轮谈判中您更倾向于：

□ 考虑到将来此类事件发生时，政府部门很可能仍按照实际需求量支付服务费，您提出的经济补偿额度高于实际的损失，以此填补此次政府少支付的服务费，以及将来可能蒙受的损失。

□ 提出的经济补偿额度与实际损失基本一致，并且能够提供充分、真实的依据，甚至在政府部门财政困难的情况下做出妥协，即同意政府延迟支付经济补偿或在项目公司承受的范围内适当降低经济补偿额度。

2. 对该项目在技术创新方面的工作，您更倾向于：

□ 按照合同的约定采用先进技术或工艺以满足项目运营的基本要求。在技术研发方面的投入与收获很可能不成正比，即便投入了大量资金与人员，也未必达到降低运营成本的效果，因此不打算在此方面投入过多的资金与人员。

□ 按照合同的约定采用先进技术或工艺，与此同时，依托母公司设立技术研发中心并开展一系列科学研究，待研究成果成熟后，立即应用于该项目，以此提高运营与服务效率。

（情境七）假如您是某 PPP 项目的社会资本方代表，当初此项目是通过竞争性磋商方式获取的。在此之前贵单位与该政府部门曾有过频繁接触；在采购的评审结果出来之前，该政府部门曾向您表示过会优先与贵单位合作，或者您能够明显察觉到其对贵单位有强烈的合作倾向。在上述情况下，如遇到以下描述的情境，请选择您可能的感受并据此选择您认为合情合理的行为或决定。

该 PPP 合同中明确约定：自运营之日起，遇到运营成本上升或下降超过 M%时，项目公司可向政府部门提出书面调价申请，政府部门须在 N 个工作日内组织相关职能部门和专家根据既定调价公式进行审核，审核通过的则批准执行。

该 PPP 项目实施过程中的状况：自上月开始，因运营成本大幅度提高（如电价上涨）致使项目公司收益率急剧下降，甚至面临亏损的危险，您组织员工进行了周密的资料采集和论证，最终形成书面调价申请并提交给政府部门。政府部门严格按照合同约定的程序组织相关职能部门和专家对您提交的调价申请进行了审核，在合同规定的 N 个工作日内完成审核并将审核结果及时反馈给了您，即政府部门同意调价，但调整幅度比您申请中的要低很多。您对公共部门的审核结果表示不服。鉴于此，政府部门专门召开了由公私双方代表，以及参与本次调价申请审核的专家参加的会议，政府部门代表在会上对您提出的疑问进行了耐心细致的解释，对您的立场与困难表示了充分理解。

针对上述所描述的情境，请您对政府部门处理这一问题过程中的表现给予评价：

- 处理程序合乎规定，且透明、公允：

□ 非常同意　□ 比较同意　□ 不太同意　□ 完全不同意

- 双方沟通充分，政府部门态度良好：

□ 非常同意　□ 比较同意　□ 不太同意　□ 完全不同意

- 对政府部门同意的调价幅度：

□ 欣然接受　□ 勉强可以接受　□ 比较难以接受　□ 完全不能接受

上述调价事件过后，您作为社会资本方负责人会在以后如何继续开展工作？请根据自己的丰富经验作答，并在选项所对应的方框中打√。

1. 对项目设备的维护、检修与更新，您更倾向于：

□ 对项目设备进行日常维护和检修只要满足合同约定的内容、程序及频率即可，无须过分投入公司的资金和精力在这项工作上；设备磨损至无法继续使用时再进行更新，以便最大限度地降低运营成本。

□ 为了保证项目设备高效运行，最大限度地避免发生意外事故或其他紧急情况，在必要的时候扩大日常维护和检修的内容、增加其频率；当项目设备磨损至其运行效率明显下降时或者行业内出现更先进的替代设备后，及时对其进行更新改造。

2. 对公众对公共产品或服务投诉的处理，您更倾向于：

□ 俗话说“你不可能做到让所有人都满意”，对公众的投诉意见，会安排相关人员进行整理与分析，并形成包含解决方案的报告提交给政府部门即可，至于是否进行相应的整改工作，可视情况而定。

□ 有公众投诉说明我们的运营管理确实存在弊端，这是我们不断提高、自我完善的机会，会安排专人进行调查取证、深入分析并形成切实可行的解决方案，在向政府部门提交报告的同时，即尽最大努力在企业内部展开整改工作，力争提高公众满意度。

（情境八）假如您是某 PPP 项目的社会资本方代表，当初此项目是通过竞争性磋商方式获取的。在此之前贵单位与该政府部门曾有过频繁接触；在采购的评审结果出来之前，该政府部门曾向您表示过会优先与贵单位合作，或者您能够明显察觉到其对贵单位有强烈的合作倾向。在上述情况下，如遇到以下描述的情境，请选择您可能的感受并据此选择您认为合情合理的行为或决定。

该 PPP 合同中明确约定：由法律变更引起的标准调整使得本项目运营维护成本或资本性支出增加超过 N%时，项目公司应书面通知政府部门关于补偿事件的发生及其带来的影响。政府部门在收到通知后 M 个工作日内，双方应就补偿的形式、数额以及时间进行谈判。若在通知发出后的 N 个工作日内双方未就补偿达成一致，则按照争议程序处理。

该 PPP 项目实施过程中的状况：两个月前，国家颁布了一项新法规，使得该类项目的服务标准得到提高。自上月初，项目公司开始执行新标准，这使得项目运营成本增加超过 N%。您向政府部门提交了关于补偿事件发生及其影响的书面通知，政府部门在 M 个工作日内（合同规定的即是 M 个工作日）组织了公私双方代表进行谈判，并在谈判过程中就补偿的形式、数额以及时间进行了逐一讨论，然而双方对补偿金额存在分歧。您通过提供财务报表等资料来证明己方提出金额的合理性，而政府部门收到您提供的资料后并未认真分析，仍然坚持己方意见，于是您又多次提交了相关补充材料并向政府部门坦诚己方的困境。经过反复谈判后，政府部门终于在发出通知后的第 N 个工作日（其为合同规定的最后期限）同意了您提出的补偿金额。

针对上述所描述的情境，请您对政府部门处理这一问题过程中的表现给予评价：

- 处理程序合乎规定，且透明、公允：

□ 非常同意　□ 比较同意　□ 不太同意　□ 完全不同意

- 双方沟通充分，政府部门态度良好：

□ 非常同意　□ 比较同意　□ 不太同意　□ 完全不同意

- 对政府部门同意的补偿金额：

□ 欣然接受　□ 勉强可以接受　□ 比较难以接受　□ 完全不能接受

上述补偿事件过后，您作为社会资本方负责人会在以后如何继续开展工作？请根据自己的丰富经验作答，并在选项所对应的方框中打√。

1. 对项目设备的维护、检修与更新，您更倾向于：

□ 对项目设备进行日常维护和检修只要满足合同约定的内容、程序及频率即可，无须过分投入公司的资金和精力在这项工作上；设备磨损至无法继续使用时再进行更新，以便最大限度地降低运营成本。

□ 为了保证项目设备高效运行，最大限度地避免发生意外事故或其他紧急情况，在必要的时候扩大日常维护和检修的内容、增加其频率；当项目设备磨损至其运行效率明显下降时或者行业内出现更先进的替代设备后，及时对其进行更新改造。

2. 对职工培训的投入，您更倾向于：

□ 按照合同约定的内容、程序和频率对职工进行培训，考虑到培训投入的增加未必使收益得到明显提高，认为只要职工能够提供符合标准的服务即可，不必要在此项工作上过分增加投入。

□ 不仅按照合同约定的内容、程序和频率开展培训，还针对不同岗位的员工适时增加具有针对性的培训课程，在提高员工业务素养的同时，提升运营管理水平，以此最大限度地提高公共产品或服务的质量，从而使得社会公众感到满意。

问卷到此结束，麻烦您再认真检查一遍是否有遗漏的问题未答！

再次感谢您对我们工作的支持，敬祝万事如意！

如果您对本次问卷调查有什么意见或建议，请您填写在下面的横线处。

____

若您需要本调研结果，请您留下您的联系方式，以便我们及时向您反映。

通信地址：______________________________

邮　　编：__________联系电话：__________E-mail：__________

后　记

2013年9月，我在天津理工大学技术经济及管理专业独立指导的第一个硕士研究生李会玲报到，如何为她确定一个具体的研究方向就成为我必须慎重考虑的问题。我国建筑市场属于典型的买方市场，承发包双方相对悬殊的地位促使业主设定过度自我保护的合同条款，而这些条款往往会刺激承包商，使其产生不公平的感知，进而促使承包商在后续合作中不遗余力地将交易向自己认为公平的状态或结果推进。承包商要么减少对项目的贡献（如承担的风险、提供的增值服务），要么通过二次经营（不平衡报价配以变更、调价和索赔）增加其在本次合作中的回报，两种可能最终都会给业主带来损失。针对工程领域的上述现实问题，我所在的学院鼓励选择合同价格形成或投标报价、价款管理或二次经营等方面偏重工程实践的硕士学位论文选题；同时，鉴于李会玲有毕业后继续攻读博士学位的打算，她在硕士研究生期间的研究最好具有连贯性，且必须具有理论的创新性。综合上述考虑，最终将其具体研究方向确定为一般工程项目中承包商的公平感知问题。李会玲较为出色地完成了硕士研究生期间的科研任务，与我合作完成了两篇关于承包商公平感知的学术论文，分别发表在《管理学报》《系统管理学报》上，题为“工程项目中承包商公平感知的影响因素分析及其提升策略”的学位论文也顺利通过答辩，上述研究成果对应本书的第三篇。

2014年，我国政府开始在全国范围内大力推广PPP模式。同年3月，我们接受天津市财政局委托的“关于推广政府和社会资本合作（PPP）模式的课题”，配合其调研了天津市多个代表性PPP项目，加之此前本人主持的国家自然科学基金青年项目执行过程中调研了多个基础设施BT项目，我们发现地方政府传统的官本位思维很容易导致PPP项目中出现不公平的现象，而这可能是我国PPP项目履约困难的重要原因。鉴于此，我建议我指导的2014级硕士生研究生孙娜继续研究PPP项目中私人部门的公平感知问题。由于PPP是典型的长期契约关系，其与一般工程项目中承发包关系的那种短期契约存在本质不同。因此，这一研究对于孙娜而言也是一个不小的挑战。最终，她相继在《科技管理研究》、《重庆大学学报（社会科学版）》和《大连理工大学学报（社会科学版）》上发表了 3 篇学术论文，并以题为“私人部门公平感知对 PPP 项目履约绩效影响的实验研究——项目获取途径的调节作用”的学位论文顺利毕业，上述研究成果对应本书的第二篇。

自 PPP 热潮在我国涌起，各方对其热度不减，我所在的天津理工大学工程造价系每年都有相当一部分学生热衷于以 PPP 项目为研究对象进行本科毕业论文的选题。作为指导老师，能做的就是引导他们在专业范围内窄题深写、小题大做、解决实际问题。本书的第四篇就收录了我所指导的 2015 级 3 篇比较优秀的本科毕业论文，其中第 16 章由王一敏撰写，第 17 章由蒋雨婷撰写，第 18 章由徐柯撰写。她们的学位论文虽然文笔稍显生硬稚嫩，研究方法和手段也略为简陋，但都聚焦于 PPP 项目中一个非常实际、具体的问题，研究思路清晰、逻辑合理，研究结论具有一定的应用价值。事实上，PPP 项目中的公平正是通过解决很多此类“小”问题才能实现的。

感谢上述同学对本书做出的重要贡献，也为他们刻苦钻研、认真负责的科研态度而骄傲。她们都是第一次撰写学位论文和学术论文（我所指导的上述 2 位硕士研究生在本科阶段均以毕业设计获得学士学位），为树立科学的思维方式、培养学术规范意识、攻克所选中的科学问题都付出了大量的时间和心血，个中辛酸只有经历过的人才能体会。研究生是导师的学生，更是导师的助手甚至伙伴，感谢每位曾经走进我的研究室，与我相伴、共同奋斗两年半的研究生，成长是我们共同收获的。也要感谢我指导过的所有本科生，天津理工大学工程造价专业对本科毕业论文的高要求让他们经历了最疲惫、最拼搏的一段时光，这是他们青春的见证、未来的资本，在此过程中也让我看到了他们对专业问题的独立思考以及未来的无限可能。

杜亚灵

2019 年 9 月 10 日